남북한 영유아 교육과 보육

글로벌 이해

양옥승 저

Early Childhood Education and Care of South and North Koreas in the Global Context

학지사

책을 펴내며

올해는 남북분단 79년째 되는 해이다. 그동안 남북한은 서로 다른 이념과 조직 원리에 따라 교육제도를 기획하고 시행해 왔다. 그리하여 남북한의 이질화는 초 · 중 · 고등교육에서뿐 아니라 영 · 유아교육 부문에서도 예외 없이 나타난다. 남한의 유치원 · 어린이집은 개인의 가치관과 아동의 권익을 최우선시하는 아동 중심 교육사상에 기초하여 영유아를 교육한다. 이와 달리 북한의 유치원 · 탁아소는 조기 집단교육 이론과 주체사상에 따라 영유아를 교육한다.

한반도는 아직 분단의 질곡에서 빠져나오지 못하고 있지만, 언젠가는 통일이 되는 날이 올 것이다. 언제 닥쳐올지 모르는 통일한국시대를 대비하기 위해서는 분단 이후 남한의 유치원 · 어린이집과 북한의 유치원 · 탁아소에서 각각 도입 · 시행해 온 영유아 교육과 보육의 이념 및 법 제도를 이해할 필요가 있다. 미래를 풀어 가는 열쇠가 오늘에 있고 오늘은 과거와 그 맥이 닿아 있다는 점에서 분단 이후 남북한의 영유아 교육 · 보육에 대한 역사적 분석은 의의가 있을 것이다.

비록 남북한이 불안정하고 적대적인 관계에 있다 할지라도 미래를 함께해야 한다는 사실을 당위로 받아들이고 남북한 영유아 교육 · 보육의 역사를 진지하게 탐구하다 보면 동질적인 부분을 발견하고 남북한 사이의 간극을 최소화할 방안도 도출해 낼 수 있을 것이다. 분단 이후 동 · 서독에서 시행되었던 영유아 교육 · 보육에 대한 충분한 검토 없이 통일을 맞이함으로써 혼란과 진통을 겪었던 독일을 상기해 보면, 분단 이후 남북한 영유아 교육 · 보육의 역사에 대한 고찰은 통일한국시대를 대비하기 위한 절차이고 과정이라 하겠다.

해외의 영유아 교육 · 보육 실태 분석 또한 미래지향적 관점에서 남북한의 현실을 이해하고 통일한국시대를 대비하는 데 중요한 역할을 할 것이다. 특히 미국, 중국, 독일, 스웨덴의 영유아 교육·보육 현황과 변천사 고찰은 한반도 상황 파악에 치우쳐 남북한 비교에 집중했던 기존 연구의 한계를 극복할 수 있을 것이다. 예를 들면, 미국은 남한의 유아교육 발전에 가장 큰 공헌을 하였다. 중국은 북한과 사회주의 국가의 보편적 특성을 공유하고 있다. 독일은 제2차 세계대전 이후 동·서독으로 분단되었다가 1990년 통일의 위업을 달성하였다. 그리고 스웨덴은 일찍이 세계에서 가장 성공적인 영유아 교육·보육 시스템을 구축하였다.

이 책은 서론, 제1부 남한, 제2부 북한, 제3부 다른 나라로 구성되어 있다. 서론에서는 건강과 행복은 영유아의 권리라는 전제하에 공공 시스템으로서 영유아 교육·보육이 갖춰야 할 조건을 간단히 피력하였다. 이와 아울러 한국 최초의 영유아 교육·보육 기관을 밀양유치원이라 규정하고, 밀양유치원이 설립된 1910년부터 남북 분단 이전까지 한국의 유치원과 어린이집에서 이루어졌던 영유아 교육·보육을 기술하였다.

제1부에서는 남한 영유아 교육·보육의 역사를 1945~1990년, 1991~2003년, 2004~2011년, 2012년 이후 등 네 시기로 구분하였다. 1945~1990년에는 아동 중심 교육철학과 발달이론에 기초하여 유아교육 이념을 정립하였다. 1991~2003년에는 어린이집에 관한 법률로서 「영유아보육법」을 제정하고 어린이집을 확대하였다. 2004~2011년에는 유치원에 관한 법률로서 「유아교육법」을 제정했고, 유치원과 어린이집은 각각 평가제와 평가인증제를 도입했다. 그리고 2012년 이후에는 유치원·어린이집 공통 교육과정으로 누리과정을 도입하고, 유치원·어린이집 무상교육·보육을 위해 관련 법령을 개정했다. 2024년 현재는 유치원 유아 및 어린이집 영유아를 대상으로 제한적으로나마 무상교육·보육 제도를 시행하고 있다. 이와 아울러 중앙 단위의 영유아 교육·보육 관리체계를 교육부로 일원화하고, 시·도교육청으로의 통합을 추진하고 있다.

제2부에서는 북한 영유아 교육·보육의 역사를 1945~1975년, 1976~1994년, 1995년 이후 등 세 시기로 구분하였다. 1945~1975년에는 소련으로부터 도입한 마르크스·레닌주의와 조기 집단교육 이론을 교육·보육의 이념으로 채택하였고, 유치

원 · 탁아소에서는 김일성에 대한 우상화 교육을 했다. 1976~1994년에는 주체사상과 사회주의교육학에 근거하여 유치원 · 탁아소에 관한 법률로서 「어린이보육교양법」을 제정하고 유치원 5세반 교육을 의무교육화하였다. 아울러, 김일성 · 김정일 부자에 대한 우상화 교육을 했다. 1995년 이후에는 영유아 교육 · 보육이 정체된 상태에 있다. 그럼에도 김일성 · 김정일 우상화 교육은 지속되었다. 2024년 현재는 김정은에 대한 우상화 교육을 강화하고, 김일성-김정일주의 계승자로서 김정은의 위상을 과시하고 있다.

제3부에서는 미국 · 중국 · 독일 · 스웨덴의 영유아 교육 · 보육 현황과 변천사를 기술하였다. 복지생산 주체를 기준으로 20세기 말 국가의 성격을 규정한 에스핑-안데르센에 의하면, 미국은 복지생산 주체를 시장에 두는 자유주의 국가이고, 독일은 보완성이나 형평성의 원리에 기초하여 가족과 사회에 책임을 귀속시킨 보수주의 국가이고, 스웨덴은 국가를 복지생산자로 여기는 사회민주주의 국가이다.

1994년에 집필하기 시작한 이 책이 세상에 모습을 드러낼 수 있었던 데는 덕성여자대학교 대학원 제자들의 도움이 컸다. 방대한 자료 수집을 가능케 했던 제자들에게 고마움을 표하고 싶다. 오랜 세월이 흘렀음에도 이 책의 출판을 기꺼이 맡아 주신 학지사 김진환 대표님과 편집부 여러분께도 깊은 감사의 마음을 전한다.

2024년 12월

저자 양옥승

차례

제2부 북한

제3부 다른 나라

서론

건강과 행복은 영유아의 권리

분단 이전 한국의 영유아 교육 · 보육

건강과 행복은 영유아의 권리

영 · 유아는 무한한 잠재력과 가능성을 지니고 있다. 애정을 가지고 대하는 사람들 속에서 긍정적인 자아상과 타인에 대한 신뢰감을 형성한다. 타인과의 상호작용을 통해 사회 성원으로서 언어, 규범, 생활양식을 익히고 사회화되어 간다. 타고난 호기심으로 상상의 나래를 한껏 펼치고 주변 환경을 탐색하며 삶을 즐기면서도 일상에서 쉽게 상처받고 좌절한다. 하지만 따뜻한 관심과 보살핌이 주어진다면 생각과 감정을 조절하며 주어진 상황에 유연하게 대처할 수 있다.

영유아는 생애 전 주기에서 가장 미숙하면서도 평생 사용할 뇌세포 대부분을 형성하는 결정적인 시기에 있다. 이때 각인된 기억은 평생 강하게 남고, 이때 형성된 인성은 인생을 좌우할 만큼 그 영향력이 크다. 자기조절력, 사고력, 창의력은 이때 가졌던 경험이 누적되고 다져지면서 발달한다. 후일 성별, 연령, 계층, 장애, 지역, 인종, 종교 등에 따른 문화의 다양성을 존중하고 포용할 수 있는 시민성도 이때 가졌던 경험으로부터 형성된다.

영유아는 일생을 살아가기 위한 기반을 다지는 인생의 출발선에 서 있다. 인생의 긴 경주는 영유아기에 시작된다. 뛰어난 인물 중에는 어린 시절의 어려움과 불행을 극복하고 훌륭하게 자라난 사람도 많지만, 대부분의 평범한 사람들은 어린 시절의 경험을 극복하기가 쉽지 않다. 영유아 때 좋은 환경을 갖지 못하게 되면 나중에 교정하기도 힘들고 비용도 많이 들며 그 효과도 떨어진다.

영유아는 건강하고 행복하게 삶을 누릴 권리가 있다. 정신적으로나 육체적으로 건강하게 자랄 수 있어야 한다. 자신의 흥미나 요구를 자유로이 표현하며 만족감과 즐거움을 느낄 수 있어야 한다. 신체 · 정서 · 사회성 · 인지의 전인적인 발달을 위해 교육받을 수 있어야 한다. 삶의 과정에서 외부의 구속 없이 자신의 의견을 표출할 수 있어야 한다. 이러한 모든 권리는 영유아의 발달 특성을 이해하는 성인의 세심한 보살핌과 돌봄에 의해 지켜질 수 있다.

영유아의 건강권과 행복권을 보장하고 전인적 성장 발달을 촉진하기 위해서는 출발선 평등을 보장하는 교육(education)과 돌봄(care) 즉 영유아 교육과 보육(early childhood education and care, 이하 '영유아 교육 · 보육'이라 칭함)이 필요하다. 어린이는 미래라는 구호가 무색해지지 않도록 국가는 영유아가 미래에 필요한 기초 역량을 키우며 건강하고 행복하게 지낼 수 있는 교육 · 보육 환경을 마련해 주어야 한다. 일찍이 미국은 저소득층 가정의 영유아 교육 · 보육 프로그램인 헤드스타트(Head Start)에 관한 연구를 통해 영유아기에 투자한 1달러는 청소년기에 7.16달러를 투자한 효과가 있다는 사실을 확인했다.

영유아 교육 · 보육에 대한 투자는 미래를 위한 투자이다. 인재는 갑자기 나타나는 것이 아니다. 한 국가의 경쟁력과 지속 가능한 발전은 영유아 교육 · 보육을 기반으로 하여 이루어진다. 개인의 잠재력을 조기에 발견하고 미래에 필요한 역량을 키워주는 영유아 교육 · 보육은 천연자원 제한으로 인적 자원에 의존하는 한국의 경쟁력 강화에도 도움을 줄 것이다.

영유아 교육 · 보육의 전제 조건

첫째, 영유아는 어떤 차별도 받지 않고 균등하게 교육 · 보육을 받을 권리가 있다.

영유아는 존엄과 권리를 지닌 독립된 인격체이다. 건강하고 행복하게 생활하면서 타고난 잠재 능력을 최대한 발휘하며 전인적으로 성장 발달할 수 있어야 한다. '유엔아동권리협약'에서 규정한 생존 · 보호 · 발달 · 참여의 권리 또한 지켜져야 한다. 그러기 위해서는 연령, 성별, 신체적 · 정신적 조건, 가정 배경, 장애, 지역, 인종 등에 따른 차별 없이 공평하게 교육 · 보육을 받을 수 있어야 한다.

「대한민국헌법」, 「아동복지법」, 「교육기본법」에 따르면, "모든 국민은 능력에 따라 균등하게 교육을 받을 권리를 가진다"(헌법 제31조1항), "아동은 자신 또는 부모의 성별, 연령, 종교, 사회적 신분, 재산, 장애유무, 출생지역, 인종 등에 따른 어떠한 종류의 차별도 받지 아니하고 자라나야 한다"(아동복지법 제2조1항), "모든 국민은 성별, 종교, 신념, 인종, 사회적 신분, 경제적 지위 또는 신체적 조건 등을 이유로 교육에서 차별을 받지 아니한다"(교육기본법 제4조1항).

둘째, 영유아 교육 · 보육은 인식론뿐 아니라 윤리적으로도 합당해야 한다.

본디 교육은 인식론만이 아니라 어떤 윤리 도덕적 가정을 하느냐에 따라 그 의미, 실체, 구조, 이미지 등이 달라진다. 그런데 그동안 교육 담론은 인식론적인 틀에 갇혀 윤리 도덕적인 문제를 상대적으로 평가 절하하고 보살핌이나 돌봄의 정서와 윤리를 배제한 채 지식 형성에 치중한 면이 적지 않았다. 따라서 영유아 교육 · 보육의 공공성 제고를 위해서는 교육과 돌봄을 도식화된 이분법으로 재단하지 말아야 한다.

영유아는 성인의 보호 없인 생존할 수 없는 존재로서 홀로 남겨져서는 안 된다. 그래서 보살핌이나 돌봄이 없는 영유아교육이란 무의미하다. 영유아기에 충분한 보살핌을 받지 못한다면 후일 자신은 물론 타인의 삶까지도 위기에 빠뜨릴 수 있기 때문이다. 다만 교육과 돌봄 중에서 어느 쪽을 비중 있게 다룰 것인지를 결정할 때는 영유아의 나이를 고려하는 것이 타당하다. 1세 미만의 영아는 돌봄 쪽에, 1~2세 영아는 교육과 돌봄 양쪽에, 3세부터 초등학교 취학 전까지의 유아는 교육 쪽에 보다 큰 비중을 둘 수 있을 것이다.

셋째, 영유아 교육 · 보육은 영유아의 미래만이 아닌 현재 삶에도 초점을 맞춘 아동중심의 교육 · 돌봄이어야 한다.

교육은 본질적으로 미래를 전제한다. 교육이 미래 지향적이라면 돌봄은 현재 지향적이다. 이렇게 보면 마치 교육과 돌봄은 미래와 현재라는 서로 다른 시점을 향하고 있는 것 같다. 이러한 추측은 학생의 현재 삶을 거의 논외로 해 온 그간의 초 · 중등교육 담론을 보면 충분히 나올 법하다. 그러나 영유아 대상의 교육 · 돌봄은 영유아의 미래만이 아니라 현재의 일상적인 행복을 위해서도 설계 · 운영되어야 한다. 지금 세상 어디에도 성숙한 영유아는 없기 때문이다.

영유아는 신체, 정서, 사회성, 인지 모든 면에서 미성숙한, 그래서 전인적으로 성장 · 발달할 수 있도록 교육받아야 하는 존재임과 동시에 지금 당장 보살핌을 받고 돌봐져야 하는 존재이다. 해서 영유아 교육 · 보육은 영유아의 미래와 현재 모든 시점의 삶에 주목해야 한다. 영유아는 미래에도 잘 살아야 하고 현재에도 잘 살아야 한다. 한편으로는 미래에 어떤 역량을 가진 사람으로 사는 것이 행복할 것인지에 대해 깊이 생각하지만, 다른 한편으로는 어떤 능력을 계발하는 것이 지금 행복할 것인지에 대해서도 고민해야 한다.

넷째, 영유아 교육과정과 보육과정은 전문적 역량을 갖춘 교원이 설계, 운영해야 한다.

교육 · 보육의 질은 교사의 질을 능가할 수 없다. 영유아교사는 영유아의 발달 수준과 삶의 맥락에 비추어 아동 중심의 최적화된 교육과정과 보육과정을 설계할 수 있어야 한다. 또한 일상생활과 놀이를 통해 교육과정과 보육과정을 제공할 수 있어야 한다.

영유아교사는 영유아의 능동적인 놀이와 학습활동이 가능하도록 환경을 구성하고 다양한 교수 · 학습 방법을 활용할 수 있어야 한다. 영유아가 자신의 흥미, 요구, 관심에 따라 놀이 활동을 자유롭게 선택 · 실행할 수 있도록 상호작용할 수 있어야 한다. 영유아의 행동을 관찰하고 평가하여 교육과정이나 보육과정에 반영할 수 있어야 한다. 다양한 네트워크를 통해 가족 및 지역사회와 소통 · 협력할 수 있어야 한다. 아울러 동료 교원과의 소통 · 협력, 자기 계발, 교육 · 보육 현장 연구도 할 수 있어야 한다.

다섯째, 영유아 교육 · 보육 기관은 교육 · 보육과정 뿐 아니라 가족지원 프로그램도 제공할 수 있어야 한다.

발달적으로 미성숙하고 타인 의존적인 영유아의 발달을 촉진하고 건강과 행복을 보장하기 위해서는 부모(또는 보호자), 형제 등 가족 성원 모두가 정신적 · 육체적으로 건강하고 행복해야 한다. 이런 목적달성을 위해 영유아 교육 · 보육 기관은 교육과정 · 보육과정과 더불어 가족을 지원하는 프로그램들을 제공할 수 있어야 한다.

가족 지원은 부모 상담 및 교육, 부모참여, 가족복지 등 다양한 형태로 이루어질 수 있다. 가족 지원을 통해 영유아 교육 · 보육의 효과를 극대화한 대표적인 사례로는 미국 헤드스타트(Head Start) 프로그램을 들 수 있다. 헤드스타트는 학부모의 적극적인 참여 없이 저소득층 대상의 교육 · 보육은 성공할 수 없다는 전제하에 다양한 학부모 운영위원회를 조직, 운영하고 있다. 그뿐만 아니라 포괄적 서비스 지표로서 '헤드스타트 프로그램 수행기준(Head Start Program Performance Standards)'을 개발하고 정기적으로 교육과정과 가족지원 프로그램을 평가하고 있다,

유치원과 어린이집

한국의 영유아 교육 · 보육 기관은 유치원(kindergarten)과 어린이집(child care center)으로 구분된다. 유치원은「교육기본법」및「유아교육법」에 준하여 3세부터 초등학교 취학 전까지의 유아를 '교육'하기 위하여 설립 · 운영되는 '학교'이다. 어린이집은「사회복지사업법」및「영유아보육법」에 준하여 보호자의 위탁을 받아 7세 이하의 취학 전 영유아를 '보육'하기 위하여 설립 · 운영되는 기관으로서 '사회복지시설'을 의미한다.「영유아보육법」에 의하면, "보육이란 영유아를 건강하고 안전하게 보호 · 양육하고 영유아의 발달 특성에 맞는 교육을 제공하는 어린이집 및 가정양육 지원에 관한 사회복지서비스를 말한다"(제2조제2항).

유치원과 어린이집은 초 · 중등학교와 매우 다른 양상을 띠고 있다. 취원 가능 연령이 다르면서도 겹쳐져 있다. 유치원의 교사는 '유치원 교사'이지만 어린이집의 교사는 '보육교사'라 칭한다. 유치원 교사와 보육교사는 양성과정도 정교사 자격기준도 상이하다. 그러나 유치원과 어린이집은 공공성을 가진다는 공통점이 있다.

「교육기본법」제9조에 따르면, "유아교육 · 초등교육 · 중등교육 및 고등교육을 하기 위하여 학교를 둔다. 학교는 공공성을 가지며, 학생의 교육 외에 학술 및 문화적 전통의 유지 · 발전과 주민의 평생교육을 위하여 노력하여야 한다. 학교 교육은 학생의 창의력 계발 및 인성 함양을 포함한 전인적 교육을 중시하여 이루어져야 한다."「사회복지사업법」제1조의2에서도 "사회복지를 필요로 하는 사람은 누구든지 자신의 의사에 따라 서비스를 신청하고 제공받을 수 있다 ··· 사회복지시설은 공공성을 가지며 사회복지사업을 시행하는 데 있어서 공공성을 확보하여야 한다."라고 명시하고 있다.

공공성은 국가의 사적 부문이나 시장 개입의 정당성과 관련된 개념으로 국가가 사회적 책임이나 가치의 보전을 위해 실시하는 정책, 제도, 행위를 의미한다. 그리고 공공성의 핵심은 양적 · 질적 모두에서 기회의 창을 넓히는 데 있다. 따라서 영유아 교육 · 보육에 대한 공공성 확보를 위해 국가는 영유아 교육 · 보육 기관에 대한 접근성을 높이고, 무상 교육 · 보육 제도를 시행하거나 교육 · 보육 비용을 중앙정부 · 지방정부 · 학부모가 적정한 수준에서 분담하는 정책을 실시해야 한다. 국가는 또한 영유아교사의 전문성을 확보하고, 유치원 · 어린이집에서 양질의 교육 · 보육과정을 제공할 수 있도록 제도적 뒷받침을 해야 한다.

분단 이전 한국의 영유아 교육 · 보육

교육사적으로 보면 조선시대에는 교육기관으로 성균관, 사학, 향교, 서원, 서당 등이 존재했다. 이 가운데 어린 아동을 대상으로 한 교육기관은 서당이었다. 다만 서당은 우리 나이 일곱 살 이상 즉 5~6세 이상의 남아들만이 다닐 수 있었다. 이와 같은 유아교육 기관 부재는 사회의 분화 정도가 약했던 농경사회에서 나타나는 전형적인 양상이었다.

유치원

한반도에 세워진 최초의 영유아 교육 · 보육 기관은 유치원이다. 유치원 설립 시기만 놓고 보면, 한국에 거주하는 일본 거류민을 위해 1897년 3월에 설립된 사립 부산유치원이 한반도에 처음 세워진 유치원이다. 한국학중앙연구원이 발간한 한국향토문화전자대전에 따르면, 일본 정부는 일본불교를 포교할 목적으로 개항장을 중심으로 사찰을 세웠는데, 그중 하나가 1877년에 설립한 정토진종 대곡파 본원사(동본원사) 부산별원이었다. 개항기부터 신도수가 가장 많았던 부산별원은 일본인 거류민과 한국인을 대상으로 1877년 '빈민 구휼'을 위해 부산자선교사를, 그리고 1897년 부산유치원을 설립하였다. 부산유치원에 한국인이 취원할 수 있었는지에 대한 기록은 없으나, 동본원사 부산별원은 1878년에 일본인 거류민에게 한글 교습을 위해 한어학사를 세웠고, 유치원을 설치한 이듬해인 1898년에 일본부인회를 설립한 것으로 보아 부설 유치원은 일본인 거류민을 위한 시설이었던 것으로 보인다.

일본인을 위한 유치원은 이후에도 다수 개설되었다. 1900년에 설립된 공립 경성유치원, 공립 인천기념유치원 이외에 진남포(1904년), 대구와 원산(1907년), 군산과 나남(1909년), 경성(1910년) 등지에도 공립 또는 사립 유치원이 개설되었다(이상금, 1987). 1909년 일본불교 정토종 포교자원이 함경북도 경성군 나남읍에 개설한 나남유치원에 대해서는 일본 거류민을 위한 시설(예: 이상금, 1987)이라 보는 시각도 있지만, 교사만 일본인이었을 뿐 한국인 자녀를 위한 시설(예: 서울대학교 교육연구소, 1995)이라 보는 시각도 존재하는 등 이론의 여지가 많다.

한국 아동을 위해 한반도에 맨 처음 개설한 유치원을 최초의 유치원이라고 규정하면 밀양유치원이 한국 최초의 유치원이다. 밀양유치원은 인구 15,000명의 밀양지역 주민들이 미국 개신교 선교사의 도움을 받아 1910년에 창립한 유치원이다. 창립 이후 밀양유치원은 교육기관으로서 유치원의 위상을 다지는 일에 매진했다. 1923년에는 유치원 운영비 조달을 위해 지역 주민과 학부모들이 중심이 되어 기성회를 조직하기도 했다(동아일보, 1923b). 밀양유치원은 재정난으로 1920년대 후반 폐원했으나, "유아들이란 장래를 결정할 요긴한 시기에 좋은 교도가 없으면 그만 장래가 비관되는 것"(동아일보, 1933a)이라는 주민들의 호소에 따른 각계각층의 지원과 성금으로 1933년에 다시 개원했다.

밀양유치원 창설 이후 한국 아동의 '보육'과 기독교 선교를 목표로 한 유치원이 전국에 여럿 개설되었다. 1911년 해주에는 미국 기독교 선교사가 개설한 원아수 10여 명의 유치원이 있었다(이윤진, 2006). 1910년 평양에는 4개의 교회유치원이 개설되어 게임, 노래, 종이접기, 동작, 성경 등을 가르쳤다(이상금, 1987)고 한다. 그러나 4개 유치원의 총 원아수가 10명에 지나지 않았다는 점에서 이들은 교회 유치부였을 것으로 추정된다.

한편, 1913년 친일파 이완용, 조중응, 조진태, 한상룡 등은 관립 경성여자고등보통학교에 부속유치원으로 사립 경성유치원을 개설했다. 경성유치원은 일본의 식민통치를 위한 민족동화정책 구현을 목표로 한 시범유치원이었기에 친일 관료와 매판자본가 자제를 대상으로 했다. 원장은 경성여자고등보통학교의 교장이 겸임하고, 교사는 일본인이, 보조교사는 경성여자고등보통학교를 졸업한 장옥식이 담당했다.

1914년 이화학당은 유아교육과 기독교 선교를 위해 손탁호텔에 미국 감리교 선교사 브라운리를 원장으로 한 이화유치원을 설립했다. 이화유치원은 16명의 원아를 모집하여 우리말로 유희, 노래, 수기를 가르치고, 이야기를 들려주었다. 유치원 교사는 미국에서 유치원양성학교를 졸업한 브라운리 원장이 겸임했다. 일본에서 유치원 사범과를 졸업한 한국인 조애리는 브라운리 교사를 돕는 보조교사로 일했다.

1915년 미국 장로교 선교사 엘러스는 정신여학교에 부설 정신유치원을 개설했다. 그리고 1916년 영신학교 교감 박희도와 유양호는 정동교회에 중앙유치원을 개설했다. 중앙유치원은 이화유치원과 유사한 교육과정을 운영했는데, 그 이유는 이화유치원 원장이 중앙유치원 원장직을 겸했기 때문이었다(이상금, 1987).

『순조실록』 부록에 의하면, 조선 제26대 왕 고종이 "덕수궁 안에 유치원을 설치하여 복녕당 아기씨를 교육할 것을 명"하였다. 그에 따라 다섯 살 난 덕혜옹주는 1916년 4월 덕수궁 준명당에 설치된 유치원에서 고관대작 여식들과 함께 일본인 교사에 의해 일본식 교육을 받았다고 한다. 참고로, 1910년대 한국 아동을 위한 유치원은 시설수 17개, 원아수 800명이었다(이윤진, 2006). 이는 보통학교가 1919년 기준으로 시설수 482개, 학생수 84,306명이었던 것(한기언, 1963)에 비하면 턱없이 적은 수치이다.

유치원에 관한 규정

유치원에 관한 최초의 규정은 1908년 일제 통감부가 칙령 제22호로 공포한 「고등여학교령」이라 할 수 있다. 고등여학교령 제10조에는 "고등여학교에 부설유치원을 설함을 득함"(제10조)이라 명시되었다. 1910년대에 여자고등보통학교에 부속유치원을 설립할 수 있었던 데는 「고등여학교령」에 따라 학부령 제10호로 마련된 '관립한성고등여학교 학칙'의 영향이 컸다.

관립한성고등여학교 학칙에 따르면, 부속유치원은 4세부터 초등학교 취학 전까지의 유아가 취원할 수 있다. 유치원 정원은 80명이고, '보육' 항목은 유희, 창가, 담화 및 수기이며, 시수는 1일 5시간 이내이다. '보모' 1인당 40명의 원아를 담당하고, 보육료는 무상이다. 학칙에는 휴업일, 입 · 퇴원 절차 등과 관련된 사항도 포함되어 있다.

1915년 일제는 민족혼 배양의 온상이었던 사학을 규제하기 위해 사립학교 규칙을 개정하였다. 그리고 1922년에는 조선총독부령 제11호로 '유치원규정'이 첨가된 제2차 「조선교육령」을 공포하였다. 13개 조항으로 이루어진 유치원규정에 따르면, 유치원은 맹아학교, 기타 보통학교 등과 같은 각종 학교에 해당한다. 유치원은 3세부터 7세까지의 유아에게 '유희, 창가, 담화 및 수기'를 가르치고 '보육'하며, 보통학교에 부설할 수 있다. 유치원을 설립하기 위해서는 인가를 받아야 한다(이상금, 1987; 한기언, 1963).

사립 유치원 증가

사립학교 규칙 개정으로 인해 입지가 좁아진 일부 선교단체는 1920년대 들어서 인가제 관리가 허술한 유치원에 관심을 돌리기 시작했다. 그에 따라 사립 유치원은 급속도로 증가하였다. 대표적인 사례로는 미국 감리교 여선교회가 1923년 서울 태화여자관(현 태화기독교사회복지관)에 개설한 태화유치원이 있다. 창립 당시 태화유치원은 35명의 원아를 모집했고, 5원의 입학금, 2원의 월사금을 받았다(동아일보, 1923a). 1924년 기준으로 서울에는 9개의 기독교계 유치원이 존재했다(동아일보, 1924). 한편, 일본계 정토종 불교재단은 1927년에 화광유치원을 개설하였다. 화광유치원은 교화사업을 명분으로 서울 관수동에 있는 재단 산하 화광교원에 부설되었다. 유치원 원장은 이화여전 보육과를 졸업한 황온순이었다.

일제강점기 사립 유치원은 의료사업과 더불어 선교의 한 방법이었다. 또한 사립 유치원은 민족적 요구에 부응하려는 교육열과 함께 일본제국주의에 대항하는 민족주의의 요람이었다. 사립 유치원 설립은 일부 선각자들에 의한 사립 중 · 고등교육 기관설립과 깊은 연관이 있다. 구한말에 세워진 공립학교들은 주로 관리양성을 목표로 하여 고관 자제를 대상으로 했기 때문에 민족정신을 앙양하고 독립사상을 고취하기 위한 교육은 사학을 중심으로 이루어졌던 것이다.

1920년대에 들어서 많은 유치원이 개설되면서 1935년에는 전국에 235개의 유치원이 있었고, 13,522명의 원아가 유치원에 다니고 있었다(이상금, 1987; 이윤진, 2006). 그러나 1945년에는 시설수와 원아수 모두 감소했다(김영옥 외, 1995; 이상금, 1995). 즉, 시설수는 공립 3개, 사립 141개 등 총 144개(남한 37개, 북한 107개)이었고, 원아수는 공립 324명, 사립 8,945명 등 총 9,269명에 지나지 않았다. 참고로 3개 공립 유치원은 일본 거류민 자녀를 위한 시설이었다.

교원양성기관 개설

한국 최초의 유치원 교사 양성기관은 1915년 설립된 2년 과정의 이화학당 유치원 사범과이다. 이화학당 유치원 사범과는 이화유치원 교사인 브라운리의 주도 하에 유희, 노래, 교수법, 인지교육, 수공, 아동심리, 체조, 교육실습 등을 가르쳤다. 1916년에는 첫 졸업생으로 조애리를, 그리고 1927년까지 총 98명의 졸업생을 배출하였다.

이화학당 유치원 사범과는 1928년에 이화보육학교(2년제)로 명칭 변경하고 이화학당으로부터 독립했다. 이화보육학교는 14회까지 졸업생 346명을 배출하였고, 1941년에는 이화여자전문학교에 병합되어 3년제 보육과로 승격되었다. 이화여자전문학교 보육과는 1943년에 1년제 단일과정의 이화여자전문학교 여자청년연성소 지도자 양성과로 통 · 폐합되었다. 그리고 여자청년연성소 지도자 양성과는 1945년에 이화여자전문학교가 경성여자전문학교로 개칭되면서 보육전수과로 명칭 변경되었다.

사실상, 1920년대 들어서는 전국에 다수의 유치원 교원양성 기관이 설립되었다. 1922년에는 중앙유치원이 2년 과정의 유치사범과를 개설하였다. 중앙유치원 유치사범과는 중국, 일본 등지에서 유아교육을 전공한 한국인 교수가 맡아 교육과정을 운영했으며, 1928년에 중앙보육학교로 명칭을 변경하였다.

1926년에는 갑자유치원이 1년 과정의 사범과를 개설하였다. 갑자유치원 사범과는 1927년 2년으로 교육 연한을 늘리고 학교 명칭을 경성보육학교로 바꾸었다(이상금, 1987). '보육학교'라는 명칭 사용은 경성보육학교가 처음이었다. 1927년에는 평양에 있는 숭의여학교가 2년제 보육과를 개설하였다. 1930년에는 전주에 있는 영생유치원이 2년제 사범과를 개설하여 유치원 교사 양성과정에 합류했다. 재령, 나남 등지에서도 유치원 교원양성 기관을 개설하였다.

어린이집

한반도에 처음 세워진 어린이집은 1921년 대구에 설립된 경북구제회 '탁아장'으로, 지금까지 알려진 시기보다 일찍 운영되기 시작했던 사설 보육시설이다. 필자가 발굴한 1935년 작성된 '조성금하부신청서'와 1936년 조선총독부에 제출했던 '사설사회사업단체국고보조신청의건'에 의하면, 약 2년간의 우여곡절 끝에 설립된 경북구제회는 '탁아장'이라는 어린이집을 고아원 등의 사회구제사업과 함께 운영하였다. 당시 경북구제회는 동아일보에 활동상황이 보도될 정도로 활발하게 운영되고 있었으며, 영유아를 위한 탁아장이라는 별도의 시설물이 있었던 것으로 신축계획서에서 확인할 수 있다. 조성금하부신청서를 보면, 영아 50명 유아 20명 등 총 70여 명의 영유아에게 돌봄을 제공했던 것으로 나타난다.

경북구제회 탁아장 이후에 개설된 어린이집으로는 빈곤 가정의 3~6세 유아를 위해 일본불교 정토종 사찰인 지은사의 주지가 1926년 부산공생원에 개설한 '탁아부', 그리고 일본불교 정토종의 사회사업재단 화광교원이 1928년 서울에 개설한 '탁아소'가 있다. 화광교원 부설 탁아소의 경우, 2명의 보모가 평일 오전 9시부터 오후 5시까지 50명의 원아를 돌보았다. 이 밖에는 일본불교 재단 부산자선교사가 한국 빈민 및 일본 거류민 자녀를 대상으로 개설한 탁아소도 존재했다(동아일보, 1923c; 이윤진, 2006).

일제의 토지조사사업(1912~1918)으로 농촌 지역에 거주하던 농민들이 대거 도시로 이주하면서 도시 지역에는 빈곤층이 늘어났고, 도시의 빈민들은 심각한 취업난으로 궁핍에 시달렸다. 가장의 경제활동만으로 가계를 충당할 수 없게 된 도시의 기혼 빈민 여성들은 가계를 위해 공장에 나가야 했다. 경제적 수탈을 위해 1920년대에 일제가 추진한 공업화 정책은 저임금의 기혼여성 공장노동자를 양산하였다.

1920년대 도시 빈곤층 지역에는 공장노동자에 대한 '인보사업', 즉 사회사업을 명분으로 어린이집들이 다수 세워졌다. 유치원은 "잘사는 집 아이들을 위한"(동아일보, 1927) 시설이기 때문이었다. 1930년대 일제의 중화학공업 육성 또한 사회사업의 측면에서 공장에서 일하는 여성의 자녀를 돌볼 수 있는 어린이집에 대한 요구증대로 이어졌다. 1930년 일제는 공장에 "여직공을 위하여 탁아소 설치"를 권장하였다(동아일보, 1930a). 이에 부응하여 청진부청은 청진사회단체 회관이었던 청진동계사무소에 부영탁아소를 설치 · 운영하였다(동아일보, 1930b).

다른 한편으로는 여공의 어린 자녀를 '탁아'하기 위해 사회사업단체가 아닌 독지가가 세워 운영하는 어린이집도 등장하였다. 독지가가 세운 대표적인 어린이집은 1930년 이웅실이 함경북도 청진부에 설치한 청진탁아소라 할 수 있다. 이웅실에 따르면, "공장 문전에서 어린 것 때문에 공장에 들어가지 못하고 그냥 돌아오면서 통탄하는 여직공"(동아일보, 1935c)은 없어야 한다는 마음에서 탁아소를 설립했다고 한다. 청진탁아소는 오전 8시부터 오후 5시까지 운영하였다. 창립 당시 33명이었던 원아수는 5년 후 110명으로 크게 늘었다.

1930년대 들어서 일제는 그동안 전격 시행했던 농촌 수탈정책으로 이주해 버린 농민들의 노동력을 남아 있는 부녀자들의 노동력으로 메우기 위해 여름 농번기에 일시 개원하는 임시 어린이집으로 '농번기 탁아소'를 적극적으로 활용하기 시작했다. 1931년에는 '농촌보통학교 민중화' 명분으로 농번기에 초등학교의 임시 휴교를 결정하고 교실을 농번기 탁아소로 활용하게 하는 '보통학교제개혁' 정책을 시행하였다. 그에 따라 휴교 중인 학생들은 농사일을 돕고 여교사들은 탁아소에서 영유아를 돌보았다(동아일보, 1931).

1932년 일제는 '농촌진흥운동'을 전개하며 미국의 경제공황에 이어 나타난 경제적 위기를 농촌 여성의 노동력 확보를 통해 타파하고자 하였다. 이러한 맥락에서 농촌 지역에는 농번기만 되면 많은 어린이집이 세워졌다. 1933년 11월 신문 보도(동아일보, 1933b)에 따르면, 전남 지역에만 66개의 어린이집이 있었다. 그리고 1,700여 명에 달하는 영유아가 이들 어린이집을 이용했다.

1935년 2월에는 개성 남성병원 산파 간호부 양성과정을 수료하고 태화여자관 유치원에서 근무했던 손정자가 서울 이화동에 탁아소를 개설했다(동아일보, 1935a). 1935년 4월에는 대구에서 목회 활동을 하던 목사 이석낙이 1세 미만, 1~3세 미만, 3~7세 미만의 3개 반으로 구분된 은총탁아소를 개설하였다. 은총탁아소에서는 유치원과 같은 유희, 창가, 담화, 관찰, 동화, 수기를 가르쳤다(동아일보, 1935b). 1936년에는 캐나다 여선교사 노선복이 이화학당 부설 동대문부인병원에 경성탁아소를 설립하고, 유치원과 같은 방식으로 유아를 교육하였다. 다만, 경성탁아소에는 유치원처럼 경제적으로 여유 있는 가정의 자녀들이 다녔다(이윤진, 2006).

평양부 사회계에서 실시한 조사자료에 따르면, 1938년 2월 기준으로 평양부에는 47개의 공장이 있었고, 공장에는 2,944명의 여성이 취업하고 있었다. 취업 여성 중 기혼여성은 1,234명이었고, 이 중 자녀가 있는 여성은 847명이었다. 그리고 어린 자녀가 있는 여성들은 맡아 줄 시설이 없음에도 자녀를 데리고 공장에 출근했다(동아일보, 1938a).

이러한 상황에서 1938년 9월 숭의여학교 동창회는 숭의여학교(평양 소재)에 숭의탁아소를 개설하였다. 숭의탁아소는 3세부터 7세까지의 유아를 대상으로 매일 오전 6시부터 오후 7시까지 운영하였다(동아일보, 1938b, 1938c). 1939년 서울의 태화여자관은 태화기독교사회관으로 명칭을 변경하고 산하에 탁아소를 개설하였다.

조선총독부는 1938년 11월 기혼여성 취업 지원의 취지에서 '탁아소 설치 10개년 계획'을 발표하였다(동아일보, 1938d). 향후 10년 동안 15만 명 인구를 단위로 탁아소를 설치함으로써 전국 주요 도시에 29개의 탁아소를 설치 · 완성하겠다는 것이었다. 어찌 됐든 일제강점기 어린이집은 유치원과 다르게 공 · 사립 모두 법적인 근거가 없는 상태에서 운영되었다.

조선총독부 사회과 사회복지 연합회의 통계에 의하면, 1939년 기준 435명의 영유아가 관립 1개, 공립 2개, 재단 설립 3개, 종교단체 설립 1개, 개인 설립 1개, 기타 3개 등 총 11개의 어린이집에 다니고 있었다. 그러나 전체 어린이집 11개 중에서 4개만이 무료 시설이었다. 부내에 있는 모든 어린이집(3개)이 유료로 운영되고 있었던 평양부의 경우, 영세민촌에 거주하는 빈곤층 기혼 취업 여성을 위해 1940년 부내에 무료 시설인 공설탁아소를 개설하였다(동아일보, 1940).

제1부

남한

1945~1990년: 아동 중심 교육철학과 발달이론에 기초한 영유아 교육 · 보육

1991~2003년: 「영유아보육법」 제정과 어린이집 확대

2004~2011년: 「유아교육법」 제정과 유치원 · 어린이집 평가제 도입

2012년 이후: 유아교육과 영유아보육의 통합 추진

1945~1990년:

아동 중심 교육철학과 발달이론에 기초한 영유아 교육 · 보육

영유아 교육 · 보육 이념으로서의 아동 중심 교육철학과 발달이론

1945~1990년 한국은 영유아 교육 · 보육 이념으로 유치원의 창시자 프뢰벨(Friedrich Fröbel), 발달심리학자 홀(G. Stanley Hall), 교육철학자 듀이(John Dewey), 정신분석학자 프로이트(Sigmund Freud), 발달심리학자 피아제(Jean Piaget) 등이 제시한 아동 중심 교육철학과 발달이론을 도입, 적용하였다(양옥승, 2008).

프뢰벨의 아동 중심 교육철학

아동 중심 교육의 시조는 1840년 독일에 세계 최초로 '유치원(Kindergarten)'을 창설한 프뢰벨(Friedrich Fröbel)이다. 프뢰벨은 관념론(idealism)에 기초하여 아동 중심의 교육철학을 정립하고 유치원에 적용하였다. 그에 따르면, 유아는 진위를 식별하고 판단할 수 있는 능력과 더불어 본성에 따른 표상 활동이라 할 수 있는 놀이를 즐기는 성향을 지니고 있다. 따라서 유치원은 유아가 놀이를 통해 타고난 능력을 최대한 발현할 수 있도록 도와주어야 한다(이은화, 양옥승, 1988).

프뢰벨에게 있어서 유아교육은 글씨 판이나 교리문답 책으로 가르치는 것이 아니라, 유아가 자기의 본성을 발현하며 성장할 수 있도록 자유로운 놀이 환경을 조성해 주는 것이었다. 1826년에 출판한 자신의 저서 『인간교육(Die Menschenerziehung)』에서 프뢰벨은 유아 놀이의 중요성에 대해 다음과 같이 설명하였다.

> 놀이는 아동발달의 최고 위상이다. 그 이유는 놀이가 내적 필요성과 충동으로부터 온 내부의 자기 활동적 표상이기 때문이다. 놀이는 어린 시기에 있어서 가장 순수하고

> 고귀한 정신 활동이며, 동시에 전체로서의 인간 생활, 즉 인간이나 사물 속에 잠재해 있는 자연성이기도 하다. 그러므로 놀이는 세상에 기쁨, 자유, 만족, 내・외적인 휴식, 세계와의 평화를 준다. 놀이는 선의 원천이다. 육체가 피곤할 때까지 끈질기게 자기 활동적 본성에 의해 놀이하는 어린이는 자신이나 타인의 복지를 추구하기 위하여 자기희생을 할 수 있는 완벽하고, 결의가 굳은 인간이 될 것이다. 이 시기에 어린이 생활을 가장 아름답게 표현한다면 그것은 바로 놀이 속에 자신을 완전히 몰두하고 있는 그리고 몰두하다가 잠들어 버린 어린이가 아닐까?(이은화, 양옥승, 1988, 재인용)

프뢰벨의 유치원에서는 동・식물을 사육・재배할 수 있는 자연환경을 구비하고, 자연의 형태・색・크기로 인간의 정신세계를 형상화하여 제작한 '은물(Gabe)'을 놀이감으로 제공했다. 자유놀이와 은물놀이 이외에 주어진 형태로 엮고, 꿰매고, 끼우고, 쌓는 '작업', 노래, 게임, 이야기 듣기, 시 듣기 등으로 구성된 교육과정도 운영했다.

프뢰벨의 아동 중심 교육철학은 1860~1870년대 독일에서 미국으로 이주해 온 이민자들이 프뢰벨식 유치원을 개설하면서 미국 유아교육의 기본 이념이 되었다. 그러나 프뢰벨식 교육이 지나치게 관념적라는 교육계의 지적에 따라 1890~1900년대 미국 유치원은 심리학자 스탠리 홀의 발달이론을 유치원 교육이론으로 적용하기 시작했다. 이러한 맥락에서 1910년대 미국 개신교 선교사들이 설립한 한국 유치원들은 프뢰벨의 아동 중심 교육철학과 홀의 발달이론을 적용한 교육과정을 운영하였다.

홀의 발달이론

발달심리학자 홀(G. Stanley Hall)의 발달이론과 아동 중심 교육철학은 한국 유치원 교육에서 아동의 자유, 흥미 유발, 발달 연구를 최우선시하게 했고, 발달심리학을 유아교육과정의 이론적 기초로 활용케 했다. 홀에 따르면, 교육은 철저하게 아동 중심적이어야 한다. 그런데 은물과 같은 프뢰벨 교구는 지나치게 상징적이고 추상적이어서 아동의 지적발달에 적합하지 않을 뿐 아니라 그 크기도 너무 작아 아동의 신체적 발달에 적합하지 않다. 또한 교육과정은 철두철미하게 교육 주체인 아동의 자유에 기반한 흥미와 요구, 아동 연구에 근거해야 한다. 그러므로 놀이를 포함한 모든 유아의 활동에서 교사의 안내와 지도, 사회적 기대와 요구는 필요 없다.

홀의 발달이론은 후일 게젤(Arnold Gesell)의 학습 준비도 이론으로 계승되었다. 게젤의 이론은 유치원 교육이 초등학교 입학을 위한 학습 준비, 즉 학교 준비에 있다는 인식을 심어 주었다. 다른 한편으로, 기본생활 습관 형성이 유아교육 목표라는 실험심리학자 손다이크(Edward Thorndike)의 이론 또한 아동 중심 교육사상과 거리가 있음에도 불구하고 유아교육 이념 형성에 많은 영향을 미쳤다.

듀이의 흥미 중심 교육과정 이론

분단 이후 한국 유치원 교육에 가장 많은 영향을 준 교육철학자는 듀이(John Dewey)이다. 특히 교육은 아동의 '흥미'에서 출발해야 한다는 듀이의 흥미 중심 교육과정 이론은 한국 유아교육의 기본 원리이자 철학으로 자리매김했다. 그의 이론에 따르면, 유아교육과정은 유아의 흥미에 기초하되 유아가 교사와 상호작용을 통해 경험을 재구성하여 지적으로나 도덕적으로 성장하며 '사회화'할 수 있도록 운영되어야 한다.

1916년 출간한 저서『민주주의와 교육』에서 듀이는 아동의 흥미와 교사의 교육목표 간의 관계에 대해 다음과 같이 설명했다. 아동의 흥미는 상호작용이나 경험의 계속성과 같은 교육원리가 적용되었을 때 비로소 의미가 있다. 아동이 현재 보여 주는 흥미는 출발점이고 교사가 설정한 교육목표는 도착점이다. 그리고 아동의 흥미와 교사의 교육목표가 이어지기 위해서는 아동과 교사 간의 상호작용이라는 수단이 필요하다. 아동의 흥미가 학습으로 이어지기 위해 교사는 아동과 끊임없이 상호작용할 수 있어야 한다는 것이다.

듀이의 진보주의 교육철학은 1945~1948년 남한에서 6-3-3-4 학제를 도입하고 '새 교육 운동'을 추진할 수 있는 동력으로 작용했다. 미군정 시대에 새 교육 운동을 이끌었던 교육학자 오천석(1973)에 따르면, 새 교육 운동은, 종래의 교과 중심 교육을 지양하고 민주주의를 이념으로 하여 교육을 새로이 세우려는 운동으로서, 미국의 신교육 운동의 바탕이 된 듀이의 진보주의 교육철학에 근거한 것이었다.

또한 듀이의 경험 중심 교육과정 이론은 '교과과정'이라는 이름으로 1955년 제정한 국가 교육과정에 반영되었다. 1938년 발간한 그의 저서 『경험과 교육』에 따르면, 아동의 경험이 교육으로 이어지기 위해서는 다음에 가질 경험에 유익한 영향을 주도록 계속성과 상호작용 원리에 따라 교사는 가치 있는 경험을 선정하고 제공해야 한다. 교육과정은 민주주의를 목표로 한 경험의, 경험에 의한, 경험을 위한 경험 중심 교육과정이어야 한다. 이러한 그의 주장은 교과과정을 '교육과정'으로 개칭하고 교육과정을 '학생들이 학교의 지도하에 경험하는 모든 학습활동의 총화'로 규정한 1963년 국가 교육과정 개정에도 큰 영향을 미쳤다.

프로이트의 정신분석 이론

1960년대에 들어서는 프로이트(Sigmund Freud)의 정신분석 이론도 유치원교육 이론으로 활용되었다. 프로이트의 정신분석 이론에 기초한 유아교육에서는 어린 시절의 경험이 후일의 인성이나 성격 발달에 영향을 준다는 가정하에서 유아의 자유놀이와 창의적 표현활동을 통한 인성, 창의성, 통제력, 정서의 발달을 중시했다. 즉, 유아는 현실에서 인정되지 않는 충동이나 정서적 욕구, 억압된 감정 등을 자유로이 표출하는 자유놀이 과정에서 갈등을 해소하고 자아를 통제할 수 있고, 그리기, 만들기, 가상의 극놀이 등 창의적 표현활동 과정에서 사회적으로 인정받지 못한 충동이나 욕구를 승화시킬 수 있다는 것이었다.

1969년 문교부(현 교육부)는 처음으로 프뢰벨, 홀, 듀이, 프로이트의 아동 중심 교육철학과 발달이론에 기초하여 국가 수준의 「유치원 교육과정」을 제정, 시행하였다. 다만 사회사업 부문에 속한 어린이집의 경우, 1978년 보건사회부(현 보건복지부)가 입소 대상을 요보호 아동에서 일반 아동으로 확대한 「탁아시설 운영 개선방안」을 발표한 이후에야 아동 중심 교육철학과 발달이론을 기본 이념으로 적용하였다.

피아제의 인지발달 이론

피아제(Jean Piaget)의 인지발달 이론은 1979년에 「유치원 교육과정」을 개정할 때 가장 많이 적용되었다. 피아제의 인지발달 이론에 따르면, 인간은 지식을 구성할 수 있는 몇 가지 기제, 예를 들어 동화와 조절과 같은 기제를 가지고 태어난다. 지식은 지속적인 구성의 산물이고, 인지발달은 이전에 존재하지 않았던 새로운 인지구조를 구성하며 단계적으로 진행된다. 그리고 인지발달 단계는 감각운동기, 전조작기, 구체적 조작기, 형식적 조작기로 구분할 수 있다.

감각운동기는 감각과 운동능력을 통해 인지가 발달하는 시기로서 태어나서부터 2세까지의 영아기가 이에 해당한다. 이 시기에는 눈앞에 보이던 사물, 인식 대상이 무언가에 가려져 보이지 않더라도 존재 자체는 사라지지 않는다는 대상영속성이 형성되고, 이후 대상에 대한 정신적 표상도 가능해진다.

전조작기는 언어적 사고, 상상, 상징화가 가능한 시기로서 2~6세 유아기가 이에 해당한다. 그러나 이 시기에는 대상 보존성이 형성되지 않아 지각적인 신호에 의존하여 인지하는 특징이 있다. 보존성이 획득되고 논리, 수학적으로 사고할 수 있는 것은 구체적 조작기나 형식적 조작기, 즉 7세 이후에나 가능하다.

영유아기 인지 수준은 7세 이상의 아동과 질적으로 다르다는 피아제의 설명에 따라 1980년대 유치원 · 어린이집에서는 영유아의 능동적 학습, 실물을 통한 교육, 영유아와 교사의 상호작용을 강조했다. 일부 유치원에서는 교수 · 학습방법으로 브루너(Jerome S. Bruner)의 '발견학습'을 적용하기도 했다. 브루너에 따르면, 지식의 구조가 명확히 제시된 교과는 쉽게 학습할 수 있다. 그러므로 교사는 주변의 사물 현상에 대해 의문을 제기하여 유아가 관찰, 실험 등에 의한 귀납적 방법으로 규칙성을 발견하고 기본 개념을 이해할 수 있도록 도와주어야 한다(양옥승, 2008).

아동 중심 교육활동으로서의 자유놀이

유치원 · 어린이집의 아동 중심 교육과정 이미지를 가장 잘 표현해 주는 교육활동은 자유놀이(free-play)와 자유선택 활동(free-choice activity)이다. 영유아가 자신의 흥미, 관심, 필요, 요구에 따라 자유롭게 놀이 활동을 선택하고 실행에 옮기는 자유놀이와 자유선택 활동은 아동 중심 교육과정의 고유 주제라 할 수 있다. 유아교육사적으로 보면, 자유놀이는 프뢰벨이 유치원을 창설한 1800년대 중반부터 중시되었다.

프뢰벨은 자신의 저서 『인간교육』, 『유치원 교육학』 등에서 다음과 같이 자유놀이의 중요성을 역설하였다. 유아의 자유놀이는 내적 필요와 충동에서 기인한 자기 활동적인 주관의 표상으로서, 유아에게 즐거움, 자유, 만족, 쉼을 가져다준다. 이를 위해 유치원은 유아가 즐겁게 놀이에 몰입, 몰두하여 활동적인 본성을 발현시킬 수 있도록 충분한 놀이 공간을 마련해 주어야 한다. 아울러 유아가 은물놀이를 하면서 정신세계를 형상화할 수 있도록 지도해야 한다.

프뢰벨의 은물놀이는 유아의 자유의지와 흥미 유발을 강조한 아동중심주의자 홀이 등장하면서 호된 비판을 받았다. 홀의 관점에서 보면 자유놀이는 교사의 안내나 개입이 철저히 배제된 것이어야 하고, 자유놀이 시간에 교사는 단지 개별 유아의 발달연구를 위해 놀이 행동을 면밀히 관찰하는 것으로 그쳐야 한다. 오늘날 한국 유치원·어린이집에서 매일 일과의 시작으로 자유놀이 시간을 배정하고 그 시간에 아동의 행동 관찰을 중시하는 것도 이러한 전통에서 기인한 것이라고 할 수 있다.

교육철학자 듀이 또한 자신의 저서 『프뢰벨의 교육원리』(1900)에서 놀이란 어떤 주어진 또는 예정된 체계를 따르는 것이 아니라 아동의 충동이나 흥미를 표출하는 자유로운 것이어야 한다고 주장하였다. 그러나 이후에 집필된 『아동과 교육과정』(1902), 『민주주의와 교육』(1916), 『경험과 교육』(1938) 등에서는 아동의 놀이에 대한 교사의 어떤 안내나 개입도 전면 부인하는 홀과 다른 주장을 폈다. 그는 자유놀이 과정에서 교사의 안내와 같은 언어적인 상호작용이 없다면 경험의 재구성을 통한 유아의 발달이나 사회화는 기대할 수 없다고 했다.

한국 유치원에서 본격적으로 자유놀이를 핵심 교육활동으로 인식하고 매일의 일과에 포함했던 시기는 프로이트의 정신분석 이론에 기초하여 유아교육의 중요성을 논하던 1960년대이다. 이 입장에 따르면, 놀이는 배움의 수단이고 목적이다. 유아는 자유놀이를 통해 깊숙이 내재되어 있는 충동이나 정서적 욕구를 표출할 수 있다. 그러므로 유아가 위험한 상황에 놓이지 않는 한 자유놀이에 대한 유치원 교사의 안내나 지도는 불필요하다.

프로이트의 정신분석 이론에 기초한 놀이론에 따르면, 영유아는 외부의 제약을 받지 않고 선택한 극놀이, 블록 놀이, 점토 놀이, 물감풀 놀이, 그림 그리기 등의 창작활동을 통해서도 일상생활에서 가질 수 있는 긴장과 갈등을 해소하며 건강하고 행복하게 자랄 수 있다. 따라서 유치원을 포함한 영유아 교육 · 보육 기관은 마음 가는 대로 놀거리를 선택하고 생각과 감정을 마음껏 표출할 수 있는 충분한 자유놀이 시간과 공간을 마련해 주어야 한다.

1980년대 들어 한국「유치원 교육과정」이 인지 중심으로 전환되면서 실내에서 이루어지는 자유놀이의 명칭은 유아의 놀이 선택에 초점을 맞춘 '자유선택 활동'으로 바뀌었다. 자유놀이에서 선택에 대한 책임감을 배제하게 되면 유아는 순간적인 쾌락을 추구하고 자신의 주장만을 관철하려 하거나 즉흥적이고 충동적으로 행동할 수 있다는 것이다.

유치원

미군정 학무국은 1946년 9월 "학교계통을 취학 전 교육, 초등학교, 중등교육, 고등교육 및 특수교육의 5단계로 하고 유치원부터 대학교까지 전체 교육 연한을 20년으로" 하자는 중앙교육개혁위원회의 제안을 수용, 시행하였다. 그리고 대한민국은 1948년 7월 17일 "모든 국민은 균등하게 교육을 받을 권리가 있다. 적어도 초등교육은 의무적이며 무상으로 한다. 모든 교육기관은 국가의 감독을 받으며 교육제도는 법률로서 정한다"(제16조)는「대한민국헌법」을 제정, 시행하였다. 1949년 12월 31일에는 "헌법 규정에 따라 교육에 관한 사항을 규정"하기 위해「교육법」을 제정, 시행하였다.

「교육법」은 유치원의 교원, 교육목적, 교육목표, 교육내용, 교육대상 연령 등에 관한 사항들을 명시한 한국 최초의 유아교육 관련 법률이다. 이 법 제1조에 의하면, "교육은 홍익인간의 이념 아래 모든 국민으로 하여금 인격을 완성하고 자주적 생활능력과 공민으로서의 자질을 구유하게 하여 민주국가 발전에 봉사하며 인류 공영의 이념

실현에 기여하게 함을 목적으로 한다." 그리고 제96조에 따르면, "모든 국민은 그 보호하는 자녀가 만 6세가 된 익일 이후의 최초 학년 초부터 만 12세가 되는 날이 속하는 학년 말까지 취학시킬 의무가 있다." 이 밖에 초 · 중등학교 및 대학의 수업 연한에 대해서는 "국민학교 6년(제95조), 중학교 4년(제104조), 고등학교 2년 내지 4년(제106조), 대학 4년 내지 6년"(제11조)이라 명시되어 있다.

유치원의 목적: 4~5세 유아의 보육

「교육법」에 따르면, "유치원은 유아를 보육하고 적당한 환경을 주어 심신의 발육을 조장하는 것을 목적으로 한다"(제146조). "유치원에 입원할 수 있는 자는 만 4세부터 국민학교 취학시기에 달하기까지의 유아로 한다"(제148조). 그리고 "유치원에는 원장, 원감과 교사를 둔다. 원장은 원무를 통할하고 소속직원을 감독하며 원아를 보육한다. 원감은 원장의 명을 받아 원무를 정리하며 원아를 보육하고 원장 유고시는 원장을 대리한다. 교사는 원아를 보육한다"(제75조 제3항)는 등 유치원을 4~5세 유아를 '보육'하는 기관으로 규정했다.

유치원의 교육목표는 「교육법」 제147조에 다음과 같이 명시되었다. "건전하고 즐거운 생활을 하기에 필요한 일상의 습관을 기르고 신체의 모든 기능의 조화적 발달을 도모한다. 집단생활을 경험시키고 즐기어 이에 참가하는 태도를 기르며, 협동, 자주와 자율의 정신을 싹트게 한다. 신변의 사회생활과 환경에 대한 바른 이해와 태도를 싹트게 한다. 말을 바르게 쓰도록 인도하고 동화, 그림책 등에 대한 흥미를 기른다. 음악, 유희, 회화, 수기, 기타 방법에 의하여 창작적 표현에 대한 흥미를 기른다."

「교육법」에 의하면 "감독청은 학교가 설비, 수업, 기타 사항에 관하여 법령의 규정을 위반한 때에는 이에 대하여 시정 또는 변경을 명령할 수 있다"(제90조). 그럼에도 불구하고 유치원이 이 규정을 위반했을 경우 감독청은 어떤 조치도 취하지 않았다. 유치원에 대한 지도 감독은 1952년 4월 23일 「교육법시행령」이 제정된 이후에야 이루어졌다. 「교육법시행령」 제185조에 따르면, 유치원의 학급당 원아수는 40인 이하이어야 하며, '보육' 과목은 음악, 유희, 담화, 회화, 수기로 하고, '보육' 일수는 200일 이상으로 한다. 더 나아가 1962년에는 유치원 교육환경 개선을 위한 법령으로 「유치원 시설기준령」을 제정 · 공포하였다.

「교육법」은 1991년 12월에 개정될 때까지 한국 유아교육의 근대적 발전을 위한 이념적, 제도적 기틀을 세우는 데 적잖이 기여했다. 유치원이 4~5세 유아를 위한 교육기관으로 자리를 잡고 교육제도의 틀 안에서 논의되기 시작한 것도 「교육법」에 따른 것이었다. 1922년 2월 16일 일제가 제정 · 공포한 「조선교육령」에도 유치원에 관한 규정이 일부 포함되기는 했으나 유치원 관련 규정은 초 · 중등학교와 달리 법적 근거로서 전혀 기능하지 못했기 때문이다.

유치원 교육과정 제정

1966년 7월 15일 문교부(현 교육부)는 "기본적인 국민교육의 성격과 「교육법」에 명시된 유치원 교육의 목적을 달성"하기 위해 유치원 교육과정을 제정하기로 했다. 그리고 1968년에는 유치원 교육과정 개발을 음악교육 편수실에 의뢰하였다. 의뢰를 받은 편수실은 일본 유치원 교육과정을 근간으로 하여 시안을 마련했다. 시안은 교육학자, 심리학자, 아동 중심 교육과정에 익숙한 유아교육 전문가들에 의해 검토, 수정되었다.

「유치원 교육과정」은 1969년 2월 19일 문교부령 제207호로 제정, 고시되었다. 1969년 3월 1일부터 시행된 이 교육과정은 총론과 각론으로 구성되었다. 총론에서는 교육과정 제정의 취지, 교육과정 구성의 일반 목표, 교육과정의 편성을, 그리고 각론에서는 건강, 사회, 자연, 언어, 예능, 지도상의 유의점을 기술하였다. 총론에 제시된 주요 사항들을 살펴보면 다음과 같다.

유치원 교육과정은 "자라나는 어린이들의 바람직한 성장발달을 조성하는 유치원 교육의 특수한 목적과 기능을 소중히 여기고, 이를 구현하기 위하여" 관계 법령 및 유치원 교육 동향에 기초하였다. 유치원 교육과정은 "어린이들이 유치원 교육을 통하여 경험하는 모든 학습활동의 총화"로서 "건강한 신체와 건전한 정신으로 행복하게 생활할 수 있는 유능한 한국 국민이 될 기초를 닦음"을 목적으로 한다. 교육내용은 "국민학교와 같은 교과 중심의 교육을 피하고 종합적인 교육을 계획 · 실천"하도록 "건강, 사회, 자연, 언어, 예능 등 다섯 가지의 생활영역으로 나누어서" 조직한다. 유치원의 교육일수는 연간 200일 이상으로 하고 하루의 교육시간은 3시간(180분)을 기준으로 한다. 한편, 제2차 경제개발 5개년 계획(1967~1971)을 추진하던 정부는 1968년 12월 "국민의 새로운 가치관과 생활윤리 구현"을 목표로 한 '국민교육헌장'을 선포하였다.

초등학교 병설 유치원 개설

문교부(현 교육부)는 유아의 인격 형성을 위해서는 4세부터 '학교교육'이 필요하다는 취지에서 1970년 각 시 · 도에 2개의 공립 유아학교 설치를 계획했다. 다만 이러한 계획은 후일 서울과 부산에서 국민학교(현 초등학교)에 병설하는 것으로 성사되었다. 서울시는 1976년 동부, 서부, 남부, 북부 4개 교육구청 산하 공립초등학교에 각각 80명 정원, 2개 학급으로 구성된 '병설 유치원'을 1개씩 설치하였다. 그리고 초등학교 교장이 병설 유치원 원장을 겸임하도록 했다.

공립 초등학교에의 유치원 병설은 그동안 「교육법」에 의거 사용해 오던 '보육'이 아닌 '유아교육'(예: 경향신문, 1970; 동아일보, 1968)의 중요성과 공교육화 필요성을 알리는 계기가 되었다. 이러한 맥락에서 유치원 교사를 양성하는 대학, 예를 들어 덕성여자대학은 1979년에, 중앙대학교는 1982년에, 부산대학교는 1983년에 학과 명칭을 각각 '보육과'에서 '유아교육과'로 변경하였다. 이화여자대학교는 1984년에 교육학과 산하의 '학령전교육' 전공을 '유아교육' 전공으로 개칭하였다. 한편, 1975년 발기된 '유아교육연구회'(현 한국유아교육학회)는 1977년 한국교육학회에 분과연구회로 가입하여 유아교육의 학문적 발전을 선도하였다.

유치원 교육과정 개정

2차 「유치원 교육과정」은 1979년 3월 1일에 고시, 시행되었다. 피아제의 인지발달 이론에 기초하여 개정된 2차 유치원 교육과정은 발달이론을 근거로 하여 교육과정 영역을 사회 · 정서발달, 인지발달, 언어발달, 신체발달 및 건강의 4개 영역으로 구분하고 교육내용을 조직하였다. 유치원의 연간 교육일수는 200일, 주당 교육시간은 18~24시간, 하루 교육시간은 3~4시간을 기준으로 하였다.

3차 「유치원 교육과정」은 1981년 12월에 고시되었다. 1982년 3월 1일 시행된 3차 유치원 교육과정은 "건전한 심신의 육성, 지력과 기술의 배양, 도덕적인 인격의 형성, 민족 공동체 의식의 고양"에 역점을 두어 개정되었다. 이 교육과정은 발달 영역별로 편성되었다는 점에서 2차 유치원 교육과정과 거의 차이가 없다. 차이가 있다면 사회 · 정서 발달 영역을 정서발달과 사회성발달로 나누고 신체발달 및 건강 영역은 신체발달로 축약하여 신체발달, 정서발달, 언어발달, 인지발달, 사회성발달의 5개 영역으로 확대하였다는 점이다. 유치원의 연간 교육일수는 200일에서 180일 이상으로 변경되었고, 주당 교육시간은 제외되었다. 다만 3~4시간 기준으로 한 하루 교육시간은 유지되었다. 이 밖에 유치원 교육과정은 초 · 중등교육과의 연계성 유지를 위해 「초 · 중등학교 교육과정」과 같은 개정 주기, 구성 방향, 운영지침을 따랐다는 특징이 있다.

4차 「유치원 교육과정」은 1987년 6월에 고시되었다. 1989년 3월 1일 시행된 4차 유치원 교육과정은 "건강한 사람, 자주적인 사람, 창조적인 사람, 도덕적인 사람을 기르는 데 역점"을 두어 개정되었다. 교육과정 영역은 3차 유치원 교육과정과 같이 5개 발달 영역으로 구분되었다. 연간 교육일수(180일 이상)는 변경되지 않았으나, 하루 교육시간은 3~4시간 기준에서 3시간 기준으로 변경되었다.

「유아교육진흥법」 제정

1982년 3월 정부는 유아교육 진흥 계획이 포함된 '제5차 경제사회발전 5개년계획 교육부문 계획(1982~1986년)'을 발표하였다. 1988년 내무부가 발간한 『새마을백서』에서 밝힌 유아교육 진흥 계획을 소개하면 다음과 같다. 다원화된 유아교육 체계를 정비하는 취지에서 시설 · 운영은 내무부, 교육은 문교부, 보건 · 의료는 보건사회부에서 담당한다. 유아교육 기관은 유치원과 새마을유아원으로 구분한다. 유아교육 방법은 "교육과 보육을 병행"하되, 유치원은 '교육'에, 새마을유아원은 '보육'에 중점을 두고 실시한다. 유아교육은 4~5세 유아를 대상으로 한다. 다만 3세 이하 유아를 위해서는 탁아기능도 수행한다. 기존 시설을 최대 활용하고, 시설 확대는 영세민, 농어촌 취약지역에 우선한다. 투자는 5차 5개년계획 범위 내에서 국가와 지방자치단체가 분담한다.

1982년 12월 31일에는 "유치원, 새마을유아원 · 어린이집 및 농번기유아원으로 다원화된 유아교육 체계를 유치원과 새마을유아원으로 조정 정비하고 부족한 유아교육 시설의 확충과 교육내용의 충실화를 기하여, 평생교육의 기반이며 인격 형성의 중요한 시기의 교육인 유아교육을 종합적이고 체계적으로 발전 · 추진하려는" 취지에서 「유아교육진흥법」을 제정하였다.

「유아교육진흥법」에 따르면, "이 법은 유아에게 좋은 교육환경을 마련하여 심신발달의 충실을 기함과 아울러 무한한 잠재력을 신장하게 함으로써 장차 건전한 인격을 가진 국민으로 성장하여 개인으로서 행복을 누리고 나아가 그들의 역량을 국가발전에 기여하게 하기 위하여 유아교육과 보육을 진흥함을 목적으로 한다"(제1조). "유아교육기관"이라 함은 「교육법」에 의한 유치원과 이 법에 의한 유아원을 말한다. "새마을유아원"이라 함은 유아 또는 영유아를 '보육'하는 기관을 말한다(제2조). 유아원에 취원할 수 있는 유아는 4세부터 국민학교 취학시기에 달하기까지의 유아로 하되 영아반이 설치된 새마을유아원에는 4세 미만의 영아를 취원시킬 수 있다. 새마을유아원은 「생활보호법」에 의한 생활보호대상자의 자녀를 우선적으로 취원시켜야 한다(제13조).

「유아교육진흥법」이 1983년 3월 2일에 시행되면서 유아교육 기관은 「교육법」에 의한 '유치원'과 「유아교육진흥법」에 의한 '새마을유아원'으로 나뉘어졌다. 한편, 문교부는 1983년 보통교육국에 '유아교육 담당관실'을 신설하여 의무교육과에서 관리하던 유아교육 업무를 담당하도록 했다. 정부의 이 같은 지원은 유아교육에 대한 사회적 인식과 학문적 위상을 높였고, 유아교육 분야의 괄목할 만한 성장을 가져왔다. 그뿐 아니라 유아교육의 전문화와 대중화를 이루는 계기로 작용하였다.

시설수 및 원아수

1946~1980년 유치원의 설립별 시설수 및 원아수 자료는 1945~1949년 통계를 찾을 수 없었기에 수집 가능했던 1950~1980년 통계로 갈음하였다. 참고로, 1950~1962년 통계정보도 발행처에 따라 다소 차이가 있었다. 설립별 시설수의 경우, 1955년 문교부에서 발행한 『문교요람』을 보면 1954년 국공립 3개, 사립 165개, 1955년 국공립 3개, 사립 189개 등으로 기재되어 있으나, 1961년 서울특별시교육위원회가 발행한 『대한교육연감』과 1962년 문교부(현 교육부)의 『문교통계연보』에는 그

〈표 1-1〉 남한 유치원의 설립별 시설수 및 원아수(1950~1980년)

연도	시설수			원아수		
	국공립	사립	전체	국공립	사립	전체
1950			159			6,779
1963	4	359	363	246	18,422	18,668
1964	1	379	380	106	17,257	17,363
1965	4	419	423	276	19,290	19,566
1966	1	448	449			21,856
1967	2	466	468			22,137
1968	2	468	470			22,327
1969	1	459	460	80	21,578	21,658
1970	1	483	484	80	22,191	21,271
1971	1	511	512	61	22,146	22,207
1972	1	530	531	69	22,397	22,466
1973	1	547	548	80	25,259	25,339
1974	0	588	588	0	27,774	27,774
1975	0	611	611	0	32,032	32,032
1976	5	630	635	377	36,820	37,197
1977	5	660	665	358	41,508	41,866
1978	8	713	721	498	47,073	47,571
1979	26	768	794	680	55,750	57,430
1980	40	861	901	2,324	64,109	66,433

출처: 문교부(1955). 문교요람; 문교부(1963~1980). 교육통계연보.

나마도 삭제되어 있었다. 이러한 점을 감안하여 1950~1962년 통계로는 1955년 문교부가 발행한 『문교요람』에 제시된 1950년 통계정보를, 그리고 1963~1980년 통계로는 문교부가 발행한 『교육통계연보』에 제시된 통계정보를 사용하였다.

1950~1980년 유치원 시설수 및 원아수 변화추이를 살펴보면(〈표 1-1〉 참조), 시설수는 1950년 159개에서 1980년 901개로 6배 가까이, 원아수는 1950년 6,779명에서 1980년 66,433명으로 10배 가까이 증가하였다. 설립별로 보면, 이 시기 유치원은 사립 유치원이 주도했음을 알 수 있다. 1945~1973년 국공립 유치원은 일제에 의해 세워졌던 시설을 제외하면 청주시립유치원이 유일했다. 청주시립유치원은 원래 청주여자중학교에서 1947년 9월 유치원 교육실습을 위해 개설한 부속유치원이었으나, 1950년 청주시로 이관됨에 따라 시립으로 변경된 경우로 1973년까지 운영되었다(충청북도 교육위원회, 1986). 1976년에는 서울과 부산에만 각각 4개, 1개 총 5개의 공립 유치원이 존재했지만, 이후 조금씩 증가하여 1980년에는 전국에 40개 공립 유치원이 존재했던 것으로 나타난다.

1981~1990년 문교부 『교육통계연보』에 따르면(〈표 1-2〉 참조), 정부의 공립 유치원 확대 방침에 힘입어 1980년 40개에 불과했던 국공립은 1985년 3,767개, 1990년 4,603개 등으로 대폭 증가하여 사립을 상회하였다. 사립 유치원 또한 정부의 시설기준 완화로 1980년 861개에서 1985년 2,475개, 1990년 3,751개 등으로 꾸준히 증가하였다. 전체적으로 보면, 1981~1990년 10년 사이에 시설은 2,958개에서 8,354개로, 원아는 153,823명에서 414,532명으로 모두 3배 가까이 늘어났다.

〈표 1-2〉의 설립별 시설수 및 원아수 자료를 사용하여 전체 유치원에서 국공립 유치원이 차지하는 비율을 산출해 보면 10년 사이에 시설은 10%, 원아는 20% 가까이 하락했던 것으로 나타난다. 다시 말해 전체 시설에서 국공립이 차지하는 비율은 1981년 65.0%, 1982년 67.2%, 1983년 59.9%, 1984년 60.1%, 1985년 60.3%, 1986년 59.9%, 1987년 58.5%, 1988년 57.4%, 1989년 55.9% 1990년 55.1% 등이었다. 그리고 전체 원아에서 국공립 원아가 차지하는 비율은 1981년 50.2%, 1983년 44.9%, 1984년 46.1%, 1985년 45.9%, 1986년 46.2%, 1987년 43.7%, 1988년 40.1%, 1989년 35.4%, 1990년 30.7% 등이었다.

〈표 1-2〉 남한 유치원의 설립별 시설수 및 원아수(1981~1990년)

연도	시설수			원아수		
	국공립	사립	전체	국공립	사립	전체
1981	1,922	1,036	2,958	77,239	76,584	153,823
1982	2,328	1,135	3,463	85,234	83,419	168,653
1983	2,562	1,714	4,276	92,707	113,697	206,404
1984	3,114	2,069	5,183	117,301	137,137	254,438
1985	3,767	2,475	6,242	144,297	170,395	314,692
1986	4,333	2,900	7,233	163,831	190,706	354,537
1987	4,559	3,233	7,792	173,311	223,709	397,020
1988	4,610	3,420	8,030	162,514	242,741	405,255
1989	4,610	3,636	8,246	145,240	265,584	410,824
1990	4,603	3,751	8,354	127,144	287,388	414,532

출처: 문교부(1981~1990). 교육통계연보.

한편, 통계청의 '인구총조사' 자료에 의하면 1949~1990년 인구수는 1949년 20,188,641명, 1955년 21,502,386명, 1960년 24,989,241명, 1970년 30,882,386명, 1975년 34,706,620명, 1980년 37,436,315명, 1985년 40,448,486명, 1990년 43,410,899명 등으로 꾸준히 증가했다.

교원의 자격기준

1949년 12월 제정 · 시행된「교육법」에는 유치원 교사의 자격기준이 명시되어 있지 않았다. 1953년 4월 제정 · 시행된「교육공무원법」에도 국민학교(현 초등학교), 중학교, 고등학교의 정교사(1급 · 2급), 준교사, 특수교사, 양호교사의 자격기준만 있을 뿐 유치원 교사 자격기준은 없었다. 그리하여 초 · 중 · 고등학교 교사 자격증을 소지하면 유치원 교사가 될 수 있었고, 유치원 교사 자격에 대한 어떤 행정적인 조치도 없었다. 그 당시 많은 사람은 유치원 교사를 '보모'라 불렀다. 이러한 현상은 유아교육에 대한 사회적 관심 및 이해 부족 이외에 유아교육의 전문성을 인정하지 않았던 당시의 교육계 현실을 반영한 것이라 하겠다(동아일보, 1963).

유치원 교원의 자격기준은 1963년 12월 「교육공무원법」이 전부 개정됨에 따라 처음으로 법적 근거를 가지게 되었다. 1964년 1월 시행된 「교육공무원법」에 의하면, 유치원 교사는 정교사(1급 · 2급)와 준교사로 나누되, 다음의 자격기준에 해당하는 자로서 대통령령이 정하는 바에 의하여 문교부(현 교육부) 장관이 수여하는 자격증을 받은 자라야 한다. 유치원 정교사(1급)는 자격증 소지자로서 3년 이상의 교육경력을 가지고 소정의 재교육을 받은 자이거나 초등학교 정교사(1급) 자격증을 가진 자이어야 한다. 유치원 정교사(2급)는 대학(초급대학 포함) 졸업자로서 재학 중 소정의 보육과 교직 학점을 이수한 자, 유치원 준교사 자격증 소지자로서 2년 이상의 교육경력을 가지고 소정의 재교육을 받은 자, 초등학교 정교사(2급) 자격증을 가진 자이어야 한다. 그리고 준교사는 유치원 준교사의 자격검정에 합격한 자이거나 초등학교 준교사 자격증을 가진 자이어야 한다.

유치원 원장은 유치원의 원감 자격증을 가지고 3년 이상의 교육경력과 소정의 재교육을 받은 자, 학식 · 덕망이 높은 자로서 교원자격검정위원회의 추천에 의하여 문교부(현 교육부) 장관의 인가를 받은 자이어야 한다. 원감은 유치원 정교사 자격증을 가지고 3년 이상의 교육경력과 소정의 재교육을 받은 자이어야 한다. 그 밖에 이 법 시행 당시의 초등학교의 교장 · 교감 · 정교사(1급 · 2급) 및 준교사의 자격증은 유치원의 원장 · 원감과 정교사(1급 · 2급) 및 준교사의 자격증이 있는 것으로 인정되었다. 고등학교 또는 중학교의 정교사(2급) 자격증을 가지고 초등학교 · 유치원 또는 공민학교의 정교사(2급)로 재직 중인 자는 유치원 정교사(2급)의 자격이 있는 것으로 인정되었다.

자격별 교원수

1945~1980년 유치원 교원수 변화추이를 살펴보면(〈표 1-3〉 참조), 1945년 373명에서 1950년 474명, 1960년 1,150명, 1970년 1,660명, 1980년 3,339명 등으로 유치원 교원은 35년 사이에 9배 가까이 증가하였던 것으로 나타난다. 자격별 정보가 제시된 1965~1980년 자료를 사용하여 전체 교원에서 무자격 교원이 차지하는 비율을 산출

〈표 1-3〉 남한 유치원의 자격별 교원수(1945~1980년)

연도	원장	원감	정교사	준교사	무자격	기타	전체
1945							373
1950							474
1951							474
1952							330
1953							412
1954							582
1955							582
1956							590
1957							599
1958							937
1959							1,123
1960							1,150
1961							1,048
1962							1,112
1963							1,414
1964							1,291
1965	375	200	610		217		1,402
1966	343	136	815		285		1,579
1967	331	128	610	167	311	104	1,651
1968	311	138	600	150	344	89	1,632
1969	285	116	627	118	331	105	1,582
1970	346	134	674	109	286	111	1,660
1971	371	111	699	107	279	127	1,694
1972	335	152	698	137	325	153	1,800
1973	403	148	719	135	305	170	1,880
1974	392	155	807	156	319	184	2,013
1975	369	136	962	104	396	186	2,153
1976	367	153	1,174	104	357	133	2,288
1977	409	115	1,226	152	339	174	2,415
1978	438	106	1,364	166	349	138	2,561
1979	481	115	1,635	124	433	108	2,896
1980	483	83	2,010	118	444	201	3,339

출처: 문교부(1955). 문교요람; 서울특별시교육위원회(1961). 대한교육연감; 문교부(1962). 문교통계연보; 문교부(1963~1980). 교육통계연보.

해 보면, 13~17%의 유치원 교원(1965년 15.5%, 1970년 17.2%, 1980년 13.3% 등)은 어떤 자격증도 소지하지 않았던 것으로 나타난다.

「교육공무원법」에 있던 교원의 자격기준은 1972년 12월「교육법」이 개정되면서 「교육법」에 명시하는 것으로 바뀌었다. 그리고 1981년「교육법」개정으로 유치원 교사는 정교사(1급 · 2급), 준교사, 양호교사로 구분되었고 유치원 교사 자격기준 또한 다음과 같이 바뀌었다.

유치원 정교사(1급)는 유치원 정교사(2급) 자격증 소지자로서 3년 이상의 교육경력을 가지고 소정의 재교육을 받은 자, 초등학교 정교사(1급) 자격증을 가진 자, 유치원 정교사(2급) 자격증을 소지하고 교육대학원 또는 문교부(현 교육부) 장관이 지정하는 대학원의 교육과에서 유치원 교육과정을 전공하여 석사학위를 받은 자로서 1년 이상의 교육경력이 있는 자이어야 한다.

유치원 정교사(2급)는 대학(전문대학 및 이와 동등 이상의 각종 학교 포함) 졸업자로서 재학 중 소정의 보육과 교직학점을 취득한 자, 교육대학원 또는 문교부 장관이 지정하는 대학원의 교육과에서 유치원 교육과정을 전공하고 석사학위를 받은 자, 유치원 준교사 자격증 소지자로서 2년 이상의 교육경력을 가지고 소정의 재교육을 받은 자, 초등학교 정교사(2급) 자격증을 가진 자이어야 한다.

유치원 준교사는 유치원 준교사의 자격검정에 합격한 자, 초등학교 정교사(2급) 합격증을 가진 자이어야 한다. 그리고 양호교사는 대학의 간호학과 졸업자로서 간호원(현 간호사) 면허증을 소지한 자, 전문대학의 간호과 졸업자로서 재학 중 소정의 교직학점을 취득하고 간호원 면허증을 소지한 자이어야 한다.

1981~1990년 유치원 자격별 교원수 자료에 따르면(〈표 1-4〉 참조), 1982년부터 진행된 유아교육진흥정책에 의해 전체 교원수는 1981년 3,961명에서 1985년 9,281명, 1990년 18,511명 등으로 10년 사이에 5배 가까이 증가했던 것으로 나타난다.

〈표 1-4〉 남한 유치원의 자격별 교원수(1981~1990년)

연도	원장	원감	정교사		준교사	양호교사	기타	전체
			1급	2급				
1981	510	107	2,495		109		740*	3,961
1982	553	102	298	2,849	109	8	430	4,349
1983	549	79	379	3,824	433	10	1,147	6,421
1984	561	93	475	4,578	378	5	1,423	7,513
1985	658	112	659	5,628	574	9	1,641	9,281
1986	738	111	1,014	7,889	265	5	1,812	11,834
1987	664	127	1,136	8,091	196	6	1,700	11,920
1988	649	116	1,466	8,804	104	5	1,934	13,078
1989	706	151	1,634	10,098	117	8	2,172	14,886
1990	689	174	2,084	12,763	133	8	2,660	18,511

*무자격 582명 포함

출처: 문교부(1981~1990). 교육통계연보.

교원양성기관

1950~1978년 유치원 교사양성은 4년제 대학, 2년제 초급대학 및 전문학교에서 이루어졌다. 1977년 12월 「교육법」 개정으로 1979학년도부터 초급대학과 전문학교는 전문대학으로 변경되었다. 1982년 한국대학연감에 의하면, 19개 전문대학에서 보육과를 개설, 운영하고 있었다. 4년제 대학은 이화여자대학교, 중앙대학교, 덕성여자대학교, 부산대학교, 총신대학교 등이 있었다. 이 가운데 이화여자대학교, 중앙대학교, 덕성여자대학교 유아교육과의 명칭 변경과정을 살펴보면 다음과 같다.

이화여자대학교의 경우, 1945년 이화여자전문학교 보육과에서 경성여자전문학교 보육전수과(1년제)로 개칭되었다. 1946년 이화여자대학교가 설립되고 1947년 한림원 교육학과가 교육학부로 승격되면서, 보육전수과는 교육학부의 2년제 아동교육과로 변경되었다. 아동교육과는 1951년에 4년제 교육학과 아동교육 전공으로, 1957년에 학령전교육 전공으로, 1984년에 유아교육 전공으로 개칭되었다. 교육학과 유아교육 전공은 1991년에 유아교육과로 분리 신설되었다.

중앙대학교의 경우, 1945년 중앙보육학교에서 중앙여자전문학교로 개편되었다. 1947년 중앙여자대학으로 승격되었다가, 1948년 남녀공학인 중앙대학으로 개편되었다. 1953년에는 종합대학으로 승격된 중앙대학교에 보육학과를 설립하였다. 보육학과는 1982년에 유아교육과로 명칭 변경되었다.

덕성여자대학교는 1977년에 보육과를 신설하였다. 1978년에는 보육과의 명칭을 유아교육과로 변경하였다. 이로써 덕성여자대학교는 유치원 교사 양성 학과명을 유아교육과로 개칭한 최초의 4년제 대학이 되었다.

1990년 기준으로 유아교육과가 있는 대학은 전문대학 57개, 4년제 대학 16개이었다. 유아교육과 이외에 13개 4년제 대학의 유아교육 관련 학과(아동학과, 아동복지학과 등)에서도 졸업과 동시에 유치원 2급 정교사 자격증을 부여할 수 있었다. 다만 그 범위는 졸업 정원의 30% 내로 제한되었다.

어린이집

미군정 시대 어린이집 사업은 「조선구호령」과 「후생시설운영에 관한 메모랜덤」에 근거하여 이루어졌다. 조선구호령은 1944년 일제에 의해 제정되고, 후생시설운영에 관한 메모랜덤은 1946년 미군정에 의해 제정된 것이었다. 1947년 미군정청 최고고문 서재필은 "겨울을 앞두고 아직도 거리에서 방황하는 허다한 이재민들의 자녀를 구호하고자" 공생원을 발족하였다(경향신문, 1947). 1948년 대한민국 정부 수립 이후, 어린이집 사업은 사회사업의 일환으로서 사회부(현 보건복지부)에서 관장하다가 1949년 보건부가 생기면서 보건부로 이관되었다.

1949년 보건부(현 보건복지부)는 「헌법」에 명시된 남녀평등을 구현하고 "직업여성들로 하여금 안심하고 직장에 취무케 하며 또한 아동의 건전한 보육과 보호를 하기 위하여" 국립탁아소 1개, 지방탁아소 6개, 농번기 탁아소 10개 등 총 17개의 어린이집 설치를 추진하였다(동아일보, 1949). 그에 따라 1950년 어린이집은 78개로 늘어났다.

그러나 1950년 6 · 25 전쟁이 발발하면서 어린이집은 전쟁고아, 기아, 미아 등을 수용 · 보호하는 긴급구호 시설로 이용되었다. 이러한 상황에서 1952년 보건부는 "직장을 가진 부모들의 자녀를 일시 또는 일정 기간 위탁하는 시설"을 탁아소라 규정한「후생시설요령」을 시달하고 어린이집을 관리 · 감독하기 시작하였다.

1955년 부산시는 "직업전선에 나선 주부들의 노고를 덜어 주기 위하여" 취업 여성의 자녀 100명을 수용할 수 있는 시립탁아소를 개설하고 무료 급식을 제공하였다(경향신문, 1955). 1961년 서울시는 3~6세 유아를 위해 시립부녀사업관에서 오전 9시부터 오후 5시까지 돌보고 무료로 점심을 제공하는 탁아사업을 시작하였다. 같은 해 대구시는 취업 여성의 5세 미만 자녀를 소액의 탁아료를 받고 돌보는 유료탁아소를 설치하였다(동아일보, 1961).

1961년 12월 30일에는 "아동이 그 보호자로부터 유실, 유기 또는 이탈되었을 경우, 그 보호자가 아동을 육성하기에 부적당하거나 양육할 수 없는 경우, 아동의 건전한 출생을 기할 수 없는 경우 또는 기타의 경우에 아동이 건전하고 행복하게 육성되도록 그 복리를 보장함을 목적으로"「아동복리법」이 제정되었다. 이 법은 임산부와 18세 미만 아동의 건전한 육성과 복리 보장의 취지에서 보건사회부(현 보건복지부)가 마련한「아동복리법」시안(동아일보, 1959)에 기초한 것이었다.

1962년 1월 1일「아동복리법」이 시행됨에 따라 탁아시설은 법률이 인정하는 아동복리시설의 일종이 되었고(제3조), 시설 설치, 종사자 배치, 탁아시간, 탁아내용 등에 대해 정부의 지도, 감독을 받게 되었다. 그리고 3월에는 "탁아시설: 보호자가 근로 또는 질병 등으로 인해 양육하여야 할 아동을 보호할 능력이 없을 경우에 보호자의 위탁을 받아 그 아동을 입소시켜 보호함을 목적으로 하는 시설"(제2조 9항)로 규정한「아동복리법 시행령」이 제정되었다.

1962년 시작된 경제개발 5개년 계획(1962~1966)과 그에 따른 급격한 산업화와 도시화는 어린이집 확대를 가져왔다. 1960년 24개이었던 어린이집은 1966년 116개로 늘었다. 그리고 1960년 1,130명이었던 어린이집 원아수는 1966년 10,110명이 되었다. 이와 비슷한 시기에 저소득층 취업 여성의 자녀에게 무상 급식을 제공하는 탁아소가 늘면서 1~2세 영아부, 3~4세 유아부, 5~6세 유치부 등으로 집단을 나눠 오전 8시부터 오후 5시까지 돌보는 민간 탁아소도 생겨났다(경향신문, 1963).

1968년 3월 보건사회부는 농번기 탁아수요 충족의 취지에서「아동복리법 시행령」

을 근거로 한「미인가 탁아시설 임시조치요령」을 공포하였다. 그에 따라 국가, 지방자치단체, 또는 재단법인으로 제한되었던 탁아시설 설치기준은 완화되었다. 그뿐만 아니라 사단법인이나 개인도 유료탁아소 설치 인가를 받을 수 있게 되었다. 주무 부서인 보건사회부의 예산에 어린이집에 대한 시설 보조금, 인건비 및 운영비 보조금도 책정할 수 있게 되었다. 더 나아가 정부는 탁아소를 '어린이집'으로 고쳐 부르도록 하였다.

그러나 미인가 탁아시설 임시조치요령에 따라 설립된 민간어린이집 가운데는 국고와 지방비 지원을 받으면서 시설 미비, 탁아 비용 추가책정 등으로 사회적 물의를 일으키는 경우도 적지 않았다(동아일보, 1976). 민간설립 어린이집의 폐해가 드러나자 1977년 정부는 미인가 탁아시설 임시 조치요령을 폐지하였다. 대신에 어린이집을 「사회복지사업법」에 따른 사회복지법인으로 전환할 것을 권장하였다.

1975년 경제기획원 조사통계국 자료에 따르면, 여성 취업 인구 중 70%의 여성이 기혼이고, 그중 86.9%의 여성이 영유아기 자녀를 두고 있다. 그러나 육아는 여성의 책임이라는 인식 때문에 취업 여성이 어린 자녀를 일정 시간 어린이집에 보내는 일은 사회적으로 인정받기 힘들었다. 이러한 상황에서 장시간 노동과 저임금에 시달리는 도시 저소득층 취업 여성에게 시장을 통해 육아를 대행해 줄 양육자를 찾게 하는 것은 거의 불가능했다(양옥승, 1978).

부모가 일터에 간 사이 방치된 영유아를 돌보기 위해 도시 빈곤층 밀집 지역에는 무료 어린이집을 개설하여 부모를 지원하는 개인과 단체들이 속속 생겨났다. 1978년 4월 정부는 취업모 증가에 따른 탁아수요 충족을 위해 '탁아시설 운영 개선방안'을 제시·시행하였다. 이 방안에 따라 어린이집 입소대상은 요보호 아동에서 일반 아동으로 확대되었고 어린이집 법인화도 추진되었다. 어린이집 탁아비용은 수익자 부담원칙에 의해 학부모 부담으로 정해졌다.

출산억제 정책 시행

6·25 전쟁 이후에 나타난 베이비붐으로 출생아수가 급격히 증가하자 1961년 정부는 대한가족계획협회를 설립하였다. 그리고 대한가족계획협회는 1963년에 "알맞

게 낳아서 훌륭하게 키우자"라는 슬로건을 내세우며 가족계획 사업을 추진하였다. 참고로, 통계청『국제통계연감』에 따르면 1965년 기준 출산율은 5.6명이었다.

1966년 정부는 가족계획 사업의 일환으로 '산아제한'을 위한 출산억제 정책을 시행하였다. 그 결과 1970~1990년 통계청 '인구동향조사' 자료에 따르면, 합계출산율은 1970년 4.53명, 1975년 3.43명, 1980년 2.82명, 1983년 2.06명, 1985년 1.66명, 1990년 1.57명 등으로 계속 하락했다. 출생아수 역시 1970년 1,006,645명, 1975년 874,030명, 1980년 862,835명, 1985년 655,489명, 1990년 649,738명 등으로 계속 감소했다.

새마을유아원 개설

1981년 3월 정부는 "교육은 국가의 흥망성쇠를 좌우하므로 유아교육에서부터 관심을 가져야 하며 … 가난한 집 아이들을 잘 보살[피고] … 반공교육도 유아교육에서부터 시작하여[야]" 한다(내무부, 1988, p. 32)는 취지에서 초등학교 취학 전 3~5세 유아를 대상으로 영세민이 다수 거주하는 도시 저소득층 밀집 지역과 농어촌 지역에 263개의 '새마을 협동유아원'을 개설하였다.

새마을 협동유아원은 유아교육과 보육의 두 가지 기능을 병행하여 운영할 수 있도록 새마을 회관, 교회, 학교 등 기존의 공공시설에 시범 유아원을 시 · 군 · 구 단위로 1개씩 설치하였다. 그리고 무상 유아교육의 원칙에 따라 학부모에게 비용을 부담하지 않았다. 다만 일반 아동은 간식비를 부담하도록 했다. 1일 운영시간은 4~5시간을 원칙으로 하였다. 교사는 "2년제 보육학과 졸업자, 고졸 이상의 학력을 소지한 여성으로서 2년 이상 유치원, 탁아소에서 보육교사 경력이 있는 자, 올겐을 자유롭게 연주할 수 있는 자"로서 "가급적 새마을 부녀회와 새마을 청소년 회원 중에서 임용"하는 것을 원칙으로 하였다.

새마을 협동유아원을 관장하는 중앙행정기관은 사회의 안녕과 질서 유지를 목적으로 하는 내무부(현 행정안전부)이었다. 그에 따라 유치원은 문교부(현 교육부), 어린이집은 보건사회부(현 보건복지부), 농번기 상설탁아소는 농촌진흥청(현 농림축산식품부), 새마을 협동유아원은 내무부 등 영유아 교육 · 보육 기관은 4개 유형으로 구분되어 각기 다른 행정기관에 의해 관리되었다. 1980년 유치원 901개, 어린이집 657개 총 1,558개이었던 영유아 교육 · 보육 기관은 정부의 전폭적인 재정지원으로 1981년 유치원 2,958개, 어린이집 694개, 새마을 협동유아원 263개, 농번기 상설탁아소 382개, 기타 38개 등 총 4,335개로 증가했다(내무부, 1988).

1982년 정부는 '제5차 경제사회발전 5개년계획 교육부문계획(1982~1986)'에서 "유아교육진흥종합계획"에 대해 다음과 같이 밝히었다. 다원화된 유아교육 체계를 정비하여 시설 · 운영은 내무부, 교육은 문교부, 보건 · 의료는 보건사회부에서 맡는다. 유아교육 기관은 유치원과 "새마을유아원"으로 나누어 교육과 보육을 병행하되, 유치원은 '교육'에, 새마을유아원은 '보육'에 중점을 두고 운영한다. 교육대상은 4~5세로 하되, 3세 이하는 '탁아기능'도 수행한다. 시설은 기존 시설을 최대한 활용하며 영세민, 농어촌 취약지역에 우선 설치한다. 교원양성 및 재교육을 위해서는 전문대, 방송대, 4년제 대학에 "유아교육과"를 증설하고 정원을 증원한다(내무부, 1988).

정부의 유아교육 진흥 종합계획(1982~1986)에 따라 새마을 협동유아원(263개), 어린이집(694개), 농번기 상설탁아소(382개), 민간시설(38개) 등 총 1,377개 탁아시설은 1982년 2월에 '새마을유아원'으로 개칭되었다. 참고로, 내무부(1988) 자료에 의하면, 유아교육 진흥 종합계획에는 유아기 인적 자원개발을 통한 국가 경쟁력 확보, UNESCO를 비롯한 국제기구들의 유아교육 공교육화 강조, 핵가족화와 여성의 경제활동 참가율 증가뿐만 아니라 1976년「어린이보육교양법」을 제정 · 공포하고 국가사회의 부담으로 영유아를 교육하고 보육하는 북한의 현실도 반영되었다고 한다.

그러나 사회의 안녕과 질서를 우선으로 하는 내무부(현 행정안전부)에서 새마을유아원의 시설 · 운영을 담당함으로써 여러 가지 문제가 발생하였다. 예를 들어, 취원순위가 규정되어 있음에도 이를 지키지 않거나, 저소득층 밀집 지역이 아닌 지역에 개설하는 시설이 늘어났다. 저소득층 맞벌이 부부를 위해서는 종일 보육이 필요함에도 반나절만 운영하는 새마을유아원이 많아졌다.

어린이집의 목적: 아동복지

1981년 4월 "종전의 「아동복리법」은 구호적 성격의 복지제공에 중점을 두고 있어 그동안의 경제 · 사회의 발전에 따라 발생한 사회적 복지요구에 부응하지 못하고 있[다]"는 이유에서 「아동복리법」의 제명이 「아동복지법」으로 변경되었다. 개정 「아동복지법」에 따라 "유아기에 있어서의 기본적 인격 · 특성과 능력개발을 조장하기 위한 여건을 조성할 수 있도록" 어린이집 취원 대상은 요보호아동에서 모든 아동으로 확대되었다. 아울러 "이 법 시행 당시 도지사의 임시인가를 받아 설치한 탁아시설은 이 법 시행 후 2년간 이 법에 의하여 설치된 아동복지시설로" 인정되었다.

1982년 2월 22일에는 「아동복리법」의 전문개정에 따라 「아동복지법 시행령」 또한 개정되었다. 개정된 시행령 부칙을 보면, "이 영 시행 당시 종전의 규정에 의하여 설치된 탁아시설에 관하여는 탁아시설의 설치에 관한 법령이 따로 제정, 시행될 때까지 종전의 규정에 의한다" 명시되어 있음을 확인할 수 있다.

보육 수요의 증가

1985년 11월 기준 15세 이상 여성의 경제활동 참가율은 41.9%이고, 평균 초혼 연령은 24.8세이었다. 여성 나이 25~34세 연령층을 출산 · 육아기로 볼 경우, 전체 경제활동 참가 여성 중에서 영유아 보육 수요층이 차지하는 비율은 23.2%이었던 것으로 나타난다. 이러한 상황에서 1987년 12월 정부는 육아휴직 및 직장 어린이집 설치에 관한 법적 근거가 되는 「남녀고용평등법」을 제정하였다. 1988년 4월 시행된 이 법 제12조에 따르면, "사업주는 근로 여성의 계속 취업을 지원하기 위하여 수유 · 탁아 등 육아에 필요한 시설을 제공하여야 한다." 이 밖에 사업주는 생후 1년 미만의 영아를 가진 근로 여성에게 1년 이내의 무급 육아휴직을 허용하여야 한다는 내용도 포함되어 있다.

1980년대 한국 사회는 과거 서양이 이백 년 넘게 점진적으로 이룩한 근대화를 짧은 기간에 급진적으로 성취하는 과정에서 마치 방향감을 상실한 채 어디론가 달려가고 있는 것처럼 보였고, 정치적으로도 많은 갈등을 겪고 있었다. 이러한 맥락에서 도시 저소득층 밀집 지역에는 부모가 일터에 간 사이 집에 방치된 영유아를 10시간 이상 보호 · 교육하는 무료 탁아소가 자생하고 있었다. 일종의 빈민지원 활동으로 지역사회 탁아소연합회가 1986년부터 개설하기 시작한 일명 '지역사회탁아소'도 1988년 70개 이상 존재하고 있었다.

1988년 서울시는 영세민의 생활 안정을 위해 31개의 시립 '88탁아원'을 개설하였다. 그러나 88탁아원의 경우, 지역조사 미비, 입소대상 영유아의 연령 제한, 운영시간 단축 등으로 본래의 취지를 살리지 못하였다. 이러한 맥락에서 지역사회탁아소 연합회는 1988년 영유아 교육 · 돌봄에 대한 국가와 지자체의 책임을 규정한 '탁아입법'을 추진하였다. 필자는 영유아 교육 · 돌봄 문제에 대한 연구풍토 조성을 위해 1988년 탁아연구모임을 결성하고 그 결과로 『탁아연구』(양옥승 편, 1991, 1993)를 발간하였다.

1989년 9월 보건사회부(현 보건복지부)는 "기혼여성의 취업 확대에 따른 탁아수요 증가에 대응하는 한편, 아동의 건전 육성을 위하여 아동복지시설 중 탁아시설의 설치 · 운영에 관한 법적 근거를 마련"하는 취지에서 「아동복지법 시행령」을 일부 개정하였다. 「아동복지법 시행령」 제2조 제14호에 의하면, 탁아시설은 "보호자가 근로 또는 질병 기타 사정으로 인하여 아동을 보육하기 어려운 경우에 보호자의 위탁을 받아 아동을 보육하는 것을 목적으로 하는 시설"로서 「남녀고용평등법」 제12조 및 제13조의 규정에 의한 육아시설을 제외한 시설이다. 이에 따라 1990년 2,394개 새마을유아원 중 문교부(현 교육부)로 이관된 시설을 제외한 1,201개 시설을 내무부(현 행정안전부)로부터 넘겨받은 보건사회부는 새마을유아원의 명칭을 맞벌이 영세민의 6세 미만 영유아를 위한 '탁아시설'로 변경하였다.

시설수 및 원아수

보건사회부의 '보육통계'에 따르면(〈표 1-5〉 참조), 1966~1980년 어린이집 시설수 및 원아수 변화추이는 다음과 같다. 시설수는 1966년 116개에서 1970년 337개, 1975년 591개, 1980년 657개 등으로, 원아수는 1966년 10,110명에서 1970년 29,906명, 1975년 40,655명, 1980년 45,075명 등으로 꾸준히 증가하였다.

보건사회부의 보육통계에 근거하여 1981~1990년 어린이집(새마을유아원 포함) 시설수 및 원아수 변화추이를 살펴보면(〈표 1-6〉 참조), 시설수는 1981년부터 1987년

〈표 1-5〉 남한 어린이집의 시설수 및 원아수(1960~1980년)

연도	시설수	원아수
1960	24	1,130
1966	116	10,110
1968	292	25,443
1969	358	34,467
1970	337	29,906
1971	464	37,834
1972	482	36,533
1973	546	37,102
1974	564	69,211
1975	591	40,655
1976	607	41,767
1979	611	41,632
1980	657	45,075

출처: 보건사회부(1960~1980). 보육통계.

〈표 1-6〉 남한 어린이집의 시설수 및 원아수(1981~1990년)

연도	시설수	원아수
1981	909	15,062
1982	1,872	123,325
1983	2,328	178,000
1984	2,408	187,349
1985	2,403	197,423
1986	2,410	197,062
1987	2,414	340,101
1988	2,394	322,651
1989	2,357	303,281
1990	2,056	246,537

출처: 보건사회부(1981~1990). 보육통계.

까지 909개에서 2,414개로 2배 이상 증가하였으나 1988년 이후 감소세로 돌아섰던 것으로 나타난다. 원아수 또한 1981년 15,062명에서 1987년 340,101명으로 23배에 달하는 폭발적인 증가세를 보이다가 1988년 322,651명, 1989년 303,281명, 1990년 246,537명 등으로 감소하였던 것으로 나타난다. 참고로, 새마을유아원의 성장세는 1988년 2월 정권이 교체되면서 둔화했다.

1991~2003년: 「영유아보육법」 제정과 어린이집 확대

1990년대 접어들면서 자유, 개성, 창의성, 다양성, 공존을 강조하는 교육이 중요해졌다. 그 배경에는 글로벌 메커니즘의 작동에 따른 사회변화가 있었다. 이 시기 한국 사회에서는 국가의 시장 개입이 줄고, 시장의 자율성과 개방이 보장되고, 공기업의 민영화, 분권화, 규제의 완화 및 철폐 등을 통한 국가 역할의 축소 등이 진행되었다. 또한 정보통신과 뉴미디어의 비약적인 발전은 전 산업 분야에 응용되고 생산성 경쟁이 경쟁의 원리에 따라 치열하게 전개되었다. 문화에서 생산자와 소비자의 구분도 모호해졌다. 소비의 범위가 재화나 용역에 제한되지 않고 이미지, 감각 등으로 확대되었다. 지식도 공산품처럼 사고팔 수 있게 되었고, 개인은 문화의 창조자인 동시에 소비자의 역할을 할 수 있게 되었다. 그 속에서 기존의 가치관으로부터 탈출하여 자유, 개성, 문화 정체성을 찾고자 하는 청소년이 늘고 있었다.

어린이집에 관한 법률로서의 「영유아보육법」

1980년대 후반 탁아정책이 사회변화에 적극적으로 대처하지 못하고 있다는 여론의 질타를 받으면서 영유아 돌봄 문제가 정치 사회적 관심사로 부상되었다. 그 과정에서 취업 여성의 경제활동 참가와 질 높은 영유아 보육을 위해서는 체계화된 법제도가 필요하다는 여론이 조성되었다. 1988년 지역사회탁아소 연합회를 위시한 몇몇 사회단체들은 탁아법 시안을 마련하고 공청회를 개최하였다. 이러한 상황에서 정부 여당은 1990년 5월 '탁아제도발전추진위원회'를 발족하고, 이 위원회가 마련한 '영유아보육법(안)'에 기초하여 1991년 1월 14일 다음과 같은 취지로 「영유아보육법」을 제정하였다.

> 현대사회의 산업화에 따른 여성의 사회참여 증가 및 가족구조의 핵가족화에 의한 탁아수요의 급증에 따라 아동보호와 교육 문제는 개인적인 차원을 넘어 사회적 · 국가적 차원에서 해결이 불가피하게 되었으나, 현행 「아동복지법」에 의한 탁아사업은 시설설립 주체의 제한으로 인한 보육사업 확대 곤란, 관장 부처의 다원화로 체계적이고 효율적인 보육사업 추진 등에 문제점이 있으므로, 영유아의 보호와 교육에 관한 별도의 입법을 통하여 보육시설의 조속한 확대 및 체계화로 아동의 건전한 보호 · 교육 및 보육자의 경제적 · 사회적 활동의 지원을 통하여 가정복지 증진을 도모하려는 것임.

1991년 1월 14일 시행된 「영유아보육법」은 "보호자가 근로 또는 질병, 기타 사정으로 인하여 보호하기 어려운 6세 미만의 영유아를 심신의 보호와 건전한 교육을 통하여 건강한 사회 성원으로 육성함과 아울러 보호자의 경제적 · 사회적 활동을 원활하게 하여 가정복지 증진에 기여함을 목적으로" 하였다. 「영유아보육법」 시행으로 기존에 사용해 왔던 '탁아'라는 용어는 '보육'으로 대체되었고, 새마을유아원, 놀이방을 포함한 모든 유형의 어린이집은 '보육시설', 어린이집 교사는 '보육교사'라 부르게 되었다. 그리고 어린이집은 국 · 공립, 민간, 직장, 가정 등 4개 보육시설로 세분화되었다. 이 법에서는 영유아 보육에 대한 국가와 지자체의 책임, 보육위원회 및 보육정보센타(현 육아종합지원센터), 취원 순위, 비용, 타 법률과의 관계 등에 대해서도 규정하였다(〈표 1-7〉 참조).

「영유아보육법」 제9조(보육시설의 종사자 기준)에 따르면, 어린이집에는 시설의 장 및 보육교사와 기타 보건사회부(현 보건복지부)령이 정하는 종사자를 두어야 한다. 다만, 가정 어린이집의 경우 시설의 장이 보육교사의 자격을 가진 때에는 보건사회부령

〈표 1-7〉 1991년 제정 「영유아보육법」의 주요 골자

영역	내용
목적 및 정의	보호자가 근로 또는 질병, 기타 사정으로 인하여 보호하기 어려운 6세 미만의 영유아를 심신의 보호와 건전한 교육을 통하여 건강한 사회 성원으로 육성함과 아울러 보호자의 경제적 · 사회적 활동을 원활하게 하여 가정복지 증진에 기여함을 목적으로 함. 영유아라 함은 6세 미만의 취학 전 아동을 말함. 보육시설이라 함은 보호자가 근로 또는 질병 기타 사정으로 영유아를 보호하기 어려운 경우에 보호자의 위탁을 받아 영유아를 보육하는 시설을 말함.
책임	국가와 지방자치단체는 보호자와 더불어 영유아를 건전하게 보육할 책임을 짐.
보육위원회	영유아의 보육에 관한 사업의 기획, 조사, 실시 등에 관하여 필요한 사항을 심의하기 위하여 보건사회부(현 보건복지부)에 중앙보육위원회를 두고, 서울특별시 · 직할시 · 도 및 시 · 군 · 구에 지방 보육위원회를 둠.
보육정보센터	시장 · 군수 · 구청장은 영유아의 보육에 대한 제반 정보의 제공 및 상담을 위하여 보육정보센타를 설치 · 운영하여야 함.
어린이집의 종류	1. 국 · 공립보육시설: 국가와 지방자치단체가 설치 · 운영하는 시설 2. 민간보육시설: 법인, 단체 또는 개인이 설치 · 운영하는 시설로서 직장보육시설 또는 가정보육시설이 아닌 시설 3. 직장보육시설: 사업주가 사업장의 근로자를 위하여 설치 · 운영하는 시설 4. 가정보육시설: 개인이 가정 또는 그에 준하는 곳에서 설치 · 운영하는 시설
취원 순위	국가 또는 지방자치단체와 사회복지법인 기타 비영리법인이 설치한 어린이집과 대통령령이 정하는 어린이집의 원장은 「생활보호법」에 의한 생활보호대상자와 보건사회부령이 정하는 저소득층 자녀를 어린이집에 우선적으로 입소시켜야 함. 사업주는 직장어린이집에 사업장 근로자의 자녀를 우선적으로 입소시켜야 함.
비용	영유아의 보육에 필요한 비용은 보호자가 부담하는 것을 원칙으로 함. 「생활보호법」에 의한 생활보호대상자와 대통령령이 정하는 저소득층 자녀의 보육에 필요한 비용은 국가 또는 지방자치단체가 그 전부 또는 일부를 부담하여야 함. 국가 또는 지방자치단체는 대통령령이 정하는 바에 의하여 어린이집의 설치 및 운영 등 영유아의 보육사업에 소요되는 비용을 보조할 수 있음. 보호자가 영유아의 보육을 위하여 지출한 보육비용과 사업주가 부담하는 어린이집의 설치 및 운영에 소요되는 비용에 대하여는 「조세감면규제법」이 정하는 바에 의하여 조세를 감면함.

보칙 및 부칙	영유아의 보육에 관하여는 다른 법률의 규정에 불구하고 이 법에 의함. 어린이집에 근무하는 자 중 「교육법」에 의한 유치원교원의 자격을 가진 자에 대하여는 동 시설에서의 근무경력을 「교육법」에 의한 교육경력으로 인정함. 이 법 시행 당시 「아동복지법」 및 「남녀고용평등법」에 의하여 설치된 어린이집은 이 법에 의하여 설치된 어린이집으로 봄. 「유아교육진흥법」에 의한 새마을유아원이 어린이집으로 인정받기 위하여 1년 이내에 시장 · 군수에게 신고한 경우에는 이 법에 의하여 설치된 어린이집으로 봄.

이 정하는 바에 의하여 따로 보육교사와 기타 종사자를 두지 아니할 수 있다. 보육교사는 대학(전문대학 포함) 또는 이와 동등 이상의 학교에서 보건사회부령이 정하는 유아교육 또는 아동복지에 관련된 학과를 전공하여 졸업한 자이거나, 고등학교 또는 이와 동등 이상의 학교를 졸업한 자로서 보건사회부령이 정하는 교육훈련시설에서 소정의 교육과정을 이수한 자이어야 한다(1~2항).

영유아 인구 및 유치원 · 어린이집 통계

영유아 인구

1991~2003년 국가통계포털 KOSIS에 제시된 영유아 인구정보에 따르면(〈표 1-8〉 참조), 영유아 인구는 1991년 3,883,148명(영아 1,978,157명, 유아 1,904,991명)에서 1996년 4,237,522명(영아 2,129,805명, 유아 2,107,717명)으로 5년간 꾸준히 증가하다가 1997년 4,231,289명(영아 2,085,322명, 유아 2,145,967명), 2000년 3,969,179명(영아 1,891,965명, 유아 2,077,214명), 2003년 3,502,786명(영아 1,619,102명, 유아 1,883,684명) 등 1997년 이후 계속 감소하였다. 더 나아가 영유아 인구를 두 개의 연령군으로 나누어서 살펴보면, 1991년 1,978,157명이었던 3세 미만 영아 인구는 1995년까지 소폭이나마 증가추세를 보이다가 1996년부터 감소세로 돌아서 2003년 1,619,102명이 되었다. 그리고 1991년 1,904,991명이었던 3~5세 유아 인구는 1992년 감소했다가 1993년부터 소폭이나마 증가하는 추세를 보였지만 1999년 이후 재차 감

〈표 1-8〉 남한의 연령별 영유아 인구(1991~2003년)

연도	영아				유아			
	0세	1세	2세	계	3세	4세	5세	계
1991	685,857	654,807	637,493	1,978,157	630,277	630,432	644,282	1,904,991
1992	713,725	684,136	653,165	2,051,026	636,082	629,066	629,537	1,894,685
1993	723,892	711,589	682,085	2,117,566	651,206	634,361	627,550	1,913,117
1994	723,148	721,633	709,367	2,154,148	679,958	649,177	632,571	1,961,706
1995	720,201	720,954	719,441	2,160,596	707,213	677,895	647,207	2,032,315
1996	696,175	713,685	719,945	2,129,805	720,998	708,270	678,449	2,107,717
1997	675,996	696,967	712,359	2,085,322	718,896	719,857	707,214	2,145,967
1998	650,449	676,139	696,213	2,022,801	711,700	718,307	719,097	2,149,104
1999	623,394	645,239	674,722	1,943,355	695,210	710,608	717,250	2,123,068
2000	622,098	626,100	643,767	1,891,965	673,556	694,262	709,396	2,077,214
2001	596,105	617,730	624,760	1,838,595	643,272	672,080	692,913	2,008,265
2002	533,117	594,547	618,455	1,746,119	623,549	642,529	670,407	1,936,485
2003	494,291	531,559	593,252	1,619,102	619,580	622,535	641,569	1,883,684

소세로 돌아서 2003년 1,883,684명이 되었다.

통계청의 '인구동향조사'에 제시된 1990~2003년 인구동태 건수 및 동태율 추이 자료에 따르면, 1990년 649,738명이었던 출생아수는 1991년 709,275명, 1992년 730,678명, 1993년 715,826명, 1995년 715,020명 등 70만 명대로 올라갔다가, 1996년 691,226명, 1997년 675,394명, 1998년 641,594명, 1999년 620,668명, 2000년 640,089명 등 60만 명대로 돌아왔다. 2001년 559,934명으로 1년 만에 급감했던 출생아수는 2002년 496,911명, 2003년 495,036명 등 50만 명대 밑으로 내려갔다.

합계출산율의 경우, 1990년 1.57에서 1991년 1.71명, 1992년 1.76명, 1993년 1.65명, 1994년 1.66명, 1995년 1.63명 등으로 상승했다. 그러나 1996년 1.57명이었던 합계출산율은 1997년 1.54명, 1998년 1.46명, 1999년 1.43명, 2000년 1.48명, 2001년 1.31명, 2002년 1.18명, 2003년 1.19명 등으로 계속 하락했다. 출산율 국제비교를 위해 '국제통계연감 2000'을 살펴보면, 한국(1.50명)은 37개 OECD 국가 중에서 15위로 미국(2.00명), 스웨덴(1.56명)보다 낮지만, 독일(1.35명), 일본(1.37명)보다 높았던 것으로 나타난다.

유치원 · 어린이집 통계

1991~2003년 유치원과 어린이집 전체 시설수 및 원아수 변화추이를 살펴보면(〈표 1-9〉 참조), 전체 시설수는 1991년 12,111개에서 1995년 18,045개, 2000년 27,770개, 2003년 32,434개 등으로, 전체 원아수는 1991년 514,976명에서 1995년 823,372명, 2000년 1,231,263명, 2003년 1,404,876명 등으로 꾸준히 증가했던 것으로 나타난다. 더 나아가 기관별로 시설수를 비교해 보면, 1991년 8,421개에서 소폭이나마 증가세를 유지하던 유치원은 1998년부터 감소세로 돌아선 반면, 1991년 3,690개에 불과했던 어린이집은 2003년 24,142개로 7배 가까이 증가했던 것으로 나타난다. 원아수는 유치원의 경우 1991년 425,535명에서 2003년 546,531명으로 소폭 증가에 그쳤지만, 어린이집의 경우 1991년 89,441명에서 2003년 858,345명으로 10배 가까이 증가했다.

〈표 1-9〉 남한 유치원 · 어린이집의 시설수 및 원아수(1991~2003년)

연도	유치원		어린이집		전체	
	시설수	원아수	시설수	원아수	시설수	원아수
1991	8,421	425,535	3,690	89,441	12,111	514,976
1992	8,498	450,882	4,513	123,297	13,011	574,179
1993	8,515	469,380	5,490	153,270	14,005	622,654
1994	8,910	510,100	6,975	219,308	15,885	729,408
1995	8,960	529,625	9,085	293,747	18,045	823,372
1996	8,939	551,770	12,098	403,001	21,037	954,771
1997	9,005	568,096	15,375	520,959	24,380	1,009,055
1998	8,973	533,912	17,605	556,957	26,578	1,090,869
1999	8,790	534,166	18,768	640,915	27,558	1,175,081
2000	8,494	545,263	19,276	686,000	27,770	1,231,263
2001	8,407	545,142	20,097	734,192	28,504	1,279,334
2002	8,343	550,256	22,147	800,991	30,490	1,351.247
2003	8,292	546,531	24,142	858,345	32,434	1,404,876

출처: 교육부, 한국교육개발원(1991~2000). 교육통계연보; 보건사회부(1991~1993). 보육통계; 교육인적자원부, 한국교육개발원(2001~2003). 교육통계연보; 보건복지부(1994~2003). 보육통계.

유치원

유치원의 목적: 4~5세 유아의 보육 → 3~5세 유아의 교육

1991년 12월 「교육법」이 개정됨에 따라 '보육'이라 규정되었던 유치원의 목적(제146조)은 '교육'으로 바뀌었다. 즉, "유치원은 유아를 보육하고 적당한 환경을 주어 심신의 발육을 조장하는 것을 목적으로 한다"에서 "유치원은 유아를 교육하고 적당한 환경을 주어 심신의 발육을 조장하는 것을 목적으로 한다"로 개정되었다. 이는 「영유아보육법」에 명시된 어린이집의 목적인 '보육'과 구별하기 위한 것이었다. 이처럼 유치원의 목적으로 '교육'이 언급된 것은 「교육법」이 제정된 지 42년 만에 처음 있는 일이었다.

또한 「교육법」에서는 제148조의 제목을 '입학연령'으로 하고, 동조 중 '만 4세부터'를 '만 3세부터'로 개정하였다. 다시 말해, "제148조 유치원에 입원할 수 있는 자는 만 4세부터 국민학교 취학시기에 달하기까지의 유아로 한다"를 "제148조(입학연령) 유치원에 입원할 수 있는 자는 만 3세부터 국민학교 취학시기에 달하기까지의 유아로 한다"로 개정하였다. 유치원 입학 연령을 하향화하는 세계적 추세에 맞추어 「교육법」이 개정됨에 따라 3세부터 초등학교 취학 전까지의 유아는 유치원에 입학할 수 있게 되었다.

「교육법」 개정은 이 법에 있는 교육자치에 관한 조항을 떼어서 1991년 3월 「지방교육자치에 관한 법률」이 제정되고 6월 시행됨에 따른 것이었다. "교육의 자주성 및 전문성을 신장시키고 지방 교육의 특수성을 살리며 교육의 지역 간 균형발전을 도모하기 위하여" 유치원 또한 시 · 도 교육감의 지휘 감독을 받게 되었다(제84조). 그뿐만 아니라 국가가 「지방교육자치에 관한 법률」 제27조 제6호에 의해 고시한 「유치원 교육과정」도 "각 시 · 도 교육감이 지역의 특수성과 유치원의 실정에 알맞게 [자율적으로] 정하여 실시"할 수 있게 되었다.

사실상 교육자치제는 「교육법」에도 명시되어 있었으나 6 · 25 전쟁으로 인해 시행되지 못하다가 1952년 「교육법 시행령」이 제정된 이후에야 시 · 군 단위로 실시할 수 있게 되었다. 그 이후 1961년 5.16 군사 정변으로 인해 일시 중단됐다가 1964년부터는 명목상 존재했다. 1988년 「교육법」 개정 이후, 교육자치제는 시 · 도 단위와 시 · 군 단위로 시행되었다. 그러다가 1991년 「지방교육자치에 관한 법률」이 제정되면서부터는 광역자치단체인 특별시 · 직할시 및 도 단위에서 교육 · 학예사무를 관장할 수 있게 되었다.

1991년 12월 31일 정부는 새마을유아원에 대한 비판 여론이 비등해지자 「유아교육진흥법」을 개정하였다. 「유아교육진흥법」 개정으로 내무부(현 행정안전부)에서 관장해 오던 새마을유아원의 시설 · 운영 기능은 교육부로 이관되었고, 새마을유아원은 1993년 말까지 유치원 또는 어린이집으로 바꿀 수 있게 되었다. 그에 따라 「유아교육진흥법」에 준하여 설치 · 운영되었던 새마을유아원은 1994년 1월부터 유치원 또는 어린이집으로 전환되었다. 다른 한편으로, 1993년 2월에는 「교원자격검정령」이 개정됨에 따라 유치원 교원 자격이 있는 자의 어린이집의 근무경력이 「교육법」에 의한 교육경력으로 인정받을 수 있게 되었다.

1995년에는 제1차 '신교육체제 수립을 위한 교육개혁 방안'을 발표하였다. 교육개혁 방안에는 학교의 수용 능력 범위 내에서 취학할 수 있게 하는 초등학교 입학 연령의 탄력적 운영 방안이 포함되었다. 5세 유아라 할지라도 부모가 원하고 소정의 신체검사 및 능력 검사 결과 수학능력이 있다고 판정받으면 초등학교 조기입학이 가능하다는 것이었다. 이 제안은 유아교육 전문가를 포함한 여론의 강한 질타와 저항에 부딪혔음에도 제도화되었고 1996학년도부터 시행되었다.

그러나 조기 취학한 유아들이 신체 · 정서발달 미숙으로 초등학교 교육과정에 적응하지 못하면서 2001학년도 조기 취학생 비율은 전체 취학 대상자의 1.2%로 떨어졌다. 이에 대해 일부 교육학자들은 미국에서처럼 유치원 과정을 초등학교 기간에 포함하는, 특히 유치원 5세 학급을 초등학교 저학년에 편제하여 '유치원 학년'으로 하는 안을 제시하였다. 그러나 이 제안은 유아교육과정과 초등교육과정 간의 기본 이념 차이를 이해하지 못한 데 기인한 것이라는 유아교육계의 반발에 부딪혀 철회됐다. 이후 초등학교 조기 입학제는 유명무실해졌다.

1997년에는 "유아교육의 공교육체제 확립" 계획이 포함된 제4차 '신교육체제 수립을 위한 교육개혁 방안'이 발표되었다. 이 개혁안에는 「유아교육법」 제정, 유아학교 체제의 단계적 구축, 초등학교 취학 전 1년 유아교육의 무상실시, 국가 및 지자체의 지원 확대를 통한 유아교육의 공교육화 방안 등이 담겨 있었다. 그러나 이러한 유아교육 방안은 시행 전에 폐기되었다.

「교육기본법」, 「초 · 중등교육법」, 「고등교육법」 제정

1997년 12월 13일에는 교육체계와 내용의 일관성을 유지하고 그동안 추진해 온 교육개혁을 법제적으로 뒷받침하는 취지에서 「교육기본법」, 「초 · 중등교육법」, 「고등교육법」이 각기 다음과 같은 목적을 가지고 제정되었다. 「교육기본법」은 "교육에 관한 국민의 권리 · 의무 및 국가 · 지방자치단체의 책임을 정하고 교육제도와 그 운영에 관한 기본적 사항을 규정함을 목적으로 한다." 「초 · 중등교육법」은 "「교육기본법」 제9조의 규정에 따라 유아교육 및 초 · 중등교육에 관한 사항을 정함을 목적으로 한다." 그리고 「고등교육법」은 "「교육기본법」 제9조의 규정에 따라 고등교육에 관한 사항을 정함을 목적으로 한다." 「초 · 중등교육법」과 「고등교육법」의 근거가 되는 「교육기본법」 제9조(학교교육)는 다음의 4개 항으로 구성되어 있다.

> ① 유아교육 · 초등교육 · 중등교육 및 고등교육을 실시하기 위하여 학교를 둔다. ② 학교는 공공성을 가지며, 학생의 교육 외에 학술과 문화적 전통을 유지 · 발전시키고 주민의 평생교육을 위하여 노력하여야 한다. ③ 학교교육은 학생의 창의력 계발 및 인성의 함양을 포함한 전인적 교육을 중시하여 이루어져야 한다. ④ 학교의 종류와 학교의 설립 · 경영 등 학교교육에 관한 기본적인 사항은 따로 법률로 정한다.

유아교육에 관한 규정을 담고 있는 「초 · 중등교육법」에 의하면, 유치원은 3세부터 초등학교 취학 전까지 입학할 수 있다(제36조). 초등학교 취학 전 1년의 유치원 교육은 무상으로 하고, 무상교육은 대통령령이 정하는 바에 의하여 순차적으로 실시한다. 그리고 국가 및 지방자치단체는 1년의 무상 유치원 교육을 받고자 하는 유아를 위해 유치원을 설립 · 경영해야 한다(제37조). 「교육기본법」, 「초 · 중등교육법」, 「고등교육법」이 1998년 3월 1일에 시행됨에 따라 1949년 제정 이후 38회에 걸쳐 개정되었던 「교육법」은 48년간의 역사를 뒤로한 채 사라졌다.

시설수 및 원아수

1991~2003년 유치원의 설립별 시설수 및 원아수 변화추이를 살펴보면(〈표 1-10〉 참조), 1991년 8,421개이었던 시설수는 사립 유치원의 꾸준한 증가로 1997년(9,005개)에 최고치를 기록했다가 1997년 IMF 외환위기로 인해 1998년부터 감소세로 돌아서 2003년에는 1991년보다 적은 8,292개가 되었다. 1991년 425,535명으로 시작했던 원아수는 사립 유치원의 계속된 증가로 1997년 568,096명이 되었다. 그러나 IMF 외환

〈표 1-10〉 남한 유치원의 설립별 시설수 및 원아수(1991~2003년)

연도	시설수			원아수		
	국공립	사립	전체	국공립	사립	전체
1991	4,632	3,789	8,421	117,878	307,657	425,535
1992	4,596	3,902	8,498	117,084	333,798	450,882
1993	4,514	4,001	8,515	113,332	356,048	469,380
1994	4,461	4,449	8,910	113,087	397,013	510,100
1995	4,417	4,543	8,960	114,380	414,885	529,265
1996	4,393	4,546	8,939	115,856	435,914	551,770
1997	4,422	4,583	9,005	120,582	447,514	568,096
1998	4,455	4,518	8,973	132,586	401,326	533,912
1999	4,351	4,439	8,790	131,186	402,980	534,166
2000	4,176	4,318	8,494	122,208	423,055	545,263
2001	4,210	4,197	8,407	122,415	422,727	545,142
2002	4,240	4,103	8,343	119,568	430,688	550,256
2003	4,284	4,008	8,292	120,829	425,702	546,531

출처: 교육부, 한국교육개발원(1991~2000). 교육통계연보; 교육인적자원부, 한국교육개발원(2001~2003). 교육통계연보.

위기로 폐원하는 소규모 영세 사립 유치원이 증가하면서 2003년 원아수는 546,531명으로 다시 감소했다.

〈표 1-10〉의 자료를 사용하여 전체 원아에서 국공립 원아가 차지하는 연도별 비율을 산출해 보면 20%대 수준이었던 것으로 나타난다. 다시 말해 1991년 27.7%, 1992년 26.0%, 1993년 24.1%, 1994년 22.2%, 1995년 21.6%, 1996년 21.0%, 1997년 21.2%, 1998년 24.8%, 1999년 24.6%, 2000년 22.4%, 2001년 22.5%, 2002년 21.7%, 2003년 22.1% 등이었다.

한편, 교육통계연보에 제시된 1991~2003년 유치원 통계에 따르면, 3~5세 유아의 유치원 취원율은 20%대에 머물렀던 것으로 나타난다. 다시 말해 1991년 29.9%, 1992년 23.8%, 1993년 24.5%, 1994~1995년 26.0%, 1996년 26.2%, 1997년 26.5%, 1998년 24.8%, 1999년 25.2%, 2000년 26.2%, 2001년 27.2%, 2002년 28.4%, 2003년 29.1% 등이었다.

유아교육과정 이론으로서 비고츠키의 발생학적 인식론 도입

교육과정의 세계적 화두가 교육과정의 재개념화이었던 1991년 필자는 비고츠키(Lev Semenovich Vygotsky)의 발생학적 인식론을 교육과정 이론으로 활용할 것을 제안하였다(양옥승, 1991, 1993, 2008). 비고츠키의 발생학적 인식론이 지식형성 과정에서 사회 문화적 맥락의 중요성을 간과했던 피아제의 구성주의 이론이 지닌 근본적인 한계를 극복할 수 있다고 보았기 때문이다. 비고츠키에 따르면, 지식은 발달과 교육이 상호작용하는 과정에서 형성된다. 개인 밖에 존재하는 문화는 사회적 지식으로서 교육에 의한 상호작용을 통해 개인의 정신세계에 내면화된다.

비고츠키의 발달과 교육 간의 상호작용적인 관계 설정은 그 고유의 용어인 근접발달지대에 대한 설명에서 가장 잘 드러난다. 근접발달지대는 독립적으로 문제를 해결하는 실제적 발달 수준과 성인의 안내 또는 유능한 또래와 협력하며 문제를 해결할 때 보여 주는 잠재적 발달 수준 간의 간격이다. 실제적 발달 수준이란 이미 완성된 특정 발달 주기에 의한 결과로서 나타난 아동의 지적 수준이다. 그러나 잠재적 발달 수준은 혼자 해결하지 못했던 문제라 할지라도 교사나 또래 등 다른 사람의 도움을 받아 해결할 수 있게 된 아동의 지적 수준을 의미한다.

1994년 필자는 유치원 · 어린이집의 자유선택 활동 시간에 적용할 수 있는 프로그램으로 VPE 프로그램을 개발하였다. VPE 프로그램은 비고츠키의 사고와 언어에 관한 이론 및 발생학적 인식론에 기반하였다. 이 프로그램은 무슨 놀이를 할 것인지 자유롭게 말하게 하고, 선택한 놀이 활동이 끝난 뒤 자신이 했던 행동을 점검하며 말하게 하는 언어적 계획(Verbal Plan)-실행-언어적 평가(Verbal Evaluation)의 3단계로 구성되어 있다(양옥승, 1994, 2000, 2004). 참고로, 비고츠키의 발생학적 인식론은 1997년 미국유아교육협회(NAEYC)가 그의 이론을 주요 발달이론으로 소개한 이후 한국 유아교육계에서도 적극적으로 수용, 활용하기 시작했다.

유치원 교육과정 개정

교육부는 1992년 9월 5차 「유치원 교육과정」을 고시하였다. 이 교육과정은 처음으로 교육부의 위탁을 받은 유아교육계의 주도하에 개정된 것으로, 건강생활, 사회생활, 표현생활, 언어생활, 탐구생활의 5개 생활영역을 중심으로 구성되었다. 교육내용은 입학 연령이 4~5세에서 3~5세로 확대된 것을 반영하여 내용 체계와 수준별 내용으로 구분 · 제시되었다. 수준별 내용은 3~4세 유아의 발달특성에 맞춘 I 수준, 4~5세 유아의 발달 특성에 맞춘 II 수준, 공통 수준으로 세분화되었다. 5차 유치원 교육과정에서는 교육일수를 연간 180일 기준으로 하되, 유아의 연령을 고려하여 조정할 수 있게 하였다. 그리고 1일 교육시간은 180분을 기준으로 하였다.

5차 유치원 교육과정은 1991년 개정 「지방교육자치에 관한 법률」에 따라 "국가 교육과정에 제시된 기준 이외에 더 필요한 편성 · 운영 지침은 … 각 시 · 도 교육감이 지역의 특수성과 유치원의 실정에 알맞게 정하여 실시"(제27조 제6호) 할 수 있게 되었다. 이 교육과정은 또한 초등학교 교육과정과의 연계성을 위해 교육목표, 교육내용, 교수 · 학습 방법, 교육평가 등 타일러(Tyler)의 교육과정 절차에 맞춰 구성했다는 특징이 있다. 그렇다고 해서 유치원 교육과정이 교과 중심으로 바뀐 것은 아니었다.

통합 교육과정의 기조는 그대로 유지되었다. 5차 교육과정은 1995년 3월 1일부터 시행되었다.

6차 유치원 교육과정은 1998년 6월 고시되었다. "21세기 정보화 · 세계화 시대를 주도적으로 이끌어 나갈 수 있는 자율적이고 창의적인 한국인 육성"의 취지에서 개정된 이 교육과정은 5차 유치원 교육과정과 같은 5개 생활영역 중심으로 구성되었다. 수준별 교육내용의 연속성 및 적정화, 유치원 운영의 다양화, 현장의 교육과정 편성과 운영에서의 자율성 확대 등을 위해 유치원의 1일 운영체계를 반일제(3~4시간), 연장제(5~7시간), 종일제(8시간 이상) 등으로 다양화하였다. 교육일수는 연간 180일 이상으로 확대하였다. 1일 교육시간은 180분을 기준으로 하되, 유아의 연령 및 발달 수준, 기후, 계절, 부모의 요구 등을 고려하여 실정에 맞도록 조정할 수 있게 하였다. 6차 교육과정은 2000년 3월 1일부터 시행되었다.

교원의 자격기준

1997년 제정된「초 · 중등교육법」제21조(교원의 자격)에 따르면, 유치원 원장, 원감, 교사는 다음과 같은 자격기준에 해당하는 자로서 대통령령이 정하는 바에 의하여 교육부 장관이 검정 · 수여하는 자격증을 받은 자이어야 한다. 원장은 유치원의 원감 자격증을 가지고 3년 이상의 교육경력과 소정의 재교육을 받은 자이거나 학식 · 덕망이 높은 자로서 교육자격검정위원회의 추천에 의하여 교육부 장관의 허가를 받은 자이다. 원감은 유치원 정교사(1급) 자격증을 가지고 3년 이상의 교육경력과 소정의 재교육을 받은 자이거나 유치원 정교사(2급) 자격증을 가지고 6년 이상의 교육경력과 소정의 재교육을 받은 자이다. 그리고 교사는 정교사(1급 · 2급), 준교사로 구분된다.

정교사(1급)는 유치원 정교사(2급) 자격증을 가진 자로서 3년 이상의 교육경력을 가지고 소정의 재교육을 받은 자, 초등학교 정교사(1급) 자격증을 가진 자, 또는 유치원 정교사(2급) 자격증을 가지고 교육대학원이나 교육부 장관이 지정하는 대학원의 교육과에서 유치원 교육과정을 전공하여 석사학위를 받은 자로서 1년 이상의 교육경력이 있는 자이다. 정교사(2급)는 대학에 설치하는 유아교육과 졸업자, 대학(전문대학 및 이와 동등 이상의 각종 학교 포함) 졸업자로서 재학 중 소정의 보육과 교직학점을 취득한 자, 교육대학원 또는 교육부 장관이 지정하는 대학원의 교육과에서 유치원 교육과정을 전공하고 석사학위를 받은 자, 유치원 준교사 자격증을 가진 자로서 2년 이상의 교육경력을 가지고 소정의 재교육을 받은 자, 또는 초등학교 정교사(2급) 자격증을 가진 자이다. 그리고 준교사는 유치원 준교사 자격검정에 합격한 자이거나 초등학교 준교사 자격증을 가진 자이다.

초등학교 교사 자격증을 유치원 교사 자격증으로 인정하는 규정은 2000년 「초·중등교육법」이 개정되면서 다음과 같이 바뀌었다. "초등교육 정교사(1급) 자격증을 가진 자"는 "초등학교 정교사(1급) 자격증을 가진 자로서 필요한 보수교육을 받은 자"로, "초등교육 정교사(2급) 자격증을 가진 자"는 "초등학교 정교사(2급) 자격증을 가진 자로서 필요한 보수교육을 받은 자"로, 그리고 "초등학교 준교사 자격증을 가진 자"는 "초등학교 준교사 자격증을 가진 자로서 필요한 보수교육을 받은 자"로 각각 변경되었다.

자격별 교원수

1991~2003년 교육통계연보에 나타난 유치원 자격별 교원수 현황을 보면(〈표 1-11〉 참조), 전체 교원수는 1991년 19,706명, 1995년 25,576명, 2000년 28,012명, 2003년 30,290명 등으로 꾸준히 증가했던 것으로 나타난다. 더 나아가 전체 교원에서 준교사 및 기타를 제외한 원장, 원감, 정교사가 차지하는 비율을 연도별로 산출해 보면, 1991년 87.1%, 1992년 86.5%, 1993년 87.7%, 1994년 88.7% 등 1994년까지는 80%대이었다. 그러다가 1995년 90.6%로 이때부터 90%대에 진입하였던 것으로 나타난다. 이후 지속된 상승으로 유치원 정교사 이상의 자격증을 소지한 교원의 비율은 1996년 92.4%, 1997년 93.3%, 1998년 96.1%, 1999~2000년 98.2%, 2001년 98.7%, 2002년 99.3%, 2003년 99.5% 등 100%에 육박했다.

〈표 1-11〉 남한 유치원의 자격별 교원수(1991~2003년)

연도	원장	원감	정교사		준교사	기타*	전체
			1급	2급			
1991	764	224	2,637	13,533	126	2,422	19,706
1992	751	272	3,204	14,029	80	2,771	21,107
1993	879	326	3,674	14,602	88	2,638	22,207
1994	1,051	397	4,715	15,375	124	2,626	24,288
1995	1,472	408	5,452	15,833	89	2,322	25,576
1996	1,798	463	6,017	16,323	84	1,936	26,621
1997	1,994	551	6,334	16,857	72	1,778	27,586
1998	2,208	614	6,591	16,275	20	1,013	26,721
1999	2,377	611	6,552	16,156	21	447	26,164
2000	3,000	617	6,436	17,468	16	475	28,012
2001	3,169	687	6,529	18,225	20	345	28,975
2002	3,248	712	6,868	18,623	11	211	29,673
2003	3,305	750	7,235	18,835	9	156	30,290

*기타: 보건교사 포함

출처: 교육부, 한국교육개발원(1991~2000). 교육통계연보; 교육인적자원부, 한국교육개발원(2001~2003). 교육통계연보.

교원양성기관

2001년 교육부 통계에 의하면, 유치원 교사는 전문대학 유아교육과(84개), 전문대학 아동학 관련 학과(11개), 4년제 대학 유아교육과(36개), 4년제 대학 아동학 관련 학과(13개)에서 양성하고 있었던 것으로 나타난다. 편제정원을 기준으로 하면, 유치원 교사 양성대학 정원은 전문대학 10,480명(67.8%), 방송대 2,700명(17.5%), 대학교 2,015명(13.0%), 산업대 260명(1.7%) 등으로 전문대학이 가장 많았다. 유치원 교사 자격증 취득 졸업생을 기준으로 할 때도 전문대학 9,750명(95.5%), 대학교 434명(4.2%), 산업대 30명(0.3%) 등으로 전문대학 출신이 가장 많았다.

2년제이었던 전문대학 유아교육과는「고등교육법」개정으로 2002년부터 3년제로의 전환이 가능해졌다. 그에 따라 2002학년도에 73개 전문대학 유아교육과가 3년제로 전환되었다. 이후에는 「평생교육법」에 근거하여 1년을 연장한 '3+1제'를 도입하는 전문대학 유아교육과들도 많아졌다.

어린이집

어린이집의 목적: 0~5세 영유아의 보육

1991년 1월 14일 「영유아보육법」의 제정, 시행으로 어린이집은 '보육시설'이라 지칭되었고, 국・공립, 민간, 직장, 가정의 네 가지 유형으로 구분되었다. 이 법 제2조(정의)에 따르면, "보육시설"이라 함은 보호자가 근로 또는 질병 기타 사정으로 영유아를 보호하기 어려운 경우에 보호자의 위탁을 받아 영유아를 보육하는 시설(2항)을, 그리고 "영유아"라 함은 6세 미만의 취학 전 아동(2항)을 말한다. 이 법의 시행으로 「아동복리법」에 의한 탁아시설, 「남녀고용평등법」에 의한 사업장육아시설 및 시범탁아소, 「유아교육진흥법」에 의한 새마을유아원 또한 보육시설로 인정받게 되었다.

재정지원 확대

1995년 보건복지부는 어린이집 취원율 95%를 목표로 '보육시설 확충 3개년 계획'을 수립하고 1995년 1,778억 원, 1996년 2,375억 원, 1997년 3,111억 원의 예산을 각각 투입하였다. 자녀를 어린이집에 취원시킬 수 있는 우선순위는 생활보호대상자, 모자가정 및 부자가정, 기타 저소득층 가정, 맞벌이 가정 및 결손가정, 기타 일반 주민 등의 순이었다. 어린이집 학급(반)은 2세 미만 영아, 2세, 3세 이상 등으로 나뉘었다.

또한 1995년에는 1년 미만 자녀를 둔 여성 근로자의 배우자인 근로자도 휴직 신청이 가능하도록 「남녀고용평등법」이 개정되었다. 2001년에는 고용에서 남녀차별의 소지를 없애기 위해 「남녀고용평등법」이 전부 개정되면서 육아휴직 대상자의 범위는 생후 1년 미만의 영아를 가진 모든 근로자로 확대되었다. 이와 아울러 고용보험에 육아휴직급여 및 산전후 휴가 급여를 포함할 수 있도록 「고용보험법」 및 「고용보험법 시행규칙」도 개정되었다.

1997년 12월 24일「영유아보육법」이 일부 개정되면서 무상보육 특례조항이 신설됨에 따라 어린이집에 다니는 초등학교 취학 전 1년의 유아는 국가 및 지자체가 부담 또는 보조하는 무상 보육의 혜택을 받을 수 있게 되었다. 영유아보육법에서의 무상보육 특례조항 신설은 초등학교 취학 직전 1년의 유치원 교육을 무상으로 한다는 조항이 담긴 1997년 12월 13일 제정된「초 · 중등교육법」에 따른 것이었다.

보건사회부 및 보건복지부의 1990~2003년 '보육통계'에 의하면, 1990년 191억 원이었던 정부의 보육사업 예산은 1991년 419억 원, 1992년 616억 원, 1993년 985억 원, 1994년 1,188억 원, 1995년 1,778억 원, 1996년 2,375억 원, 1997년 3,111억 원 등으로 꾸준히 증가했다. 그러다가 1997년 IMF 외환위기로 인해 1998년과 1999년에 각각 2,496억 원과 2,549억 원으로 감소했지만, 다시 2000년 3,271억 원, 2001년 3,849억 원, 2002년 4,612억 원, 2003년 6,517억 원 등 큰 폭으로 증가했다.

「영유아보육법」 시행 이후 행 · 재정적인 지원으로 어린이집은 증가했지만, '보육'에 대한 수요자의 신뢰도는 높아지지 않았다. 이러한 상황에서 2001년 보건복지부는 보육의 질을 보다 체계적으로 관리하기 위해 평가인증제의 기반 구축(2003), 시범사업 실시(2004), 평가인증제 도입(2005) 등의 내용을 포함한 보육사업 종합발전계획안을 발표하였다. 이 안에는 영아 보육수요 충족을 위해 95개에 불과한 영아전담 어린이집을 2010년까지 1,000개로 확충하고 이에 대한 지원을 강화하는 방안도 담겨 있었다. 2002년에는 보건복지부에 보육과를 신설하고, 그동안 아동복지과(1991~1997년), 보육아동과(1997~1999년), 아동보건복지과(1999~2002년)에서 담당해 왔던 보육업무를 보육과로 이관하였다.

한국보건사회연구원의 '2002년도 보육실태조사 보고'에 의하면. 학부모들이 어린이집을 이용하는 이유는 "아이의 개발을 위해서"(62.5%), "가족 중 맡아 줄 사람이 없어서"(34.3%), "주변 사람들이 보내서"(2.2%) 등이었다. 그리고 어린이집 선택에서 우선으로 고려하는 사항은 교사 자질(15.0%), 집과의 거리(14.5%), 프로그램(10.6%), 원장의 운영철학 (10.1%), 운영시간(9.2%), 주변의 평판(8.0%) 등의 순으로 나타났다. 이러한 반응들은 어린이집의 운영 및 서비스의 질적 수준을 체계적으로 관리하고, 보육

서비스에 관한 정보 공개를 통해 수요자의 어린이집 선택을 돕기 위해서는 평가인증제 도입이 시급함을 시사한다.

시설수 및 원아수

1991~2003년 어린이집 시설수 변화추이를 살펴보면(〈표 1-12〉 참조), 1991년 3,690개에 불과했던 시설수는 정부의 전폭적인 지원에 힘입어 2003년 24,142개로 증가했다. 이러한 결과는 IMF 외환위기 이후 감소세로 돌아섰던 유치원과 대비되는 것이다. 더 나아가 2003년 기준으로 설립별 시설수 비율을 산출해 보면, 민간 56.5%, 가정 37.0%, 국공립 5.5%, 직장 1.0% 등의 순이었다. 이러한 결과는 향후 국공립과 직장 어린이집 확대를 위한 특단의 조치가 필요함을 시사한다.

〈표 1-12〉 남한 어린이집의 설립별 시설수(1991~2003년)

연도	국공립	민간	직장	가정	전체
1991	503	1,237	19	1,931	3,690
1992	720	1,808	28	1,957	4,513
1993	837	2,419	29	2,205	5,490
1994	983	3,091	37	2,864	6,975
1995	1,029	4,125	87	3,844	9,085
1996	1,079	6,037	117	4,865	12,098
1997	1,158	8,172	158	5,887	15,375
1998	1,258	9,622	184	6,541	17,605
1999	1,300	10,558	207	6,703	18,768
2000	1,295	11,304	204	6,473	19,276
2001	1,306	11,794	196	6,801	20,097
2002	1,330	12,679	199	7,939	22,147
2003	1,329	13,644	236	8,933	24,142

출처: 보건사회부(1991~1993). 보육통계; 보건복지부(1994~2003). 보육통계.

다른 한편으로, 1991~2003년 어린이집 원아수 변화추이를 살펴보면(〈표 1-13〉 참조), 1991년 89,441명이었던 원아수는 2003년 858,345명으로 10배 가까이 증가하였다. 이러한 결과 또한 IMF 외환위기 이후 시설수와 원아수 모두 감소세로 돌아섰던 유치원과 대비되는 것이다. 더 나아가 2003년 기준으로 설립별 원아수 비율을 산출해 보면, 민간 74.6%, 가정 12.1%, 국공립 12.1%, 직장 1.2% 등의 순이었다.

〈표 1-13〉 남한 어린이집의 설립별 원아수(1991~2003년)

연도	국공립	민간	직장	가정	전체
1991	37,017	36,099	712	15,613	89,441
1992	49,529	57,797	768	15,203	123,297
1993	55,133	80,400	725	17,012	153,270
1994	70,937	119,968	976	27,427	219,308
1995	78,831	170,412	2,388	42,116	293,747
1996	85,121	255,844	3,596	58,440	403,001
1997	89,002	358,245	5,245	68,467	520,959
1998	91,260	400,906	5,823	58,968	556,957
1999	99,866	466,477	7,278	67,294	640,915
2000	99,666	510,567	7,807	67,960	686,000
2001	102,118	546,946	7,881	77,247	734,192
2002	103,351	597,971	8,730	90,939	800,991
2003	103,474	640,545	10,391	103,935	858,345

출처: 보건사회부(1991~1993). 보육통계; 보건복지부(1994~2003). 보육통계.

원장 및 보육교사의 자격기준

1991년 8월 제정 · 시행된「영유아보육법 시행규칙」에 의하면, 시설장(현 어린이집 원장)과 보육교사(1급, 2급)의 자격기준은 다음과 같다. 시설장은 4년제 대학 또는 이와 동등 이상의 학교에서 유아교육 또는 아동복지에 관련된 학과를 전공하여 졸업하고 사회복지업무에 3년 이상 종사한 경력이 있는 자,「교육법」에 의한 대학원에서 유아교육 또는 아동복지에 관련된 학과를 전공하고 교육부에 석사 이상의 학위등록을 한 자, 사회복지사 2급 이상 자격증을 가진 자로서 사회복지업무에 3년 이상 종사한

경력이 있는 자이어야 한다.

또한 1년 이상 진료경력이 있는 의사, 5년 이상의 사회복지업무 종사 경력이 있는 보육교사(1급), 간호사 또는 영양사, 7년 이상의 사회복지업무 종사 경력이 있는 간호조무사, 5년 이상의 사회복지업무 종사 경력이 있는 유치원 또는 국민학교(현 초등학교) 정교사, 유치원 원장, 3년 이상의 사회복지 행정 근무경력이 있는 7급 이상 공무원, 보건사회부 장관의 승인을 얻은 보육교사 및 학식 · 덕망이 높은 자, 교육훈련시설에서 시설장 양성교육과정을 마친 자는 시설장이 될 수 있다.

보육교사 1급은 전문대학 또는 이와 동등 이상의 학교에서 유아교육 또는 아동복지에 관련된 학과를 전공하여 졸업한 자이거나 보육교사 2급의 자격을 가진 자로서 영유아 보육업무에 3년 이상 종사한 경력이 있는 자이어야 한다. 그리고 보육교사 2급은 고등학교 또는 이와 동등 이상의 학교를 졸업한 자로서 보건사회부령이 정하는 교육훈련시설에서 소정의 양성 교육과정을 마친 자이어야 한다.

등급별 보육교사수

이 시기 어린이집의 보육교사수 변화추이를 살펴보기 전에, 1991년부터 2000년까지의 자료 공백(〈표 1-14〉 참조)에 대해 언급하고자 한다. 해당 기간의 어린이집 등급별 보육교사의 수를 파악하기 위해 다방면으로 자료를 찾아보았으나 결국 찾지 못하였다. 이에 보건복지부의 국민신문고에 민원을 제기했고, 보건복지부는 "2008년 2월부터 여성가족부로부터 보육업무를 이관받음에 따라 해당년도 통계자료는 존재하지 않음"을 알려 왔다. 아울러 이전 자료를 확인하고자 한다면 여성가족부에 문의하라고 했다. 그에 따라 여성가족부에 같은 내용의 민원 접수를 했다. 그러나 "여성가족부는 2008년 2월 업무 이관과 함께 모든 자료를 보건복지부로 넘겼으며, 현재 여성가족부 내에 보육통계 담당자도 없을 뿐 아니라 자료도 없다"는 답변을 받았다. 참고로, 〈표 1-14〉에 제시된 1996년과 1998년 등급별 보육교사수는 일찍이 중앙보육정보센터(현 중앙육아종합지원센터) 홈페이지에서 수집한 것이다.

1996~2003년 어린이집 보육교사의 수를 살펴보면(〈표 1-14〉 참조), 1996년

〈표 1-14〉 남한 어린이집의 설립별 등급별 보육교사수(1996~2003년)

연도	자격	국·공립	민간	직장	가정	전체
1996	1급					13,430
	2급					14,492
1998	1급					19,794
	2급					18,265
2001	1급	5,115	17,499	429	1,391	24,377
	2급	1,624	17,507	200	3,322	22,653
2002	1급	5,405	20,622	498	2,117	28,642
	2급	1,990	18,370	191	4,741	25,292
2003	1급	5,703	22,152	576	2,381	30,812
	2급	1,515	19,365	194	5,521	26,595

출처: 보건복지부(2001~2003). 보육통계.

27,922명에서 2003년 105.6% 상승한 57,407명인 것으로 확인된다. 등급별로 보면, 1급은 1996년 13,430명에서 2003년 129.4% 상승한 30,812명이 되었고, 2급은 1996년 14,492명에서 2003년 83.5% 상승한 26,595명이 되었다. 설립별로 보면, 2001년에는 민간 35,006명(74.4%), 국공립 6,739명(14.3%), 가정 4,713명(10.0%), 직장 629명(1.3%) 순이었다. 그러나 2003년에는 민간 41,517명(72.3%), 가정 7,902명(13.8%), 국공립 7,218명(12.6%), 직장 770명(1.3%) 순으로 변화했음을 알 수 있다. 즉, 가정 어린이집의 교사 비율이 국공립보다 높게 나타났다. 이러한 변화는 3세 미만 영아를 주로 돌보는 가정 어린이집 특성상 보건복지부의 2001년 보육사업 종합발전계획안에 포함된 영아전담 어린이집 확충 및 지원 강화 계획에 따른 것이라고 볼 수 있다.

교육훈련시설

「영유아보육법」에 의하면, 보건사회부(현 보건복지부) 장관은 어린이집종사자(현 보육교직원)의 자질향상을 위해 교육훈련을 실시하여야 한다. 교육훈련은 대학(전문대학 포함) 또는 교육훈련시설에 위탁하여 실시할 수 있다. 그리고「영유아보육법 시행규칙」에 의하면, 교육훈련시설로 위탁받고자 하는 개인이나 단체, 또는 대학은 강의실 1개, 실기실습실 1개, 화장실 · 급수시설 · 소방시설 · 방음장치 · 채광 · 환기 · 냉난방 · 조명시설과 보건위생상 필요한 설비 및 기타 학습에 필요한 교재 · 교구를 갖추고 있어야 한다. 이러한 조건을 갖추고 보건복지부로부터 위탁받은 교육훈련시설은 1994년 기준으로 대학 41개, 개인 · 단체 32개 등 총 73개이었다(양옥승, 1995).

2004~2011년:

「유아교육법」 제정과 유치원 · 어린이집 평가제 도입

유치원에 관한 법률로서의 「유아교육법」

초등학교 취학 전 모든 유아의 교육받을 권리 보장을 위해서는 유아교육을 공교육화해야 했다. 그러나 유아교육이 「초 · 중등교육법」의 일부 조항에 근거하여 이루어지다 보니 학교교육 논의는 그동안 초 · 중등교육에 집중되었고 유아교육 공교육화는 구호에 그치기 일쑤였다. 이러한 상황에서 시장경제 논리를 따르는 상업주의에 편승하여 파행적으로 운영하는 유아교육 기관이 늘면서 유아교육에 대한 상품화와 영리화는 가속화되었다. 그에 따라 저소득층 가정은 유아교육 비용 부담에 허덕일 수밖에 없었다.

인생의 출발선에서 좋은 육아 환경을 갖지 못하게 되면 나중에 교정하기가 더 어렵고 국가 예산도 많이 들며 그 효과도 매우 낮다. 헤드스타트에 다녔던 유아들을 대상으로 장기간 실시한 미국 연구에 따르면, 유아교육에 대한 정부의 1달러 지원은 청소년에게 7.16 달러를 지원한 효과가 있었다고 한다. 즉, 초등학교 취학 전 3~4세부터 교육을 받은 저소득층 아동은 유아교육의 혜택을 받지 못한 아동에 비해 초등학교 취학 후 지능, 정서, 사회성 발달이 빨랐을 뿐 아니라 청소년이 되었을 때도 사회적 능력이 높았다.

아동의 발달에는 발달의 기초성, 적기성, 누적성, 불가역성이라는 요소가 작용한다. 적절한 시기를 놓치면 결핍이 누적되어 돌이킬 수 없다. 그러나 한국의 국민소득, 정부의 재정 상태, 고용수준 등의 재원 부담 능력에 비추어 볼 때 정부의 유아교육 지원은 매우 미미한 수준이었다. 그로 인해 저소득층 가정의 유아들은 교육의 사각지대에서 불평등한 출발선에 서 있었다. 따라서 「유아교육법」 제정은 저소득층 유아의 출발선 평등, 더 나아가 모든 영유아의 건강하고 행복한 삶을 위해 시급히 해결되어야 할 과제가 되었다. 이는 또한 국가 인적자원의 효율적인 개발을 위해서도 필요했다(양옥승, 2001; 양옥승 외, 2000).

이러한 상황에서 유치원 교원, 유치원 교사 양성대학 교수 등으로 구성된 유아교육 전문가 단체들은 유아교육법을 즉각 제정할 것을 국회에 강력히 요구하였다. 그 결과, 2004년 1월 29일 다음과 같은 취지에서 「유아교육법」이 제정되었다. 「유아교육법」 제정으로 「유아교육진흥법」은 자동 폐지되었다.

> 국가 인적 자원 관리체제의 기본 틀을 유아 단계부터 체계화하고, 유아의 교육에 대한 공교육체제를 마련함으로써 유아의 균형적이고 조화로운 발달을 조장함과 아울러, 유아 보호자의 사회·경제적 활동이 원활하게 이루어질 수 있도록 지원하려는 것임.

2005년 1월 30일 「유아교육법」이 시행됨에 따라 유치원은 3세부터 초등학교 취학 전까지 유아를 교육하는 학교로서의 설립과 운영에 관한 기본 요건을 갖출 수 있게 되었다. 이 법에서는 유아교육에 대한 국가 및 지자체의 책임, 유아교육위원회, 유아교육진흥원, 유치원의 종류, 유치원 학년도 및 교육과정, 유치원 생활기록, 비용, 타 법률과의 관계 등에 대해서도 규정하였다(〈표 1-15〉 참조).

〈표 1-15〉 2004년 제정 「유아교육법」의 주요 골자

영역	내용
목적 및 정의	이 법은 「교육기본법」 제9조의 규정에 따라 유아교육에 관한 사항을 정함을 목적으로 함. 유아라 함은 3세부터 초등학교 취학 전까지의 어린이를 말함. 유치원이라 함은 유아의 교육을 위하여 이 법에 따라 설립 · 운영되는 학교를 말함.
책임	국가 및 지방자치단체는 보호자와 더불어 유아를 건전하게 교육할 책임을 짐.
유아교육 위원회	유아교육에 관한 정책, 사업의 기획 · 조사 등에 관한 사항을 심의하기 위하여 교육인적자원부(현 교육부)에 중앙유아교육위원회를 두고, 특별시 · 광역시 · 도 교육청에 시 · 도 유아교육위원회를 둠. 중앙유아교육위원회 및 시 · 도 유아교육위원회는 유아교육전문가, 유치원대표, 유치원교사대표, 학부모대표 및 관계 공무원 등으로 구성함.
유아교육 진흥원	국가 및 지방자치단체는 유아교육에 관한 연구와 정보제공, 프로그램 및 교재 개발, 유치원교원 연수 및 평가를 담당하는 유아교육진흥원을 설치하거나 당해 업무를 교육 관련 연구기관 등에 위탁할 수 있음.
유치원의 종류	국립 유치원: 국가가 설립 · 경영하는 유치원 공립 유치원: 지방자치단체가 설립 · 경영하는 유치원(설립 주체에 따라 시립유치원과 도립유치원으로 구분할 수 있음) 사립 유치원: 법인 또는 사인이 설립 · 경영하는 유치원으로 특별시 · 광역시 또는 도 교육감의 인가를 받아야 함.
유치원 학년도 및 교육과정	유치원의 학년도는 3월 1일부터 다음해 2월 말일까지로 함. 유치원은 교육과정을 운영하여야 함. 유치원은 보호자의 요구 및 지역 실정에 따라 반일제 · 시간연장제 · 종일제 등을 운영할 수 있음. 교육인적자원부 장관은 교육과정의 기준과 내용에 관한 기본적인 사항을 정하며, 교육감은 교육인적자원부 장관이 정한 소정의 교육과정의 범위 안에서 지역의 실정에 적합한 기준과 내용을 정할 수 있음.
유치원 생활기록	유치원의 장은 유아의 발달 등을 종합적으로 관찰 · 평가하여 유아생활지도 및 초등학교 교육과의 연계지도에 활용할 수 있도록 하기 위하여 교육인적자원부(현 교육부) 장관이 정하는 기준에 따라 생활기록부를 작성 · 관리하여야 함.

비용	초등학교 취학 직전 1년의 유아교육은 무상으로 하되, 대통령령이 정하는 바에 따라 순차적으로 실시함. 무상교육에 필요한 비용은 국가 및 지방자치단체가 이를 부담하되, 유아의 보호자에게 지원하는 것을 원칙으로 함. 유치원의 설립 · 경영자는 교육인적자원부령이 정하는 바에 따라 수업료 등 교육비용 그 밖의 납부금을 받을 수 있음. 국가 및 지방자치단체는 무상교육 대상이 아닌 유아 중에서 「국민 기초생활보장법」의 규정에 따른 수급권자와 대통령령이 정하는 저소득층 자녀의 유아교육에 필요한 비용의 전부 또는 일부를 예산의 범위 안에서 부담하되, 유아의 보호자에게 지원하는 것을 원칙으로 함.
부칙	이 법은 공포 후 1년이 경과한 날부터 시행함. 「유아교육진흥법」을 폐지함. 이 법 시행 당시 종전의 「초 · 중등교육법」에 따라 설립된 유치원 및 이에 준하는 각종 학교인 외국인학교는 이 법에 의하여 설립된 유치원으로 봄.

「유아교육법」에 따르면, 유치원에는 교원으로 원장 · 원감, 교사를 두되, 대통령령이 정하는 일정 규모 이하의 유치원에는 원감을 두지 아니할 수 있다(제20조1항). 원장은 원무를 통할하고 소속 교직원을 지도 · 감독하며 원아를 교육한다. 원감은 원장을 보좌하여 원무를 관리하고 원아를 교육하며, 원장이 부득이한 사유로 직무를 수행할 수 없는 때에는 그 직무를 대행한다. 다만, 원감을 두지 아니하는 유치원의 경우에는 원장이 미리 지명한 교사가 그 직무를 대행한다. 교사는 법령이 정하는 바에 따라 원아를 교육한다(제21조1~3항).

영유아 인구 및 유치원 · 어린이집 통계

영유아 인구

2004~2011년 국가통계포털 KOSIS에 나타난 인구통계에 따르면, 이 기간 0~5세 영유아 인구는 3,338,225명(영아 1,503,732명, 유아 1,834,493명)에서 21.3% 하락한

〈표 1-16〉 남한의 연령별 영유아 인구(2004~2011년)

연도	영아				유아			
	0세	1세	2세	계	3세	4세	5세	계
2004	480,092	493,050	530,590	1,503,732	592,274	620,756	621,463	1,834,493
2005	453,778	478,335	492,066	1,424,179	529,523	591,110	621,879	1,742,512
2006	442,831	450,503	477,116	1,370,450	491,176	528,586	590,020	1,609,782
2007	449,027	439,640	449,410	1,338,077	476,281	490,314	527,610	1,494,205
2008	444,421	491,498	446,884	1,382,803	434,320	472,935	492,914	1,400,169
2009	424,529	464,282	492,482	1,381,293	447,432	434,700	473,112	1,355,244
2010	448,516	443,963	465,564	1,358,043	493,452	448,200	435,281	1,376,933
2011	432,164	435,030	438,779	1,305,973	441,691	443,178	436,256	1,321,125

2,627,098명(영아 1,305,973명, 유아 1,321,125명)이 되었다(〈표 1-16〉 참조). 연령별로 보면 3세 미만 영아 인구보다 3~5세 유아 인구의 감소 폭이 컸던 것으로 나타난다. 다시 말해 영아 인구는 1,503,732명에서 1,305,973명으로 13.2% 하락에 그쳤지만, 유아 인구는 1,834,493명에서 1,321,125명으로 28.0% 하락했다.

제1차 저출산 · 고령사회 기본계획

한국 사회는 인구절벽의 위기에 봉착했다. 유럽의 국가들은 2003년 1.6명을 저점으로 하여 상승세를 타고 있다. 그러나 한국은 2001년 이후 저출산의 깊은 늪에 빠져 있다. 통계청의 '인구동향조사'에 제시된 2004~2005년 자료에 따르면, 출생아수는 2004년 476,958명에서 2005년 438,707명으로, 합계출산율은 2004년 1.16명에서 2005년 1.09명으로 각각 하락했던 것으로 나타난다.

2005년 정부는 저출산 · 고령사회 정책의 기본방향과 그 수립 및 추진체계에 관한 사항을 규정한 「저출산 · 고령사회기본법」을 제정하고, 2006년에는 제1차 '저출산 · 고령사회 기본계획(2006~2010)'을 시행하였다. 제1차 기본계획에는 영유아 교육 · 보육 비용지원 확대, 양질의 육아 인프라 확충, 민간어린이집 서비스 개선, 육아휴직 활성화 등 출산 양육에 대한 사회적 책임을 강화하는 데 주안점을 둔 정책들이 상당수 포함되었다.

정부의 저출산 · 고령사회 기본계획(2006~2010)에 의해 2006년 451,759명이었던 출생아수는 2007년 496,822명으로 증가했다. 그러나 2008~2009년에는 465,892명과 444,849명으로 감소했다. 2010~2011년이 되어서야 각각 470,171명과 471,265명으로 소폭이나마 증가세로 돌아섰다. 2006년 1.13이었던 합계출산율 역시 2007년 1.26명으로 상승했으나 2008년 1.19명, 2009년 1.15명으로 2년 연속 하락했고, 2010~2022년이 되어서야 1.23명과 1,24명으로 각각 소폭 상승했다.

세계보건기구(WHO)의 발표에 따르면, 2007년 기준 한국의 출산율(1.2)은 체코, 폴란드, 슬로바키아 등 7개국과 함께 193개국 중 최하위 수준이었다. 반면에 미국(2.1)과 스웨덴(1.8)은 노르웨이(1.8), 핀란드(1.8) 등과 함께 상위권이었다. 한 가지 특이한 점은 평균 임신 연령의 경우 스웨덴, 노르웨이, 핀란드는 높았던 데 비해 미국은 낮았다는 것이다. 특별한 출산장려정책을 시행하지 않았음에도 미국에서 임신 연령이 낮았던 이유는 여성의 취업, 휴직, 재취업이 쉽고, 여성 임금에서 육아비가 차지하는 비중이 상대적으로 작았기 때문이라 할 수 있다.

2007년에는 저출산 · 고령화 시대에 대응하고 '일 중심'에서 '가정과의 균형'을 중시하는 근로자의 의식변화를 반영하는 취지에서 「남녀고용평등법」이 「남녀고용평등과 일 · 가정 양립 지원에 관한 법률」로 개정 · 개칭되었다. 한편, 2010년 기준 평균 초혼 연령을 보면 남성 31.8세, 여성 28.9세이고, 첫째아 출산 시 산모의 평균연령은 30.1세였던 것으로 나타난다. 다만 출생성비는 106.9로 정상 출생성비 범위(103~107) 내에 속했다. 그리고 여성의 경제활동 참가율은 49.7%이었다. 여성의 경제활동 참가율을 연령대별로 보면, 출산 · 육아기에 해당하는 30~39세에 감소하고 이후 증가하는 M자형 패턴을 나타냈다. 이러한 패턴을 벗어나기 위해서는 남녀 간 육아 분담이 필요했지만, 한국 남성의 육아시간 분담률은 OECD 평균(36.9%)보다 낮은 20.3%에 지나지 않았다(삼성경제연구소, 2010).

유치원 · 어린이집 통계

2004~2011년 유치원 · 어린이집 시설수 및 원아수 변화추이를 살펴보면(〈표1-17〉 참조), 2004년 35,149개이었던 시설수는 2011년 37.3% 상승한 48,266개가 되었고, 2004년 1,471,965명이었던 원아수는 2011년 30.0% 상승한 1,913,563명이 되었다. 그러나 기관별로 비교해 보면 다소 다른 결과가 나온다. 유치원은 2004년 8,246개에서 2011년 8,424개로 2.2% 상승에 그쳤지만, 어린이집은 2004년 26,903개에서 2011년 39,842개로 48.1% 상승했다. 원아수 또한 유치원은 2004년 541,713명에서 2011년 564,834명으로 4.3% 상승에 그쳤지만, 어린이집은 2004년 930,252명에서 2011년 1,348,729명으로 45.0% 상승했던 것으로 나타난다.

한편, OECD(2009) 발표자료를 보면 2006년 기준 한국의 GDP 대비 공교육비 비율은 OECD 평균(5.7%)보다 높은 7.3%이었다. 그런데 문제는 공교육비에 대한 민간부담률이 OECD 평균(0.8%)의 3배 이상인 2.9%라는 데 있다. 정부의 전체 교육투자에서 유치원 교육투자가 차지하는 비율을 산출해 보면, 한국(2.3%)은 프랑스(11.2%), 독일(10.7%), OECD 평균(7.8%), 미국(5.8%), 영국(5.0%), 일본(4.1%)에 비해 크게 낮았다.

〈표 1-17〉 남한 유치원 · 어린이집의 시설수 및 원아수(2004~2011년)

연도	유치원		어린이집		전체	
	시설수	원아수	시설수	원아수	시설수	원아수
2004	8,246	541,713	26,903	930,252	35,149	1,471,965
2005	8,275	541,603	28,367	989,390	36,642	1,530,993
2006	8,290	545,812	29,233	1,040,361	37,523	1,586,173
2007	8,294	541,550	30,856	1,099,933	39,150	1,641,483
2008	8,344	537,822	33,499	1,135,502	41,843	1,673,324
2009	8,373	537,361	35,550	1,175,049	43,923	1,712,410
2010	8,388	538,587	38,021	1,279,910	46,409	1,818,497
2011	8,424	564,834	39,842	1,348,729	48,266	1,913,563

출처: 교육인적자원부, 한국교육개발원(2004~2007). 교육통계연보; 여성부(2004). 보육통계; 여성가족부(2005~2007). 보육통계; 교육과학기술부, 한국교육개발원(2008~2011년). 교육통계연보; 보건복지가족부(2008~2009). 보육통계; 보건복지부(2010~2011). 보육통계.

2007년 기준 GDP 대비 한국의 가족 정책 재정지출 비율(0.3%) 또한 OECD 30개 회원국 중 최하위 수준으로 OECD 평균(2.1%)을 크게 밑돌았다. GDP의 1%가 영유아와 가족 서비스를 위한 적정 수준임을 고려하면 정부의 투자율은 매우 낮은 것이었다. 정부의 미미한 지원실태는 유치원 · 어린이집 5세 무상교육 · 보육 현황을 통해서도 쉽게 파악할 수 있다. 2008년 교육개발원이 발간한 자료에 의하면, 무상교육 · 보육의 혜택은 어린이집의 경우 5세아의 71.0%에게, 그리고 유치원의 경우 5세아의 50.2%에게 주어졌다.

한국 영유아 교육 · 보육 통계에 관한 OECD 교육지표의 수정

영유아 교육 · 보육 취원율에 관한 국제비교를 위해 OECD의 '2009 교육지표(Education at a Glance 2009)'를 살펴보면, 2007년 기준 한국의 3~4세 유아의 취원율은 OECD 평균(71.2%)을 크게 밑도는 27.3%로 수록되었다. 그런데 이는 유치원 취원율일 뿐 어린이집 취원율을 전혀 반영하지 않은 것이었다. 2007년의 '교육통계연보'와 '보육통계'에 따르면, 3~4세 취원율은 73.4%(유치원 27.3%, 어린이집 46.1%)이고, 5세 취원율은 85.4%(유치원 51.4%, 어린이집 34.0%)이다. 이러한 차이는 그동안 OECD 교육지표에 수록할 통계정보 보고업무를 맡은 한국교육개발원이 3~4세 취원율에 유치원 취원율만을 수록했기 때문이었다.

OECD(2009) 보고서의 참고란에는 산출기준은 개별 국가가 임의로 정한다 해도 교육지표는 교육이 이루어지는 제도적 맥락에 무관하게 모든 체계를 포괄해야 한다는 글이 적혀 있다. 이에 필자는 2010년 2월 25일 한국교육개발원과 대통령실 교육과학문화수석실에 한국 영유아 교육 · 보육 기관 취원율에 대한 왜곡된 통계 보고 시정을 요청하는 제안서를 보냈다. 필자의 제안을 받아들인 한국교육개발원은 2010년 3월 29일에 필자, 교육통계센터 국제통계팀장, OECD INES 사업 한국담당자, 육아정책연구소 국제교육팀장을 소집하여 대책 회의를 주재했다. 이 회의에서 한국교육개발원은 2010년 늦어도 2011년까지는 취원율 통계정보를 수정하여 OECD에 제출할 것임을 약속했다.

2010년 한국교육개발원은 다음과 같은 다소 복잡한 과정을 거쳐 수정된 영유아 교육 · 보육 통계정보를 OECD에 제출했다. 먼저 1998년 이후 한국의 교육통계에 보육 통계가 누락되었던 것과 관련하여 필요한 공식적인 문서를 준비하고, 어린이집 원아 수, 교원수, 어린이집 시설현황, 보육재정(정부재원, 민간재원) 등에 관한 전반적인 통계자료를 수집하였다. 국내에서 생산된 통계가 OECD 기준에 부합하는지를 검토함과 아울러 해당 주요 지표를 미리 산출해 국가 수준에서 해당 정보의 적절성을 검토하였다. 실제로 2010년 기준으로 작성, 발표된 '2012 OECD 교육지표'를 보면, 한국의 4세 이하 영유아 취원율에 2세 이하 31.6%, 3~4세 80.2% 등 유치원 취원율과 어린이집 취원율을 합한 수치가 제시되어 있다.

유치원

2004~2011년 교육통계연보에 제시된 유치원 현황에 따르면, 2004년 29.6%이었던 3~5세 유아의 유치원 취원율은 2005년 31.4%, 2006년 35.3%, 2007년 36.0%, 2008년 38.4%, 2009년 39.7%, 2010년 39.9%, 2011년 41.0% 등으로 꾸준히 증가하였다. 이 기간 유치원 취원율 증가는 「유아교육법」 시행에 따른 행 · 재정적인 지원에 의한 것이라 할 수 있다.

5세 유아학비 지원

2004년 「유아교육법」 제정으로 초등학교 취학 직전 1년의 유아교육은 무상으로 실시하며 무상교육 비용은 국가 및 지자체가 부담하는 법적 근거가 마련되었다. 또한 국가 및 지자체는 무상교육 대상이 아닌 법정 저소득층 자녀에게도 유아교육 비용 전부 또는 일부를 부담할 수 있게 되었다. 그에 따라 2005년 교육인적자원부(현 교육부)는 저소득층 3~4세 자녀의 유아학비 일부를 지원하였다.

2007년에는 유아학비 지원대상을 도시 근로자가구 평균 소득으로 확대하였다. 그러나 OECD의 2009년 발표자료에 의하면, 전체 교육단계를 100으로 했을 때 2007년 기준 한국 정부의 3~5세 유아교육 비용부담률은 2.3%로 OECD 평균 7.9%에 크게 미달했다. 그뿐만 아니라 미국(5.8%), 영국(5.0%), 일본(4.1%)보다도 낮았다. 이러한 상황에서 2009년 정부는 3~4세 유아학비 지원대상을 가구소득 하위 70% 이하로 확대하였다.

한국교육개발원, 기획재정부가 2009년과 2011년에 각각 발간한 자료에 따르면, 유아교육 예산은 2004년「유아교육법」이 시행되기 이전에는 전체 교육예산 264,000억 원의 0.1%인 345억 원에 그쳤다. 그러나「유아교육법」이 시행된 해인 2005년도 유아교육 예산은 전체 교육예산 27조 9,820억 원의 0.3%에 해당하는 891억 원으로 늘어났다. 2006년에는 전체 교육예산 29조 1,273억 원의 0.7%에 해당하는 2,056억 원으로 전년 대비 2배 이상 증액되었다. 2007년에는 전체 교육예산 31조 447억 원 중 2,171억 원이 유아교육 예산으로 배정되었다.

2008년 3월 개정「지방교육재정교부금법」이 2008년 3월에 시행됨에 따라 2억 원으로 대폭 하락했던 유아교육 예산은 2009년 국가의 재정지원에 힘입어 다시 증액되었다. 즉, 2009년에는 전체 교육예산(41조 2,151억 원)의 1.6%인 6,655억 원, 2010년에는 전체 교육예산(38조 2,557억 원)의 1.4%인 5,153억 원이 유아교육 예산으로 투입되었다. 그러나 '국가재정운용계획 교육분야 보고서'에 제시된 2010년 유아교육 비용 분담 비율을 살펴보면, 정부 63.8%(4조 1,032억 원), 학부모 36.2%(2조 3,314억 원)로 여전히 학부모의 비용분담률이 높았던 것으로 나타난다.

e-나라지표에 제시된 2004~2011년 통계자료에 의하면, 정부는 유치원 5세 유아교육 비용부담률을 2004년 10.2%, 2005년 14.2%, 2006년 21.7%, 2008년 27.0%, 2009년 28.4%, 2010년 57.0%, 2011년 94.2% 등으로 계속 확대하였다. 2011년 9월에는 5세 유아에 대한 양질의 교육 · 보육 제공과 가계의 교육 · 보육 비용 부담경감의 취지에서「유아교육법 시행령」과「영유아보육법 시행령」을 개정하였다. 그에 따라 유치원 · 어린이집에서 '누리과정', 즉 공통의 교육과정을 제공받는 모든 5세 유아는 2012년 3월 1일부터 무상으로 교육 · 보육을 받을 수 있었다.

시설수 및 원아수

2004~2011년 설립별 유치원 시설수 및 원아수 변화추이를 살펴보면(〈표 1-18〉 참조) 2004년 8,246개이었던 시설수는 2011년 국공립시설 확충으로 2.2% 상승한 8,424개가 되었다. 그리고 2004년 541,713명이었던 원아수는 2011년 유아학비 지원대상의 확대 및 국공립시설의 확충으로 4.3% 상승한 564,834명이 되었다. 이는 2004년「영유아보육법」개정 이후 나타난 어린이집의 시설수 증가율(48.1%)과 원아수 증가율(45.0%)과 크게 대비되는 결과이다.

〈표 1-18〉 남한 유치원의 설립별 시설수 및 원아수(2004~2011년)

연도	시설수			원아수		
	국공립	사립	전체	국공립	사립	전체
2004	4,328	3,918	8,246	123,906	417,807	541,713
2005	4,412	3,863	8,275	124,283	417,320	541,603
2006	4,460	3,830	8,290	121,324	424,488	545,812
2007	4,448	3,846	8,294	118,422	423,128	541,550
2008	4,483	3,861	8,344	119,128	418,694	537,822
2009	4,493	3,880	8,373	125,536	411,825	537,361
2010	4,501	3,887	8,388	126,577	412,010	538,587
2011	4,502	3,922	8,424	126,095	438,739	564,834

출처: 교육인적자원부, 한국교육개발원(2004~2007). 교육통계연보; 교육과학기술부, 한국교육개발원(2008~2011년). 교육통계연보.

〈표 1-18〉에 제시된 통계치를 사용하여 전체 유치원에서 국공립 유치원이 차지하는 비율을 산출해 보면 2004년 52.5%, 2005년 53.3%, 2006년 53.8%, 2007년 53.6%, 2008년 53.7%, 2009년 53.7%, 2010년 53.7%, 2011년 53.4% 등으로 50%대를 유지했던 것으로 나타난다. 그러나 전체 원아에서 국공립 유치원에 다니는 원아가 차지하는 비율은 2004년 22.9%, 2005년 22.9%, 2006년 22.2%, 2007년 21.9%, 2008년 22.2%, 2009년 23.4%, 2010년 23.5%, 2011년 22.3% 등으로 20%대에 머물렀다.

유치원 교육과정 개정

2004년 제정 「유아교육법」 제13조 제2항에 의하면, 교육인적자원부(현 교육부) 장관은 유치원 교육과정의 기준과 내용에 관한 기본적인 사항을 정하며, 교육감은 교육인적자원부 장관이 정한 소정의 교육과정의 범위 안에서 지역의 실정에 적합한 기준과 내용을 정할 수 있다. 그에 따라 전면 개정된 2007 초 · 중등학교 교육과정과의 교육과정 문서 체계의 통일 및 운영상의 문제점 보완을 위해 교육인적자원부는 2007년 12월에 「유치원 교육과정」을 개정하였다.

2009년 3월 1일 신입생부터 시행된 2007 개정 「유치원 교육과정」에 따르면, 교육과정은 건강생활, 사회생활, 표현생활, 언어생활, 탐구생활의 5개 영역으로 구성한다. 연간 교육일수는 180일, 하루 교육시간은 180분을 최소 기준으로 한다. 다만 연간 교육일수 및 하루 교육시간은 시 · 도 교육청의 지침과 유치원 실정에 따라 유치원에서 자율적으로 정할 수 있다.

유치원 운영체계의 다양화

유치원은 유아를 위한 교육과정뿐 아니라 다변화하고 있는 가족 여건에 맞춰 운영체계를 다양화해야 한다. 1990년 기준으로 전체 가구의 51.9%를 차지했던 부부 · 자녀 구성의 전통적 가족 형태는 2007년 42.0%로 줄어들었다. 반면에 1인 가족은 1990년 9.0%에서 2007년 20.1%로, 혼자 아이를 키우는 한부모가족은 1990년 7.8%에서 2007년 8.6%로, 재혼으로 결합한 부부와 성이 다른 자녀로 이루어진 가족과 자녀 없는 부부만의 가족은 1990년 8.3%에서 2007년 14.6%로 각각 증가하였다. 또한 떨어져 살면서도 정서적 연대는 유지하는 원거리 가족, 다문화가족 등 새로운 가족형태도 늘고 있다.

이러한 상황에서 교육인적자원부(현 교육부)는 다음과 같은 내용을 담은 「유아교육법」과 「유아교육법 시행령」에 따라 유치원 운영체계를 다음과 같이 다양화, 지원하는 정책을 추진하였다. 유치원은 보호자의 요구 및 지역 실정에 따라 1일 3시간 이상 5시간 미만의 반일제 교육과정, 1일 5시간 이상 8시간 미만의 시간연장제 교육과정, 1일 5시간 이상 8시간 미만의 종일제 교육과정을 운영할 수 있다(제2조, 제12조). 그리고 2005년 1월에 제정, 시행된 「유아교육법 시행령」에 따르면, 종일제를 운영하는 유치원에는 각 학급담당 교사외에 종일제 운영을 담당할 교사를 1인 이상 둘 수 있으며(제23조), 교육부, 교육청, 지자체는 종일제를 운영하는 유치원의 교육환경 개선비, 인건비, 교재 · 교구비 등에 소요되는 경비의 전부 또는 일부를 지원할 수 있다(제33조).

교육인적자원부 및 교육과학기술부(현 교육부)의 유아교육정책과에서 발표한 2005~2011년 교육과정 운영체계별 시설수 자료에 따르면, 반일제와 시간연장제는 감소했던 반면 종일제는 증가했던 것으로 나타난다. 즉, 반일제 유치원은 2005년 1,815개에서 2011년 673개로, 시간연장제 유치원은 2005년 4,267개에서 2011년 1,566개로 대폭 줄었다. 그 대신에 종일제 유치원은 2005년 2,193개에서 2011년 6,185개로 대폭 늘어났다.

다른 한편으로, 유치원교육의 질적 수준을 높이기 위해 2005년 교육인적자원부는 학급 규모 축소를 시도하였다. 그에 따라 학급당 원아수는 조금씩 줄어들기 시작하였다. 2005~2011 연도별로 살펴보면, 학급 규모는 2005년 17.5명에서 2006년 17.0명, 2007년 16.2명, 2008년 15.5명, 2009년 15.2명, 2010년 14.8명, 2011년 14.6명 등으로 변화했다.

교원의 자격기준

「유아교육법」에 따르면, 유치원의 원장, 원감, 교사는 다음과 같은 자격기준에 해당하는 자로서 대통령령이 정하는 바에 따라 교육인적자원부(현 교육부) 장관이 검정 · 수여하는 자격증을 받은 자이어야 한다. 원장은 유치원의 원감 자격증을 가지고 3년 이상의 교육경력과 소정의 재교육을 받은 자이거나 학식 · 덕망이 높은 자로서 대통령령이 정하는 기준에 해당한다고 교육인적자원부 장관의 인정을 받은 자이어야 한다. 원감은 유치원 정교사(1급) 자격증을 가지고 3년 이상의 교육경력과 소정의 재교육을 받은 자이거나 유치원 정교사(2급) 자격증을 가지고 6년 이상의 교육경력과 소정의 재교육을 받은 자이어야 한다. 그리고 교사는 정교사(1급 · 2급) · 준교사로 나눈다.

정교사(1급)는 유치원 정교사(2급) 자격증을 가진 자로서 3년 이상의 교육경력을 가지고 소정의 재교육을 받은 자이거나 유치원 정교사(2급) 자격증을 가지고 교육대학원 또는 교육인적자원부 장관이 지정하는 대학원의 교육과에서 유치원 교육과정을 전공하여 석사학위를 받은 자로서 1년 이상의 교육경력이 있는 자이어야 한다. 정교사(2급)는 대학에 설치하는 유아교육과 졸업자, 대학(전문대학 및 이와 동등 이상의 각종 학교 포함) 졸업자로서 재학 중 소정의 보육과 교직학점을 취득한 자, 교육대학원 또는 교육인적자원부 장관이 지정하는 대학원의 교육과에서 유치원 교육과정을 전공하고 석사학위를 받은 자, 또는 유치원 준교사 자격증을 가진 자로서 2년 이상의 교육경력을 가지고 소정의 재교육을 받은 자이어야 한다. 그리고 준교사는 유치원 준교사 자격검정에 합격한 자이어야 한다.

2011년에는 유아들이 안전한 유치원 환경에서 성장하고, 유치원 교사들이 교수 · 연구 활동을 적극적으로 지원받을 수 있도록 「유아교육법」이 일부 개정되었다. 그에 따라 미성년자에 대한 성폭력 범죄, 금품수수, 신체적 폭력 등의 행위로 재직 중에 파면 · 해임의 징계를 받거나 금고 이상의 형을 선고받은 교원 또는 계약제 교원은 유치원의 강사, 기간제교사, 명예교사 등으로 채용할 수 없게 되었다. 그리고 유치원은 상위자격으로 '수석교사'를 둘 수 있게 되었다.

자격별 교원수

2004~2011년 유치원 자격별 교원현황을 보면(〈표 1-19〉 참조), 2004년 30,206명이었던 전체 교원수는 꾸준히 증가하여 2011년에 28.0% 상승한 38,662명이 되었다. 더 나아가 전체 교원에서 유치원 정교사 이상의 자격증을 소지한 교원의 비율을 산출해 보면, 2004년 99.6%, 2005년 99.6%, 2006년 99.7%, 2007년 99.7%, 2008년 99.9%, 2009년 99.8%, 2010년 99.8%, 2011년 99.8% 등 100%에 육박하는 수준이었음을 알 수 있다.

〈표 1-19〉 남한 유치원의 자격별 교원수(2004~2011년)

연도	원장	원감	정교사		준교사	기타*	전체
			1급	2급			
2004	3,261	812	7,722	18,288	6	117	30,206
2005	3,286	832	8084	18,717	10	104	31033
2006	3,371	881	8,427	19,326	9	82	32,096
2007	3,621	973	8,794	20,006	5	105	33,504
2008	3,674	1,032	9,103	20,749	4	39	34,601
2009	3,650	1,129	9,527	21,052	10	47	35,415
2010	3,801	1,159	9,995	21,447	10	49	36,461
2011	3,834	1,235	10,649	22,872	24	48	38,662

*기타: 보건교사, 영양교사 포함

출처: 교육인적자원부, 한국교육개발원(2004~2007). 교육통계연보; 교육과학기술부, 한국교육개발원(2008~2011년). 교육통계연보.

유치원 평가제 도입

2008년 교육과학기술부(현 교육부)는 유아교육의 질 관리를 위해 유치원 평가제를 도입하였다. 「유아교육법」 제19조 제1항에 따르면, 교육과학기술부 장관은 유아교육의 효율적 수행을 위하여 필요한 경우 유치원 운영실태 등에 대한 평가를 실시할 수 있다. 1주기 평가는 국공립 50개, 사립 50개 등 총 100개 유치원을 대상으로 한 2007년 시범사업 이후 2008~2010년 3년간 실시되었다. 1주기 평가에는 전국에 있는 유치원 7,922개가 참여하였으며, 참여율은 99.8%이었다.

어린이집

「영유아보육법」 개정

2004년 1월 29일에는 보육 수요의 증가에 따른 '영유아 보육에 대한 공공성' 강화를 위해 「영유아보육법」이 전부 개정되었다. 개정 법률은 UN 국제아동권리협약에 제안된 무차별의 원칙, 아동 성장 발달권 보장의 원칙, 아동이익 최우선의 원칙 등이 적용되었다. 이 법에는 기존에 없던 보육이념, 보육정책조정위원회, 어린이집 생활기록 등의 조항을 신설하였다. 이뿐 아니라 초등학교 취학 직전 1년의 유아로 제한했던 무상보육 대상을 초등학교 취학 직전 1년의 유아 및 장애아로 확대하였다. 그리고 4개 유형으로 구분되었던 어린이집은 국·공립, 법인, 직장, 가정, 부모협동, 민간 등 6개 유형으로, 1·2급이었던 보육교사 등급은 1·2·3급으로 세분화되었다(〈표 1-20〉 참조).

〈표 1-20〉 2004년 개정 「영유아보육법」의 주요골자

영역	내용
보육이념	보육은 영유아의 이익을 최우선적으로 고려하여 제공되어야 함. 보육은 영유아가 안전하고 쾌적한 환경에서 건강하게 성장할 수 있도록 하여야 함. 영유아는 자신 또는 보호자의 성·연령·종교·사회적 신분·재산·장애 및 출생지역 등에 따른 어떠한 종류의 차별도 받지 아니하고 보육되어야 함.
보육정책조정위원회	보육정책에 관한 관계부처 간의 의견을 조정하기 위하여 국무총리소속하에 보육정책조정위원회를 둠. 보육정책조정위원회는 다음 각 호의 사항을 심의·조정함. 1. 보육정책의 기본방향에 관한 사항 2. 보육 관련 제도개선과 예산지원에 관한 사항 3. 보육에 관한 관계부처간 협조 사항 4. 그 밖에 위원장이 부의하는 사항
어린이집의 종류	1. 국·공립보육시설: 국가 또는 지방자치단체가 설치·운영하는 보육시설 2. 법인보육시설: 「사회복지사업법」에 의한 사회복지법인이 설치·운영하는 보육시설 3. 직장보육시설: 사업주가 사업장의 근로자를 위하여 설치·운영하는 보육시설 (국가 또는 지방자치단체의 장이 소속공무원을 위하여 설치·운영하는 시설 포함) 4. 가정보육시설: 개인이 가정 또는 그에 준하는 곳에 설치·운영하는 보육시설 5. 부모협동보육시설: 보호자들이 조합을 결성하여 설치·운영하는 보육시설 6. 민간보육시설: 제1호 내지 제5호에 해당하지 아니하는 보육시설

보육교사의 자격	대학(전문대학 포함) 또는 이와 동등 이상의 학교에서 보건복지부령이 정하는 보육 관련 교과목 및 학점을 이수하고 졸업한 자 고등학교 또는 이와 동등 이상의 학교를 졸업한 자로서 보건복지부령이 정하는 교육훈련시설에서 소정의 교육과정을 이수한 자 보육교사의 등급은 1 · 2 · 3급으로 하고, 등급별 자격기준은 대통령령으로 정함.
보육과정	보육과정은 영유아의 신체 · 정서 · 언어 · 사회성 및 인지적 발달을 도모할 수 있는 내용을 포함하여야 함. 보건복지부장관은 표준보육과정을 개발 · 보급하여야 하며, 필요시 그 내용을 검토하여 수정 · 보완하여야 함.
어린이집 생활기록	어린이집의 원장은 영유아의 발달 등을 종합적으로 관찰 · 평가하여 영유아생활지도 및 초등학교 교육과의 연계지도에 활용할 수 있도록 하기 위하여 보건복지부장관이 정하는 기준에 따라 생활기록부를 작성 · 관리하여야 함.
무상보육 특례	초등학교 취학 직전 1년의 유아 및 장애아에 대한 보육은 무상으로 하되, 대통령령이 정하는 바에 의하여 순차적으로 실시함. 무상보육 실시에 드는 비용은 대통령령이 정하는 바에 의하여 국가 및 지방자치단체가 부담 또는 보조하여야 함.

개정 「영유아보육법」은 2005년 1월 30일에 시행되었다. 개정 「영유아보육법」 시행 이후 '보육' 담론은 공공성이었다. 「정부조직법」 개정으로 2004년 6월 영유아보육 주관부처가 된 여성부(현 여성가족부)는 2004년 전체 원아의 30.1%이었던 보육료 지원 대상을 2005년 54.2%, 2006년 65.4%, 2007년 78.1% 등으로 확대했다. 이러한 결과는 저소득층 차등 보육료, 5세 무상 보육료, 두 자녀 이상 보육료, 장애아 무상보육비, 영아 보육료, 농업인 영유아 양육비 등으로 지원대상과 방식을 다양화하고 확대한 데 따른 것이었다.

2005년 12월 여성가족부는 영유아 보육의 공공성 강화를 위해 2006년에 '보육시설 평가인증' 제도를 도입하기로 하고 육아정책개발센터(현 육아정책연구소)에 평가인증 업무를 위탁했다. 2007년에는 국가 수준의 어린이집 보육과정으로 「표준보육과정」을 고시 · 시행하였다.

2009년 7월 보건복지가족부(현 보건복지부)는 제1차 '저출산 · 고령사회 기본계획'

에 따라 가정양육수당 지원사업을 시행하였다. 어린이집을 이용하지 않는 24개월 미만 영아를 둔 차상위계층 가정에 매달 10만 원을 지급하는 가정양육수당 제도 도입은 2008년 개정 「영유아보육법」에 의한 것이었다. 「영유아보육법」에 의하면, 국가와 지자체는 어린이집 · 유치원에 다니지 않는 영유아의 양육에 필요한 비용을 영유아의 연령과 보호자의 경제적 수준을 고려하여 지원할 수 있다. 양육수당 지원대상은 자녀 양육 비용경감 및 어린이집 아동과의 재정지원 형평성 제고를 위해 2011년 1월부터 차상위계층 36개월 미만 아동으로 확대되었다. 양육수당은 12개월 미만 20만 원, 24개월 미만 15만 원, 36개월 미만 10만 원 등 연령별로 차등 지급되었다.

2009년 9월에는 보육료를 부모에게 바우처 형태로 직접 지원하는 아이사랑카드 제도를 도입 · 시행하였다. 아이사랑카드 제도는 보육료 지원에 대한 어린이집 학부모의 체감도 제고, 근거리 시설에 대한 정보 접근성 확대, 보육에 대한 사회적 신뢰 증진 및 행정업무의 간소화 등의 취지에서 도입되었다. 아이사랑카드는 2015년 1월 유치원의 유아학비와 어린이집의 보육료를 통합한 아이행복카드로 바뀌었다.

2011년 6월 7일에는 "밝고 긍정적인 이미지를 심어 주어 보육교직원의 위상을 높이기 위해" '보육시설'과 '보육시설종사자'를 각각 '어린이집', '보육교직원'으로 개칭한 「영유아보육법」이 시행되었다. 그에 따라 '보육시설의 장'은 ' 어린이집의 원장'으로 변경되었다. 역사적으로 보면, '어린이집'이라는 용어는 1968~1982년 보편화되어 사용했던 말이기도 하다.

시설수 및 원아수

2004~2012년 어린이집의 시설수 및 원아수 변화추이를 살펴보면(〈표 1-21〉 참조), 2004년 26,903개이었던 시설수는 공보육화의 영향으로 2011년 48.1% 상승한 39,842개가 되었다. 이러한 변화는 같은 기간 2.2% 상승에 그친 유치원과 대조되는 것이다.

〈표 1-21〉의 통계치를 사용하여 전체 어린이집에서 국공립 어린이집이 차지하는 비율을 산출해 보면 5%대에 머물렀던 것으로 나타난다. 다시 말해 2004년 5.0%,

〈표 1-21〉 남한 어린이집의 설립별 시설수(2004~2011년)

연도	국공립	법인	직장	가정	부모협동	민간	전체
2004	1,349	2,503	243	10,583		12,225	26,903
2005	1,473	2,474	263	11,346	42	12,769	28,367
2006	1,643	2,541	298	11,828	59	12,864	29,233
2007	1,748	2,462	320	13,184	61	13,081	30,856
2008	1,826	2,427	350	15,525	65	13,306	33,499
2009	1,917	2,405	370	17,359	66	13,433	35,550
2010	2,034	2,356	401	19,367	74	13,789	38,021
2011	2,116	2,332	449	20,722	89	14,134	39,842

출처: 여성부(2004). 보육통계; 여성가족부(2005~2007). 보육통계; 보건복지가족부(2008~2009). 보육통계; 보건복지부(2010~2011). 보육통계.

2005년 5.2%, 2006년 5.6%, 2007년 5.7%, 2008년 5.5%, 2009년 5.4%, 2010년 5.3%, 2011년 5.3% 등이었다. 이러한 결과는 국공립 시설 확대를 위한 보다 적극적인 정책이 필요함을 시사한다. 다른 한편으로, 2004~2011년 어린이집의 원아수 변화추이를 살펴보면(〈표 1-22〉 참조), 2004년 930,252명이었던 원아수는 2011년 45.0% 상승한 1,348,729명이 되었다. 이러한 결과는 같은 기간 4.3% 상승에 그친 유치원과 크게 대비된다.

〈표 1-22〉 남한 어린이집의 설립별 원아수(2004~2011년)

연도	국공립	법인	직장	가정	부모협동	민간	전체
2004	107,335	183,945	11,787	119,787		507,398	930,252
2005	111,911	182,194	12,985	129,007	933	552,360	989,390
2006	114,657	179,359	14,538	148,240	1,238	582,329	1,040,361
2007	119,141	174,117	15,124	177,623	1,444	612,484	1,099,933
2008	123,405	167,712	16,809	210,438	1,491	615,647	1,135,502
2009	129,656	165,056	18,794	236,843	1,655	623,045	1,175,049
2010	137,604	165,180	21,901	281,436	1,898	671,891	1,279,910
2011	143,035	163,364	24,987	308,410	2,286	706,647	1,348,729

출처: 여성부(2004). 보육통계; 여성가족부(2005~2007). 보육통계; 보건복지가족부(2008~2009). 보육통계; 보건복지부(2010~2011). 보육통계.

〈표 1-22〉의 통계치를 사용하여 전체 원아에서 국공립 원아가 차지하는 비율을 산출해 보면 10%대이었던 것으로 나타난다. 다시 말해 2004년 11.5%, 2005년 11.3%, 2006년 11.0%, 2007년 10.8%, 2008년 10.9%, 2009년 11.0%, 2010년 10.8%, 2011년 10.6%이었다. 2011년 발간된『보육통계』에 따르면, 설립별 원아수는 국공립과 법인 50~80명, 민간과 직장 21~39명, 가정과 부모협동 20명 이하이었다. 그리고 어린이집 1개당 원아수는 국공립 33.9명, 법인 77.1명, 민간 50.5명, 가정 14.9명, 부모협동 25.7명, 직장 55.7명이었다.

표준보육과정 제정

2006년 11월 여성가족부는「영유아보육법」제29조 제2항 및 제4항에 의거하여「영유아보육법 시행규칙」을 개정하고 제30조에 있는 '표준보육과정', 즉 국가 수준의 보육과정 관련 규정으로 별표 8-2를 신설하여 보육과정의 목적, 목표, 내용, 운영 등을 명시하였다. 별표 8-2에 따르면, "보육과정의 목적은 영유아의 전인적인 성장과 발달을 돕고 민주시민으로서의 자질을 길러 영유아가 심신이 건강하고 조화로운 사회 구성원으로 자랄 수 있도록 하는 데 있다." 그리고 2007년 1월에는 기본생활, 신체운동, 사회관계, 의사소통, 자연탐구, 예술경험의 6개 영역으로 구성된「표준보육과정」을 제정, 시행하였다. 표준보육과정의 영역별 세부 교육내용은 2세 미만, 2세, 3~5세 등 세 개의 연령집단으로 구분 · 제시되었다.

여성가족부가 수행했던 가족 및 보육정책 업무는 2008년 2월「정부조직법」이 개정되면서 보건복지가족부(현 보건복지부)로 이관되었다. 보건복지부는 여성가족부가 2007년 1월 고시했던「표준보육과정」을「영유아보육법 시행규칙」제30조에 의거하여 2010년 9월 7일에 재고시하였다. 2011년 3월에는 특별활동에 대한 부모의 선택권 강화, 특별활동의 오후 시간대 배정, 24개월 미만 영아의 특별활동 금지 등의 차원에서 어린이집의 특별활동에 대한 관리정책을 시행하였다.

원장 및 보육교사의 자격기준

2004년 개정된「영유아보육법」에 따르면, 어린이집에는 원장 및 보육교사와 그 밖의 직원으로 구성된 종사자를 두어야 한다(제2조, 제17조) 어린이집 원장의 자격은 대통령령으로 정한다. 보육교사는 다음에 해당하는 자로서 보건복지부장관이 검정 · 수여하는 자격증을 받은 자이어야 한다. 대학(전문대학 포함) 또는 이와 동등 이상의 학교에서 보건복지부령이 정하는 보육관련 교과목 및 학점을 이수하고 졸업한 자이거나, 고등학교 또는 이와 동등 이상의 학교를 졸업한 자로서 보건복지부령이 정하는 교육훈련시설에서 소정의 교육과정을 이수한 자이어야 한다. 이 규정에 의한 보육교사의 등급은 1 · 2 · 3급으로 하고, 등급별 자격기준은 대통령령으로 정한다(제21조).

「영유아보육법 시행령」에 명시된 어린이집 원장 및 등급별 보육교사의 자격기준은 다음과 같다. 어린이집 원장의 자격기준은 일반기준, 가정 어린이집, 영아전담 어린이집, 장애아전담 어린이집, 대학(전문대학 포함) 또는 교육훈련시설에서 운영하는 어린이집으로 구분된다. 이 가운데 일반기준에 따르면 원장은 보육교사 1급 자격을 취득한 후 2년 이상의 보육 등 아동복지업무 경력이 있는 자, 유치원 정교사 2급 자격, 초등학교 정교사 자격, 또는 사회복지사 1급 자격을 취득한 후 5년 이상의 보육 등 아동복지업무 경력이 있는 자, 유치원 원장의 자격을 가진 자, 간호사 자격을 취득한 후 7년 이상의 보육 등 아동복지업무 경력이 있는 자, 또는 7급 이상의 공무원으로 보육 등 아동복지업무에 5년 이상 근무한 경력이 있는 자이어야 한다.

보육교사 1급은 보육교사 2급 자격을 취득한 이후 3년 이상의 보육업무 경력과 여성가족부 장관이 정하는 승급교육을 받은 자이거나, 보육교사 2급 자격과 보육관련 대학원에서 석사학위를 취득한 자로서 1년 이상 보육업무 경력과 여성가족부 장관이 정하는 승급교육을 받은 자이어야 한다. 보육교사 2급은 전문대학 또는 이와 동등 이상의 학교에서 여성부령이 정하는 보육관련 교과목 및 학점을 이수하고 졸업한 자이거나, 보육교사 3급 자격을 취득한 이후 1년 이상의 보육업무 경력과 여성가족부 장관이 정하는 승급 교육을 받은 자이어야 한다. 그리고 보육교사 3급은 고등학교 또는 이와 동등 이상의 학교를 졸업한 자로서 여성가족부령이 정하는 교육훈련시설에서 소정의 교육과정을 수료한 자이어야 한다.

그러나「영유아보육법」이 2008년, 2010년, 2011년 개정을 거치면서 어린이집 원장과 보육교사의 자격기준도 거듭 바뀌었다. 2011년 12월 일부 개정된「영유아보육법」 제21조에 따르면, 원장은 대통령령으로 정하는 자격을 가진 자로서 보건복지부 장관이 검정 · 수여하는 자격증을 받은 자이어야 한다(제1항). 보육교사는 다음의 어느 하나에 해당하는 자로서 보건복지부 장관이 검정 · 수여하는 자격증을 받은 자이어야 한다. 즉,「고등교육법」제2조에 따른 학교에서 보건복지부령으로 정하는 보육 관련 교과목과 학점을 이수하고 전문학사학위 이상을 취득한 사람,「고등교육법」제2조에 따른 학교를 졸업한 사람과 같은 수준 이상의 학력이 있다고 인정된 사람으로서 보건복지부령으로 정하는 보육 관련 교과목과 학점을 이수하고 전문학사학위 이상을 취득한 사람, 그렇지 않으면 고등학교 또는 이와 같은 수준 이상의 학교를 졸업한 자로서 시 · 도지사가 지정한 교육훈련시설에서 소정의 교육과정을 이수한 사람이어야 한다(제2항).

2011년 개정「영유아보육법 시행령」에 의하면, "보육서비스의 질을 높이기 위하여" 다음과 같이 어린이집 원장 및 보육교사의 자격기준을 강화했다. 일반 어린이집 원장의 자격 중 유치원 정교사 2급을 1급으로 조정하고, 업무 경력에서 보육 등 아동복지 업무와 직접 관계없는 업무를 한 경력은 제외하며, 사전직무교육을 받도록 한다. 보육교사의 경우, 3급에서 2급으로 승급하는 데 필요한 보육업무 기간을 1년에서 2년으로 늘리고, 업무 경력에서 보육과 직접 관계없는 업무를 한 경력은 제외한다.

등급별 보육교사수

2004~2011년 어린이집의 보육교사수 변화추이를 살펴보면(〈표 1-23〉 참조), 전체 보육교사는 그 기간에 77,395명에서 180,245명으로 증가하였다. 등급별로 보면, 1급은 47,495명에서 82,649명으로, 2급은 29,900명에서 81,638명으로 증가했던 것으로 나타난다. 3급의 경우 2006년 7,124명에서 2011년에는 15,958명으로 두 배 이상 증가하였다. 이에 덧붙여 설립별 비율을 산출 · 대조해 보면, 2004년에는 민간 56.4%,

〈표 1-23〉 남한 어린이집의 설립별 등급별 보육교사수(2004~2011년)

연도	자격	국 · 공립	법인	직장	가정	부모협동	민간	전체
2004	1급	7,846	9,429	976	4,658		24,586	47,495
	2급	1,471	1,878	240	7,213		19,098	29,900
2005	1급	7,326	7,466	1,032	5,331	68	24,733	45,956
	2급	2,050	2,798	353	9,766	50	24,107	39,124
2006	1급	8,288	7,829	1,329	8,256	94	31,038	56,834
	2급	1,843	2,516	318	11,741	57	23,887	40,362
	3급	205	214	34	2,572	6	4,093	7,124
2007	1급	9,198	8,873	1,635	12,431	147	36,186	68,470
	2급	1,438	1,895	224	12,701	63	22,453	38,774
	3급	274	387	28	4,979	29	8,002	13,699
2008	1급	9,686	8,374	1,961	14,604	126	36,001	70,752
	2급	1,547	1,855	203	14,169	64	23,111	40,949
	3급	229	372	34	7,675	24	9,491	17,825
2009	1급	11,625	9,308	2,350	30,058	185	45,677	99,203
	2급	2,785	2,980	465	21,566	89	30,725	58,610
	3급	221	341	30	7,580	17	8,903	17,092
2010	1급	10,535	8,069	2,149	19,829	167	39,453	80,202
	2급	3,777	3,745	885	24,727	86	37,217	70,437
	3급	183	259	36	7,627	16	8,160	16,281
2011	1급	10,470	7,531	2,126	21,832	175	40,515	82,649
	2급	4,750	4,278	1,481	28,972	135	42,022	81,638
	3급	156	228	44	7,870	18	7,642	15,958

출처: 여성부(2004). 보육통계; 여성가족부(2005~2007). 보육통계; 보건복지가족부(2008~2009). 보육통계; 보건복지부(2010~2011). 보육통계.

가정 15.3%, 법인 14.6%, 국 · 공립 12.0%, 직장 1.6% 순이었으나, 2011년에는 민간 50.0%, 가정 32.6%, 국공립 8.5%, 법인 6.7%, 직장 2.0%, 부모협동 0.2% 순으로 변화했음을 알 수 있다.

어린이집 평가인증제 도입

어린이집 평가인증제는 2006년에 도입되었다. 2005년 시범 운영을 거쳐 도입된 이 제도는 보육교직원의 전문성 신장, 안전한 보육환경 조성, 보육서비스의 질적 수준 제고에 목표가 있었다. 또 다른 목표는 정부의 효율적인 보육예산 관리 · 집행 및 부모의 우수한 어린이집 선택을 위한 합리적인 기준과 정보제공에 있었다. 2005년부터 2009년 8월까지 평가인증을 신청한 어린이집은 전체 시설 33,499개의 86.8%인 29,084개이었고, 인증에 통과한 시설은 전체 시설의 41.9%, 신청 시설의 48.2%에 해당하는 14,031개이었다(서문희 외, 2009).

보건복지부 자료에 의하면, 2011년 기준 전체 어린이집 38,021개 가운데 인증받은 어린이집은 78.6%인 29,882개이었다. 평가인증 점수 평균은 2010년 87.6점에서 2011년 91.5점으로 높아졌다. 그러나 90점 이상을 받아 우수시설로 판정된 어린이집에서도 아동학대가 잇따라 발생하면서 평가인증제에 대한 신뢰도는 크게 떨어졌다. 다른 한편으로, 2011년 7월 보건복지부는 우수 기관으로 선정된 민간, 가정, 사회복지법인, 재단법인 · 종교단체 어린이집에 대해 국가가 운영비를 지원하는 공공형 어린이집 사업을 시행하였다.

5세 누리과정 고시

2011년 5월 2일 정부는 5세 유아 교육 · 보육의 질 제고와 이에 대한 학부모의 비용 경감 취지에서 유치원 교육과정과 어린이집 보육과정을 통합한 '만 5세 공통과정 도입 추진계획'을 다음과 같이 발표하였다.

> '만 5세 공통과정'은 만 3~4세와 분리하여, 유아기에 필요한 기본 능력을 중심으로 5세에 맞게 재구성 · 적용된다. 이는 교과 위주의 인지적 학습활동보다 기본 소양과 능력을 기르는 과정으로 초등학교 1~2학년군의 창의 · 인성교육 내용 등과 체계적인 연계성을 확보하고자 하는 것이다 … 정부는 제도 도입에 따른 기대 효과로, 만 5세 유아

교육 · 보육의 질이 한 단계 높아지고 … 학부모의 부담이 실질적으로 경감되며, 만 4세 이하 어린이에 대한 보육서비스 질도 제고될 것으로 보고 있다. 특히 만 5세아는 질 높은 공통과정 적용 및 초등학교와의 연계 강화, 공통과정(3~5시간)과 구분되는 종일제(공통과정 이후) 운영을 통해 한층 내실화된 프로그램을 적용받게 된다.

만 5세 공통과정의 명칭은 공모를 통해 '5세 누리과정'으로 변경되었다. 정부의 명칭 공모 결과발표 자료에 따르면, 5세 누리과정은 "만 5세 어린이들이 유치원과 어린이집에서 행복한 세상을 열어 가고, 생활 속에서 꿈과 희망을 마음껏 누리도록 하겠다"는 의미를 내포하고 있다.

2011년 9월 5일 교육과학기술부(현 교육부)와 보건복지부는, 「유치원 교육과정」과 「표준보육과정」에서 5세 유아의 교육 · 보육에 필요한 내용을 선별 · 수정 · 보완하여 개발된 5세 유치원 · 어린이집 공통의 교육과정으로서, 「5세 누리과정」을 고시하였다. 고시문에 명시된 5세 누리과정의 구성 방향, 목적 및 목표는 다음과 같다.

Ⅰ. 구성 방향

가. 만 5세아의 기본생활습관과 질서, 배려, 협력 등 바른 인성을 기르는 데 중점을 둔다.

나. 사람과 자연을 존중하고, 우리 문화를 이해하는 데 중점을 둔다.

다. 전인발달이 고루 이루어진 창의적 인재를 기르는 데 중점을 둔다.

라. 초등학교 교육과정과의 연계성을 고려한다.

마. 5개 영역(신체운동 · 건강, 의사소통, 사회관계, 예술경험, 자연탐구)을 중심으로 주도적인 경험을 강조하고, 놀이 중심의 통합과정으로 구성한다.

바. 1일 3~5시간의 운영을 기준으로 한다.

Ⅱ. 목적

5세 누리과정은 만 5세아에게 필요한 기본 능력과 바른 인성을 기르고, 민주시민의 기초를 형성하는 것을 목적으로 한다.

Ⅲ. 목표

가. 기본운동능력과 건강하고 안전한 생활습관을 기른다.

나. 일상생활에 필요한 의사소통 능력과 바른 언어사용 습관을 기른다.

다. 자신을 존중하고 다른 사람과 더불어 생활하는 태도를 기른다.

라. 아름다움에 관심을 가지고 예술 경험을 즐기며, 창의적으로 표현하는 능력을 기른다.

마. 호기심을 가지고 주변세계를 탐구하며, 일상생활에서 수학적 · 과학적 문제해결 능력을 기른다.

5세 누리과정은 2011년 9월 5일 정부 부처별로 달리 고시되었다. 교육과학기술부는 2009 개정 「유치원 교육과정」 속에 '제1장 5세 누리과정'이라 하여 '제2장 만 3~4세 교육과정'과 함께 고시했다. 이와 달리 보건복지부는 교육과학기술부와 합동으로 고시한 「5세 누리과정」을 그대로 사용하였다. 다만 어린이집 0~4세 영유아 보육과정은 「제2차 표준보육과정」으로 개정하여 2012년 2월 29일에 별도로 고시했다.

2012년 이후: 유아교육과 영유아보육의 통합 추진

유치원 · 어린이집 공통 교육과정으로서 누리과정 고시

5세 누리과정을 포함한 「유치원 교육과정」과 어린이집의 「5세 누리과정」은 2012년 3월 1일부터 시행되었다. 더 나아가 정부는 2012년 7월 6일 「3~5세 연령별 누리과정」을 고시하였다. 3~5세 연령별 누리과정을 포함한 2009 개정 「유치원 교육과정」과 「제3차 어린이집 표준보육과정」은 2013년 3월 1일부터 시행되었다.

시대가 변하면 교육과정의 의미는 달라진다. 「초 · 중등학교 교육과정」이 제정되었던 1954~1955년 이후 2차(1963~1971년), 3차(1973~1979년), 4차(1981~1985년), 5차(1987~1988년), 6차(1992~1997년), 7차(1997~2006년), 2007 개정(2007~2009년), 2009 개정(2009~2013년), 2015 개정(2015~2020년), 2022 개정(2022년) 등으로 여러 차례 개정했던 것도, 「유치원 교육과정」이 1969년 제정된 이후 2차(1979년), 3차(1981년), 4차(1987년), 5차(1992년), 6차(1998년), 2007 개정(2007년), 2009 개정(2011~2015년), 2015 개정(2019년) 등으로 거듭 개정했던 것도 이러한 이유에서다.

2017년 12월 27일 교육부는 유치원 · 어린이집 교육과정 개편을 포함한 '유아교육 혁신방안'을 발표하였다. 그리고 2019년 7월 24일에는 내용구성의 다양화, 자유놀이 및 유아 · 교사 간 상호작용 강화, 현장의 자율성 신장 등을 기본방향으로 하여 개편된 '2019 개정 누리과정'을 고시했다. 2019 개정 누리과정은 세부 내용을 기존의 369개에서 59개로 대폭 축소했다는 특징이 있다. 개정 누리과정에 따른 2015 개정 「유치원 교육과정」은 2019년 7월 24일 고시되고 2020년 3월 1일부터 시행되었다. 이와 달리 개정 누리과정을 포함한 「제4차 어린이집 표준보육과정」은 2020년 4월 9일 고시되고 9월 1일부터 시행되었다.

유치원 · 어린이집 무상교육 · 보육 제도 도입

5세 무상교육 · 보육을 위한 법령 개정

2011년 5월 2일 정부는 '만5세 공통과정'에 관한 보도자료를 통해 2012년부터 모든 5세 유아의 유치원 · 어린이집 교육 · 보육 비용을 지방교육재정교부금에서 지원한다고 밝혔다.

> 2012년부터 모든 만 5세를 대상으로 유치원비와 어린이집 보육비를 확대 지원한다. 현재 만 5세 이하 어린이를 둔 가정 중 소득 기준으로 전체 70%의 가정에 대해 지원하던 것을 2012년에는 만 5세아 모두에게 확대 지원하며 … 지원 단가도 늘려 지원할 계획이다. 지금까지 만 5세아 유치원비는 지방교육재정교부금으로 부담하고, 어린이집

보육비는 국고와 지방비로 부담하였으나, 2012년부터는 모든 만 5세아 교육 · 보육비를 지방교육재정교부금에서 지원한다 … 만 4세 이하 교육 · 보육비 지원체제는 현행대로 유지한다.

2011년 9월 30일에는 5세 유아에 대한 가계의 교육 · 보육 비용 부담경감의 취지에서 「유아교육법 시행령」 제29조, 「영유아보육법 시행령」 제22조 및 제23조를 전문개정하였고, 「지방교육재정교부금법 시행령」을 일부 개정하였다. 2012년 3월 1일 시행된 「유아교육법 시행령」 제29조 및 「영유아보육법 시행령」 제22조, 제23조에 각각 명시된 무상교육 · 보육 대상자, 무상보육 실시 비용은 다음과 같다.

제29조(무상교육 대상자 등) ① 법 제24조 제1항에 따라 초등학교 취학 직전 1년의 유아에 대하여 실시하는 무상교육은 매년 1월 1일 현재 만 5세에 도달한 유아로서 다음 각 호의 어느 하나에 해당하는 기관에서 교육과학기술부장관과 보건복지부장관이 협의하여 정하는 공통의 교육 · 보육과정을 제공받는 유아를 대상으로 한다.

1. 유치원
2. 「영유아보육법」에 따른 어린이집
3. 그 밖에 교육과학기술부령으로 정하는 바에 따라 유아교육을 실시하도록 지정받은 기관

② 제1항에 따른 비용은 예산의 범위에서 지원한다.

제22조(무상보육 대상자 등) ① 법 제35조 제1항에 따른 무상보육은 다음 각 호의 영유아를 대상으로 실시한다.

1. 매년 1월 1일 현재 만 5세에 도달한 유아로서 어린이집에서 보건복지부장관과 교육과학기술부장관이 협의하여 정하는 공통의 보육 · 교육과정을 제공받는 유아
2. 장애아
3. 「다문화가족지원법」 제2조 제1호에 따른 다문화가족의 자녀

② 제1항에서 규정한 사항 외에 무상보육의 실시에 필요한 사항은 보건복지부장관

이 정한다.

제23조(무상보육 실시 비용) ① 법 제35조 제2항에 따라 제22조 제1항 제1호의 유아에 대한 무상보육 실시에 드는 비용은 예산의 범위에서 부담하되, 「지방교육재정교부금법」에 따른 보통교부금으로 부담한다.
② 법 제35조 제2항에 따라 제22조 제1항 제2호 및 제3호의 영유아에 대한 무상보육 실시에 드는 비용은 「보조금의 예산 및 관리에 관한 법률 시행령」 제4조 및 별표 1에 따른 영유아 보육사업에 대한 지원 비율에 따라 국가와 지방자치단체가 부담한다.
③ 무상보육 실시 비용의 지원 방법 및 절차 등 구체적인 사항은 보건복지부장관이 정한다.

2012년 1월에는 개정 「지방교육재정교부금법 시행령」에 의해 유아학비 기준재정수요액의 산정기준에 「유아교육법 시행령」과 「영유아보육법 시행령」에 따른 5세 유아의 수를 반영할 수 있게 되었다. 그에 따라 유치원 · 어린이집에서 누리과정을 제공받는 5세 유아의 무상교육 · 보육에 드는 비용은 2012년 3월 1일부터 지방교육재정교부금으로 부담했다.

0~5세 무상교육 · 보육을 위한 법령 개정

2012년 1월 18일 정부는 '3~4세 누리과정' 도입계획을 발표하였다. 더 나아가 초등학교 취학 직전 3년의 유아교육 · 보육을 무상으로 실시할 수 있도록 관련 법령을 차례로 개정하였다. 2012년 3월 21일과 8월 31일에는 「유아교육법」과 「유아교육법 시행령」을, 그리고 2013년 1월 23일과 2월 28일에는 「영유아보육법」과 「영유아보육법 시행령」을 개정하였다. 개정된 법령에 따라 국가 및 지자체는 2013년 3월부터 무상교육과 무상보육에 드는 비용을 다음과 같은 방식으로 각기 부담했다.

무상교육은 유치원에서 누리과정을 제공받는 3~5세 유아 대상으로 확대되었고, 무상교육에 드는 비용은 시 · 도교육청이 전액 교부금으로 부담했다. 무상보육은 어린이집에서 표준보육과정을 제공받는 3세 미만 영아와 누리과정을 제공받는 3~5세 유아 대상으로 확대되었다. 그리고 무상보육에 드는 비용은 국가나 지방자치단체가 부담하거나 보조할 수 있게 되었다. 3~5세 유아의 경우, 2013년에는 3~4세 원아를 대상으로 교육청 30%, 시 · 도 70%의 비율로 비용을 분담했다. 2014년에는 3세 원아에게는 기존의 비율을 적용하여 부담했지만 4세 원아에 대해서는 교육청이 전액 교부금으로 부담했다. 2015년부터는 3~5세 유아의 무상보육에 드는 비용을 시 · 도교육청이 교부금으로 전액 부담했다.

2015년 10월 6일에는 「지방재정법 시행령」을 일부 개정하여 어린이집 누리과정 재원을 교육청의 의무지출경비로 명시했다. 그럼에도 불구하고 누리과정 재원 부담방식을 놓고 사회적 혼란과 갈등은 지속되었다. 누리과정을 둘러싼 갈등은 누리과정의 안정적 운영을 위해 「유아교육지원특별회계법」이 2016년 12월 제정되고 2017년 1월 1일부터 시행되면서 봉합됐다. 「유아교육지원특별회계법」은 이후 개정을 거쳐 2025년 12월 31까지 연장되었다.

유치원 · 어린이집 관리체계 일원화

2022년 12월 교육부는 0~5세 모든 영유아가 양질의 교육과 보육 서비스를 받을 수 있도록 유치원 · 어린이집의 관리체계를 교육부와 교육청으로 일원화한 유보통합 추진 계획을 발표했다. 교육부 발표에 따르면, 유아교육과 영유아보육을 통합하는 이른바 '유보통합' 추진 계획은 1, 2단계로 구분, 수행된다. 1단계(2023~2024년)에서는 유보통합추진위원회와 추진단을 중심으로 유치원 · 어린이집 간 격차 해소와 통합기반 마련에 주력한다. 2023년 하반기부터 유보통합 선도교육청을 시범 운영하여 유치원 · 어린이집의 급식비 균형 지원, 유치원 · 어린이집 3~5세 교육 · 보육 비용지원, 보육시간 확대, 시설개선 지원 등에 관한 과제를 발굴한다. 그리고 2단계(2025년 이후)에서는 교육부와 교육청을 중심으로 유보통합을 본격 시행한다. 2025년부터 기존의 유치원 · 어린이집을 1단계 논의 결과 마련된 새로운 교사 자격기준, 교육과정, 시설 · 설립 기준을 적용한 제3의 '통합기관'으로 전환한다.

2023년 상반기 교육부는 부총리 겸 교육부장관을 위원장으로, 보건복지부 등 관계 부처 차관급을 정부위원으로 하고, 유치원 · 어린이집 관련 기관단체, 교원 · 교사, 학부모, 학계 전문가 등을 위촉위원으로 한 '영유아교육 · 보육통합 추진위원회'와 유아교육계와 영유아보육계의 대표를 위촉위원으로 한 '유보통합 추진단'을 꾸리고 9개 시 · 도교육청을 '유보통합 선도교육청'으로 선정하였다.

2023년 12월에는 영유아 보육 및 교육에 관한 사무를 교육부로 일원화하는 내용을 담은 개정 「정부조직법」이 공포되었다. 그에 따라 2024년 6월 25일 교육부는 보건복지부에서 교육부로 이관되는 보육업무 및 유보통합 업무를 수행하기 위하여 「교육부와 그 소속기관 직제」를 일부 개정하고, 교육부에 '영유아정책국'을 신설하였다. 참고로, 2024년 6월 27일 시행된 교육부와 그 소속기관 직제 제12조의2(영유아정책국)에 따르면, 영유아정책국에 국장 1명을 두고, 국장 밑에 정책관등 1명을 둔다(제1항).

2024년 7월 15일에는 영유아 교육 · 보육 업무를 총괄할 조직으로 교육부에 영유아정책국, 영유아지원관, 6개 과를 신설했다. 그리고 영유아정책국 산하에 영유아정책총괄과, 영유아재정과, 영유아안전정보과를, 영유아지원관 밑에 영유아기준정책과, 영유아교원지원과, 교육보육과정지원과를 각각 배치했다. 이와 아울러 보건복지부에서 영유아 보육 사무를 수행하던 보건복지부 인력을 이체받았다. 참고로, 2025년 시행 예정이었던 정부의 2단계 유보통합 추진 계획은 1년 유예돼 2026년 시행 예정으로 바뀌었다.

영유아 인구 및 유치원 · 어린이집 통계

제2~4차 저출산 · 고령사회 기본계획

정부는 저출산 대응을 위해 제1차 '저출산 · 고령사회 기본계획(2006~2010년)'에 19.7조 원, 제2차 저출산 · 고령사회 기본계획(2011~2015년)에 60.5조 원, 제3차 저출산 · 고령사회 기본계획(2016~2020년)에 144.4조 원의 예산을 각각 투입하였다. 2011년 시작된 제2차 기간 동안 정부는 출산 · 양육에 대한 국가 · 사회의 책임 강화에 초점을 맞추어 다양한 영유아 교육 · 보육 정책을 추진하였다. 그리고 제3차 기간에는 일자리, 신혼부부 주거 지원 등 구조적 대응을 시도하였다. 아울러 2019년 제3차 기본계획의 정책 패러다임을 출산율 제고에서 삶의 질 제고로 전환하였다.

2020년 12월에는 다음과 같은 영유아 교육 · 보육 추진 과제를 포함한 제4차 '저출산 · 고령사회 기본계획(2021~2025)'을 발표하였다. 2025년 국공립 어린이집 취원율 50% 달성(2019년 기준 28.2%)을 목표로 국공립 어린이집을 매년 550개 확충한다. 영아의 다양한 보육수요를 충당할 수 있도록 시간제로 운영되는 학급(반) 또는 어린이집을 확대한다. 사립 유치원의 공공성 및 투명성 제고를 위해 기본재산 출연비율 조정 · 재원 지원 등을 통한 법인 전환을 유도한다.

영유아 인구

국가통계포털 KOSIS에 제시된 2012~2022년 연도별 출생아수 및 합계출산율 변화추이를 살펴보면 다음과 같다. 출생아수는 2012년 484,550명, 2013년 436,455명 2014년 435,435명, 2015년 438,420명, 2016년 406,243명 등으로 2016년까지 40만 명대를 유지했다. 그러다가 2017년 357,771명, 2018년 326,822명, 2019년 302,676명 등으로 30만 명대에, 그리고 2020년 272,337명, 2021년 260,500명, 2022년 249,000명으로 20만 명대에 각각 진입했다. 합계출산율은 2012년 1.30명, 2013년 1.19명, 2014년 1.21명, 2015년 1.24명, 2016년 1.17명, 2017년 1.05명, 2018년 0.98명(OECD 평균 1.65명), 2019년 0.92명, 2020년 0.84명(OECD 평균 1.59명), 2021년 0.81명, 2022년 0.78명 등으로 대폭 하락했다.

2012~2023년 국가통계포털 KOSIS에 제시된 '연령별 주민등록연앙인구' 정보에 따르면(〈표 1-24〉 참조), 영유아 인구는 2012년 2,795,897명(영아 1,387,208명, 유아 1,408,689명), 2016년 2,709,080명(영아 1,288,368명, 유아 1,420,712명), 2020년 2,202,827.5명(영아 945,035명, 유아 1,257,792.5명), 2023년 1,729,585.5명(영아 766,275명, 유아 963,310.5명) 등으로 계속 감소했고, 연령이 낮아질수록 감소 폭이 컸다. 연령별로 보면, 0~2세 영아 인구는 2012년 1,387,208명, 2016년 1,288,368명, 2020년

〈표 1-24〉 남한의 연령별 영유아 인구(2012~2023년)

연도	영아				유아			
	0세	1세	2세	계	3세	4세	5세	계
2012	457,958.5	471,167.5	458,082.0	1,387,208.0	456,401.5	480,737.5	471,550.0	1,408,689.0
2013	442,901.0	479,390.5	472,397.0	1,394,688.5	458,973.0	457,069.0	481,147.5	1,397,189.5
2014	420,635.0	462,658.0	480,953.0	1,364,246.0	473,310.0	459,687.5	457,520.5	1,390,518.0
2015	422,182.5	438,330.5	463,897.0	1,324,410.0	481,665.0	473,899.5	460,064.5	1,415,629.0
2016	409,098.0	439,788.5	439,481.5	1,288,368.0	464,456.0	482,097.5	474,158.5	1,420,712.0
2017	369,710.5	425,705.0	440,967.0	1,236,382.5	439,957.0	464,792.0	482,297.0	1,387,046.0
2018	331,722.0	385,664.0	426,981.0	1,144,367.0	441,487.0	440,314.5	464,973.0	1,346,774.5
2019	306,395.5	346,237.5	386,969.5	1,039,602.5	427,661.0	441,919.0	440,543.5	1,310,123.5
2020	280,097.0	317,767.0	347,171.0	945,035.0	387,521.5	428,081.0	442,190.0	1,257,792.5
2021	259,510.5	289,615.5	318,803.5	867,929.5	347,606.5	387,871.5	428,349.0	1,163,827.0
2022	249,089.5	269,686.5	291,777.0	810,553.0	319,980.5	348,195.5	388,283.0	1,056,459.0
2023	235,093.0	259,159.5	272,022.5	766,275.0	293,477.5	321,052.0	348,781.0	963,310.5

945,035명, 2023년 766,275명 등으로 감소 폭이 컸다. 특히 0세 영아 인구는 2012년 457,958.5명, 2016년 409,098명, 2020년 280,097명, 2023년 235,093명 등으로 감소 폭이 가장 컸다. 3~5세 유아 인구의 경우, 2012년 1,408,689명, 2016년 1,420,712명, 2020년 1,257,792.5명, 2023년 963,310.5명 등으로 영아 인구보다 다소 감소 폭이 작았다.

유치원 · 어린이집 통계

2012~2023년 유치원 · 어린이집 시설수 자료(〈표 1-25〉 참조)에 의하면, 전체 시설수는 2012년 51,065개에서 2013년 52,448개, 2014년 52,568개로 증가했다가 2015년 51,447개, 2016년 50,071개, 2017년 49,267개, 2018년 48,192개, 2019년 46,208개, 2020년 44,057개, 2021년 41,906개, 2022년 39,485개, 2023년 37,395개 등 2015년 이후 계속 감소했다. 그리고 전체 원아수는 2012년 2,101,110명에서 2013년 2,145,168명, 2014년 2,149,217명으로 증가했다가 2015년 2,145,168명, 2016년 2,155,353명으로 각각 감소, 증가했고, 2017년 2,144,874명, 2018년 2,091,740명, 2019년 1,998,998명,

〈표 1-25〉 남한 유치원 · 어린이집의 시설수 및 원아수(2012~2023년)

연도	시설수			원아수		
	유치원	어린이집	전체	유치원	어린이집	전체
2012	8,538	42,527	51,065	613,749	1,487,361	2,101,110
2013	8,678	43,770	52,448	658,188	1,486,980	2,145,168
2014	8,826	43,742	52,568	652,546	1,496,671	2,149,217
2015	8,930	42,517	51,447	682,553	1,452,813	2,145,168
2016	8,987	41,084	50,071	704,138	1,451,215	2,155,353
2017	9,029	40,238	49,267	694,631	1,450,243	2,144,874
2018	9,021	39,171	48,192	675,998	1,415,742	2,091,740
2019	8,837	37,371	46,208	633,913	1,365,085	1,998,998
2020	8,705	35,352	44,057	612,538	1,244,396	1,856,934
2021	8,660	33,246	41,906	582,572	1,184,716	1,767,288
2022	8,562	30,923	39,485	552,812	1,095,450	1,648,262
2023	8,441	28,954	37,395	521,794	1,011,813	1,533,607

출처: 교육과학기술부, 한국교육개발원(2012). 교육통계연보; 보건복지부(2012~2023). 보육통계; 교육부, 한국교육개발원(2013~2023). 교육통계연보.

2020년 1,856,934명, 2021년 1,767,288명, 2022년 1,648,262명, 2023년 1,533,607명 등 2017년 이후 계속 감소했다.

〈표 1-25〉에 제시된 통계치를 사용하여 연도별 기관별 비율을 산출하면 다음과 같다. 시설수의 경우, 2012년 유치원 8,538개(16.7%), 어린이집 42,527개(83.3%), 2015년 유치원 8,930개(17.4%), 어린이집 42,517개(82.6%), 2018년 유치원 9,021개(18.7%), 어린이집 39,171개(81.3%), 2021년 유치원 8,660개(20.7%), 어린이집 33,246개(79.3%), 2023년 유치원 8,441개(22.6%), 어린이집 28,954개(77.4%) 등 이 시기 유치원은 16.7%에서 22.6%로 5.9% 증가했던 반면, 어린이집은 83.3%에서 77.4%로 5.9% 감소했다. 원아수의 경우, 2012년 유치원 613,749명(29.2%), 어린이집 1,487,361명(70.8%), 2015년 유치원 682,553명(31.8%), 어린이집 1,452,813명(67.7%), 2018년 유치원 675,998명(32.3%), 어린이집 1,415,742명(67.7%), 2021년 582,572명(33.0%), 어린이집 1,184,716명(67.0%), 2023년 유치원 521,794명(34.0%), 어린이집 1,011,813명(66.0%) 등 그동안 유치원은 29.2%에서 34.0%로 4.8% 증가했던 반면, 어린이집은 70.8%에

서 66.0%로 4.8% 감소했다. 이러한 결과는 2012~2023년 유아 인구보다 영아 인구의 감소 폭이 컸던 데서부터 기인한 것이라 해석할 수 있다.

유치원

2012년 3월 1일 교육과학기술부(현 교육부)는 '5세 누리과정'이 포함된 2009 개정 「유치원 교육과정」 도입과 더불어 유치원 5세아에 대한 무상교육을 시행했다. 2013년 2월에는 제2차 저출산 · 고령사회 기본계획(2011~2015)에 기초하여 유아 무상교육 지속 확대, 누리과정 운영 내실화, 유치원 재무회계 규칙 적용, 사립 유치원의 지원체제 개선 등을 주요 골자로 한 '유아교육발전 5개년계획(2013~2017)'을 발표하였다. 더 나아가 2013년 3월 1일에는 '연령별 누리과정'이 포함된 2009 개정 「유치원 교육과정」을 시행하면서 무상교육 대상을 3~5세 유아로 확대하였다.

2017년 12월에는 모든 유아가 균등한 교육 기회를 가질 수 있도록 출발선 평등 실현의 취지에서 향후 5년간의 '유아교육 혁신방안'을 발표하였다. 혁신방안에는 2017년 25%인 국공립 유치원의 취원율을 2022년 40%로 확대하며, 공공성을 확보한 사립 유치원을 공영형 유치원으로 지정하고, 공영형 유치원에 대해서는 최대 50%까지 운영비를 지원하는 등의 내용이 담겨 있다. 2018년 4월 기준으로 사립 유치원 총 4,220개의 설치 · 경영 주체를 살펴보면, 법인 545개(12.9%), 개인 3,675개(87.1%)인 것으로 나타난다. 이러한 결과는 법인 또는 사인(개인)이 사립 유치원을 설치 · 경영할 수 있다는 「사립학교법」에 따른 것이었다.

국가관리 회계시스템 도입

그동안 사립 유치원의 재무회계는 국가관리 회계시스템의 부재로 유치원의 수입 · 지출에 대한 투명성 확보가 쉽지 않은 상황이었다. 사립 유치원의 공공성 강화를 위해 2020년 1월 29일 이른바 '유치원 3법', 즉 「유아교육법」, 「사립학교법」, 「학교급식법」이 일부 개정되었다. 사립 유치원 회계관리 업무에도 국공립 유치원과 동일한 유아교육 정보시스템을 사용하도록 의무화한 「유아교육법」은 3월 1일부터 시행되었다. 교비회계에 속하는 수입이나 재산을 목적 이외에 부정하게 사용할 수 없게 하고, 유치원만을 설치 · 경영하는 학교법인 이사장이 유치원장을 겸직할 수 없도록 한 「사립학교법」은 7월 30일부터 시행되었다. 그리고 유치원을 학교급식 대상에 포함하고, 유치원의 급식업무를 위탁하는 경우 유치원운영위원회의 심의 · 자문을 거치도록 한 「학교급식법」은 1월 30일부터 시행되었다.

시설수 및 원아수

2012~2021년 유치원 설립별 시설수 및 원아수 변화추이를 살펴보면(〈표 1-26〉 참조), 전체 시설수는 2012년부터 2017년까지 증가하다가 2018년부터 감소세로 돌아섰고, 전체 원아수는 2012년부터 2016년까지 증가하다가 2017년부터 감소세로 돌아섰던 것으로 나타난다.

〈표 1-26〉의 통계치를 사용하여 전체 유치원에서 부모의 선호도가 가장 높은 국

〈표 1-26〉 남한 유치원의 설립별 시설수 및 원아수(2012~2021년)

연도	시설수			원아수		
	국공립	사립	전체	국공립	사립	전체
2012	4,525	4,013	8,538	127,347	486,402	613,749
2013	4,577	4,101	8,678	142,052	516,136	658,188
2014	4,619	4,207	8,826	148,269	504,277	652,546
2015	4,678	4,252	8,930	161,339	521,214	682,553
2016	4,696	4,291	8,987	170,349	533,789	704,138
2017	4,747	4,282	9,029	172,521	522,110	694,631
2018	4,801	4,220	9,021	172,370	503,628	675,998
2019	4,859	3,978	8,837	177,330	456,583	633,913
2020	4,976	3,729	8,705	178,901	433,637	612,538
2021	5,061	3,599	8,660	177,361	405,211	582,572

출처: 교육과학기술부, 한국교육개발원(2012). 교육통계연보; 교육부, 한국교육개발원(2013~2021). 교육통계연보.

공립 유치원이 차지하는 비율을 연도별로 산출해 보면 2012년 53.0%, 2015년 52.4%, 2018년 53.2%, 2021년 58.4% 등으로 50%대에 머물렀다. 그러나 전체 원아에서 국공립 유치원에 다니는 원아가 차지하는 비율은 2012년 20.7%, 2015년 23.6%, 2018년 25.5%, 2021년 30.4% 등 20%대에서 30%대로 올라갔다.

유치원 교육과정 개정

5세 누리과정이 포함된 2009 개정 「유치원 교육과정」은 2011년 9월 고시되고 2012년 3월 1일 신입생부터 시행되었다. 개정 교육과정에 따르면, 5세 누리과정은 5세 유아의 기본생활 습관과 질서, 배려, 협력 등 바른 인성을 기르며, 사람과 자연을 존중하고, 우리 문화를 이해하고, 전인발달이 고루 이루어진 창의적 인재를 기르는 데 중점을 두고 구성하였다. 이는 특히 초등학교 교육과정과의 연계성을 고려하여 신체운동 · 건강, 의사소통, 사회관계, 예술경험, 자연탐구의 5개 영역을 중심으로 구성하였다. 그러나 '만 3~4세 교육과정'은 5세 누리과정과 달리, 2007 개정 「유치원 교육과정」과 동일하게 건강생활, 사회생활, 표현생활, 언어생활, 탐구생활의 5개 영역을 중심으로 구성하였다.

반일제, 시간연장제, 종일제로 구분되었던 유치원 운영체제는, 2012년 3월 21일 「유아교육법」의 개정 · 시행으로, '교육과정'과 '방과후 과정'으로 바뀌었다. 방과후 과정이란 보호자의 요구 및 지역 실정에 따라 장시간 돌봄이 필요한 유아의 우선 참여 원칙 내에서 '교육과정' 운영 이후에 이루어지는 교육 활동과 돌봄 활동을 의미한다.

누리과정의 대상이 5세에서 3~5세로 확대됨에 따라 2009 개정 「유치원 교육과정」은 2012년 7월 10일 재차 개정되었다. 2013년 3월 1일 시행된 개정 교육과정은 5개 영역별 목표와 내용을 3세 누리과정, 4세 누리과정, 5세 누리과정으로 구분 · 제시하였다는 특징이 있다. 이 교육과정은 질서, 배려, 협력 등 기본생활습관과 바른 인성을 기르고 자율성과 창의성을 기르며 전인발달을 이루도록 구성하였다. 아울러 사람과 자연을 존중하고, 우리 문화를 이해하는 데 중점을 두되 3~5세 유아의 연령별 발달 특성 및 초등학교 교육과정과 0~2세 표준보육과정과의 연계성을 고려하여 구성하였다.

2009 개정「유치원 교육과정」은 편성기준이 1일 3~5시간에서 1일 4~5시간으로 변경되면서 2015년 2월 24일 또다시 개정, 고시되고 2015년 3월 1일부터 시행되었다. 그에 따라 2012년 7월 개정 · 고시되었던 유치원 교육과정은 2015년 2월 28일로 폐지되었다. 교육과정 운영시간이 1일 3~5시간 기준에서 1일 4~5시간 기준으로 바뀐 것을 제외하면 2015년 고시된 유치원 교육과정은 2012년 7월 고시된 유치원 교육과정과 별반 다르지 않다. 다만, 유치원에서 교육과정 이외에 방과후 과정을 운영하기 위해서는 교육과정 운영시간(1일 4~5시간)을 포함하여 1일 통산 8시간 이상을 확보해야 했고, 이러한 조건을 충족했을 때 정부의 비용지원을 받을 수 있었다. 이러한 기준은 방학 중에도 적용되었다.

교육부는 2019년 7월 24일 '2019 개정 누리과정'으로 2015 개정「유치원 교육과정」을 고시하였다. 새 교육과정이 2020년 3월 1일 시행됨에 따라 2015년 2월 고시되었던 2009 개정「유치원 교육과정」은 2020년 2월 29일로 폐지되었다. 2015 개정「유치원 교육과정」에 따르면, 누리과정은 3~5세 유아를 위한 국가 수준의 공통 교육과정으로서 국가 수준의 공통성과 지역, 기관 및 개인 수준의 다양성을 동시에 추구한다. 유아의 전인적 발달과 행복을 추구한다. 유아 중심과 놀이 중심을 추구한다. 유아의 자율성과 창의성 신장을 추구한다. 유아, 교사, 원장(감), 학부모 및 지역사회가 함께 실현해 가는 것을 추구한다.

교원의 자격기준

2013년 3월 일부 개정된「유아교육법」에서 규정하고 있는 유치원 원장, 원감, 교사의 자격기준은 다음과 같다. 원장은 유치원의 원감 자격증을 가지고 3년 이상의 교육경력과 소정의 재교육을 받은 자, 학식 · 덕망이 높은 자로서 대통령령이 정하는 기준에 해당한다고 교육부 장관의 인정을 받은 자이어야 한다. 그리고 원감은 유치원 정교사(1급) 자격증을 가지고 3년 이상의 교육경력과 소정의 재교육을 받은 자, 유치원 정교사(2급) 자격증을 가지고 6년 이상의 교육경력과 소정의 재교육을 받은 자이어야 한다. 그리고 교사는 정교사(1급 · 2급), 준교사로 나누어진다.

유치원 정교사(1급)는 유치원 정교사(2급) 자격증을 가진 자로서 3년 이상의 교육경력을 가지고 소정의 재교육을 받은 자, 유치원 정교사(2급) 자격증을 가지고 교육대학원 또는 교육부 장관이 지정하는 대학원의 교육과에서 유치원 교육과정을 전공하여 석사학위를 받은 자로서 1년 이상의 교육경력이 있는 자이어야 한다. 정교사(2급)는 대학에 설치하는 유아교육과 졸업자, 대학(전문대학 및 이와 동등 이상의 각종 학교와 「평생교육법」 제31조 제4항에 따른 전문대학 학력인정 평생교육시설을 포함한다) 졸업자로서 재학 중 소정의 보육과 교직학점을 취득한 자, 교육대학원 또는 교육부 장관이 지정하는 대학원의 교육과에서 유치원 교육과정을 전공하고 석사학위를 받은 자, 유치원 준교사 자격증을 가진 자로서 2년 이상의 교육경력을 가지고 소정의 재교육을 받은 자이어야 한다. 그리고 준교사는 유치원 준교사 자격검정에 합격한 자이어야 한다.

설립별 교원수

2012~2021년 유치원 설립별 교원수에 관한 자료에 따르면(〈표 1-27〉 참조), 전체 교원수는 2012년 42,235명에서 2021년 53,457명으로 11,222명이 증가했다. 2012~2021년 변화추이를 설립별로 살펴보면, 국공립은 10,335명 증가함으로써 887명 증가에 그친 사립보다 교원수 증가 폭이 컸던 것으로 나타난다. 한 가지 특기할 점은 2012년부터 2021년까지 지속적인 증가세를 보였던 국공립 유치원 교원과 다르게 사립 유치원 교원은 2012년부터 2017년까지 증가하다가 2018년부터 감소세로 돌아섰다는 것이다.

〈표 1-27〉 남한 유치원의 설립별 교원수(2012~2021년)

구분	2012	2013	2014	2015	2016	2017	2018	2019	2020	2021
국공립	9,969	10,997	11,931	12,619	13,412	14,183	15,869	17,334	19,109	20,304
사립	32,266	35,129	36,599	38,379	39,511	39,625	39,023	36,028	34,542	33,153
전체	42,235	46,126	48,530	50,998	52,923	53,808	54,892	53,362	53,651	53,457

출처: 교육과학기술부, 한국교육개발원(2012). 교육통계연보; 교육부, 한국교육개발원(2013~2021). 교육통계연보.

유치원 평가

2011~2013년에 실시된 2주기 평가에는 총 8,292개 유치원이 평가에 참여하였으며, 참여율은 99.2%이었다. 2014년부터 2016년까지 이루어진 3주기 평가에는 총 8,800개의 유치원이 참여하였으며, 4주기 평가(2017~2019년)에는 8,660개 유치원이 참여한 것으로 확인되었다. 그리고 2020년부터 2022년까지 전국의 8,837개(2019년 12월 31일 기준) 유치원을 대상으로 5주기 평가가 이루어졌다. 유치원 평가와 관련해서 3주기와 4주기 참여율을 산출하지 못한 사유에 대해 부연하면 다음과 같다.

평가대상 유치원 수는 해당 주기 직전년도 유치원 수를 기준으로 한다. 예를 들면, 1주기 유치원 평가는 2008년부터 시행되었으므로 2007년 12월 31일 기준 유치원(8,294개)이 평가대상이다. 그러나 평가의 한 주기는 3년 동안 진행되기 때문에 대상 유치원 수에 변동이 생긴다(2008년 12월 31일 기준 8,344개, 2009년 12월 31일 기준 8,373개). 교육부가 발간한 제3주기 유치원 평가 중앙연수 자료집에는 1주기 유치원 평가에 참여한 유치원 수가 7,922개이고 참여율은 99.8%라고 밝히고 있으나, 이를 역으로 계산하면 대상 유치원 수는 교육통계에 제시된 바와 다르다. 이는 2주기도 마찬가지이다.

2012년 1월 26일 「유아교육법」이 개정되면서 유치원 평가 업무는 각 시·도교육청 교육감에게 이양되었다. 그로 인해 국민신문고 민원신청(2022. 8. 19.)에 따른 교육부의 답변(2022.8.26.)에 따르면, "시기별(3~4주기) 평가에 참여한 유치원 수에 관한 자료는 교육부에서 취합 관리하는 자료가 아니다." 따라서 유치원 평가에 참여한 유치원 수 파악을 위해 필자는 17개 시·도교육청에 일일이 문의할 수밖에 없었다. 그 결과 3주기에 8,800개, 4주기에 8,660개 유치원이 참여했다는 자료는 취합할 수 있었으나, 상기한 바와 같이 대상 유치원 수를 산정하는 데 어려움이 있었다.

3주기(2014~2016년)의 평가대상 유치원 수를 2013년 12월 31일 기준(8,678개)으로 보면 참여율은 101.4%이고, 평가 마지막 해인 2015년 12월 31일 기준(8,930개)으로 보면 98.5% 참여한 것으로 나타난다. 이러한 결과는 평가에 참여한 후 폐원한 유치원이 있을 수 있고, 신규 개원한 유치원이 평가에 참여함으로써 나타난 것은 아닐까 조심스럽게 추론해 볼 수 있다. 4주기(2017~2019년) 평가대상 역시 2016년 12월 31일 기준

(8,987개)으로 보면 96.4%이고, 마지막 해인 2018년 12월 31일 기준(9,021개)으로 계산하면 96.0%로 참여율을 산출할 수 있다.

어린이집

2012년 보건복지부는 어린이집에 다니는 모든 계층의 영아, 소득하위 70%의 3~4세 유아, '5세 누리과정'을 제공받는 유아에게 각각 394,000원(0세), 347,000원(1세), 286,000원(2세), 197,000원(3세), 177,000원(4세), 200,000원(5세)의 보육료를 지원했다. 그리고 2013년에는 제2차 저출산 · 고령사회 기본계획(2011~2015)에 기초하여 어린이집 보육료 및 가정양육수당 지원을 모든 계층으로 확대한다는 내용을 담은 '제2차 중장기 보육 기본계획(2013~2017)'을 마련, 시행하였다.

제2차 중장기 보육 기본계획에 따라 2013년 보건복지부는 어린이집에 다니는 모든 영유아에게 각각 0세 394,000원, 1세 347,000원, 2세 286,000원, 3~5세 220,000원의 보육료를, 그리고 0세 200,000원, 1세 150,000원, 2~6세 100,000원의 양육수당을 지원하였다. 그러나 영아의 경우, 가정양육수당이 어린이집 보육료의 절반에 지나지 않는다는 점에서 가정양육보다 어린이집을 선호하는 전업주부들이 늘어났다. 2014년 기준 영아의 어린이집 취원율은 여성 취업률(50.5%)을 상회한 66.1%인 것으로 확인되는데, 이는 OECD 평균 취원율(32.6%)의 2배 이상에 해당한다. 이러한 결과는 무상프레임에 집착한 나머지 일 · 가정 양립지원책으로서 영아보육이 가진 본래의 취지가 퇴색되었음을 의미한다.

영아보육에 드는 불필요한 지출과 사회적 비용을 최소화하기 위해 2016년 7월 정부는 영아의 발달과 부모의 실질적인 수요를 반영하여 어린이집 운영시간을 조정한 '0~2세 맞춤보육' 정책을 시행하였다. 그에 따라 어린이집 운영체계는 취업, 구직, 다자녀 가정, 조손가정 등 1일 12시간 어린이집을 이용할 수 있는 종일반과 필요한 경우 1일 6시간 및 긴급보육 바우처를 통해 월 15시간을 이용할 수 있는 맞춤반으로 이원화되었다. 그러나 이 정책은 2020년 영유아 보육시간을 '기본보육'과 '연장보육'으로 구분한 새 정책이 도입, 시행되면서 자동 폐기되었다.

2017년 12월 보건복지부는 제3차 저출산 · 고령사회 기본계획(2016~2020)을 토대로 작성한 '중장기보육기본계획(2018~2022년)'을 발표하였다. 이 계획에는 500가구 이상 공동주택을 지을 때 국공립 어린이집 설치를 의무화하고 일정 규모 이상의 사업장에는 직장 어린이집 의무설치 이행률을 90%로 높이는 방안이 포함되었다. 아울러 공립 유치원 설립유형을 사회적 협동조합형, 공영형, 장기임대형, 매입형(사립 매입) 등으로 다양화하는 방안도 제시되었다.

2018년 3월에는 6세 미만 아동에게 보호자와 그 가구원의 경제적 수준을 고려하여 아동수당을 지급할 수 있도록 「아동수당법」이 제정되었다. 그에 따라 2018년 9월부터 2인 이상 가구 기준 소득 인정액 하위 90%에 해당하는 가정의 6세 미만 아동에게 월 10만 원의 아동수당을 지급하였다. 이 법이 2019년 1월 개정됨에 따라 아동수당은 2019년 4월부터 부모의 소득 · 재산과 상관없이 6세 미만 모든 아동에게 지급하였다. 2020년 1월에는 아동수당 대상이 7세 미만 모든 아동으로 확대되었으며, 2022년 4월부터는 8세 미만 모든 아동을 대상으로 지급하고 있다.

육아정책연구소의 '2018년 전국보육실태조사' 보고서에 따르면, 육아지원책 중 부모의 요구가 가장 많았던 것은 '국공립 어린이집 확충'(35.9%)이었고, '서비스의 질 향상'(17.5%)이 그다음이었다. 이러한 결과는 서비스의 질 향상(26.6%), 국공립 어린이집 확충(17.5%) 순이었던 2015년 조사와 다른 것이다. 실제로 유치원 · 어린이집 중 입학 전 대기 신청이 가장 많았던 시설은 국공립 어린이집(43.9%)이었고, 민간어린이집(25.1%), 가정 어린이집(13.2%), 사립 유치원(6.9%), 공립 유치원(4.6%) 등이 그 뒤를 이었다. 그밖에 2018년과 2015년 두 조사 간에는 다음과 같은 차이도 나타났다. 2018년 6세 미만 영유아기 자녀를 둔 가정의 어머니 취업률은 2015년(36.8%)보다 7.4% 늘어난 44.2%이었다. 그리고 2018년 어린이집 평균 취원 연령은 2015년(26.5개월)보다 4.2개월 빨라진 22.3개월이었다.

2019년 보건복지부는 가정양육수당의 지원대상을 초등학교 취학 전 연도의 12월(84개월 미만)에서 취학 연도의 2월까지(86개월 미만)로 확대하였다. 2020년 5월에는 돌보미에 의한 아동학대 사건 방지의 취지에서 「아이돌봄 지원법」을 일부 개정하였다. 그에 따라 2020년부터 아이돌보미 이외에 육아도우미도 아동의 주거지에 찾아가 아이돌봄 서비스를 제공할 수 있게 되었다. 육아도우미는 아이돌보미와 다르게, 「아이돌봄 지원법」에서 지정한 서비스제공 기관을 통하지 않고 아이돌봄 서비스를 제공하는 사람을 말한다.

2019년 4월 30일에는 어린이집에 12시간 이상 있어야 하는 영유아의 안정적인 보육과 종일반 교사의 적정 근로시간 보장을 위해 「영유아보육법」이 일부 개정되었다. 그에 따라 어린이집 보육시간은 2020년 3월 1일부터 기본보육과 연장보육으로 구분, 시행되었다. 개정 「영유아보육법」 제24조의2에 의하면, 기본보육은 어린이집을 이용하는 모든 영유아에게 필수적으로 제공되는 과정으로 보건복지부령으로 정하는 시간 이하의 보육이고, 연장보육은 기본보육을 초과하여 보호자의 욕구 등에 따라 제공되는 보육이다. 「영유아보육법」 개정으로 어린이집 보육교사 또한 보육 시간별로 전담 배치될 수 있게 되었다. 참고로, 시행규칙에 따르면, 어린이집은 기본보육 시간을 하루 7시간으로 운영해야 하고, 연장보육 시간은 보건복지부장관이 정하는 바에 따라 기본보육 시간이 종료된 후부터 운영해야 한다.

2022년에는 부모의 육아 비용부담 경감을 위해 0~1세 영아를 대상으로 한 '영아수당' 제도를 도입했다. 영아수당제는 어린이집에 다니는 영아에게는 보육료를 지급하고 가정에서 양육하는 영아에게는 양육수당을 지급하는 종전의 지원방식을 통합한 것이다. 이는 특히 영아의 어린이집 취원율(0세 3.4%, 1세 36.6%)이 양육수당 수급률(0세 91.3%, 1세 61.6%)보다 낮고, 가정양육에 대한 0~1세 자녀를 둔 부모의 선호도(2018년 기준 0세 98.6%, 1세 85.9%)가 높은 현실을 반영한 것이었다.

2023년에는 영아수당제를 폐지하고 '부모급여' 제도를 도입하여 1월부터 0세 월 700,000원, 1세 월 350,000원을 지급했다. 그러나 「아동수당법」이 2세 미만의 아동에게는 매월 50만 원 이상 지급하도록 개정, 시행됨에 따라 2024년에는 0세 월 1,000,000원, 1세 월 500,000원을 지급하기로 했다. 이 밖에 2024년에는 자녀 생후 18개월 내 부모가 동시에 또는 순차적으로 육아휴직을 사용할 경우 부모 각각 6개월간 육아휴직 급여를 최대 월 450만 원(통상임금 100%) 지원하는 '6+6 부모육아휴직제'를 도입했다. 다만, 월 상한액은 1개월 200만 원, 2개월 250만 원, 3개월 300만 원, 4개월 350만 원, 5개월 400만 원, 6개월 450만 원 등 매월 인상하여 지급하기로 했다.

2023년 개정된「정부조직법」에 따라「영유아보육법」또한 일부 개정되었다. 예를 들어, 제6조(보육정책위원회)와 제14조(직장어린이집의 설치 등)에 있는 "보건복지부"는 "교육부"로, 제7조(육아종합지원센터), 제8조(한국보육진흥원의 설립 및 운영), 제21조(어린이집의 원장 또는 보육교사의 자격), 제29조(보육과정), 제30조(어린이집 평가), 제34조(무상보육)에 있는 "보건복지부장관"은 "교육부장관"으로, 그리고 제13조(국공립 어린이집 외의 어린이집의 설치), 제21조(어린이집의 원장 또는 보육교사의 자격), 제24조(어린이집의 운영기준 등), 제29조(보육과정), 제31조(건강관리 및 응급조치), 제34조(무상보육)에 있는 "보건복지부령"은 "교육부령"으로 개정되었다. 개정「영유아보육법」은 2024년 6월 27일부터 시행되었다. 다른 한편으로, 2023년 8월 정부는 영유아의 정의를 '6세 미만의 취학전 아동'에서 '7세 이하의 취학전 아동'으로 변경한「영유아보육법」을 공포하였다. 개정 법률은 2024년 2월 29일부터 시행되었다.

시설수 및 원아수

2011년 8월 4일「영유아보육법」개정으로 2012년 2월 5일부터 종교단체 · 재단법인 등도 어린이집을 설치 · 운영할 수 있게 되었다. 그에 따라 어린이집은 국공립, 사회복지법인, 법인 · 단체 등, 민간, 가정, 부모협동, 직장 등 7개 유형으로 늘어났다. 2016년 2월 3일에는「영유아보육법」이 일부 개정되면서 부모협동 어린이집은 협동어린이집으로 명칭이 변경되었다. 2012~2021년 어린이집의 시설수 변화추이를 살펴보면(〈표1-28 참조〉), 2012년 42,527개이었던 전체 시설수는 2013년 43,770개까지 증가했으나 이후 감소하여 2021년 33,246개가 되었다.

〈표 1-28〉의 통계치를 사용하여 연도별 설립별 시설수 비율을 산출하고 그 순위를 보면 다음과 같다. 2012년에는 가정 53.9%, 민간 34.0%, 국공립 5.2%, 사회복지법인 3.4%, 법인 · 단체 등 2.0%, 직장 1.2%, 협동 0.3% 등이었다. 그러나 2021년에는 가정 41.8%, 민간 31.9%, 국공립 16.4%, 사회복지법인 3.9%, 직장 3.8%, 법인 · 단체 등 1.9%, 협동 0.4% 등으로 직장 어린이집 비율이 다소나마 증가해 그 순위가 바뀌었다. 더 나아가, 전체 어린이집에서 부모의 선호도가 가장 높은 국공립 어린이집이 차

〈표 1-28〉 남한 어린이집의 설립별 시설수(2012~2021년)

연도	국공립	사회복지 법인	법인 · 단체 등	직장	가정	협동	민간	전체
2012	2,203	1,444	869	523	22,935	113	14,440	42,527
2013	2,332	1,439	868	619	23,632	129	14,751	43,770
2014	2,489	1,420	852	692	23,318	149	14,822	43,742
2015	2,629	1,414	834	785	22,074	155	14,626	42,517
2016	2,859	1,402	804	948	20,598	157	14,316	41,084
2017	3,157	1,392	771	1,053	19,656	164	14,045	40,238
2018	3,602	1,377	748	1,111	18,651	164	13,518	39,171
2019	4,324	1,343	707	1,153	17,117	159	12,568	37,371
2020	4,958	1,316	671	1,216	15,529	152	11,510	35,352
2021	5,437	1,285	640	1,248	13,891	142	10,603	33,246

출처: 보건복지부(2012~2021). 보육통계.

지하는 비율만 놓고 보면 2012년 5.2%, 2015년 6.2%, 2018년 9.2%, 2021년 16.4% 등 꾸준히 상승했던 것으로 나타난다. 이러한 결과들은 국공립 어린이집과 직장 어린이집 확충에 따른 것이라 할 수 있다.

다른 한편으로, 2012~2021년 원아수 변화추이를 살펴보면(〈표 1-29〉 참조), 2012년 1,487,361명이었던 전체 원아수는 2013년 1,486,980명으로 감소했다가 2014년 1,496,671명으로 증가했으나 이후 다시 감소하며 2021년 1,184,716명이 되었다.

〈표 1-29〉의 통계치를 사용하여 연도별 설립별 원아수 비율을 산출하고 그 순위를 살펴보면 다음과 같다. 2012년에는 민간 51.7%, 가정 25.0%, 국공립 10.1%, 사회복지법인 7.6%, 법인 · 단체 등 3.5%, 직장 2.0%, 협동 0.2% 등이었다. 그러나 2021년에는 민간 45.2%, 국공립 22.7%, 가정 17.6%, 사회복지법인 6.1%, 직장 5.5%, 법인 · 단체 등 2.6%, 협동 0.3% 등 국공립 비율의 증가로 그 순위가 바뀌었다. 참고로, 전체 어린이집 원아수에서 국공립 어린이집 원아수가 차지하는 비율은 2012년 10.1%, 2015년 11.4%, 2018년 14.2%, 2021년 22.7% 등이었다.

한국보육진흥원이 제시한 공공형 어린이집 통계자료에 따르면, 2020년 1월 기준으로 전국에는 2,299개의 공공형 어린이집이 있으며, 전체 어린이집 원아의 7.5%가

〈표 1-29〉 남한 어린이집의 설립별 원아수(2012~2021년)

연도	국공립	사회복지 법인	법인 · 단체 등	직장	가정	협동	민간	전체
2012	149,677	113,049	51,914	29,881	371,671	2,913	768,256	1,487,361
2013	154,465	108,834	51,684	34,479	364,113	3,226	770,179	1,486,980
2014	159,241	104,552	49,175	39,265	365,250	3,774	775,414	1,496,671
2015	165,743	99,715	46,858	44,765	344,007	4,127	747,598	1,452,813
2016	175,929	99,113	45,374	52,302	328,594	4,240	745,663	1,451,215
2017	186,916	96,794	43,404	58,454	321,608	4,508	738,559	1,450,243
2018	200,783	92,787	41,298	62,631	302,674	4,360	711,209	1,415,742
2019	232,123	86,775	38,538	66,023	273,399	4,121	664,106	1,365,085
2020	253,251	78,322	34,066	66,401	230,444	3,716	578,196	1,244,396
2021	268,967	72,085	30,998	64,931	208,842	3,465	535,428	1,184,716

출처: 보건복지부(2012~2021). 보육통계.

공공형 어린이집에 다니고 있었다. 공공형 어린이집의 설립별 시설수를 보면, 민간 1,183개(51.5%), 가정 1,100개(47.8%), 법인 · 단체 등 14개(0.6%), 사회복지법인 2개(0.1%) 등의 순이었다.

표준보육과정 개정

2012년 3월 1일 보건복지부는 「5세 누리과정」과 0~1세 보육과정, 2세 보육과정, 3~4세 보육과정 등으로 구분된 「제2차 표준보육과정」을 시행하였다. 5세 누리과정은 「유치원 교육과정」의 5세 누리과정과 같이 신체운동 · 건강, 의사소통, 사회관계, 예술경험, 자연탐구의 5개 영역으로 구성되었다. 그러나 제2차 표준보육과정은 기본생활, 신체운동, 사회관계, 의사소통, 자연탐구, 예술경험의 6개 영역을 중심으로 구성되었다.

2013년 3월 1일에는 「제3차 어린이집 표준보육과정」을 시행하였다. 3차 표준보육과정은 '0~1세 보육과정', '2세 보육과정', '3~5세 보육과정' 등으로 구분되었다. 이 중 0~1세와 2세 보육과정은 제2차 표준보육과정과 같은 6개 영역을 중심으로 구성되었다. 그러나 3~5세 보육과정은 5세 누리과정과 같은 5개 영역을 중심으로 구성되었다.

2020년 9월 1일에는 '2015 개정 누리과정' 방향과 3세 미만 영아의 발달적 특성을 반영하여 개정된「제4차 어린이집 표준보육과정」을 시행하였다. 제4차 표준보육과정은, 0~5세 영유아를 위한 국가 수준의 보육과정으로서, '0~1세 보육과정', '2세 보육과정', '3~5세 보육과정(누리과정)'으로 구성되어 있다. 이는 또한「제3차 어린이집 표준보육과정」에서와 마찬가지로 '0~1세 보육과정'과 '2세 보육과정'은 6개 영역을 중심으로, 그리고 '3~5세 보육과정'은 5개 영역을 중심으로 구성되어 있다.

이 밖에「제4차 어린이집 표준보육과정」에 따르면, 표준보육과정은 국가 수준의 공통성과 지역, 기관 및 개인 수준의 다양성을 동시에 추구한다. 영유아의 전인적 발달과 행복을 추구한다. 영유아 중심과 놀이 중심을 추구한다. 영유아의 자율성과 창의성 신장을 추구한다. 영유아, 교사, 원장, 부모 및 지역사회가 함께 실현해 가는 것을 추구한다. 다른 한편으로, 2023년 12월 개정된「영유아보육법」제29조(보육과정)에 따르면, 교육부장관은 표준보육과정을 개발 · 보급하여야 하며 필요하면 그 내용을 수정 · 보완하여야 한다.

원장 및 보육교사의 자격기준

「영유아보육법」제21조에 따르면, 어린이집의 원장은 대통령령으로 정하는 자격을 가진 자로서 보건복지부장관이 검정 · 수여하는 자격증을 받은 자이어야 한다. 보육교사는 다음 각 호의 어느 하나에 해당하는 자로서 보건복지부장관이 검정 · 수여하는 자격증을 받은 자이어야 한다.「고등교육법」제2조에 따른 학교에서 보건복지부령으로 정하는 보육 관련 교과목과 학점을 이수하고 전문학사학위 이상을 취득한 사람,「고등교육법」제2조에 따른 학교를 졸업한 사람과 같은 수준 이상의 학력이 있다고 인정된 사람으로서 보건복지부령으로 정하는 보육 관련 교과목과 학점을 이수하고 전문학사학위 이상을 취득한 사람, 고등학교 또는 이와 같은 수준 이상의 학교를 졸업한 자로서 시 · 도지사가 지정한 교육훈련시설에서 소정의 교육과정을 이수한 사람이어야 한다. 보육교사의 등급은 1 · 2 · 3급으로 하고, 등급별 자격기준은 대통령령으로 정한다.

등급별 보육교사수

보건복지부의 2012~2021년 보육통계에 따르면, 전체 보육교직원 수는 2012년 284,237명, 2015년 321,067명에서 2021년 321,116명 등으로 꾸준히 증가하였다. 이 가운데 가장 많은 수를 차지한 직종은 역시 보육교사이었다. 전체 보육교직원에서 보육교사가 차지하는 비율을 연도별로 산출해 보면, 2012년 72.1%, 2015년 71.4%, 2019년 72.4%, 2021년 73.5% 등으로 계속 70% 이상이었던 것으로 나타난다.

2012~2021년 어린이집의 등급별 보육교사수 변화추이를 살펴보면(〈표 1-30〉 참조), 전체 보육교사수는 204,946명에서 236,029명으로 증가하였다. 등급별로 보면, 1급은 91,736명에서 163,515명으로 증가하고, 2급은 96,984명에서 69,234명으로 감소했던 것으로 나타난다. 특히 3급의 경우, 16,226명에서 3,280명으로 대폭 감소했는데, 이러한 변화는 보육교사에 대한 높아진 자격 기준에 의한 것이라 해석할 수 있다.

〈표 1-30〉의 통계치를 사용하여 설립별로 보육교사의 비율을 산출하고 그 순위를 정렬하면 다음과 같이 나타난다. 2012년에는 민간 46.0%, 가정 34.9%, 국공립 8.0%, 사회복지법인 6.0%, 법인 · 단체등 2.6%, 직장 2.2%, 협동 0.2% 등의 순이었다. 그러나 2021년에는 민간 39.4%, 가정 24.9%, 국공립 21.6%, 직장 6.6%, 사회복지법인 5.1%, 법인 · 단체 등 2.1%, 협동 0.3% 등으로 그 순위가 바뀌었다. 이러한 결과는 국공립과 직장 어린이집 확충에 따른 것이라 할 수 있다.

보육교사의 근로조건

보육교사는 사회복지사업이 근로시간 · 휴게시간 특례업종에서 제외되면서 2018년 7월부터 근로시간 4시간당 30분 이상, 8시간당 1시간 이상 휴게시간을 보장받을 수 있게 되었다. 그리고 2019년부터 정부는 보육교사의 주 52시간 근무 및 휴게시간(아

〈표 1-30〉 남한 어린이집의 설립별 등급별 보육교사수(2012~2021년)

연도	등급	국·공립	사회복지 법인	법인·단체 등	직장	가정	협동	민간	전체
2012	1급	10,742	7,315	3,234	2,335	26,566	204	41,340	91,736
	2급	5,512	4,647	2,000	2,211	36,791	193	45,630	96,984
	3급	173	234	132	48	8,261	25	7,353	16,226
2013	1급	12,175	7,775	3,564	2,839	28,082	265	46,494	101,194
	2급	6,396	4,627	2,084	2,870	35,907	209	46,280	98,373
	3급	221	192	135	48	6,085	15	6,068	12,764
2014	1급	13,128	7,975	3,662	3,327	29,799	302	51,067	109,260
	2급	7,086	4,560	1,995	3,444	34,465	239	46,141	97,930
	3급	267	158	125	47	5,437	24	5,340	11,398
2015	1급	14,088	8,034	3,691	3,943	34,613	363	56,629	121,361
	2급	7,419	4,363	1,903	3,982	33,681	252	44,302	95,902
	3급	323	168	113	59	5,493	26	5,667	11,849
2016	1급	15,391	8,084	3,650	4,787	38,104	390	61,039	131,445
	2급	7,589	4,253	1,819	4,674	29,765	231	41,217	89,548
	3급	273	141	91	53	3,684	22	4,280	8,544
2017	1급	17,261	8,276	3,724	5,634	41,985	460	65,544	142,884
	2급	8,108	4,045	1,668	5,233	27,973	223	38,995	86,245
	3급	239	128	64	55	2,770	19	3,284	6,559
2018	1급	20,002	8,531	3,817	6,473	42,779	456	68,857	150,915
	2급	9,411	4,204	1,665	5,691	25,469	229	36,968	83,637
	3급	292	112	70	70	2,185	15	2,682	5,426
2019	1급	24,687	8,489	3,694	7,384	43,027	478	68,897	156,656
	2급	12,227	4,056	1,706	6,028	21,782	198	32,730	78,727
	3급	375	118	72	84	1,762	17	2,102	4,530
2020	1급	29,874	8,384	3,603	8,318	42,125	469	66,948	159,721
	2급	14,829	3,908	1,573	6,646	18,945	220	28,176	74,297
	3급	457	93	58	76	1,497	13	1,703	3,897
2021	1급	34,751	8,327	3,555	9,010	41,290	471	66,111	163,515
	2급	15,908	3,543	1,425	6,527	16,285	203	25,343	69,234
	3급	397	87	55	79	1,214	11	1,437	3,280

출처: 보건복지부(2012~2021). 보육통계.

동의 특별활동, 낮잠, 귀가 이후 등 포함) 보장을 위해 4시간 동안 보육업무를 보조·대체할 보조교사 15,000명과 대체 교사 700명을 각각 증원하였다. 아울러 국공립 어린이집을 포함한 정부 지원 어린이집에 대한 인건비를 원장 1.8%, 교사 2.3% 인상하였다.

보건복지부의 '2018년 전국보육실태조사' 결과에 의하면, 중간경력자인 보육교사의 보육, 보육 준비 및 기타 업무, 점심, 휴게 등의 1일 총 근로시간은 2015년 9시간 36분에서 2018년 9시간 7분으로 줄었다. 그 세부 내용을 들여다보면, 보육업무 7시간 32분, 보육 준비 및 기타 업무 50분, 점심 7분, 휴게 37분 등으로 보육교사 개인이 사용할 수 있는 시간은 44분에 불과했던 것으로 나타난다.

어린이집 평가인증제 → 어린이집 평가제

어린이집 질 관리 사각지대 해소의 취지에서 정기적으로 보육환경, 보육과정 운영, 보육 인력의 전문성 및 이용자 만족도 등을 평가하도록 「영유아보육법」이 2018년 12월에 일부 개정되었다. 그에 따라 어린이집 설치·운영자의 신청이 있어야만 실시할 수 있었던 '어린이집 평가인증제'는 2019년 6월 12일부터 모든 어린이집에 대해 3년 주기로 의무 시행하는 '어린이집 평가제'로 전환되었다.

의무화된 평가제 시행으로 아동학대나 성범죄 등의 경력이 있는 어린이집은 평가결과를 공개할 수 있게 되었다. 보건복지부의 2021년 12월 말 기준 '보육통계' 자료에 따르면, 전체 어린이집 33,246개 중 89.0%에 달하는 29,574개의 어린이집이 평가를 받았다. 평가결과, B등급 이상의 어린이집은 10,956개이었다. 한편, 2023년 12월 개정된 「영유아보육법」 제30조(어린이집 평가)에 따르면, 교육부장관은 영유아의 안전과 보육서비스의 질 향상을 위하여 어린이집의 보육환경, 보육과정 운영, 보육인력의 전문성 및 이용자 만족도 등에 대하여 정기적으로 평가를 실시하여야 한다.

육아종합지원센터

1991년 제정 「영유아보육법」에 따르면, 시장·군수·구청장은 영유아의 보육에 대한 제반 정보의 제공 및 상담을 위하여 보육정보센타를 설치 · 운영하여야 한다. 그러나 '보육정보센타'라는 용어는 2004년 이 법이 전부 개정되면서 '보육정보센터'로 수정되었고, 이는 다시 가정양육 지원 기능을 추가한 종합적 보육지원 시스템으로 발돋움하는 취지에서 2013년 6월 이 법이 일부 개정되면서 '육아종합지원센터'로 명칭 변경되었다.

보건복지부의 '보육통계'에 따르면, 2022년 12월 기준 전국에는 129개의 육아종합지원센터가 있다. 129개 육아종합지원센터에는 센터장 127명, 보육전문요원 671명, 상담전문요원 68명, 전산원 14명, 행정원 104명, 특수교사 29명, 전담컨설턴트 60명, 운영요원 749명, 대체교사 2,647명, 시간제 보육교사 204명, 기타 854명 등 총 5,548명의 직원이 근무하고 있다. 한편, 2024년 1월 개정된 「영유아보육법」 제7조(육아종합지원센터)에 따르면, 교육부장관은 중앙육아종합지원센터를, 그리고 시 · 도지사 및 시장 · 군수 · 구청장은 지방육아종합지원센터를 설치 · 운영하여야 한다. 이 밖에 개정 법률에서는 육아종합지원센터의 기능을 구체적으로 명시하고, 육아종합지원센터에 영유아발달지원 전문요원을 배치하도록 했다.

향후 과제

접근성 제고

한국의 영유아 교육 · 보육에 대한 접근성은 모든 연령대에서 높은 것으로 나타난다. 특히 3세 미만 영아의 어린이집 접근성은 지나칠 만큼 높다. OECD의 2022년 교육지표(Education at a Glance 2022)를 보면, 2020년 기준 영아의 어린이집 취원율은 63%로 OECD 평균(27%)과 EU22 평균(22%)보다 압도적으로 높았다. 국가별로 보아도 독일(39%)과 스웨덴(48%)을 크게 웃돌았다. 영아의 어린이집 취원율이 여성의 경제활동 참가율(53%)보다 높다는 것은 향후 영아보육의 가수요를 억제할 장치가 불가피함을 시사한다.

OECD의 2022년 교육지표에 따르면, 2020년 기준 3~5세 유아의 유치원 · 어린이집 취원율은 한국(94%), 프랑스(100%), 스웨덴(95%), 독일(94%), EU22 평균(88%), 핀란드(88%), OECD 평균(83%), 영국(72%), 미국(64%) 등으로 유아교육이 의무교육인 프랑스를 제외하면 높은 편이다. 설립별로 보면, 사립 유치원 · 어린이집 취원율은 한국(75%), 독일(65%), 중국(57%), 영국(55%), 미국(40%), OECD 평균(33%), EU22 평균(26%), 스웨덴(18%), 프랑스 · 핀란드(14%) 등으로 나타난다. 이러한 결과는 향후 공립시설 확충이 필요함을 말해 준다.

비용의 적정성 확보

2024년 현재 교육부는 「유아교육지원특별회계법」을 근거로 2017년부터 지자체에 교부하는 지원금을 특별회계로 하여 유치원 · 어린이집의 누리과정 운영비용을 지원하고 있다. 그러나 영유아 교육 · 보육 관리부처가 교육부로 일원화됐다고 해도 특별한 지원책이 마련되지 않는 한 그에 따른 혼란과 갈등은 언제라도 재현될 수 있다. 국가 및 지방재정의 건전성, 효율성, 효과성 또한 떨어뜨릴 수 있다.

유럽 국가들의 영유아 교육 · 보육 현황을 살펴보면, 저소득층 가정 이외의 가정에 대해서는 주당 특정 시간대에 대해서만 무상으로 제공하고 있는 것으로 나타난다. 세계에서 가장 성공적인 모델을 구축했다는 스웨덴에도 모든 영유아를 대상으로 한 완전 무상교육 · 보육은 존재하지 않는다. 스웨덴 지자체는 보호자가 입학 신청을 한 3~5세 유아에 대해서만 연간 최소 525시간 무상으로 유아학교(förskola) 교육을 제공할 의무가 있다. 다만 부모가 유급 고용이나 학업, 기타 사유로 양육하기 어려운 경우 1세부터 유아학교를 무상 이용할 수 있다.

스웨덴을 비롯한 유럽 국가의 경우, 추가비용은 가구의 소득, 자산 등에 근거하여 부담하도록 하고 있다. OECD의 2020년 교육지표에 따르면, 가구의 평균 소득에서 영유아 교육 · 보육 비용이 차지하는 비율은 한국 1.7%, EU23 평균 8.8%이다. 따라서 향후 정부는 중앙정부 · 지방정부 · 부모가 영유아 교육 · 보육 비용을 어떤 비율로 분담하는 것이 적정한지를 연구 검토하여 새로운 방안을 제시할 필요가 있다.

OECD의 2022년 교육지표에 제시된 2019년 기준 3~5세 유아의 교육 · 보육 비용에 대한 중앙정부와 지방정부의 분담률을 보면, 한국의 경우 중앙 88%, 지방 12%(regional level 10%, local level 2%)로 중앙정부에 전적으로 의존하고 있는 것으로 나타난다. 국가별로 보면, 프랑스는 중앙 51%, 지방(local) 49%, 핀란드는 중앙 29%, 지방(local) 71%, 미국은 중앙 22%, 지방 78%(regional 33%, local 45%), 독일은 중앙 0%, 지방 100%(regional 44%, local 56%) 등이다. 그리고 OECD 평균은 중앙 49%, 지방 51%(regional 11%, local 40%), EU22 평균은 중앙 43%, 지방 57%(regional 14%, local 43%) 등으로 확인된다.

전문성 신장

유치원 · 어린이집 교사는 영유아의 전인적 성장 발달을 도모할 수 있도록 전문가적 역량을 갖추어야 한다. 영유아교사는 영유아 교육 · 보육 전문가로서 교육과정을 설계 · 실행하는 주체이기 때문이다. 그런데 유치원 교사와 어린이집 보육교사는 전문적 자질을 알려 주는 지표인 자격기준에서 차이가 난다. 유치원 · 어린이집 교육과정이 누리과정으로 통합되었다 해도 교사의 자격기준이 다르다면 유치원과 어린이집 간 교육격차는 해소되지 않을 것이다. 따라서 영유아 교육 · 보육의 전문성 확보를 위해서는 유치원 교사와 보육교사의 자격기준을 통합할 필요가 있다.

유치원 교사와 보육교사의 자격기준 통합은 유치원 교사 자격기준에 맞춰 보육교사의 자격기준을 상향 조정하는 것에서부터 시작할 수 있다. 그렇다고 해서 유치원 교사의 자격기준을 누리과정을 운영하는 기본보육 담당 교사 이외의 모든 보육교사에게 적용하는 것은 현실성이 없다. 이러한 점을 고려하여 향후 정부는 보육교사의 자격기준에 대한 보다 실현 가능한 방안을 마련하여 유치원 교사와의 자격기준 차이를 최소화하도록 한다. 아울러 유치원 · 어린이집 간 교육격차 해소를 위해 보육교사의 양성, 선발, 재교육 체제를 유치원 교사 체제와 통합할 필요가 있다. 2022년 보건복지부는 보육교사의 전문성 신장과 역량 강화를 위해 학과제 중심의 양성체제 도입을 검토한 것으로 알려졌다. 이러한 시도는 유보통합 추진의 가장 큰 걸림돌이었던 유치원 교사와 보육교사의 자격기준 차이를 줄이는 좋은 대안이 될 수 있을 것이다.

OECD의 2018년 조사결과(Providing Quality Early Childhood Education and Care: Results from the Starting Strong Survey 2018)에 의하면, 한국 유치원 · 어린이집 교사의 경우 독일, 일본, 노르웨이보다 학력과 재교육 이수율은 높았으나 직업 만족도는 낮고 업무 스트레스는 높았다. 평균 연간 총 법정 근로 시간은, 1,520시간으로 OECD 평균(1,613시간)보다는 다소 적었고, 초등학교 교사와는 비슷했다. 연간 법정 영유아 교육 · 보육 시수는, 789시간으로 OECD 평균(1,024시간)보다는 크게 적었지만, 초등학교 교사의 수업 시수(675시간)보다는 많았다. 그러므로 향후 정부는 업무 스트레스와 피로감을 해소하고 효능감을 높일 수 있도록 유치원 · 어린이집 교사의 근무 여건과 처우를 개선할 필요가 있다.

유아교육과 영유아보육의 통합

유치원 · 어린이집에 대한 이원적 법체계는 영유아 교육 · 보육의 일관된 정책 추진을 어렵게 하고 있다. 「유아교육법」에 따르면, “유치원이란 유아의 교육을 위하여 이 법에 따라 설립 · 운영되는 학교”이며, “유아란 만 3세부터 초등학교 취학 전까지의 어린이를 말한다”(제2조). 그런가 하면 「영유아보육법」에 따르면, “어린이집이란 보호자의 위탁을 받아 영유아를 보육하는 기관”이며, “보육이란 영유아를 건강하고 안전하게 보호 · 양육하고 영유아의 발달 특성에 맞는 교육을 제공하는 … 사회복지 서비스를 말한다”(제2조).

유치원 · 어린이집의 이원적 행정체계 또한 교사양성, 재원, 재무회계, 평가 등의 업무수행에 큰 지장을 주고 있다. 유치원은 교육부와 시 · 도 교육청에서 관리하고 어린이집은 보건복지부와 지자체에서 관리함으로써 고비용 · 저효율의 행재정적 낭비를 초래하고 있다. 특히 일반 행정체계에 흡수 · 편입되어 이루어지는 보육 업무는 어린이집 관리 · 감독의 전문성과 지속성을 낮추는 요인이 되고 있다. 이에 각 부처의 이해관계까지 얽혀 복잡성이 더해지고 있다.

따라서 영유아의 평등한 출발선 보장, 영유아 교육 · 보육의 종합적 기획과 관리, 자원 배분의 형평성과 효율성 제고를 위해서는 유아교육과 영유아보육을 통합하는 이른바 '유보통합'이 필요하다. 그간 굳어진 관행과 이해관계를 불식시키기 위해서도 유보통합은 필요하다. 이러한 관점에서 보면, 한국의 영유아 교육 · 보육은 역사의 한 변곡점에 서 있다.

정부의 유보통합안이 2026년에 현실화되기 위해서는 궁극적인 지향점을 명확히 하고 민주적 절차를 통해 사회적인 합의를 도출할 수 있어야 한다. 비용과 편익이 특정 집단에 편중되어 형평성에 어긋난다고 생각하고 수요자들이 통합에 의해 영유아 교육 · 보육의 질이 현저히 나아질 거라는 확신을 가질 수 없다면, 유보통합의 실익에 대한 의문은 사라지지 않을 것이기 때문이다. 향후 유보통합 과정에서 제기될 수 있는 문제들에 대응하기 위해서는 해외의 영유아 교육 · 보육 역사와 현황을 참고하는 것도 좋을 듯하다.

미국의 영유아 교육 · 보육 기관은 교육부 · 교육청 소관의 유치원(kindergarten)과 보건인적서비스부 · 지방정부 소관의 유아학교(preschool: 어린이집, 헤드스타트, 유아원)로 이원화되어 있다. 최근에는 20여 개 주에서 5세 유치원 교육을 의무화했다. 이 밖에 정부지원 프리케이를 공립 유치원으로 인정하는 주정부도 크게 늘고 있다.

중국의 영유아 교육 · 보육 제도는 유아원(幼儿园)에서의 교육 · 보육과 탁아소(托儿所)에서의 보육으로 이원화되어 있다. 초등학교 취학 전 유아를 대상으로 하는 유아원은 교육부와 시 · 성 교육위원회에서 관리하고, 영아 대상의 탁아소는 국가위생건강위원회에서 관리한다. 그러나 최근에는 영아의 입학을 허용하는 유아원이 크게 늘고 있다. 두 기관의 경계가 허물어진 배경에는 「유아원공작규정」에 명시된 "보육과 교육의 결합원칙(保育与教育相结合的原则)"과 "전일제, 반일제, 정시제, 계절제, 기숙제"로 다양화된 유아원 운영체계 등이 작용했다고 하겠다.

독일은 일찍이 유치원(Kindergarten)과 킨더크리퍼(Kinderkrippe, 이하 '어린이집'이라 칭함)를 사회교육 기관으로 규정하고 연방 가족노인여성청소년부, 주, 지자체에서 관리하는 방식으로 일원화했다. 유치원 가운데는 초 · 중등학교와 같이 일반 학교로 분류되어 연방교육부, 주 학교감독청, 지자체 교육청에서 관리하는 학교유치원(Schulkindergarten)과 초등학교 취학전학급(Vorklasse)도 있으나, 이는 극소수에 불과하다.

스웨덴은 1972년 반일제 유치원과 종일제 어린이집을 통합한 1~6세 아동 대상의 푀르스콜라(förskola, 이하 '유아학교'라 칭함)를 창설함으로써 유보통합을 이루었다. 1996년에는 유아학교의 업무를 사회부에서 교육부로 이관했다. 1998년에는 유아학교의 6세 학급을 유아학교학급(förskoleklass)으로 변경하고 초등학교에 편입시켰다. 아울러 1~5세 영유아 대상의 「1998 유아학교 교육과정(Läroplan för förskolan Lpfö 98)」을 고시하였다. 2010년에는 PISA에 나타난 스웨덴의 저조한 학력수준을 높이기 위해 「학교법(Skollag)」을 개정하고 개정 「학교법(2010:800)」에 '유아학교' 규정을 포함시켰다. 이와 아울러 가정 어린이집을 '교육적 돌봄(pedagogisk omsorg)'으로 개칭하여 돌봄에서의 교육 기능을 강화하고 개정 「학교법」에 관련 규정을 포함시켰다. 그리고 2013년에는 유아학교 교사의 자격증 소지를 의무화한 법안을 통과시켰다.

스웨덴의 뒤늦은 유아학교 교사 자격기준 강화는 2022년 기준 전체 유아학교 교사의 40%만이 교사 자격증을 소지하는 결과를 초래했다, 이러한 결과는 스웨덴이 유보통합을 통해 접근성, 비용의 적정성, 공익성 측면에서는 소기의 성과를 거두었으나 전문성 측면에서는 기대만큼의 성과를 내지 못했음을 의미한다. 교육의 질은 교사의 질을 능가하지 못한다는 관점에서 보면 스웨덴 영유아 교육 · 보육의 질은 딱히 높다 할 수 없다.

핀란드는 영유아 교육 · 보육 기관을 빠이바꼬띠(päiväkoti, 이하 '어린이집'이라 칭함)로 단일화하고, 평등한 발달, 학습, 복지를 통한 아동의 권리 확보를 위해 어린이집의 주무부처를 교육문화부(opetus-ja kulttuuriministeriö)로 일원화하였다. 어린이집에서는 영유아 교육 · 보육과정으로 opetushallitus(교육위원회)에서 개발한 국가 수준 교육과정을 지역 및 기관의 실정에 맞춰 편성, 운영할 것을 권장하고 있다. 영유아 교육 · 보육 비용은 저소득층은 면제되지만 이외의 가정에 대해서는 가구의 규모 및 소득을 기준으로 차등화되어 있다.

핀란드의 「영유아교육 · 보육법(varhaiskasvatuslaki 540/2018)」에 따르면, 영유아 교육 · 보육 교원으로는 영유아 교사(varhaiskasvatuksen opettaja), 영유아 사회복지사(varhaiskasvatuksen sosionomi), 영유아 돌보미(varhaiskasvatuksen lastenhoitaja), 어린이집 원장(päiväkodin johtaja) 등이 있다. 영유아 교사는 영유아 교육 · 보육 관련 교육

과정을 이수하고 교육학 학사학위를 소지해야 한다. 영유아 사회복지사는 영유아 교육 · 보육, 사회교육 관련 과목을 60학점 이상 이수하고 보건 및 사회복지 분야 학사학위를 소지해야 한다. 영유아 돌보미는 직업 고등학교 등에서 영유아 교육 및 돌봄 관련 분야, 보건 및 사회복지 분야의 교육과정을 이수하고 자격증을 소지해야 한다. 그리고 어린이집 원장은 영유아 교사 또는 영유아 사회복지사 자격증과 더불어 교육학 석사학위를 소지해야 한다.

프랑스의 영유아 교육 · 보육 기관은 영유아의 연령을 기준으로 하여 크레쉬(crèche, 이하 '어린이집'이라 칭함)와 에콜 마떼르넬(école maternelle, 이하 '모성학교'라 칭함)로 나누어진다. 2개월~3세 미만 영아의 보육은 지자체 소관의 어린이집에서 담당한다. 그러나 3~5세 유아의 교육은 의무교육으로서 지역교육청 소관의 모성학교(유치원)에서 담당하며 공립의 경우 무상으로 제공되고 있다.

일본은 2006년 '교육 · 보육'을 일체적으로 실시하는 시설(教育 · 保育を一体的に行う施設)로서 유치원과 보육소의 기능을 통합한 `인정어린이원(認定こども園)'을 제도화하였다. 2014년에는 관련 법률을 개정하여 인가 및 지도 감독을 내각부로 단일화하였다. 인정어린이원은 유보연계형, 유치원형, 보육소형, 지방재량형의 네 가지 유형으로 나누어진다.

일본 내각부가 2023년 3월 발표한 인정어린이집 시설수 및 원아수 현황 자료에 따르면, 2022년 4월 기준 시설수는 9,220개(공립 1,414개, 사립 7,806개)이고, 원아수는 1,108,180명(0세 35,050명, 1세 113,882명, 2세 137,478명, 3세 261,309명, 4세 276,023명, 5세 284,438명)이다. 유형별로 보면, 시설수는 유보연계형 6,475개(70.2%), 유치원형 1,307개(14.2%), 보육소형 1,354개(14.7%), 지방재량형 84개(0.9%)이고, 원아수는 유보연계형 813,103명(73.4%), 유치원형 162,982명(14.7%), 보육소형 127,015명(11.5%), 지방재량형 5,080명(0.5%)이다.

남북한의 영유아 교육 · 보육 통합방안 모색

올해는 남과 북이 정전협정을 체결한 지 71주년이 되는 해이다. 언젠가는 종전되고 통일되는 날이 올 것이다. 따라서 통일한국시대에 대비하여 남북한의 영유아 교육 · 보육 통합방안 모색은 필요한 절차이고 과정이다. 그렇다고 해서 물리적인 결합이나 절충으로의 통합은 남북한 간 엄청난 간극이 존재하는 한 불가능하다.

남한은 아동 중심 교육철학과 발달이론에 기반하지만, 북한은 주체사상과 조기 집단교육이론에 기반하고 5세 유치원 교육도 의무교육이다. 남한은 유치원 3~5세, 어린이집 0~5세로 유치원과 어린이집의 취원 연령이 일부 중복되나 북한은 유치원 4~5세, 탁아소 0~3세로 유치원과 탁아소의 연령 구분이 확실하다.

따라서 남북한의 영유아 교육 · 보육 통합방안 모색은 북한의 「어린이보육교양법」에서 남한이 추구하는 가치나 이념과 유사한 사항을 찾는 데에서부터 시작할 수 있다. 북한의 「어린이보육교양법」을 보면 "어린이들이 비록 탁아소에 갈 나이라 하더라도 탁아소에 보내지 않고 자기 집에서 키우는 것은 그들 부모의 자유에 속한다"(제3조)는 내용이 있는데, 이는 남한에서 추구하는 기본 가치체계로부터 크게 벗어나지 않은 것이라 할 수 있다.

북한의 「어린이보육교양법」에는 "국가기관과 사회협동단체는 '제일 좋은것을 어린이들에게'라는 원칙에 따라 어린이보육교양사업에 필요한 모든것을 책임지고 보장하여야 한다"(제12조)는 내용이 있다. 이는 「유아교육법」에 있는 "국가 및 지방자치단체는 보호자와 더불어 유아를 건전하게 교육할 책임을 진다"(제3조)는 내용, 「영유아보육법」에 있는 "국가와 지방자치단체는 보호자와 더불어 영유아를 건전하게 보육할 책임을 지며, 이에 필요한 재원을 안정적으로 확보하도록 노력하여야 한다"(제4조)는 내용 등과 유사하다. 북한 「어린이보육교양법」에 명시된 '제일 좋은것을 어린이들에게' 원칙은 UN 아동권리협약에 있는 '아동 최선의 이익' 원칙과도 부합한다.

남북한은 국가 수준에서 유치원 교육과정을 개발 · 고시한다는 공통점도 있다. 남한에 「유치원 교육과정」과 해설서가 있듯이 북한에도 「유치원과정안」과 '교수요강'이 있다. 남북한 유치원은 공통적으로 교육과정 설계에서 '놀이'와 '통합교육'을 강조한다. 이러한 공통점들은 남북한 유치원 교사들이 함께 논의할 수 있는 공통 의제가 될 수 있다는 점에서 고무적이다.

남북한의 영유아 교육 · 보육 실태를 비교해 보면, 3~5세 무상교육 · 보육과 3~5세 유아의 기관 접근성에 있어서 남한은 어느 정도 성공을 거두었다. 그러나 북한에서 무상교육 · 보육은 이미 옛말이 되었고 유치원 · 탁아소에 대한 접근성도 낮다. 따라서 통일한국시대에 3~5세 유아교육 · 보육의 공공성 확보를 위해서는 재원을 어떻게 마련할 것인지에 대한 방안이 함께 모색되어야 한다. 이와 아울러 통일 이후 드러날 남북한 주민 간 사회 경제적 격차와 재원이 수요를 따르지 못할 가능성에도 대비할 수 있어야 한다. 1990년 제정된 「아동청소년지원법(Kinder und Jugendhilfegesetz)」에 따라 1996년 시행 예정이었던 유치원 무상교육이 통일비용에 따른 재원 부족으로 연기되었던 독일의 사례는 새겨 봐야 할 대목이다.

이 밖에 남북한 통합방안 모색 과정에는 동 · 서 지역민 간 견해를 달리하고 있는 독일의 영아보육 현실에 주목할 필요가 있다. 2022년 기준 영아의 시설양육에 대한 선호도는 서부 지역보다 동부 지역에서 높은 것으로 나타나는데, 이는 분단 시대 동 · 서독의 견해차를 반영한 것이라 할 수 있다. 영유아 교육 · 보육의 공공성 확보에서 소기의 성과를 거둔 스웨덴조차 육아의 주체를 가족이라 보고 있음에도 유념할 필요가 있다. 스웨덴 사례는 시장 · 가족 · 국가의 관계에서 특정 주체가 전체를 포괄하는 것은 현실적으로 불가능함을 시사한다.

남북한의 인구 및 합계출산율을 비교해 보는 것 또한 통합방안 모색에 유용하리라 여긴다. 통계청 북한통계포털에 제시된 통계자료에 따르면, 2024년 현재 인구는 남한 51,751,000명, 북한 25,866,000명으로 남북한 간 2배 이상의 차이가 나지만 이는 통일 전 동독 인구가 서독의 4배이었던 것에 비하면 작은 차이라 할 수 있다. 그러나 합계출산율은 2024년 현재 남한 0.89명, 북한 1.78명으로 통일 전 동독 1.57과 서독 1.44에 비하면 큰 차이가 있다. 참고로, 동독의 합계출산율은 독일 통일 이후 계속 감소하여 1994년에는 독일 전체 출산율(1.25명)보다도 크게 낮은 0.77명으로 떨어짐으로써 독일 역사상 최저 수준을 기록했다고 한다(김창권, 2015).

다른 한편으로 남북한의 소득수준을 비교해 보면, 2022년 기준 1인당 국민총소득은 남한 42,487,000원, 북한 1,430,000원으로 남북한 간 30배 가까이 차이 나는 것으로 확인된다. 이러한 차이는 1990년 독일 통일 당시 서독이 동독의 3~5배이었던 것에 비하면 매우 심각하고 엄청난 것이다. 이 밖에 남북한 영유아의 보건 상태를 보면,

2022년 기준 영아 사망률(출생아 천 명당)은 남한 2.3명, 북한 13.6명, 그리고 5세 미만 발육부진 아동 비율은 남한 1.7%, 북한 16.8% 등으로 남북한 간 커다란 차이가 있다.

이러한 맥락에서 정부의 역할은 매우 중요하다. 「남북교류협력에 관한 법률」에 따르면 "정부는 남북교류 · 협력을 증진시키기 위하여 필요하다고 인정하면 이 법에 따라 행하는 남북교류 · 협력을 위한 사업을 시행하는 자에게 보조금을 지급하거나 그 밖에 필요한 지원을 할 수 있다"(제24조). 남북교류 · 협력 증진을 위한 정부의 영유아 지원사업은 1990년대 중반 북한의 영아와 산모를 지원하는 사업에서부터 시작되었고, 2010년 개성공단에 탁아소를 개설하면서 절정에 달했다. 그러나 2016년 북한이 개성공단을 폐쇄하면서 탁아소 지원사업을 포함한 대북 지원사업은 대부분 중단되었다. 현재는 통일부로부터 지원 자격을 부여받은 민간단체가 주축이 되어 북한 육아원과 탁아소의 환경개선 사업을 진행하고 있다.

향후 정부는 남북한의 영유아 교육 · 보육 구성원 간 왕래를 활성화할 필요가 있다. 더 나아가 남북한 영유아 교육 · 보육 전문가를 중심으로 협의체를 구성하여 통일한국시대에 대비하여 통합 과제를 발굴하고 단계별로 추진 방향을 설정할 수 있어야 한다. 남북한 통합의 힘은 상호 이해와 신뢰를 바탕으로 한 한민족 통일 의지로부터 생성된다는 점에서 남북한 영유아 교육 · 보육 이념의 차이를 받아들이고 공존의 영역을 넓혀 갈 수 있도록 협의체의 활동을 지원할 수 있어야 한다. 그러다 보면, 남북한의 이질적인 요소를 최소화하는 방안도 나오고, 통합과정에서 발생할 수 있는 격차도 줄일 수 있을 것이다.

한반도는 통합과 협력의 힘이 작용하는 역동적인 공간이지만, 상호갈등과 신뢰 부재의 폐쇄적인 공간이기도 하다. 한반도가 분단된 지 80여이 년 된 이 시점, 통일의 원동력이 되는 남북한 동족 의식은 약화했고 통일에 대한 인식도 크게 변화했다. 그러므로 남북한 영유아 교육 · 보육 통합의 담론이 활로를 찾기 위해서는 북한 주민들이 남한과의 통합을 선망할 만큼 남한 사회가 통합의 조건을 갖추고 있는지에 대한 내적 성찰이 요구된다. 아울러 남북교류 · 협력의 바탕 위에 인내와 끈기로 설득하고 대화하는 자세가 필요하다.

제2부

북한

1945~1975년: 마르크스 · 레닌주의와 조기 집단교육 이론에 기초한 영유아 교육 · 보육

1976~1994년: 주체사상과 사회주의교육학에 의한 「어린이보육교양법」 제정 및 유치원 1년 의무교육화

1995년 이후: 영유아 교육 · 보육의 정체

1945~1975년:

마르크스 · 레닌주의와 조기 집단교육 이론에 기초한 영유아 교육 · 보육

마르크스 · 레닌주의와 조기 집단교육 이론에 따른 유치원 · 탁아소 설치

마르크스(Karl Marx)에 의하면, '계급 없는 평등한 사회' 건설을 위해 국가는 노동자 계급의 자녀들에게 노동과 교육, 이론과 실천이 연계된 집단교육을 조기에 제공해야 한다. 그는 특히 협동조합의 창시자인 오웬(Robert Owen)이 노동자의 18개월~10세 자녀를 위해 1816년 스코틀랜드의 뉴 래나르크 방직공장에 설치했던 '성격형성학원'(Institution of the Formation of Character)과 같은 탁아소에서 집단주의 정신을 기를 수 있어야 한다고 보았다. 이러한 마르크스의 조기 집단교육이념은 레닌(Vladimir Lenin)에 의해 소련의 영유아 교육 · 보육의 기본원리로 활용되었다.

레닌에 따르면, 자본주의 교육은 부르주아 계급에 철저히 봉사함으로써 프롤레타리아 계급을 지배하는 도구로 전락하였고, 프롤레타리아 계급과 부르주아 계급 간 빈부 격차와 사회적 불평등을 심화시켰다. 따라서 공산주의 사회건설을 위해서는 계급 투쟁이 불가피하다. 특히 공산주의 사회로의 전환을 위해서는 "수백만의 노동 여성을 우리도 확보하지 않으면 안 된다"(북한연구소, 1977, p. 28 재인용)는 것이었다. 그리고 근로 여성을 확보하기 위해서는 여성을 남성의 속박으로부터, 가사와 육아의 구속으로부터 해방해야 한다. 이러한 입장을 가진 레닌은 여성해방을 목표로 1917년 유치원 · 탁아소를 설치 · 확대하는 영유아 교육 · 보육 정책을 추진하였다(Klein, 1957).

레닌의 영유아 교육 · 보육 확대 정책에 의해 1928년 소련에서는 탁아소 62,000명, 유치원 130,000명 등 총 192,000명의 영유아가 영유아 교육 · 보육 기관에 취원했다(Moos, 1967). 스탈린 시대에도 '내 것은 우리 것이고 우리 것도 내 것'이라는 집단정신을 기르기 위해 유치원과 탁아소를 대거 증설하였다(Bronfenbrenner, 1970). 유치원·탁아소가 늘어나면서 1929년 27%에 불과했던 여성의 경제활동 참가율은 1940년 38%, 1955년 45% 등으로 증가했다. 소련에서 레닌과 스탈린이 영유아 교육·보육제도를 마련하고 적극적으로 정책을 추진할 수 있었던 데는 러시아혁명에 참여했던 마르크스주의자이자 레닌의 아내였던 크루프스카야(Nadezhda Krupskaya)의 영향이 컸다.

소련의 조기 집단교육 이론

크루프스카야에 따르면, 사회주의 국가에서 자녀는 가족이 아닌 국가의 소유이므로 국가는 자녀를 양육하고 교육할 권리가 있다. 그리고 사회주의 국가건설을 위해서는 집단주의 정신이 필요한데, 이러한 정신은 가정 밖에서 이루어지는 영유아 교육·보육을 통해 기를 수 있다. 그러므로 국가가 설립한 유치원·탁아소에 자녀를 보내는 것은 사회주의 국가의 부모가 해야 할 의무이다. 일찍이 페테르스부르그 노동자 일요학교에서 교직에 몸담았던 크루프스카야는 집단정신을 소유한 어린이로 기르기 위해서는 국가사회가 유치원 설립에 적극적이어야 한다며 다음과 같이 주장하였다.

> 아이들의 교육은 아주 어릴 적부터 시작하는 것이 좋다는 것, 아이들은 집에 있을 때보다 사회적인 유치원에 있을 때 훨씬 명랑하게 자기를 위해 시간을 보낸다 … 만약 현재의 사회에서도 좋은 유치원이 가능하다면, 사회주의 사회에서 그것은 훨씬 더 좋아질 것이다. 그와 같은 유치원은 사회 전원의 자녀들이 교육을 받게 될 터이므로, 국민모두가 될 수 있는 대로 훌륭한 유치원을 세우는 데 관심을 기울일 것이다(한신대학 제3세계문화연구소, 1989, p. 42).

크루프스카야의 시각에서 보면 유치원·탁아소는 영유아에게 집단주의 정신을 가르치기 위해서만이 아니라 러시아혁명과 제1차 세계대전 이후 급격히 감소한 남자를 대신할 여성의 노동력을 확보하고 가족의 생활 방식을 개조하기 위해서도 필요한 기관이었다. 이러한 그의 생각은 곧바로 소련의 영유아 교육 · 보육 정책으로 이어졌다. 크루프스카야는 1935년 강연에서 유치원 · 탁아소가 사회교육 기관으로서 가정과 더불어 공산주의적 인재로 기르는 데 얼마나 큰 역할을 하는지에 대해 다음과 같이 역설하였다.

> 우리의 가정교육은 사회교육과 결부되어 있다. 사회교육은 가정교육을 심화시키고 그것을 올바로 조직하는 데 도움을 준다. 어린이를 맑스주의자로 만들 수는 없지만, 그러나 어릴 적부터 아이들에게 명확한 흥미와 습관을 쌓게 하는 것이 중요하다. 그런데 말뿐 아니라 좀 깊은 이론을 몸에 지닌 여성 콤소몰원은 맑스, 엥겔스, 레닌, 스탈린 등이 어린이와 가정교육에 관해서 어떻게 말했는가를 알고 있으며, 아이들에게 아주 어릴 적부터 유망한 인재가 되는 데 도움이 될 만한 습관을 길러줄 수 있는 것이다(한신대학 제3세계문화연구소, 1989, p. 53).

다른 한편으로, 소련의 유치원 · 탁아소는 마카렌코(Anton Makarenko)의 집단주의 교육학에 기초한 군대식 교육을 핵심 교육 방법으로 적용하였다. 마르크스 교육학자였던 마카렌코는 마르크스, 엥겔스, 레닌, 고리키, 크루프스카야 등의 집단주의 사상에 근거하여 영유아를 군대식으로 교육할 것을 주창하였다. 그에 따르면, 공동소유, 집단책임, 집단에 대한 헌신 등 집단주의 정신은 영유아에게 교육될 때 그 효과가 높아진다. 그리고 영유아의 집단정신은 군대의 책임 분담제, 집단규율에 따른 노동, 집단경쟁, 집단훈육과 같은 군대식 교육을 통해 형성된다(Bronfenbrenner, 1970). 그러므로 영유아를 둔 부모들은 군대 경험을 할 수 있도록 자녀를 유치원 · 탁아소에 보내야 한다는 것이었다.

> 어린이에게는 군대식이 정말 멋있게 보이고 용어도 군대조직체처럼 '대장'이라고 부르게 하고 체계적인 책임분담제가 좋으며 항상 보고하게 시키며 옷도 제복을 입혀서 집단체조나 규칙적인 집회가 필요하다 … 집단정신에는 뚜렷하고 자랑스런 전통의 주입과 엄격한 규율이 요구되는 것이다(김동규, 1990, p. 28 재인용).

마카렌코는 또한 아동이 공산주의적 인재로서 헌신 · 봉사하는 사회적 의무를 다할 수 있도록 사회주의 국가의 부모는 부르주아 부모와 다르게 집단주의 원칙에 따라 자녀를 양육하고 교육해야 한다고 주장하였다. 더 나아가 그는 철도학교, 고등 · 초등학교, 비행 청소년 수용시설 등에서의 교육 경험을 토대로 집단이 가진 교육력에 초점을 맞추어 집단교육과 공동의 생산 노동을 결합한 집단주의 교육이론을 제시하였다. 아울러, 공동생활을 통한 공통의 목표 달성이 사회주의 국가건설에 필요하다는 관점에서 그는 교육의 역할이란 집단의 미래를 장단기적으로 '전망'하는 능력을 기르는데 있다(팽영일, 2002)고 말했다.

유치원 · 탁아소 설치

김일성은 1945년 10월 조선노동당 창당대회에서 '남녀평등', '여성의 조국건설' 참여를 내세우며 '탁아'를 국가적 사업으로 설정하였다. 그리고 자녀 양육과 가사 등으로 가정에 집중된 여성 노동력을 사회로 환원할 것을 결정하였다. 1946년 3월 25일에는 마르크스 · 레닌주의를 "행동의 지침이며 창조적학설"(김일성, 1980)이라 하며 '학교사업개선책에 관한 결정서'를 채택하고, 인민학교 5년, 초급중학교 3년, 고급중학교 3년, 대학 4년(기술 전문학교 3년)의 5-3-3-4(3) 학제를 도입하였다. 1946년 5월 9일에는 북조선 민주녀성동맹 제1차 대표자회의에서 '녀성동맹의 금후과업에 대하여'라는 연설을 통해 다음과 같이 유치원 · 탁아소의 필요성을 역설하였다.

> 우리가 많은 녀성들을 사회에 진출시키려면 어린이들을 사회적으로 키우는 대책을 반드시 세워야 합니다. 학령아동들은 학교에 가기 때문에 녀성들이 사회에 진출하는데 크게 문제로 되지 않지만 학령전아동들은 문제입니다. 앞으로 나라의 사정이 허락되면 어린이들을 탁아소나 유치원에 보낼수 있을것입니다 … 녀맹에서는 작은 규모의 탁아소와 유치원을 많이 꾸리고 운영하는것이 좋겠습니다. 이렇게 해나가느라면 경험도 얻게 될것이며 또 국가적조치에 따라 공장과 농촌에 탁아소와 유치원도 많이 서게 될것입니다(김일성, 1979a, pp. 218-219).

1946년 12월 18일에는 일제 청산과 사회주의교육체제 구축을 위해 마르크스 · 레닌주의와 집단주의 이념에 기초하여「학교 교육체계에 관한 규정」을 제정, 공포하였다. 이후 교육체계는 '보통교육체계', '기술교육체계', '고등교육체계' 등으로 구분, 개편되었다. 보통교육체계는 1년제 유치반 · 5년제 인민학교 · 3년제 초급중학교 · 3년제 고급중학교, 기술교육체계는 초급기술학교 · 전문학교, 그리고 고등교육체계는 2년제 교원대학 · 4~5년제 대학 등으로 각각 구성, 조직되었다. 이와 아울러 도시, 공장, 기업소, 중요 산업지구, 광산, 국영농장에는 학교들이 세워졌다.

또한 1946년에는 사회주의건설을 목표로 각종 법령도 제정되었다. 대표적인 법령으로는 3월 5일 제정된「토지개혁에 관한 법령」, 6월 24일 제정된「로동자 및 사무원에 대한 로동법령」, 7월 30일 제정된「남녀평등권에 대한 법령」등이 있다. 이 중「로동자 및 사무원에 대한 로동법령」을 보면, "여성노동자는 산전산후 77일의 휴가를 받고(제14조), 임신 중인 여자는 가벼운 노동으로 배치전환되며, 젖먹이는 시간이 보장되고(제15조, 제16조), 임산부와 젖먹이가 있는 여자노동자는 시간 외 노동과 야간노동을 금지한다(제17조)"는 등 여성 근로자의 임신, 출산, 육아 관련 내용을 담고 있음을 알 수 있다.

이러한 맥락에서 김일성의 부인 김정숙은 1947년 1월 10일 평양에 탁아소를 개설하였다. 김일성은 1947년 10월 20일 개최된 북조선로동당 중앙위원회 상무위원회의 '녀성동맹사업에 대한 지도를 강화할데 대하여' 연설에서 여성의 사회진출 조건으로서 유치원 · 탁아소의 필요성을 다음과 같이 역설하였다.

> 녀성들이 일할수 있는 사회적조건을 지어주는것은 그들을 사회경제활동에 참가시키기 위한 중요한 방도로 됩니다 … 녀성들의 체질과 특성에 맞게 일자리도 마련하여주고 탁아소와 유치원도 꾸려주어야 합니다. 물론 오늘 우리 나라 형편에서 녀성들이 사회에 나와 일할수 있는 조건을 충분히 마련하여준다는것은 간단한 문제가 아닙니다. 그렇지만 우리는 모든 가능성을 다 리용하여 녀성들이 사회에 진출할수 있는 조건을 마련하여주어야 합니다(김일성, 1979b, pp. 491-492).

1950년 북한은 6월 1일을 '국제아동절'로 정하고 기념하였다. 이러한 결정은 1949년 모스크바에서 열린 국제민주여성연맹 이사회에서 6월 1일을 '어린이들의 국제적 명절'로 정한 의결에 따른 것이었다. 6 · 25 전쟁 중이던 1952년 3월에는 내각결정 제56호로 「국가식량배급에 관한 규정」을 제정하고 5월부터 식량배급제를 시행하였다. 이 규정은 후일 2세 이상 영유아에 대한 무상급식제도의 근거가 되었다. 그리고 8월에는 당중앙위원회 정치위원회 제128차 회의를 통해 전쟁으로 감소된 유치원 · 탁아소를 증설함과 아울러 식료품, 옷, 신발, 의약품을 유치원 · 탁아소에 우선 공급하기로 했다(김재한, 1986).

'사회주의기초건설'에 여성 노동력이 필요했던 북한은 1956년부터 유자녀 여성을 고용한 공장, 기업소, 협동농장에 유치원 · 탁아소를 설치하고, 영유아 교육 · 보육의 중요성을 대대적으로 선전하였다. 1958년에는 기업체의 수입 일부를 자체 유치원 · 탁아소의 교육 · 보육 비용으로 충당하도록 조치했다(김재한, 1986). 아울러 인민학교 4년, 중학교 3년의 '7년제중등의무교육'을 실시하였다.

1958년 7월에는 중소규모의 지방 산업 공장 건설에 따른 여성 노동력 동원을 위해 내각결정 제84호로 「인민경제 각 부문에 여성들을 더욱 광범위 인입할데 대하여」를 채택하고, 여맹을 통해 여성의 노동전선 진출을 강력히 촉구하였다. 아울러 어린 자녀를 둔 여성이 일하는 공장, 기관, 기업소, 협동농장에 주 · 월탁아소와 유치원을 설치하고 수입 일부를 떼어 자금을 조성하도록 했다(김재한, 1986).

1959년 3월 2일에는 내각결정 제18호로 「학생들의 수업료를 전반적으로 폐지할데 관하여」를 채택하였다. 이 규정에 따라 4월 1일부터 유치원 · 탁아소는 초중등학교와 같이 수업료를 폐지하였다. 수업료 폐지로 1956년 시설수 173개, 원아수 12,015명이었던 유치원은 1959년 시설수 3,392개, 원아수 215,490명 등으로 눈에 띄게 늘었다. 1959년 4월 17일에는 보건성령 제21호로 탁아소에 대한 당의 지도 감독 기능을 강화한 「탁아소에 관한 규정」을 개정, 시행하였다.

제1차 5개년계획(1957~1961) 기간 북한은 공업생산에서 비교적 높은 성장률을 기록하였다. 그에 따라 투자와 고용이 확대되고 소비재 생산이 증대되었을 뿐 아니라 임금도 인상되었다. 국가의 유치원 · 탁아소 설치 예산 또한 대폭 증가했다. 유치원 ·

탁아소는 1960년 시설수 12,096개(유치원 4,470개, 탁아소 7,626개), 원아수 639,974명(유치원 295,485명, 탁아소 344,489명), 1963년 시설수 12,371개(유치원 5,667개, 탁아소 6,704개), 원아수 1,316,117명(유치원 587,859명, 탁아소 728,258명) 등으로 꾸준히 증가하였다.

1961년 9월 11일에 열린 제4차 당 대회에서 김일성은 공업 부문의 자립적 체계화를 목표로 '기술혁명'과 '문화혁명'에 관한 제1차 7개년 계획을 채택하였다. 이 자리에서 그는 "앞날의 희망인 어린이들을 보호하며 어머니들의 편리를 보아주기 위하여 탁아소와 유치원을 더 늘리고 그 사업을 훨씬 개선하여야 하겠습니다"(김일성, 1981, p. 239)라며 유치원 · 탁아소 확대를 지시했다. 이와 아울러 과자를 포함한 어린이용 식품생산 공장을 도처에 설치하여 유치원에 대한 영양공급 체계를 확보하도록 했다.

1961년 11월 16일 개최된 전국 어머니대회에서는 '자녀교양에서 어머니들의 임무'는 집단주의 정신을 기르는 데 있음을 다음과 같이 역설하였다.

> 우리가 공산주의사회로 들어가기 위하여서는 뒤떨어진 사상을 가진 사람이 하나도 없어야 합니다 … 어떤 사람이 공산주의사회로 가지 않겠다고 버둥거리더라도 다 개조해서 끌고가야 합니다 … 자기만 혼자 잘 살자는 리기주의사상은 다같이 잘 살자는 공산주의사상과 근본적으로 어긋납니다…우리는 집단주의사상을 가지도록 해야 합니다. 집단을 사랑하며 조국을 사랑하며 동무들을 사랑하는것이 모든 사람들의 습성으로 되여야 합니다. 집단과 떨어져 혼자 살기를 좋아하며 집단생활의 규칙을 지키지 않고 동무들과 화목하지 못하며 말썽을 부리고 집단의 분위기를 우울하게 만드는것은 좋지 않습니다. 자기주장만 고집하고 남의 충고를 들으려고 하지 않든가, 자기만 잘났다고 하면서 남을 깔보며 남을 헐뜯어서는 집단생활을 잘할수 없습니다(김일성, 1968, pp. 211-215).

더 나아가 김일성은 "아이들을 낳아서 기르는것이 어머니이기 때문"(김일성, 1968, p. 216)에 '공산주의어머니'로서 '자녀교양에서 제1차적인 책임'이 있는 여성들의 사회진출을 돕기 위해 탁아소와 유치원을 확대할 것임을 재차 강조하였다.

> 녀맹앞에 나선 중요한 과업은 모든 녀성들을 공산주의어머니로, 후대들에 대한 훌륭한 공산주의교양자로 만들며 그들을 사회주의건설에 적극적으로 참가하게 하는것입니다 … 녀성들이 시집을 간 다음에도 계속 사회적으로 발전할수 있도록 하기 위하여서는 그들에게 여러가지 조건들을 지어주어야 합니다. 탁아소, 유치원, 세탁소 같은 것을 많이 만들어 녀성들의 사회적진출을 도와주어야 합니다. 나라에서는 이와 같은 시설들을 건설하는데 특별한 관심을 돌리고있습니다(김일성, 1968, pp. 226-228).

1964년 7월 4일에는 내각결정 제46호로 국가와 사회 부담으로 공장, 기업소, 농촌에 탁아소와 유치원을 확대한다는 등의 내용을 담은 「탁아소와 유치원사업을 개선강화할데 대하여」를 채택했다. 아울러 유치원 · 탁아소 가까이에 아동 병동을 설치하고 '의사담당구역제'를 실시하는 등의 방안을 발표했다(과학,백과사전출판사, 1986; 근로단체출판사, 1976).

김일성 우상화 교육

1965년 9월에 열린 여맹 제3차 대회와 11월 당중앙위원회 제4기 제12차 전원회의에서, 김일성은 영유아를 공산주의자로 키우기 위해서는 '혁명적', '계급적'인 교육이 필요하다는 주장을 펼쳤다. 1966년 10월 20일 개최된 전국 보육원교양원 대회에서도 "어린이들을 공산주의적으로 교양육성하는것은 보육원, 교양원들의 영예로운 혁명임무"라고 밝혔다. 후일 이 대회에서 김일성의 지시사항을 기록한 다음의 진술문을 보면, 이 시기에 탁아소와 유치원을 확대했던 이유는 영유아 때부터 수령 김일성에 대한 '충실성교양'과 더불어 '당정책교양', '혁명전통교양', '공산주의교양'('계급교양', '사회주의적 애국주의교양' 포함)을 연령 및 발달 특성에 맞게 가르쳐('정서교양') 적극적으로 사상교양하는 데 있었음을 알 수 있다.

> 어린이들속에서 혁명교양, 당정책교양 및 혁명전통교양, 계급교양을 기본으로 하는 공산주의교양, 사회주의적 애국주의교양과 함께 그들의 나이와 심리적특성에 맞는 정

서교양을 강화함으로써 어린이들을 어렸을 때부터 위대한 수령님께 끝없이 충실하며 조국과 인민을 사랑하고 원쑤를 증오할줄 알며 례절이 바르고 옷차림을 단정히 하며 몸을 깨끗이 거둘줄 아는 공산주의건설의 믿음직한 후비대로 훌륭히 키우기 위한 새로운 대책들이 세워지게 되었다(강근조, 1991, p. 385).

김일성은 1966년 10월 20일에 열린 전국 보육원교양원 대회에서 "어린이들을 공산주의적으로 교양육성하는것은 보육원, 교양원들의 영예로운 혁명임무"(강근조, 1991, p. 373 재인용)라며 영유아에 대한 사상교양 강화를 촉구하였다. 아울러 '혁명화', '로동계급화'를 통한 교양원의 '정치실무수준' 제고를 주문했다. 또한 그는 1948년부터 유치원 교양원을 사범전문학교와 교원대학에서 양성하는 정책을 시행했음에도 고등학교(5년제 중학교)만 졸업한 교양원이 다수라며 이런 문제 해결을 위해 3년제 '교양원대학'을 설립하겠다고 말했다. 1967년 4월 1일 보통교육성은 인민학교 4년, 중학교 5년의 '전반적9년제기술의무교육'을 실시하면서 보통교육성 내에 유치원 지도국을 신설하였다.

유치원 · 탁아소에서의 김일성 우상화 교육은 1967년 5월에 열린 당중앙위원회 제4기 15차 전원회의 이후 전개된 '유일사상체계' 확립을 목표로 하여 강화되었다. 김일성은 1968년 3월 14일에 열린 교육자 대상의 연설에서 다음과 같이 역설하였다고 한다.

위대한 수령님께서는…유치원이 사상혁명을 수행하는 기본수단의 하나이라는 사상은 유치원을 어린이들의 단순한 놀이터로 간주하고 학령전어린이들에게 빨갛고 파랗고 하는 자연주의적교육만 하려고 하던 반당반혁명종파분자들의 궤변에 결정적타격으로 되었으며 우리의 후대들을 어려서부터 혁명적으로 키우고 공산주의적으로 교양하여 혁명위업의 계승자로 튼튼히 준비시킬수 있게 하는 강력적지침으로 되였다(강근조, 1991, p. 684).

1968년 10월 북한은 내각결정 제56호로 「탁아소 유치원을 전국가적, 전사회적 운동으로 잘 꾸려주어 강화할데 대하여」를 채택하였다. 이 규정은 사회적 운동으로 '유휴자재와 지방자재들'을 동원하여 탁아소와 유치원을 설치하기 위한 것이었다(과학, 백과사전출판사, 1986). 다른 한편으로, 김일성은 1970년 11월 개최된 조선노동당 제5차 대회에서 사회주의체제 확립을 선포하였다.

1968년 10월 31일에는 내각결정 제56호로 「탁아소 유치원을 전국가적, 전사회적 운동으로 잘 꾸려주어 강화할데 대하여」를 채택하고, 공장, 기업, 협동농장에 유휴 자재와 지방 자재들을 동원하여 탁아소와 유치원을 다수 설치하였다. 이러한 맥락에서 1,000여 명의 영유아를 수용할 수 있는 연건평 12,000㎡ 규모의 5층 건물 4개 동으로 구성된 '9 · 15탁아소'도 1969년 평양에 개설되었다.

1970년 11월에는 조선노동당 제5차 대회에서 6개년 계획(1971~1976)을 채택하였다. 이 계획에는 여성들이 사회주의 경제건설에 참여할 수 있도록 지역별로 탁아소, 밥 공장, 반찬 공장, 공동 식당을 설치하는 안이 포함되었다(이태영, 1988). 1971년 10월 7일 김일성은 조선민주녀성동맹 제4차 대회에서 '녀성들을 혁명화, 로동계급화할데 대하여' 연설을 통해 유치원 · 탁아소의 필요성에 대해 다음과 같이 역설하였다.

> 녀성들을 혁명화, 로동계급화하는것은 가정을 혁명화하며 온 사회의 혁명화, 로동계급화를 실현하는데서 이처럼 중요한 의의를 가지는것입니다 … 녀성들을 혁명화, 로동계급화하기 위하여서는 결정적으로 그들을 사회에 진출시켜 사회생활을 하도록 하여야 합니다 … 녀성들이 사회에 나와 일하도록 하려면 많은 국가자금을 들여 탁아소와 유치원을 꾸려주어야 합니다(김일성, 1984a, pp. 377-383).

여성의 사회진출을 통한 혁명화, 로동계급화를 위해 도시와 농촌에는 현대적 시설과 설비를 갖춘 대규모 유치원 · 탁아소가 설치되었다. 대표적인 시설로는 1973년 6월 1,500명의 원아를 수용할 수 있도록 설계된 연건평 13,000㎡ 규모의 '송림애기궁전'을 들 수 있다. 이 시설은 황해북도 송림시 황해제철소 내에 1948년 설치되었던 소규모 탁아소를 증축, 개조한 것이었다.

영유아 인구 및 유치원 · 탁아소 통계

출산장려 정책

1953년 8월 김일성은 조선로동당 중앙위원회 제6차 전원회의에서 "전쟁으로 인한 인명의 손실을 보충"하기 위해 인구 증대책을 촉구하였다. 그 배경에는 6 · 25 전쟁에 따른 급격한 인구감소 해소, 본격적인 사회주의건설에 필요한 노동력 충원, 군병력 유지, 남한과의 인구 격차 해소 등의 요인이 작용하였다(Eberstadt & Banister, 1992). 1961년 11월 16일에는 제1차 전국 어머니대회를 개최하고 출산장려 정책을 본격적으로 시행하였다(김두섭 외, 2011).

영유아 인구

북한 중앙통계국이 발간한 '1993년 조선민주주의인민공화국 인구일제조사자료집'에 따르면, 북한 인구는 1946년 9,257,000명, 1947년 9,379,000명, 1948년 9,500,000명, 1949년 9,622,000명 등으로 증가했으나 1950년 9,339,000명을 기점으로 1951년 9,057,000명, 1953년 8,491,000명 등으로 감소했다. 그러다가 1953년에 시행된 출산장려 정책(Eberstadt & Banister, 1992)과 전후 베이비붐으로 인해 1954년 8,780,000명, 1955년 9,070,000명, 1956년 9,359,000명, 1960년 10,789,000명, 1965년 12,408,000명, 1970년 14,619,000명 등으로 증가했다.

그러나 북한의 1993년 인구조사는 상당 부분 주민신고에 의존했기 때문에 내용이 빈약하고 정확도도 떨어진다. 이러한 점을 보완하기 위해 1946~1975년 인구 변화추이는 통계청 북한통계포털에 있는 1950~1975년 'UN: 연도별 인구' 통계를 통해 살펴보았다. UN 자료에 따르면, 1950년 10,549,500명이었던 북한 인구는 1955년 10,087,000명으로 감소했다가 1960년 11,424,200명, 1965년 12,547,500명, 1970년 14,410,400명, 1975년 16,274,700명 등 1960년대 이후 증가했다.

1945~1975년 북한의 영유아 인구와 합계출산율 변화추이 파악을 위해서도 통계청

북한통계포털에 있는 UN의 인구통계를 사용하였다. 'UN: 연령구간별 인구' 통계(참고: 1950~1975년 5세를 간격으로 한 0~4세 정보만 있음) 자료에 의하면, 북한 0~4세 인구는 1950년 1,554,000명, 1955년 1,031,000명, 1960년 1,946,000명, 1965년 1,765,000명, 1970년 2,421,000명, 1975년 2,374,000명 등으로 25년 동안 820,000명 늘어났다. 'UN: 합계출산율' 통계(참고: 1955~1975년 정보만 제공됨)에 의하면, 합계출산율은 1955년 3.46명, 1960년 5.12명, 1965년 3.85명, 1970년 4.39명, 1975년 4.00명 등으로 20년 동안 변동이 컸던 것으로 나타난다.

유치원 · 탁아소 통계

1946년 북한은 사회주의 경제체제와 함께 소련의 영유아 교육 · 보육 제도를 도입하고 유치원 · 탁아소를 확대하기 시작하였다. 1946~1950년 유치원 · 탁아소의 시설수 및 원아수 변화추이를 살펴보면(〈표 2-1〉 참조), 1946년 65개이었던 전체 시설수

〈표 2-1〉 북한 유치원 · 탁아소의 시설수 및 원아수(1946~1972년)

연도	유치원		탁아소		전체	
	시설수	원아수	시설수	원아수	시설수	원아수
1946	64	3,918	1	20	65	3,938
1949	116	8,656	12	620	128	9,276
1950	132	9,355	104		236	
1953	19	1,048	64	2,165	83	3,213
1956	173	12,015	224	6,538	397	18,553
1959	3,392	215,490	3,404	162,175	6,796	377,665
1960	4,470	295,485	7,626	344,489	12,096	639,974
1963	5,667	587,859	6,704	728,258	12,371	1,316,117
1967	5,847	790,000	7,043	787,504	12,890	1,577,504
1971	6,800	950,000	8,600	1,200,000	15,400	2,150,000
1972	6,800	1,067,000	8,600		15,400	

출처: 조선중앙통신사(1980, 1981). 조선중앙연감; 김창호(1990). 조선교육사 3; 리영환(1993). 조선교육사 5; 통일원(1996). 북한경제 통계집.

는 1950년 3.6배에 달하는 236개로 증가했던 것으로 나타난다. 기관별로 보면 유치원은 1946년 64개에서 1950년 132개로 소폭 증가에 그쳤지만, 탁아소는 1946년 1개에서 1950년 104개로 대폭 증가했다. 유치원 · 탁아소 원아수의 경우, 1946년 3,938명에서 1949년 9,276명으로 2.4배 증가했던 것으로 나타난다. 기관별로 보면, 유치원은 1946년 3,918명에서 1949년 8,656명으로 소폭 증가했지만, 탁아소 원아수는 1946년 20명에서 1949년 620명으로 시설 증가에 맞춰 대폭 증가했다.

6 · 25 전쟁으로 대폭 감소했던 영유아 교육 · 보육 기관은 1953~1960년 '사회주의 기초건설'에 여성 노동력을 동원하기 위해 예산을 증액 · 투입하면서 증가세로 돌아섰다. 〈표 2-1〉에 따르면, 1953년 83개에 불과했던 유치원 · 탁아소 전체 시설수는 1960년 12,096개로 146배 증가했다. 1953년 3,213명에 불과했던 전체 원아수는 1960년 639,974명으로 199배 증가했다. 기관별로 보면 유치원의 경우, 시설수는 1953년 19개에서 1960년 4,470개로, 원아수는 1953년 1,048명에서 1960년 295,485명으로 증가했다. 탁아소의 경우, 시설수는 1953년 64개에서 1960년 7,626개로, 원아수는 1953년 2,165명에서 1960년 344,489명으로 증가했다.

1961~1970년 '사회주의전면적건설시기'에는 여성 노동력 확보를 목표로 예산 증액도 없이 영유아 교육 · 보육 사업을 적극적으로 추진하며 유치원 · 탁아소의 취원율을 높이고자 했다. 그에 따라 이 시기 전체 시설수는 1963년 12,371개에서 1971년 15,400개로 24.5% 증가에 그친 반면, 전체 원아수는 1963년 1,316,117명에서 1971년 2,150,000명으로 63.4% 증가했다(〈표 2-1〉 참조). 이러한 결과는 1970년대 초 유치원 · 탁아소의 학급 과밀화 현상이 얼마나 심각했는지를 짐작하게 한다.

유치원

1947년 6월 28일 북한은 '인민학교'에 있던 '유치반'을 인민위원회 결정 제49호를 근거로 하여 1년제 '유치원'으로 독립시켰다. 여성의 경제활동 참가를 확대하고 조기 집단교육을 강화하는 취지에서 1947년 9월 1일에는 개편된 학제에 맞춰 1년제 유치원을 폐지하고, '학교전 교육교양기관'으로 3년제 유치원을 개설하였다. 3년제 유치원은 하급반(3~4세), 중급반(4~5세), 상급반(5~6세)으로 구성되었다.

유치원에 관한 규정 제정

1948년 6월에는 마르크스 · 레닌주의와 조기 집단교육 이론에 기초하여「유치원에 관한 규정」을 제정하고 도시, 주요 산업지구, 공장, 기업소, 광산, 국영농장 등 여성 근로자들이 많은 지역에 국가유치원을 설치하였다. 그리고 국가유치원은 유치원 규정에 근거하여 제작한 '유치원지도요강'에 따른 교육당국의 지도 · 감독을 받았다. 유치원지도요강에 의하면, 유치원은 담화, 셈, 창가, 유희, 체육 활동을 각각 25분씩 3회 총 75분 실시하고, 오전 8시부터 오후 7시까지 운영하도록 되어 있다.

한 국가의 체제적 성격과 특징에 대해서는「헌법」에 명확히 제시되어 있다. 북한 또한 예외가 아니어서 여타 국가와 마찬가지로「헌법」을 제정하고 그 안에 북한의 체제적 특성을 명시하였다. 1948년 9월 8일 최고인민회의 제1차 회의에서 제정된「인민민주주의헌법」에 따르면, 북한의 지도적 지침은 마르크스 · 레닌주의이다. 헌법 제정으로 북한은 이른바 '인민민주주의' 체제의 헌정 시대에 돌입했다(류길재, 민경배, 2008).

김정숙은 1949년 1월 25일 유치원 대중화를 시작하면서 이를 기념하기 위해 평양에 '모범유치원'을 설립하였다. 아울러 일제강점기부터 평양 등지에서 교회가 관리 · 운영해 오던 유치원을 국가유치원으로 전환하기 시작하였다. 교회부설 유치원의 국가유치원 전환은 영유아를 혁명 투사로 키우기 위해서는 종교 교리를 가르치는 교회유치원을 없애야 한다는 자신의 평양 발언에 따른 것이었다. 일인 독재와 공산주의 정치사상 교육을 강화하기 위해 북한은 유치원을 포함한 각급 학교의 '임시교육과정'을 1949년에 개정하였다.

1954년 9월 28일 북한은 '사회주의기초건설'에 유아기 자녀가 있는 여성의 노동력을 동원하기 위해 내각지시 제122호로「유치원사업을 개선할데 대하여」를 채택하였다. 이 법규에 따르면, 관할 '성'(국) 내에 유치원을 부설로 둔 공장이나 기업소가 있는 성의 '상'(국장)은 해당 공장이나 기업소로 하여금 부설 유치원을 운영 · 관리토록 지도 · 감독하여야 한다. 더 나아가 1956년 2월 21일에는 유치원 교육을 '전군중적운동으로' 확대하는 취지로「유치원에 관한 규정」을 개정하였다. 당과 김일성에 대한 충실성 교양을 목표로 '학교전교양요강'도 제작, 배포하였다. 아울러 4년제 '전반적초등의무교육'을 실시하였다.

1961년에는 '사회주의전면적건설'을 시작하면서 자주 노선과 자립 경제를 내세우며, 대내적으로는 사회주의 경제체제와 김일성 유일 체제를 형성하고, 대외적으로는 정체성을 확보하고자 했다. 이러한 맥락에서「유치원에 관한 규정」은 1961년 6월 20일 내각 비준 제403조, 6월 25일 교육성령 제26호 등으로 재차 개정되었다. 개정 규정에 따르면 유치원 교육의 목적은 "공산주의교양을 조선로동당의 정책교양, 혁명전통교양과 밀접히 결부하여 실시"(제1조)하는 데 있다. 개정 규정에서는 유치원의 설립 등에 관해 다음과 같이 진술하고 있다.

> 제4조 유치원의 교양사업을 보통교육성에서 제정한 유치원교양요강에 의하여 진행한다.
>
> 제5조 한 교양반의 어린이수는 30명을 기준으로 한다.
>
> 제6조 교양반은 성별에 관계없이 년령에 따라 다음과 같이 조직한다.
>
> 초급반 3~5살미만
>
> 중급반 5~6살미만
>
> 고급반 6살~인민학교 입학전까지
>
> 동일한 년령의 어린이수가 한개반을 이루지 못하는 경우에 복식반을 조직한다.
>
> 제7조 유치원은 통합거리에 따라 그에 분원을 조직할수 있다.
>
> 제8조 유치원에서의 어린이들의 체류시간은 부인들의 로동시간에 적응하게 제정한다.
>
> 제9조 유치원에서의 어린이들의 졸업은 인민학교 신학년도 개학 10일전에 진행하고 입학은 인민학교 개교일과 동일하게 한다.

김일성은 1964년 6월 22~23일에 열린 평양시 당전원회의에서 '국가유치원' 확대를 지시하였다. 그리고 1971년 9월 30일에는 '전반적10년제고중의무교육을 실시하기 위하여'를 주제로 한 당중앙위원회 정치위원회 확대 회의에서 인민학교 입학연령을 7세에서 6세로 낮추어야 하는 이유에 대해 다음과 같이 밝혔다.

> 우리는 전반적9년제기술의무교육으로부터 전반적10년제고중의무교육으로 넘어가야 합니다. 전반적10년제고중의무교육을 실시하는것은 문화혁명수행에 커다란 전진으로 됩니다 … 지금 어린이들이 만 4살부터 만 7살까지 3년동안 유치원생활을 하는데 앞으로 학교에 들어가는 나이를 만 6살로 하면 유치원기간이 1년 줄어드는것으로 됩니다. 어린이들이 유치원에서 2년동안 생활하고 만 6살에 학교에 들어가면 만 16살에 졸업하게 되는데 그때부터는 일을 시킬수 있고 군대에도 내보낼수 있습니다 … 어떤 자본주의 나라에서는《9년제의무교육》을 실시한다고 하는데 그 나라에서도 입학나이를 만 6살로 하고있습니다. 물론 자본주의 나라에서 실시하는《의무교육》은 사회주의 나라들에서 실시하는 의무교육과는 본질적으로 다릅니다. 자본주의나라에서 실시하는 의무교육은 우리 나라와 같이 입학나이에 이른 어린이들을 학교에 넣어 공부시키지 않으면 법적으로 제재하는 그런 의무교육이 아니라 그저 입학나이가 되면 학교에 받아준다는것입니다(김일성, 1984a, pp. 337-339).

교육과정을 통한 김일성 우상화 교육 강화

개정「유치원에 관한 규정」에 의하면, 유치원은 "학령전어린이들에게 공산주의교양을 조선로동당의 정책교양, 혁명전통교양과 밀접히 결부하여 실시하며 장차 학교교육을 성과적으로 받을수 있는 준비를 갖추는 교양기관"(제1조)이다. 이러한 목적달성을 위해 유치원은 '유치원 교양원 참고서'(학우서방, 1966)에 제시된 대로 모든 교과에서 김일성에 대한 충성심 배양, 공산주의적 품성 개발, 사회주의 의식 및 계급 혁명의식 고취, 남한 및 미국에 대한 증오심 유발을 강조한 교육을 실시했다. 교수 · 학습 방법으로는 소련의 군대식 방법을 활용했다. 그리고 유치원의 교육활동은 김일성 항일 무장투쟁을 모방한 전쟁놀이가 주류를 이루었다.

1968년 교육성(현 교육위원회)은 새 학년도 시작일을 4월 1일에서 9월 1일로 변경, 시행하였다. 아울러 수령에 대한 '충실성교양', '혁명전통교양', '공산주의교양'을 교육과정의 사상교양 내용으로 채택하고 김일성 우상화 교육을 강화했다. 그에 따라 인민학교와 중학교는 1969년부터 '경애하는 김일성원수님 혁명활동'을 정규 과목으로 편성하였고, 유치원은 1970년부터 '제일 좋은 곳'에 김일성의 초상화, 김일성 생가의 사진, 모형, 그림 등을 전시한 '김일성원수님을 따라 배우는 교양실'을 설치하였다. 1971년 9월 30일 김일성은 당중앙위원회 정치위원회 확대 회의에서 취학준비를 위해 유치원의 교과수업 시수를 확대할 것을 다음과 같이 요청하였다.

> 유치원들에서 어린이들에게 학교교육을 받을수 있는 준비를 잘 시키도록 하여야 하겠습니다 … 유치원에서 마지막 6개월동안에는 어린이들에게 셈세는 법과 연필 쥐는 법도 가르쳐주고 자기 이름자를 쓸수 있을 정도로 글자도 가르쳐주어야 하겠습니다. 지금 유치원들에서 마지막학기에 매일 2수업씩 하는데 앞으로는 수업시간을 1~2 수업 더 늘려 어린이들에게 주의력을 키워주어야 하겠습니다(김일성, 1984a, pp. 342-343).

1971년 12월 27일에는 전국 교원대회 연설에서 학교는 자본주의 심리학을 버리고 '사회주의아동심리학'에 기초하여 사상교양을 정립해야 한다고 했다. 이러한 김일성의 지시에 따라 「유치원과정안」에서는 1972년 9월부터 사회주의 아동심리학에 근거하여 '당정책교양', '혁명전통교양', '계급교양', '공산주의교양'을 강화했다.

> 유치원시기에 어린이들의 마음속에 형성되는 우리 나라 사회주의조국에 대한 생동한 표상은 감성적이고 직관적인 성격이 강하게 나타나며 어린이들의 생활과 시공간적으로 련결되여있다. 새 세대들에게 착취사회와 착취계급에 대한 생동한 표상을 주는것은 계급교양의 중요한 요구이다(전극내, 최정순, 전사흡, 2003, p. 15).

1973년 교육성은 유치원 5세반 교과에 '김일성원수님의 어린시절 이야기'와 '공산주의도덕' 교과를 추가하였다. 김일성의 어린시절 이야기는 '혁명전통교양'을 명분으로 다음과 같이 1930년대 김일성의 '항일혁명투쟁' 과정을 윤색하여 교육하는 데 초점이 맞추어졌다.

> 교양실의 한가운데에 디오라마가 놓여있다. 유아들은 디오라마 책상에 둘러앉아 있

고, 교사는 디오라마 책상 앞에 서 있다.

교사: 이 산은 무슨 산입니까?

유아: (다 같이) 백두산입니다.

교사: 백두산은 어떤 산입니까? 명희 어린이!

유아(명희): 원수님께서 고무총으로 일제 놈을 때려 부순 산입니다.

교사: 원수님께서는 고무총으로 어떤 놈을 쏘시었습니까?

유아: (다른 유아가 앉은 상태에서 대답한다) 일제 경찰 놈을 쏘시었습니다.

교사: 왜 사금파리로 일제 경찰을 쏘셨습니까?

유아: (그 여아가 일어서서 대답한다) 일제를 미워하는 마음이 크셨기 때문입니다.

교사: 원수님의 고무총에 혼이 난 일제 경찰 놈은 어떻게 했습니까?

유치원 1년 의무교육 부분 시행

1973년 4월 9일 김일성은 최고인민회의 제5기 제2차 회의에서 「사회주의헌법」 제39조를 근거로 하여 다음과 같은 내용이 담긴 「전반적10년제고중의무교육과 1년제학교전의무교육을 실시할데 대하여」 법령을 채택하였다.

> 우리 당은 혁명과 건설의 새로운 요구를 정확히 반영하여 이미 력사적인 우리 당 제5차대회에서 6개년계획기간에 10년의무교육에로 넘어갈데 대한 강령적과업을 제시하였으며 당중앙위원회 제5기 제4차 전원회의에서는 전반적10년제고중의무교육과 1년제학교전의무교육을 실시할데 대한 현명한 방침을 내놓았다 … 1년제학교전의무교육은 만 5살의 어린이들에게 인민학교에 입학하기 위한 체계적인 준비교육을 주는 새로운 형태의 학령전의무교육제도이다 … 2. 조선민주주의인민공화국 북반부의 모든 지역에서 1972~1973학년도부터 1년제학교전의무교육을 실시한다. 1) 1년제학교전의무교육을 1972~1973학년도부터 점차적으로 실시하여 1975~1976학년도까지 공화국 북반부의 모든 지역에서 전면적으로 실시한다. 2) 1년제학교전의무교육은 학령전어린이들에게 어려서부터 집단주의정신을 키워주며 인민학교에 입학하기 위한 준비교육을

> 주어 전반적10년제고중의무교육을 성과적으로 실시할수 있도록 안받침한다. 3) 1년제학교전의무교육을 받는 대상은 만 5살의 모든 어린이들이다. 전반적10년제고중의무교육과 1년제학교전의무교육의 실시와 관련하여 일부 교종들의 학제를 고친다 … 교원양성체제를 일부 고친다. 3. 전반적10년제고중의무교육과 1년제학교전의무교육의 실시와 관련하여 일부 교종들의 학제를 고친다 … 인민학교 교원과 유치원교양원은 교원대학에서 양성한다. 1972~1973학년도부터 교양원대학을 교원대학으로 개편한다(김일성, 1984c, pp. 307-310).

「전반적10년제고중의무교육과 1년제학교전의무교육을 실시할데 대하여」 법령에 따라 1972년 9월부터 7세였던 인민학교 입학연령은 6세로, 3년제(4~6세)이었던 유치원은 2년제(4~5세)로 각각 변경했다. 아울러 집단주의 정신과 인민학교 취학 준비교육을 위해 유치원의 5세반 유아를 대상으로 실시되는 1년 동안의 취학전 의무교육은 1975~1976학년도까지 전면 실시를 목표로 하여 추진했다. 1975년 4월 10일에 열린 11년제 의무교육에 관한 법령 집행총회를 통해 북한은 11년제 의무교육의 목표가 달성되었음을 공표하였다. 그러나 유치원에서 1년의 학교전의무교육이 전면 실시된 해는 1976년이었다.

교양원

분단 이후 북한은 유치원 교사인 교양원 양성을 위해 평양에 보육전문학교를 개설하고, 지방의 일부 사범전문학교에 '보육과'를 병설하였다. 1950년대에는 모든 사범전문학교에 6개월 또는 1년 과정의 보육과를 병설하여 유치원 교양원을 양성하도록 했다. 시, 군 지역에는 6개월 과정의 교양원 양성소를 설치하여 급증하는 교양원 수요를 충족시키도록 조치했다. 다른 한편으로, 재직 중인 교양원은 김일성의 혁명사상으로 무장하도록 '사상교양사업'을 진행하였다(김재한, 1986).

1967년 9월 1일 북한은 '사범교육을 전문화할데 대한 당의 조치'에 따라 5년제 중학교 졸업생 중 우수한 자를 선발하여 3년제 교양원 대학에서 교양원을 양성하기 시작하였다. 교양원대학의 교육과정은 “사회정치과목과 예능과목을 비롯한 일반과목 그리고 유치원교육학, 아동심리학과 같은 전문과목들”(조선대백과사전2, 1995. p. 623)로 구성되었다. 교양원대학 개설에 맞추어 중학교 졸업생을 대상으로 한 교양원 단기강습 또한 성행했다.

유치원 1년 의무교육이 1972~1973학년도부터 부분적으로 실시되면서 교양원대학은 인민학교 교원양성기관인 교원대학에 통합되었다. 이후 유치원 교양원은 3년제 교원대학의 교양원학과에서 양성하게 됐다. 한편, 김정일(1994)은 ‘전반적11년제 의무교육을 실시하는데서 교원들의 책임성과 역할을 높이자’를 주제로 한 1973년 7월 12일 당중앙위원회 교육부 책임 일군들과의 담화에서 교원의 역할에 대해 다음과 같이 역설하였다. 교원은 “학생들을 공산주의적사상의식을 소유한 열렬한 혁명가로 키우는 교양자”로서 “위대한 수령님께서 창시하신 주체사상”으로 무장해야 한다. 그리고 교원의 가장 중요한 덕목은 “당과 수령에 대한 충실성”이다.

탁아소

탁아소규칙 채택

1947년 6월 13일 북한은 보건국 규칙 제3호로「탁아소직제」를 채택하였다. 더 나아가 6월 17일에는 보건국 명령 제5호로 탁아소 설치 및 운영에 관한 사항을 규정한「탁아소규칙」을 채택하였다. 탁아소규칙은 소련으로부터 도입한 마르크스 · 레닌주의와 조기 집단교육 이론에 기초하여 마련된 것으로서 다음과 같은 내용을 담고 있다.

> 제1조 탁아소는 근로부를 위하여 유아를 맡아 보육함을 목적으로 한다. 탁아소는 생후 30일부터 만 3세까지의 아동을 보육한다.
>
> 제2조 탁아소는 각급 인민위원회, 공공단체, 기업소 또는 개인이 그 비용으로 이를 설립할수 있다.
>
> 제5조 탁아의 보육은 그의 건전한 신체적 및 정신적발육을 위하여 모든 과학적연구의

결과를 기초로 하여 각 탁아의 발육정도에 따라서 가장 적절하게 실시하여야 한다.

제6조 탁아수는 30명으로부터 120명까지 한다. 기업소에 설치하는 탁아소의 탁아수는 30명이하로도 될수 있다.

제7조 보육원 1인이 담임하는 유아는 10인내지 20인으로 한다.

제8조 탁아소의 보육원은 다음 각호에 해당한 자로 한다.

1. 간호원 또는 조산원자격을 가진자
2. 보육학교 졸업자
3. 인민학교교원 또는 유치원보모

제13조 탁아소에는 소관위원장의 허가를 받아 탁아식사에 대한 실비를 부모에게서 받을수 있으나 그 수입의 10%를 초과할수 없다.

제17조 탁아소의 보육시간수는 1일 8시간내지 24시간으로 한다. 휴업일은 노동법령에 제정한 바에 의한다.

1948년 2월 15일에는 '3 · 8국제부녀절'(세계 여성의 날)을 기념하여 '3 · 8탁아소'를 설립하였다. 그리고 같은 해 12월 23일에는 보건성 규칙 제1호로 「유아상담소에 관한 규정」을 제정 · 시행하였다. 이 규정은 출생에서부터 3세까지 영유아의 "건전한 발육을 보건위생적으로 보호하며 유아질병에 대한 예방 및 치료를 목적으로"(제1조) 한 것이었다.

탁아소에 관한 규정 제정

1949년 2월 1일 북한은 1948년 제정 헌법의 남녀평등 조항에 근거하여 보건성 규칙 제1호로 「탁아소에 관한 규정」을 제정하였다. 이 규정 제1호를 보면, 탁아소는 "생후 1개월부터 만 3세까지의 유아"를 대상으로 한다고 되어 있는데, 이는 「탁아소규칙」 제1조의 내용과 다르지 않다. 그러나 보다 구체적으로 들어가면 다소 다른 측면이 나타난다. 「탁아소규칙」에서는 "근로부를 위하여"라고 단순하게 진술하고 있지만, 「탁아소에 관한 규정」에서는 탁아소의 일차적인 목적이 여성 근로자의 노동 생산성 제고에 있음을 분명히 밝혔다.

> 제1조 탁아소는 생후 1개월부터 만 3세까지의 유아를 가진 로동여성으로 하여금 로동생산성을 제고시키며 또한 정치, 사회 및 문화생활에 참가할수 있도록 건전한 유아를 양육시키는데 방조함을 목적으로 한다.
>
> 제2조 탁아소는 국가 및 사회단체에서 이를 경영한다.
>
> 제3조 탁아소의 사업범위는 다음과 같다.
>
> 유아의 건전한 발육과 양육에 대한 대책수립 및 그의 실시
>
> 유아 질병예방
>
> 가정생활에 있어서 유아의 양육사업에 대한 위생적문화적습성의 함양을 위한 대책수립 및 그의 실시

탁아소에 관한 규정에 따르면, 탁아소는 연령별로 반을 구성하며 반당 정원은 17~18명으로 하고(제10조), 생후 7개월까지는 모유 수유를 원칙으로 한다(제13조). 도시에 소재한 탁아소는 10시간 이상 보육이 가능한데, 이는 1세 이상 영아에게만 해당된다(제18조). 탁아소 소장은 "의사, 펠셀, 조산원 또는 간호원의 자격이 있는 자"(제1호), "보육학교를 졸업한 자 또는 인민학교교원의 자격이 있는 자"(제2호)이어야 한다. 다만 "제2호에 해당한 자는 탁아소소장 강습을 받아야 한다"(제23조).

1953년 6월 북한은 이른바 '본격적인 인민경제복구발전과 사회주의건설'에 돌입하였다. 사회주의건설을 목표로 한 정책은 '사회주의기초건설시기'(1953~1960), '사회주의전면적건설시기'(1960~1970)로 나뉘어 1953년 7월부터 1970년까지 진행되었다. 북한이 사회주의기초건설 시기에 이룩하고자 했던 정책은 '농업집단화정책', '전농민의 집단화작업제', '상공업의 국유화' 등이었다.

사회주의건설에 여성 노동력을 동원하기 위해 탁아소는 오전 7시부터 오후 7시 30분까지 12시간 30분 운영했다. 그러나 탁아소에 원아들이 갑자기 늘면서 원아들은 과밀 상태에서 돌봐졌다. 1960~1967년 탁아소의 시설수와 원아수 변화추이를 살펴보면, 시설수는 1960년 7,626개에서 1967년 7,043개로 감소했던 반면, 원아수는

1960년 344,489명에서 1967년 787,504명으로 2배 이상 증가했다. 탁아소는 시설 규모가 작은데도 불구하고 시설당 원아수가 1960년 45명에서 1967년 112명으로 증가했다는 사실은 1960년대 중반 탁아소내 집단(학급) 과밀 현상이 얼마나 심각했었는지를 말해준다.

보육원

분단 이후 유치원의 교양원과 탁아소의 보육원은 평양에 개설된 보육전문학교 및 지방의 일부 사범전문학교에 병설된 보육과에서 양성했다. 특히, 1960년대 보육원 양성은, 김일성의 1959년 6월 '보육원들을 더 많이 양성할데 대하여' 지시에 따라, 도시와 산업지구의 경우 공장, 기업소에 자체적으로 설치한 '보육원학교'(3개월 과정), '야간보육원학교'(6개월 과정)에서, 그리고 농촌의 경우 이동강습소에서 이루어졌다(김재한, 1986). 1960~1970년대 보육원 재교육은 주로 도, 시, 군에 조직된 '보육원이동강습대'를 통해 '정치사상교양'과 '기술실무강습' 중심으로 이루어졌다.

1976~1994년
주체사상과 사회주의교육학에 의한 「어린이보육교양법」 제정 및 유치원 1년 의무교육화

영유아 교육 · 보육 이념으로서의 주체사상과 사회주의교육학

주체사상의 근원은 김일성(1980)이 1955년 12월 28일 노동당 선전 선동 일군들 앞에서 한 연설 '사상사업에서 교조주의와 형식주의를 퇴치하고 주체를 확립할데 대하여'에서 찾을 수 있다. 그에 따르면, 주체사상은 "맑스-레닌주의의 일반적 진리와 국제혁명운동의 경험을 자기 나라의 역사적조건과 민족적특성에 맞게 적용하여 나아가는 현실적이고 창조적인 입장"(p. 560)이다. 그러나 주체사상이 공식 석상에서 처음 소개된 시점은 주체 확립노선을 제시했던 김일성의 1965년 4월 14일 인도네시아 연설에서라고 한다(조선로동당출판사, 1982).

1966년 8월 12일 노동신문은 '자주성을 옹호하자'라는 사설에서 "사상에서의 주체, 정치에서의 자주, 경제에서의 자립, 국방에서의 자위–이것은 우리 당의 일관된 방침이다"라고 강조했다. 주체, 자립, 자주, 자위의 차원에서 논의되어 오던 주체사상의 기본 원칙은 1967년 12월에 북한의 통치이념과 지도사상으로 확정되었다(김병로, 1993). 이러한 입장은 1972년 1월 10일 일본신문 기자들이 제기한 질문에 대한 김일성의 답변에 잘 드러난다.

> 주체사상은 우리 당의 유일한 지도사상이며 조선민주주의인민공화국의 모든 활동의 지도적지침입니다 … 우리는 혁명과 건설에서 주체사상을 확고한 지도적지침으로 삼고 모든 분야에서 주체를 철저히 세우고 있습니다(김일성, 1984b, pp. 23-59).

1972년 12월 27일 김일성은 최고인민회의 제5기 제1차 회의를 통해 주체사상에 기초한 「사회주의헌법」을 채택하고 마르크스 · 레닌주의에 기초한 「인민민주주의헌법」을 폐기하였다. 새 헌법에 따르면, 북한은 "조선로동당의 주체사상을 자기 활동의 지도적지침"(제4조)으로 한 '자주적인 사회주의국가'(제1조)이다. 「사회주의헌법」 제정으로 당 주석이 국가권력을 장악하는 수령 유일체제는 법 제도적으로 정당화되었다. 이 법 제39조에 따르면, "국가는 사회주의교육학의 원리를 구현하여 후대들을 사회와 인민을 위하여 투쟁하는 견결한 혁명가로, 지덕체를 갖춘 공산주의적 새 인간으로 키운다."

「사회주의헌법」에 명시된 다음의 사항들은 1976년 제정된 「어린이보육교양법」에 인용되었다. "국가는 모든 어린이들에 대하여 1년동안 학교전의 의무교육을 실시한다. 국가는 모든 학령전어린이들을 탁아소, 유치원에서 국가와 사회의 부담으로 키운다"(제43조). 유치원 · 탁아소는 "《전체는 하나를 위하여 하나는 전체를 위하여》라는 집단주의원칙"(제49조)에 따라야 한다. "국가는 산전산후휴가의 보장, 여러 어린이를 가진 어머니들을 위한 노동시간의 단축, 산원, 탁아소 및 유치원망의 확장, 그밖의 시책을 통하여 어머니와 어린이를 특별히 보호한다"(제62조).

1974년 2월 12일 북한은 당중앙위원회 제5기 제8차 전원회의를 통해 '당의 유일사상체계확립의 10대원칙'을 채택하였다. 이러한 맥락에서 각급 학교는 주체사상과 '수령절대주의'에 따라 '김일성 수령에 대한 충성' 교육을 강화했다. 수령절대주의에 따르면, 인민대중이 사회역사적 주체가 되기 위해서는 사상개조가 필요하고, 사상개조는 이른바 인민대중의 최고 수뇌이자 유일한 지도자인 '위대한 수령' 김일성에 의해서만 가능하다. 그리고 북한이 만들어낸 '사회주의대가정론'에 의하면 수령은 아버지로서 당과 인민대중의 절대적인 존재이다. 그러므로 김일성 유일체제의 형성과 유지를 위해 각급 학교는 공산주의적 인간이 지녀야 할 핵심적인 덕목인 '수령에 대한 충실성'을 가르쳐 정치 사회화해야 한다는 것이었다.

주체사상은 "혁명과 건설의 모든 분야에서 주체를 세우기 위한 지침"(주체과학원, 1985, p. 8)으로서 김일성 일인 독재 체제를 정당화하는 이론이 되었다. 그리고 김일성 수령에 대한 충성심은 사회주의 주체 국가 형성을 위한 지름길로 정당화되었다. 그에 따라 김일성 우상화 교육은 유치원과 탁아소의 핵심 교육내용으로 자리 잡게 되었다.

사회주의교육학

사회주의교육학의 기본원리에 대한 진술은 1971년 12월 27일 열린 전국 교원대회에서 했던 김일성의 연설문 '교육사업에서 사회주의교육학의 원리를 철저히 구현할데 대하여'에 잘 드러난다.

> 사회주의교육학의 기본원리는 청소년들을 공산주의적으로 교육교양함으로써 그들을 혁명화, 로동계급화하는것입니다 … 학교교육사업에서 마땅히 학생들을 혁명화, 로동계급화하는 사업 … 이것이 사회주의교육학의 기본원리로 되여야 합니다 … 우리가 지향하는 공산주의는 과학적공산주의입니다 … 학생들을 집단주의사상으로 교육교양하여야 합니다. 집단주의는 사회주의, 공산주의 사회생활의 기초를 이루고 있습니다

…《하나는 전체를 위하여, 전체는 하나를 위하여》 모든 사람들이 서로 도우면서 일하는 것은 사회주의, 공산주의 사회의 기본요구입니다 … 새 세대들을 참다운 공산주의자로 키우기 위하여서는 낡은 사회의 생활양식을 버리고 새로운 사회주의적생활양식대로 일하며 생활하도록 교육교양하여야 합니다 … 교육사업에서 사회주의교육학의 원리를 철저히 구현하기 위하여서는 사회주의사회에 맞는 아동심리학을 만들며 그에 기초하여 학생들을 교육교양하여야 합니다 … 가정에서보다 유치원이나 학교에서 어린이들을 더 잘 교육교양하는것은 교원들이 아동들의 심리적특성에 맞게 가르치기 때문입니다(김일성, 1984a, pp. 562-585).

사회주의교육학에 관한 해설은 1973년 '사회주의교육학에 대하여', 1975년 '주체사상에 기초한 사회주의교육리론'에서도 볼 수 있다. 이보다 상세한 해설은 1977년 9월 5일 당중앙위원회 제5기 14차 전원회의에서 채택되었던 '사회주의교육에 관한 테제'에 잘 나타난다. 사회주의교육에 관한 테제에 따르면, "사회주의교육의 목적은 사람들을 자주성과 창조성을 가진 공산주의적혁명인재로 키우는것"이고, "사회주의교육학의 기본원리는 사람들을 혁명화, 로동계급화, 공산주의화하는것이다." 그리고 유치원 교육은 이러한 목적달성을 위해 '교육교양의 첫 공정'으로서 다음과 같은 방향으로 나아가야 한다.

학교전교육의 중심은 학교교육의 기초를 닦는데 주어야 한다. 유치원들에서는 혁명사상교양과 도덕교양을 기본으로 하면서 지적발전에 필요한 교육을 잘하여야 하며 어린이들의 문화적소양을 높이고 몸을 튼튼히 하는데 깊은 관심을 돌려야 한다. 특히 1년 동안의 학교전의무교육을 질적으로 실시하여 어린이들이 학교교육을 원만히 받을수 있는 준비를 갖추도록 하여야 한다. 유치원교육은 어린이들의 심리적특성에 맞게 직관물과 실물을 통한 수업, 노래와 춤, 놀이를 통한 교양을 비롯하여 여러가지 형식과 방법을 잘 배합하여 진행하여야 한다.

후일 김정일은 사회주의교육학은 "위대한 수령 김일성동지에 의하여 처음으로 창시된 주체사상을 사상리론방법론적 기초로 하여 이루어진 주체의 교육학설"이며, 사회주의교육에 관한 테제는 "사람들을 참다운 혁명인재로 키우기 위한 공산주의적교육강령이며, 우리 시대 교육이 나아갈 길을 환히 밝혀준 력사적문헌"(당정책해설도서편집부, 1982, p. 280 재인용)이라고 칭송했다.

유치원 · 탁아소에 관한 법률로서의 「어린이보육교양법」

「어린이보육교양법」 제정과 유치원 1년 의무교육화

김일성은 1976년 4월 29일에 열린 최고인민회의 제5기 제6차 회의에서 「어린이보육교양법」을 다음과 같은 이유로 채택하였다.

> 사람들을 공산주의자로 만들기 위해서는 어렸을 때부터 잘 키워야 합니다 … 녀성들을 사회주의건설에 적극 참가시키기 위하여서는 어린이들을 유치원과 탁아소에서 집단적으로 키움으로써 녀성들의 부담을 덜어주어야 합니다. 이와같이 어린이들을 국가와 사회의 부담에 의하여 집단적으로 보육교양하는것은 그들을 참다운 공산주의인간으로 키우기 위하여 필요할뿐 아니라 녀성들을 혁명화, 로동계급화하기 위하여서는 절실히 필요한것입니다.

「어린이보육교양법」은 영유아 교육과 보육을 통합한 법률로서 '법의 기본'(제1조~10조), '국가와 사회적부담에 의한 어린이양육'(제11조~21조), '문화적이며 과학적인 어린이보육'(제22조~28조), '혁명적인 어린이교육교양'(제29조~37조), '혁명의 후비대를 키우는 혁명가인 보육원', '교양원'(제38조~43조), '어린이보육교양기관과 그에 대한 지도관리'(제44조~58조) 등 총 6장 58조로 구성되어 있다.

「어린이보육교양법」은 "맑스-레닌주의를 우리 나라의 현실에 창조적으로 적용한 조선로동당의 위대한 주체사상을 유일한 지도사상으로 삼는다"(제5조). 영유아를 "주체형의 혁명적 새 인간으로 키우며" 여성을 육아 부담에서 해방하여 사회를 '혁명화,

〈표 2-2〉 1976년 제정 「어린이보육교양법」의 주요 골자

영역	내용
목적	모든 어린이들을 주체형의 혁명적 새 인간으로 키우며, 여성들을 어린이를 키우는 무거운 부담에서 해방하는 신성한 사업을 실현하며, 나라의 사회주의건설을 힘있게 다그치며 온 사회를 혁명화, 노동계급화하는 역사적위업수행에 이바지함(제6조).
책임	모든 어린이들을 탁아소와 유치원에서 국가와 사회의 부담으로 키움(제2조). 어린이들이 비록 탁아소에 갈 나이라 하더라도 탁아소에 보내지 않고 자기 집에서 키우는 것은 그들 부모의 자유에 속함(제3조). 국가와 사회협동단체들은 《제일 좋은것을 어린이들에게》라는 원칙에 따라 어린이보육교양사업에 필요한 모든것을 책임지고 보장함(제12조).
혁명적인 어린이교육 교양	국가는 사회주의교육학의 원리에 근거하여 모든 어린이들을 탁아소와 유치원에서 주체형의 혁명가로 교육교양하는데 선차적인 힘을 넣음(제29조). 국가는 어린이들이 … 우리의 사회주의제도와 휘황한 공산주의 미래를 사랑하도록 교양함(제30조). 국가는 어린이들을 《하나는 전체를 위하여, 전체는 하나를 위하여》라는 집단주의정신으로 교양함(제31조). 국가기관과 보육교양기관들은 … 어린이들이 일하는데 버릇되고(제32조) … 사회의 공동재산을 아끼고(제33조) … 례절바른 품성을 가지며 문화위생적으로 생활하는데 버릇되도록 교양함(제34조). 국가기관과 보육교양기관들은 어린이들에게 … 예술적인 재능을 키워주며 그들의 지능을 다방면적으로 발전시킴(제35조). 국가는 모든 어린이들에게 유치원의 높은반에서 1년동안의 학교전의무교육을 줌(제36조). 국가는 어린이들을 탁아소와 유치원에서 그들의 나이와 심리적특성에 맞게 여러가지 형식과 방법으로 교양하도록 함(제37조).
보육원과 교양원	보육원, 교양원은 주체사상으로 튼튼히 무장하여 혁명적세계관을 확고히 세우며 자신을 철저히 혁명화, 로동계급화하여야 함(제40조). 보육원, 교양원은 어린이들을 문화적으로, 과학적으로 키우고 혁명적으로 교양하는데 필요한 전문지식에 정통하며 해당한 국가적인 자격을 가져야 함(제41조).
어린이보육 교양기관과 그에 대한 지도관리	탁아소는 유치원에 가기 전 시기의 어린이들을 국가적으로, 사회적으로 키우는 보육교양기관임. 유치원은 만 4살~만 5살까지의 어린이들에게 학교에 갈 준비교육을 주는 교육기관의 하나임(제45조). 국가는 탁아소와 유치원을 주택지구와 녀성들의 일터가까이에 합리적으로 배치함. 국가는 녀성들의 사회적활동을 적극 보장하기 위하여 주, 월 탁아소, 유치원을 널리 조직운영함(46조). 탁아소와 유치원에 대한 지도는 중앙의 교육 및 보건행정기관과 지방정권기관들을 통하여 실현함(제47조). 중앙의 교육 및 보건행정기관들은 어린이보육교양에 대한 전반사업을 조직지도함(제48조). 지방정권기관은 관할지역안의 탁아소와 유치원사업을 조직지도함(제49조).

노동계급화'하는 데 목적이 있다(제6조). 이 법의 주요 골자를 제시하면 〈표 2-2〉와 같다.

「어린이보육교양법」에 따르면, 탁아소와 유치원은 '어린이보육교양기관'에 속한다. 그러나 "탁아소는 유치원에 가기 전 시기의 어린이들을 국가적으로, 사회적으로 키우는 보육교양기관이다. 유치원은 만 4살~만 5살까지의 어린이들에게 학교에 갈 준비교육을 주는 교육기관의 하나이다"(제45조)라고 명시함으로써 유치원을 탁아소와 달리 '교육기관'으로 규정하였다.

「어린이보육교양법」에서는 다음과 같이 1년의 유치원 교육을 의무교육으로 규정하였다. "국가는 모든 어린이들에게 유치원의 높은반에서 1년동안의 학교전의무교육을 준다. 학교전의무교육기간에는 어린이들에게 혁명적인 조직생활기풍을 키워주며 문화어, 글자쓰는 법, 셈세는 법 같은 학교교육을 원만히 받을수 있는 기초지식을 준다"(제36조). 이 법에는 또한 "탁아소와 유치원에서는 어린이들을 어머니의 심정으로 따뜻이 보살피며"(제23조)라는 글귀가 있는데, 이는 다음과 같은 김일성(1969)의 가부장적인 사고방식을 반영한 것이라 할 수 있다.

> 가정교육에서는 어머니가 중요한 책임을 져야 합니다. 왜 아버지보다도 어머니의 책임이 더 중요하겠습니까? 그것은 아이들을 낳아서 기르는것이 어머니이기 때문입니다. 어린이의 첫째가는 교양자는 어머니입니다. 어린이들을 키우는것은 원래 녀성들의 책임입니다. 아이들을 키우는것, 그것은 녀성들에게 차려진 어렵고도 무거운 사회적의무인 동시에 그것은 또한 녀성들에게 차려진 기쁨이고 락이고 행복인것입니다.

1979년에는 「사회주의로동법」이 제정되었는데, 이 법에서는 다음과 같이 여성 근로자 지원에 관한 사항을 규정하였다. 여성의 생리, 임신, 출산, 수유를 보장하기 위해 국가는 산전 35일, 산후 42일 총 77일간의 산전 · 산후 휴가를 제공하고(제66조), 야간노동을 금지하고(제59조), 무상 치료의 혜택을 주어야 한다(제79조). 이 법이 1986년 개정되면서 산전산후 휴가는 산전 60일, 산후 90일 총 5개월로 확대되었다. 그러나 실상은 김일성의 특별한 '은혜'를 입은 사람들에게만 법정 휴가가 주어졌다(북한연구소, 1994).

1990년 5월 5일 김일성은 당중앙위원회를 통해 주체사상을 근간으로 한 북한식 사회주의를 제안하며 체제단속을 꾀하였다. 동서독 간의 베를린장벽 붕괴(1989년) 이후 나타난 소련 해체(1991) 등 동유럽 사회주의 진영 붕괴는 대외적으로 북한의 고립을 초래했다. 이러한 상황에서 북한경제는 악화 일로로 치달았다. 위기 극복을 위해 김일성은 1992년 4월 9일 개최된 최고인민회의 제9기 제3차 회의를 통해 개방 의사를 공개적으로 표명하였다. 아울러 마르크스·레닌주의를 삭제하고 주체사상을 근거로 「사회주의헌법」을 개정하였다. 그리고 김일성은 대원수, 김정일은 원수의 호칭을 갖게 되었다.

개정 「사회주의헌법」에 따르면, 북한은 혁명전통을 이어받고(제2조), 주체사상을 지도이념(제3조)으로 하는 '자주적인 사회주의국가'(제1조)이다. 영유아 교육·보육과 관련하여서는 "국가는 모든 취학전어린이들을 탁아소, 유치원에서 국가와 사회의 부담으로 키운다"(제49조)고 명시함으로써 1972년 「사회주의헌법」 제43조를 그대로 유지하였다. 「헌법」 개정 이후 각급 학교와 더불어 유치원은 "위대한 수령님과 친애하는 지도자동지께 끝없이 충직한 혁명전사로 키우기 위한 정치사상교양"(조선중앙통신사, 1992)을 강화했다.

1993년 1월 12일 민주조선에 실린 기사 '날로 더 좋게 변모되는 왕들의 요람'에 따르면, 지난 5년간 1,000여 탁아소가 '영예의 1월 10일 탁아소' 칭호를 쟁취했고, 현재 이 운동에 동참하고 있는 탁아소는 30,000여 개에 달한다. 이러한 성과는 전적으로 "친애하는 김정일동지의 령도와 세심한 보살핌"의 결과라고 주장하였다. '학교전교육 부모의 힘있는 대중운동'이라는 제목의 1993년 1월 26일자 민주조선 기사를 보면, 지난 5년간 170개 유치원이 '영예의 1월 25일 유치원' 칭호를 얻었다고 한다. 참고로, 1월 10일은 김정숙이 1947년 평양에 탁아소를 개설한 날짜이고, 1월 25일은 김정숙이 1949년 평양에 유치원을 개설한 날짜이다.

「어린이보육교양법세칙」 제정과 충성동이·효자동이 육성

북한의 최고 행정기관인 정무원은 「어린이보육교양법」 집행과정에서 제기된 '원칙적문제' 해결을 위해, 즉 "위대한 수령님과 친애하는 지도자 김정일동지의 숭고한 공산주의적의리를 빛나게 구현"하기 위해 1993년 2월 「어린이보육교양법」 후속으로 총 6장 63조로 구성된 「어린이보육교양법세칙」을 제정, 시행하였다. 세칙에 의하면, 어린이보육교양 사업의 기본원칙은 사회적 보육, 수령 · 당의 혁명전통 교양 강화, 국가적 배려의 정확한 실행, 청산리 정신과 방법의 구현, 망명한 외국인 자녀의 보육에 있다. 그리고 어린이교양 사업은 김일성 · 김정일 부자에 대한 충실성, 공산주의적 혁명 · 계급성, 사회주의 애국주의를 핵심 교양으로 하여 실시되어야 한다.

북한 최고인민회의 상임위원회 및 내각기관지인 '민주조선' 1월 19일자 기사에 의하면, 「어린이보육교양법세칙」에서는 다음의 사항을 기본 규정으로 제시하였다.

> 세칙에서는 우리 혁명위업의 계승자들인 어린이들을 사회적으로 키울데 대하여 규제하고 있다 … 세칙에서는 또한 우리 당의 빛나는 혁명전통을 어린이보육교양사업에 철저히 구현할데 대하여 규제하고 있다 … 위대한 수령님께서 항일혁명투쟁시기에 마련하신 어린이보육교양의 영광스러운 전통은 「어린이보육교양법세칙」의 튼튼한 초석으로 된다 … 세칙에서는 또한 우리 당의 혁명사상을 유일한 지도적지침으로 하여 「어린이보육교양법」을 정확히 집행할데 대하여 규제하고 있다 … 세칙에서는 또한 어린이보육교양사업에 대한 지도와 관리에서 위대한 청산리정신, 청산리방법을 관철할데 대하여 규제하고 있다.

민주조선 1993년 1월 21일자, 23일자, 29일자 기사에 의하면, 「어린이보육교양법세칙」에서는 다음의 사항을 어린이보육교양을 위해 국가 기관, 기업소, 사회협동단체들이 지켜야 할 규정으로 제시하였다.

> 세칙에서는 무엇보다 먼저 어린이들을 보육교양하는 사업에서 주체사상의 요구를 철저히 구현해야 한다는것을 규제하고 있다 … 세칙에는 다음으로 《제일 좋은것을 어린이들에게》라는 원칙에 따라 국가 기관, 기업소, 사회협동단체들이 어린이보육교양사업에 필요한 모든것을 책임지고 보장할데 대한 요구가 규제되여있다. 세칙에 의하면 …

> 협동농장들에서는 농장 탁아소, 유치원어린이들에게 공급할 식량을 해마다 결산분배할 때 떼여두어야 한다 … 세칙에는 또한 어린이용품들을 제일 좋게 만들고 값은 생산비를 보상하는 정도 또는 그보다 낮게 정하며 그 차액은 국가에서 부담한다는것이 규정되여있다.
>
> 세칙에서는 탁아소, 유치원들에서 어린이들을 어머니의 심정으로 따뜻이 보살피며 집단보육규범과 위생방역규범의 요구에 맞게 키울데 대하여 규제하고 있다 … 세칙은 다음으로 탁아소와 유치원들에서 영양기준에 따라 여러가지 주식과 새참을 어린이들의 나이와 특성에 맞게 충분히 먹일데 대하여 규제하고 있다 … 세칙에는 또한 어린이들에 대한 체계적인 의료봉사를 할데 대한 문제가 규제되여있다 … 세칙에는 또한 어린이들의 건강과 발육상태를 종합분석하고 해당한 대책을 세우며 어린이보육사업을 과학화하고 끊임없이 발전시킬데 대한 문제가 규제되여있다.

또한 「어린이보육교양법」세칙에서는 김일성 · 김정일의 혁명사상과 당정책에 정통하도록 교양원과 보육원은 혁명적 조직 생활과 실천을 통하여 정치 사상적, 혁명적으로 끊임없이 연마할 것을 강조하였다. 세칙은 김일성 · 김정일에 대한 충실성 교양강령으로 채택되어 '영예의 1월 10일 모범탁아소' 운동과 '영예의 1월 25일 모범유치원' 운동을 통해 북한 전역에 전달되었다. 그리고 세칙을 전달받은 유치원 · 탁아소는 김일성 부자의 '충성동이', '효자동이'로 키우기 위한 우상화 교육을 강행하기 시작하였다. 아울러 유치원은 교양실에 김일성 부자의 고향집, 생활장소, 학습장소에 관한 사진, 디오라마 등의 교수 · 학습 자료들을 비치하였다(리영환, 1993).

1993년 「어린이보육교양법세칙」 시행과 더불어 당 · 수령에 대한 '충실성교양', '공산주의적혁명, 계급성교양', '사회주의적애국주의교양' 등의 사상교양은 유치원 · 탁아소에서 본격화되었다. 충실성 교양은 김일성 · 김정일의 위대성을 알려주어 그들에게 끝없이 충직하는 '충성동이' '효자동이'로 자라도록 가르치는 것이었다. 영유아교육 · 보육에서 충실성이 얼마나 강조됐는지는 다음의 1993년 1월 30일자 민주조선 기사를 보면 쉽게 파악할 수 있다.

> 모든 어린이들을 당과 수령께 충직한 공산주의혁명가로 키우는것은 혁명의 전도와 관련되는 매우 중요한 문제로서 어린이보육교양사업의 내용가운데서 핵을 이룬다. 모든 보육교양기관들에서는 어린이들에게 위대한 수령님의 혁명적가정과 어린 시절, 친애하는 지도자 김정일동지의 어린 시절, 어버이 수령님과 친애하는 지도자동지의 령도의 현명성과 높은 덕성을 체계적으로 알려주어야 한다. 그리고 국가적명절과 기념일에 다양한 행사를 조직하고 어린이들을 위대한 수령님과 친애하는 지도자 김정일동지께 끝없이 충실하도록 교양하여야 한다. 또한 위대한 수령님께서와 친애하는 지도자 김정일동지께서 어린이들에게 돌려주시는 크나큰 사랑과 배려를 잘 알려주어야 한다.

김일성 · 김정일에 대한 충실성 교양을 위해 유치원 일과에 그들의 어린 시절을 미화한 '위대한 수령님의 혁명적가정과 어린시절' 이야기 나누기, '친애하는 지도자동지의 어린시절' 이야기 나누기 등의 시간을 배정하였다. "어린이들이 착취제도를 극도로 미워하고 원수들을 반대하여 끝까지 싸울줄 아는 불굴의 투지와 신념을 간직토록"(어린이보육교양법세칙 제4장) 유치원 · 탁아소는 전쟁놀이를 통해 제국주의, 지주, 자본가에 대한 증오심과 적개심으로 철저히 무장시키는 '공산주의적혁명', '계급성교양'을 강화했다. 아울러 사회주의 조국에 대한 긍지와 자부심, 공산주의는 반드시 승리한다는 신념, 개인보다 집단이 더 중요하다는 집단주의 정신, 노동에 대한 공산주의적 태도 등을 견지하도록 '사회주의적애국주의교양'도 강화했다.

1994년 7월 8일에는 김일성이 사망했고, 이후 김정일이 권력을 승계했다. 자신의 체제기반 구축을 위해 김정일이 택한 방식은 '유훈통치'이었다. 김정일(1998b)은 1994년 11월 1일 노동신문 사설 '사회주의는 과학이다'를 통해 "우리 나라에서는 전체 인민이 수령을 친어버이로 모시고 받들며, 당의 품을 어머니 품으로 믿고 따르며, 수령, 당, 대중이 생사운명을 같이하는 하나의 사회정치적생명체를 이루고 있다"라고 주장하였다. 1995년 10월 2일에는 김일성의 위대성을 강조하며 북한 주민에게 당에 대한 충성을 강력히 촉구하였다. 이러한 맥락에서 유치원 · 탁아소는 김일성 · 김정일에 대한 충실성 교양에 매진했다.

영유아 인구 및 유치원 · 탁아소 통계

출산억제 정책

1970년대 후반 북한은 그동안 시행해 왔던 출산장려 정책을 중단하고 3자녀 이하 출산 권장, 4자녀 이상 출산가정에 대한 식량배급 축소 등을 골자로 한 출산억제 정책을 시행하였다. 1980년대에도 인구 성장세가 멈추지 않자 2자녀 이하 출산 권장, 자녀 수에 따른 출산휴가 차등화, 새 피임법 보급, 혼인 연령 규제 등으로 강화하였다(김두섭 외, 2011; 이삼식 외, 1999). 그에 따라 1975~1980년 24.2%, 3.3명이었던 조출생률과 합계출산율은 1980~1985년 23.0%, 2.8명, 1985~1990년 23.3%, 2.5명 등으로 떨어졌다(김두섭, 1993).

참고로 북한에서 출산억제 정책을 시행했던 시기에 대해서는 Eberstadt와 Banister(1992), 김두섭 외(2011)가 다르게 진술하고 있다. Eberstadt와 Banister(1992)는 북한이 자녀양육비 증가, 여성의 경제사회 활동 감소, 모자보건 등의 문제해결을 위해 1972년에 이 정책을 도입했다(pp. 69-72)고 설명한다. 이와 달리 김두섭 외(2011)는 사회주의 공업화 정책 추진과정에서 부족한 노동력을 여성 노동력으로 충당하고 인구증가에 따른 경제성장 둔화가 남북한 경쟁 관계에 미칠 영향 등을 고려하여 이 정책을 도입했다(p. 253)고 설명했다. 그러나 1976년 4월 제정된「어린이보육교양법」에 다자녀 출산을 장려하는 내용(제21조)이 포함되어 있는 점을 고려하면 1976년 이후인 1970년대 후반에 출산억제 정책을 추진했다고 설명한 김두섭 외(2011)의 진술이 타당하다고 하겠다.

영유아 인구

통계청 북한통계포털에 있는 'UN: 연도별 인구' 통계에 따르면, 1975~1994년 북한 인구는 1976년 16,555,000명, 1980년 17,472,000명, 1985년 18,877,000명, 1990년 20,293,000명, 1994년 21,578,000명 등으로 꾸준히 증가했다. 그러나 1975년 4.00명이

었던 합계출산율은 출산억제 정책의 영향인지 1980년 2.85명, 1985년 2.80명, 1990년 2.36명 등으로 계속 감소했던 것으로 나타난다.

통계청 북한통계포털에 있는 'UN: 연령구간별 인구' 자료(참고: 5세 간격으로 한 0~4세 정보만 제공됨)를 보면, 1975년 2,374,000명이었던 북한의 0~4세 인구는 1980년 1,686,000명으로 대폭 감소했다가 1985년 1,904,000명, 1990년 1,950,000명으로 소폭 증가했다. 다른 한편으로, Eberstadt와 Banister(1992)가 집계한 바에 따르면 1990년 기준으로 0~5세 인구는 2,728,909명이었다. 그러나 북한 중앙통계국의 '인구일제조사자료집'에 의하면, 1993년 기준으로 0~5세 인구는 0세 416,088명, 1세 430,828명, 2세 417,751명, 3세 411,963명, 4세 411,878명, 5세 375,776명 등 총 2,464,284명이었던 것으로 확인된다.

유치원 · 탁아소 통계

1976~1994년 유치원 · 탁아소의 시설수 및 원아수 변화추이는 일부 자료 입수가 가능했던 1976~1991년 통계로 갈음하였다(〈표 2-3〉 참조). 제1차 6개년계획(1971~1976)에 여성 노동력 동원을 위해 북한당국은 도시, 농촌, 공장지대에 주 · 월 단위의 유치원 · 탁아소를 대규모로 설치 · 운영함으로써 1971년 15,400개, 2,150,000명이었던 전체 시설수와 원아수는 1976년에 60,000개와 3,500,000명으로 대폭 증가했다. 그러다가 10년이 지난 1987년에는 47,620개와 2,000,000명으로 각각 감소했다.

1988년 4월 14일에는 최신 시설과 설비가 갖춰진 주탁아소인 '김정숙탁아소'를 개

〈표 2-3〉 북한의 유치원 · 탁아소 시설수 및 원아수(1976~1991년)

연도	유치원		탁아소		전체	
	시설수	원아수	시설수	원아수	시설수	원아수
1976	37,000		23,000		60,000	3,500,000
1987	19,262		28,358		47,620	2,000,000
1991	24,000		36,000		60,000	1,660,000

출처: 조선중앙통신사(1980, 1981). 조선중앙연감; 리영환(1993). 조선교육사 5; 통일원(1996). 북한경제 통계집.

설하였다. 김정숙탁아소는 세계 여성의 날을 기념하여 1948년 설립했던 '3.8탁아소'를 500명의 영유아를 돌볼 수 있도록 연건평 7,600㎡의 5층 건물로 증·개축한 것이었다. 그러나 이 시기 북한에는 기본적인 시설·설비도 갖추지 못한 탁아소가 대부분이었다. 이를테면, 탁아소의 실내는 보육원들이 직접 만든 교구나 놀이감들로 채워졌고, 실외 놀이시설로는 그네와 철봉이 전부였다.

1991년 유치원·탁아소 시설수 및 원아수 자료를 보면(〈표 2-3〉 참조), 전체 시설수는 1976년과 같은 수준인 60,000개로 증가했지만, 전체 원아수는 1976년의 45.7% 수준인 1,660,000명으로 감소했던 것으로 나타난다. 전체 원아수의 감소 배경에는 1970년대 후반부터 추진되었던 출산억제 정책이 작용했다고 할 수 있다. 다만 기관별 시설수를 보면, 1976년 37,000개이었던 유치원은 1987년 19,262개로 대폭 감소했다가, 1991년 24,000개로 소폭 증가했던 것으로 나타난다. 반면에 탁아소는 1976년 23,000개에서 1987년 28,358개, 1991년 36,000개 등으로 꾸준히 증가했던 것으로 나타난다. 탁아소 증가의 배경에는 탁아소 사업 활성화를 중시한 1970~1980년대 여성의 혁명화·노동계급화 정책이 크게 작용했다고 할 수 있다.

유치원

유치원 유형

유치원은 일일제와 기숙제로 구분할 수 있다. 일일제 유치원은 평일 9~10시간 운영했다. 기숙제 유치원은 주로 취업모들이 출장 기간에 이용했다. 기숙제의 유형은 월요일부터 토요일까지 기숙하는 주유치원, 10일간 기숙하고 1일 가정에서 지내는 10일유치원, 1개월간 기숙하고 1일 가정에서 지내는 월유치원 등 세 가지로 구분된다. 이 가운데 북한 교육당국은 "어린이들이 10일 동안 집단생활을 하니까 사고력이 빨리 발달해서 학교전의무교육을 보다 질적으로 보장"(누구나 배우는 나라, 1989)한다는 이유를 들어 10일유치원 운영을 권장했다.

유치원 1년 의무교육 전면 시행

1976년 6월 1일 「어린이보육교양법」 시행으로 1973년부터 부분적으로 실시되던 '1년제 학교전의무교육'은 전면 실시로 바뀌었다. 다시 말해 유치원의 '높은반', 즉 5세반 교육은 1976년 6월부터 북한 전역에서 의무적으로 이루어졌다. 1980년대 초에는 당 간부들이 주로 거주하는 지역에 대규모 유치원을 건설하기 위해 막대한 예산을 투입하였다. 그 대표적인 예로는 1982년에 개설된 창광유치원이 있다. 창광유치원은 엘리베이터까지 설치된 연건평 13,000㎡ 규모의 10층 건물로 5,000명의 원아를 교육 · 보육하도록 교양실, 활동실, 침실, 세면실, 악기실, 종합 놀이실, 율동실, 물놀이장, 동식물 표본실을 갖추었다.

북한 교육당국은 모든 유치원에 필요한 모든 물자를 중앙에서 관리 · 공급하고 있다고 했으나, 실제로는 그렇지 않아 유치원 교육환경은 매우 열악했다. 방공호, 나무총, 탱크 등 전투용 모조 무기, 적군 모형과 같은 전쟁 놀이감으로 가득 찬 활동실, 김일성 · 김정일 우상화 교육용 자료들을 비치한 교양실, 유아 키 크기의 그네와 철봉뿐인 실외놀이터가 전부였다. 그리하여 자유시간만 되면 유치원 밖에 나가 노는 원아들도 많았다. 북한에서 유치원 · 탁아소 교사로 근무했던 한 북한이탈주민에 따르면, 교수 · 학습 자료를 만드는 데 필요한 재료도 부족해 학부모에게 의존하는 유치원도 적지 않았다고 한다.

교육과정 개정을 통한 김일성 · 김정일 우상화 교육 강화

1979년 북한은 최고인민회의 제6기 제3차 회의 교육부문 보고에서 어린이보육교양사업에서 '정치사상교양'을 강화하기로 했다. 이러한 결정에 따라 유치원은 '교양실'에 김일성 초상화, 김일성의 일대기를 다룬 디오라마, 김일성의 어린 시절을 묘사한 다양한 그림 등을 비치하고 김일성 신격화 교육을 집중적으로 실시하였다. 한편, 김일성은 1980년 10월 10일 열린 제6차 당 대회에서 주체사상의 독자성을 강조하며 김정일을 자신의 후계자로 공식화하고, '혁명전통의 계승발전'을 주요 과제로 제시하였다(이교덕, 2001).

1981년에는 김정일을 '친애하는 지도자'로 부르기 시작하였다. 이후 각급 학교에서는 어린이들을 "위대한 수령님과 친애하는 지도자동지께 끝없이 충직한 근위대, 결사대"로 키우는 '사상교양사업'을 강화하였다(리영환, 1993). 유치원 · 탁아소 또한 김일성 · 김정일 부자에 대한 효심과 충성심을 기르는 최적의 '사상교양' 기관으로 이용되었다(리용복, 1984). 이러한 맥락에서 「어린이보육교양법」은 영유아를 김일성과 김정일의 충직한 혁명 전사로 키우는데 필요한 '주체적인 어린이보육교양강령'으로 활용되었다(김재한, 1986, p. 26).

1986년 교육위원회 보통교육부(현 교육성 보통교육국)는 지금까지 해 왔던 김일성 우상화 교육에 덧붙여 김정일 우상화 교육을 제도적으로 뒷받침하기 위해 「유치원과정안」을 개정하였다. 과학백과사전에 제시된 다음의 설명을 보면, 유치원 교육과정 개정 취지가 김일성 부자에 대한 충성심을 키우는 데 있었음을 알 수 있다.

> 어린이들에 대한 정서, 지능교양사업은 어린이들을 명랑하고 락천적성격의 소유자로, 혁명적락관주의로 교양하며 다방면적으로 발전된 공산주의적인간으로 키울뿐 아니라 이 교양을 통하여 위대한 수령님과 친애하는 지도자동지에 대한 끝없는 존경과 흠모의 정을 키우며 우리 나라 사회주의제도를 사랑하고 계급적원쑤를 미워하는 정신으로 키울수 있게 한다(과학,백과사전출판사, 1986, p. 368).

북한의 「유치원과정안」은 '정치사상교양'과 '교육교양'의 2개 영역으로 구분되어 있고, 각 영역에는 관련 교과목이 배치되어 있는 형태로 구성되어 있다. 개정 유치원과정안에서는 정치사상교양에 '경애하는 수령 김일성 원수님 어린시절 이야기'와 '친애하는 지도자 김정일동지 어린시절 이야기'의 2개 과목을 배정하고, 교육교양에 '우리말', '셈세기', '관찰', '노래와 춤', '그리기와 만들기', '체육', '놀이' 등 7개 과목을 배정하였다. 참고로 북한 교육의 기저를 이루는 '사회주의교육에 관한 테제'에 따르면, 사회주의교육에서 가장 중시하는 교육과정 영역은 정치사상교양이다.

정치사상교양은 사회주의교육에서 가장 중요한 자리를 차지한다. 정치사상교양을 잘하여야 학생들을 혁명적세계관이 서고 공산주의적인간의 사상도덕적풍모를 갖춘 혁명인재로 키울수 있다. 또한 정치사상교양을 잘하는 기초우에서만 과학기술교육과 체육교육도 성과적으로 진행할수 있다.

정치사상교양 교과 수업은 교육당국이 배포한 시간별 '교수안'에 따라 이루어졌다. 시간별 교수안은 교수목적, 준비 및 관련, 교수흐름(되살리기, 새지식 주기, 다지기) 등으로 구성되었다. '경애하는 수령 김일성원수님 어린시절 교수안(유치원 높은반)' 중 '다섯째시간' 교수안을 예로 들면 다음과 같다.

교수목적

경애하는 수령 김일성원수님께서 어리셨을 때 웃어른들을 존경하시고 례절을 잘 지키신 이야기를 더 잘 알도록 하여 어린이들로 하여금 웃어른들을 존경하는 공산주의적 도덕품성을 가지도록 교양한다.

준비 및 관련

사진 《할아버님께 잘 익은 복숭아를 먼저 올리시는 경애하는 수령 김일성원수님》 《일터에서 돌아오시는 어머님을 반가이 맞이하시는 경애하는 수령 김일성원수님》 《웃어른들을 존경하시는 경애하는 수령 김일성원수님》 △ 참고자료 『김일성원수님의 어린시절』, 1978년판, 51, 88~91페이지

교수흐름

되살리기

전번 시간에는 경애하는 수령 김일성원수님께서 웃어른들을 존경하신 이야기를 배웠습니다. ○ 경애하는 수령 김일성원수님께서는 마을 할아버지에게 무엇을 하시였습니까? ○ 경애하는 수령 김일성원수님께서는 집에 찾아온 손님들에게 어떻게 하시였습니까? 경애하는 원수님께서는 집안 어른들만이 아니라 마을에 사시는 모든

웃어른들을 존경하시였고 인사를 꼭꼭 하시였습니다.

새지식주기

이시간에도 경애하는 수령 김일성원수님께서 웃어른들을 존경하신 이야기를 더 잘 배우겠습니다. (제목 따라말하기를 진행한다.) (《할아버지께 잘 익은 복숭아를 먼저 올리시는 경애하는 수령 김일성원수님》 영상을 정중히 가리키면서) 여기에 모신 사진은 할아버님께 잘 익은 복숭아를 먼저 올리시는 경애하는 수령 김일성원수님이십니다. 만경대 고향집 앞뜰에는 복숭아나무가 많았습니다. (중략) ○ 경애하는 수령 김일성원수님께서는 복숭아가 다 익었을 때 제일 잘 익은 복숭아를 어느 분께 먼저 올리시였습니까? (경애하는 원수님께서는 제일 잘 익은 복숭아를 먼저 할아버님께 올리신 다음에 동무들과 나누어 잡수시였다는 것을 새겨 준다.) 그러면 사진을 보면서 말해 보겠습니다. (교양원이 《여기에 모신 사진은》 하면 어린이들이 《할아버님께 잘 익은 복숭아를 먼저 올리시는 경애하는 수령 김일성원수님이십니다》 하고 이어말하는 방법으로 여러 번 반복하면서 완전히 새겨 준다.) (중략) ○ 경애하는 수령 김일성원수님께서는 웃어른에게 어떻게 하십니까? 경애하는 원수님께서는 길가에서 웃어른을 만나시면 꼭꼭 인사를 하시였습니다. 사진을 보면서 말해 보겠습니다. (이미 진행한 방법대로 이어 말하면서 사진제목을 깊이 새겨 준다.) 그러면 오늘까지 배운 사진들을 앞에 나와서 말해 보겠습니다. ○ 누가 말해 보겠습니까? (여러 어린이들에게 사진제목 말하기를 시키고 평가해 준다.)

다지기

유치원어린이들은 이번 시간에 어떤 마음들을 다졌습니까? 웃어른들을 존경하신 '경애하는 수령 김일성 원수님의 어린시절' 공부하면서 자기가 다진 마음들을 말해 보겠습니다. (어린이들이 결의를 발표하도록 이끌어주고 묶어 준다.)

북한 교육당국이 1993년 유치원용으로 제작, 배포한 영상자료 '우리들의 빨간별 자랑'의 다음 장면을 보면 김정일 우상화를 위해서도 얼마나 그의 어린 시절을 과장, 미화하여 가르쳤는지 파악할 수 있다.

교양실의 교탁 앞에 교사가 서 있다. 교사 뒤의 벽면에는 '만수대' 풍경이 그려진 그림이 가득 붙어 있고, 그림 위쪽 한가운데에는 김일성, 김정일 사진이 붙어 있다. 교양실 한가운데에 디오라마가 2개 놓여있다. 디오라마 주변에는 30여 명의 유아들이 둘러앉아 있다.

교사: 친애하는 지도자 김정일 선생님께서 유치원에 다니실 때였습니다. 그날 유치원에서는 체육경기를 하였습니다. 친애하는 지도자 김정일 선생님께서는 자전거 경기에 나가서 제일 앞에서 씽씽 달려 나가시었습니다. 그런데 이때 뒤에서 '아얏'하고 넘어지는 소리가 났습니다. 친애하는 지도자 김정일 선생님께서는 넘어진 동무에게로 달려가시어 자전거도 바로 세워주시고, 그 동무의 옷도 곱게 털어 주시었습니다. 그러시고는 자전거를 씽씽 달리시었으나 1등을 하시지 못하시었습니다. 그러나 훌륭한 공산주의 혁명 투사 김정숙 어머니께서는 친애하는 지도자 김정일 선생님을 안아 주시면서, 넘어진 동무를 일으켜 세워주었으니 1등 한 것보다 더 훌륭하다고 말씀하시었습니다. 우리 동무들도 친애하는 지도자 김정일 선생님의 어린 시절을 따라 배워서 어려서부터 동무들을 사랑하는 착한 어린이가 돼야 되겠습니다. 모두 그렇게 할 수 있습니까?

유아들: 예(크게 외친다).

교육교양 영역은 지적교육, 정서교육, 체육교육, 놀이 등 4개의 세부 영역으로 나누어져 7개의 과목이 배치되었던 것으로 나타난다. 세부 영역별 과목구성을 보면, 지적교육은 우리 말, 셈세기, 관찰 등 3개 과목으로, 정서교육에 노래와 춤, 그리기와 만들기 등 2개 과목으로, 체육교육에 체육 과목으로, 놀이에 놀이 과목으로 구성되어 있다. 이 중 지적교육은 유치원 교육과정에서 정치사상교양 다음으로 강조하였는데, 그 이유는 다음의 진술대로 지적교육의 궁극적 목적을 김일성 · 김정일에 대한 충실성 배양에 두었기 때문이다.

지적교육에서 무엇보다도 중요한것은 어린이들에게 혁명적학습태도를 싹틔워주는

> 것이였다. 우리는 어린이들에게 충실성교양을 통하여 위대한 수령님과 친애하는 지도자동지의 참된 아들딸들이 되려는 강한 지향을 키운데 기초하여 학습을 잘해야 위대한 수령님과 친애하는 지도자동지께 끝없이 충실한 참된 아들딸이 될수 있다는것을 일깨워줌으로써 어린이들에게 학습에 대한 혁명적관점의 싹을 틔워주었다. 여기에서 중요한것은 어린 시절 위대한 수령님과 친애하는 지도자동지께서 보여주신 혁명적학습기풍의 숭고하고도 위대한 모범을 따라배우도록 교양하는것이였다(김재한, 1986, p. 72).

교육위원회 보통교육부(현 교육성 보통교육국)가 배포한 교수안에 제시된 우리 말, 셈세기, 노래와 춤 영역 관련 교육내용을 살펴보면(〈표 2-4〉 참조), 지적교육뿐만 아

〈표 2-4〉 북한 유치원의 영역별 교육내용 실례

영역	교육내용	
우리 말	어머니	위대한 수령 김일성원수님의 교시와 친애하는 지도자 김정일선생님의 말씀을 높이 받들고 더 많은 알곡을 생산하기 위하여 부지런히 일하고 있는 어머니의 모습을 통하여 로동을 사랑하는 정신을 가지도록 교양한다. 그림내용을 알려주며 《모판》, 《벼모》, 《풍년》의 말뜻을 지도한다.
	자동차	글씨를 곱게 써버릇해야 한다고 하신 친애하는 지도자 김정일선생님의 말씀을 철저히 관찰하도록 교양한다. 『자동차』, 『총』을 읽고 쓰기를 지도한다.
셈세기	하나	경애하는 수령 김일성원수님의 크나큰 사랑으로 우리 유치원어린이들은 과일을 떨구지 않고 먹고 있다는 것을 깊이 인식시켜 어린이들로 하여금 경애하는 원수님을 끝없이 존경하고 흠모하도록 교양한다. 많다에서 하나를 분리할줄 알게 한다.
	둘	경애하는 수령 김일성원수님의 가르치심을 높이 받들고 언제나 남녘 땅 어린이들을 잊지 않도록 교양한다. 둘의 동등류를 만들줄 알게 한다.
노래와 춤	글쓰기 전과 글쓸 때의 춤	어린이들에게 6살에 글공부를 하도록 배려를 돌려주신 아버지원수님의 은덕을 잘 알도록 교양하는 동시에 손목을 부드럽게 놀리도록 하는데 있다.

니라 정서교육 또한 궁극적으로 김일성 부자 우상화에 있었음을 파악할 수 있다. 더 나아가서는 김일성·김정일 우상화 교육을 강화하기 위해 유치원의 교양실을 새로 꾸미도록 지시했다고 한다.

> 모든 유치원들에서 경애하는 수령 김일성대원수님의 어린 시절을 따라배우는 방을 잘 꾸리고 어렸을 때부터 나라를 사랑하신 김일성대원수님, 어렸을 때부터 동무들을 사랑하신 김일성대원수님, 어렸을 때부터 원쑤놈들을 미워하신 김일성대원수님 등에 대한 자료집과 만경대고향집, 군함바위, 낚시터, 학습터 등 만경대의 모든 사적들을 보여주는 사판들을 갖추어놓고 어린이들로 하여금 생동하고 실감있게 어버이수령님의 어린 시절을 따라배울수 있게 하였다. 그리고 친애하는 지도자선생님의 어린 시절에 대하여 이야기, 그림책, 환등, 구연, 영화 등 여러가지 형식과 방법으로 교양함으로써 위대한 수령님에 대한 친애하는 지도자선생님의 충실성의 숭고한 모범을 따라배우도록 하였다. 또한 위대한 수령임과 친애하는 지도자동지께서 어린이들에게 돌려주시는 뜨거운 사랑과 배려, 그 은덕을 어려서부터 잘 알도록 교양하였다(리영환, 1993, p. 92).

1992년에는 1986년 사회주의교육 강화를 목표로 한 인민학교 교육과정 개편과정에서 4학년 정규 교과목으로 채택, 시행하던 '영어' 과목을 폐지하였다. 그에 따라 일부 유치원에서 실시하던 영어교육도 중단되었다.

하루 일과

유치원의 하루 운영시간은 오전 8시부터 오후 5~6시까지로 하되, 교과 수업은 유아의 주의 집중도를 고려하여 30분 '수업'−20분 '휴식' 또는 '몸단련'을 원칙으로 한다(김재한, 1986). 그러나 중국 유치원 교사로서 1991년에 북한의 창광유치원, 옥류2유치원, 기관차제조공장유치원, 택암협동농장유치원을 오랜 시일 참관했던 한 재중 교포의 진술에 따르면, 일일제 유치원은 오전 8시부터 오후 4시 30분까지 운영하고, 기숙제 유치원은 오전 6시에 기상하고 오후 8시에 취침하는 형태로 운영하였다고 한다. 재중 교포와의 인터뷰 자료 및 1976~1994년 출간된 북한 관련 문헌의 분석을 통해 확인된 일일제 유치원(높은반)과 기숙제 유치원(낮은반)의 하루 일과를 소개하면 다음과 같다.

일일제 유치원(높은반)의 경우, 8시에 등원한 원아들은 음악에 맞추어 일렬로 운동장에 나가 교사의 풍금 소리에 맞추어 15분간 '아침체조'를 한다. 이후 교실에 들어가 교양원의 하루 일과에 대한 설명을 듣고, 8시 30분부터 9시 내지 9시 10분까지 방송에서 흘러나오는 김일성 · 김정일 부자의 어린 시절 이야기와 노래를 듣는다. 9시 내지 9시 10분부터 20분간 '휴식' 시간을 가진다. 9시 20~30분부터 10시까지 교과 '수업'을 한다. 10시~10시 20분에 휴식 또는 '새참' 시간을 가진다. 10시 20분~11시에 교과 수업을 한다. 수업 후 운동장으로 나가 40분간 '몸단련', 즉 실외놀이를 한다. 다시 교실에 들어가 '손씻기' 및 점심 준비를 하고, 12시~오후 1시에 '점심'을 먹는다. 1시~3시에 '낮잠'을 잔다. 이후 잠자리를 정리하고 15분간 '낮체조'를 한다. 3시 30분~4시에 교양원이 자체적으로 계획한 '교양원 자체교양' 수업을 한다. 4시부터 4시 15~30분까지 그날 했던 행동들에 대해 공개적으로 자아 비판하고 상호 비판하는 '총화' 시간을 가진다. 이때 비판을 잘한 원아에게는 포상으로 가슴에 '붉은별'을 달아준다. 가능하면 4시 15~30분에 '새참' 시간을 가진다. 4시 30분에 귀가한다.

기숙제 유치원(낮은반)의 경우, 6시에 일어나 7시까지 세수하고 옷 갈아입고, 7~8시에 '아침밥'을 먹는다. 식후 음악에 맞추어 일렬로 운동장에 나가 교사의 풍금 소리에 맞추어 20분간 '아침체조'를 한다. 이후 교실에 들어가 교양원의 하루 일과에 대한 설명을 듣고, 8시 30분~9시에 방송에서 흘러나오는 김일성 · 김정일 부자의 어린 시절 이야기와 노래를 듣는다. 9시부터 30분간 '휴식' 시간을 가진다. 9시 30분~10시에 교과 '수업'을 한다. 10시~10시 30분에 휴식 또는 '새참' 시간을 가진다. 10시 30분~11시에 교과 수업을 한다. 수업 후 운동장으로 나가 40분간 '몸단련'을 한다. 다시 교실에 들어가 '손씻기' 및 점심준비를 하고, 12시~오후 1시에 '점심'을 먹는다. 1시~3시에 '낮잠'을 잔다. 이후 잠자리를 정리하고 '낮체조'를 한다. 가능하면 3시 30분~4시에 '새참' 시간을 가진다. 4시~4시 30분에 '교양원 자체교양' 수업을 한다. 4시 30분~5시에 '총화' 시간을 가진다. 총화 시간에 비판을 잘한 원아에게는 포상으로 가슴에 '붉은별'

을 달아준다. 이후 숙소로 돌아와 '얼굴씻기'를 한다. 6~7시에 '저녁밥'을 먹고, 7~8시에 '텔레비죤 보기' 시간을 가진다. 그러고 나서 취침한다.

교수 · 학습 방법

1984년 7월 22일 김정일은 전국 교육일군열성자회의 참가자들에게 '교육사업을 더욱 발전시킬데 대하여'라는 제하의 서한을 보냈다. 이 서한에서 그는 '사회주의교육에 관한 테제'의 교육적 성과로 '전반적11년제의무교육' 실현을 내세우며 의무교육의 질을 높이기 위해서는 "교육방법을 개선하는것이 매우 중요"한데, 이는 "교수에서 들이먹이는 방법, 베껴주는 방법을 없애고 깨우쳐주는 방법을 구현하는것"이라고 했다. 김정일이 제안한 '깨우쳐주는 방법'은 후일 각급 학교에서 '과학적이며 혁명적인 방법'(과학,백과사전출판사, 1986; 김재한, 1986)으로 적극 활용되었다.

교육위원회 보통교육부(현 교육성 보통교육국)는 사회주의교육을 위해 유치원에서도 '깨우쳐주는 방법', '해설과 설복의 방법', '긍정적모범' 등을 '과학적이며 혁명적인' 교수방법으로 활용할 것을 지시하였다. 깨우쳐주는 방법은 유아들이 '자각성'과 '창조성'을 일깨울 수 있도록 실물이나 그림책, 표본, 영상매체 등을 사용하여 유아의 연령과 심리적특성에 맞게 설명하는 것이다. 해설과 설복의 방법은 유아들이 이치를 알고 깨달을 수 있도록 유아의 연령과 심리적특성에 맞게 인내심을 가지고 알기 쉽게 반복 · 설명하는 것이다. 그리고 긍정적모범은 유아들이 김일성 · 김정일의 어린 시절 행동에 '감화'할 수 있도록 유아의 연령과 심리적특성에 맞게 각색하여 그들에 대해 알려주는 것이다(과학, 백과사전출판사, 1986; 김재한, 1986; 리영환, 1993).

북한 유치원에서 가장 적극적으로 활용하는 교수방법은 김일성 부자에 대한 충성심을 전제로 한 긍정적인 모범에 의한 '감화교양'(리용복, 1982)이었고, 이에 대한 적용은 다음의 영상자료(우리들의 빨간별 자랑, 1993)에서와 같은 방식으로 이루어졌다.

> 교사: 평양 새마을 유치원 어린이들의 빨간별 자랑을 들어보자요.
>
> 유아: 어느 셈세기 공부 시간이었습니다. 선생님은 재미있는 풀이 문제를 제시하였습

니다.

(교사는 교탁 위에 서 있고 칠판에는 산수 문제가 적혀 있다. 유아들은 각자 가로 25cm, 세로 10cm 정도의 상자에 담긴 산수 교재를 책상 위에 올려놓는다. 남아 승룡이는 옆에 앉은 여아 은경이에게 문제 풀이 방법을 차근히 설명하는 장면이 나타난다. 이후 두 사람은 웃으면서 손을 번쩍 든다.)

교사: 선생님은 재미있는 풀이 문제를 제시하였습니다. 승룡이는 답을 일차 찾았으나 손을 들 수 없었어요. 옆에 앉은 은경이가 잘 몰라서 안타까워하는 것을 보았기 때문이었어요. 승룡이는 은경이가 일차 알아맞히지 못한 셈세기 답을 차근차근 설명해 주어서 함께 답을 찾아냈답니다. 승룡 어린이는 어떻게 그런 훌륭한 생각을 하였는지 동무들 앞에서 이야기해 보자요.

승룡: 저는 지도자 선생님의 어린 시절을 따라 배워서 그렇게 하게 되었습니다. 은경이가 안타까워 문제를 풀 때, 선생님이 들려준 친애하는 지도자 선생님의 어린 시절 이야기가 떠올랐습니다.

이 밖에 가정이나 유치원에서 잘못된 행동을 했던 유아에게는 총화 시간에 담임교사와 같은 반 원아들이 '원칙적인 비판'을 하거나 자아 비판하도록 했다(리용복, 1982). 자아비판은 "나는 동생들이 그네를 타고 싶어 하는데도 자리를 내주지 않았습니다. 정말 잘못했습니다. 나도 ○○처럼 동생을 사랑하는 착한 어린이가 되겠습니다"라는 식으로 이루어졌다. 총화 시간에 가장 좋은 평가를 받거나 가장 비판을 잘한 유아에게는 교사가 가슴에 공산주의 상징인 '빨간별'을 달아주었다.

무엇보다도 북한 유치원에서 가장 중시한 교수 · 학습 방법은 유아의 적개심을 유발하는 방법이다. 자본주의에 대한 사회주의의 우월성과 반한 · 반미 의식을 고취하기 위해 노동과 전쟁놀이는 중요한 교수 · 학습 방법이다. 특히 전쟁놀이는 "위대한 수령님과 친애하는 지도자동지께 끝없이 충직한 혁명전사로 키우기 위한 정치사상교육"(조선중앙통신사, 1992)의 방법으로 유치원 현장에서 적극적으로 활용되었다.

공원으로 보이는 곳이다. 봄 또는 초가을 날씨이다. 한 여아(5~6세로 보임)가 가슴에 '내 눈을 사 주세요.'라는 문구가 적힌 커다란 종이를 달고 서서 연설조로 다음의 대사를 읊어 나간다. (그 여아 주위에는 10~15명의 유아와 엄마인 듯한 여성들이 섞여 앉아 있다.) "내가 누구냐고? 얼마 전에 어머니는 약 한 첩 못 쓰고 죽고 우리 아버지는 미국놈 차에 깔려 우리 형제가 굶어 죽게 된 남쪽 땅에서 사는 김지순이야. 그런데 이 일을 어쩌면 좋아요? 우리 아버지가 보고 싶어 병원에 찾아갔는데 글쎄 악귀 같은 미제 승냥이 놈들은 우리 아버지의 병은 안 고쳐주고 돈 없는 사람이라고 독약 주사를 놓아서 죽였어요. 내 눈 팔아 아버지 입원비를 줄려고 했는데 아버지도 어머니도 죽었으니 우린 이제 아버지 없이 어떻게 살아요? 그래서 내 눈을 팔아 동생을 살리려고 해요. 내 눈, 내 눈, 내 눈을 사 주세요. 동생을 살리려고 해요. 우리 동생은 매일 배고파 울고 있는데 먹을 것이 있어야지, 먹을 것이 … 아버지! 보고 싶은 북반구 동무들아, 너희들은 얼마나 행복하니? 나도 너희들처럼 아버지 원수님 품에 안기고 싶어, 안기고 말 테야. 우리 모두 그날 위하여 힘차게 싸워나가자, 그럼 안녕히!" (때로 울먹거리며, 때로 주먹을 쥐고, 때론 손을 굳게 올리며 연설조로 말한다.)

교양원

유치원 교양원의 자격증은 고등중학교를 졸업하고 3년제 교원대학의 제2교원대학 교양원학과에서 교육과정을 이수한 자에게 부여되었다. 교양원학과의 교육과정을 보면, 김일성 혁명역사, 김일성과 김정일의 아동 시기, 주체철학 등의 사회과학 분야, 교육학, 심리학, 수학, 국어 등의 기초과정, 그리고 음악, 미술, 무용, 학교전교육학, 아동심리학, 각 교과의 교육법, 교육실습 등의 전문과정으로 구성되었던 것으로 나타난다. 참고로, 이 시기 교원대학은 인민학교 교사와 체육교사를 양성하는 제1교원대학, 교양원과 무용가를 양성하는 제2교원대학으로 구분되었다. 그리고 북한 전역에는 15개의 교원대학이 존재했다.

교양원은 교원대학 이외의 기관에서도 양성했다. 시 · 군 교양원 양성소, 기타 도(시) · 군(구역)에 설치된 교원 재교육 강습소(대)의 교양원반에서 1년의 교육과정을 수료하고 자격시험을 통과하면 교양원이 될 수 있었다. 다만 교원 재교육 강습소 교양원 반의 입학 자격은 전문학교를 졸업한 사람이나 대학 추천을 받았다가 불합격한 사람으로 제한되었다. 이러한 조건으로 인해 협동농장 간부들의 자녀들이 주로 입학할 수 있었고, 자격증 취득 후에는 협동농장 산하의 유치원에서 일했다. 어찌 됐든 유치원에 근무하는 모든 교양원은 교육위원회 보통교육부(현 교육성 보통교육국)의 '조직생활총화제도'에 따라 수시로 사상성 재무장 교육을 받아야 했다.

탁아소

탁아소 유형

탁아소는 일일제와 기숙제로 구분된다. 일탁아소는 부모의 이용도가 가장 높은 시설로서 생후 1개월부터 취원 가능하다. 운영시간은 통상 오전 7시부터 오후 7시 30분까지 12시간 30분이다. 탁아소는 부모의 일터인 공장, 기업소, 농장 등 200~300명의 작업반당 1개 또는 행정구역별로 설치되어 있다. 기숙제는 월요일부터 토요일까지 기숙하는 주탁아소, 10일간 기숙하고 1일 가정에 머무는 10일탁아소, 1개월간 기숙하고 2~3일 가정에 머무는 월탁아소 등 세 가지 유형으로 구분된다.

주 · 10일 · 월 탁아소는 생후 1년 6개월 이후 취원 가능하며, 주로 출장 가는 취업모(예: 여배우, 여기자, 여교사, 여의사, 기관 또는 기업소의 여성근로자, 두 자녀 이상을 둔 취업모)들이 이용하도록 했다. 행정구역별로 예를 들어, 평양시, 함흥시, 청진시 등에는 2개 구역당 1개, 기타 시에는 2~3개, 군에는 1~2개씩 설치하도록 했다. 그러나 월탁아소의 경우, 평양과 같은 대도시에는 존재하지 않았다. 농촌에서는 농번기에 임시탁아소와 계절탁아소를 개설 · 운영했다.

탁아소의 반(학급)은 6개 반으로 나누어진다. 취원할 영유아의 개월 수에 따라 1~6개월 영아는 '젖먹이반', 7~12개월 영아는 '젖떼기1반', 13~18개월 영아는 '젖떼기2반', 19~24개월 영아는 '교양(밥먹이)1반', 25~36개월 영아는 '교양(밥먹이)2반', 37~48개월 유아는 '유치원 준비반'이다(리용복, 1984). 그러나 이러한 반 구성은 대규모 탁아소에 해당할 뿐이었다. 소규모 탁아소는 연령을 혼합하여 반을 구성하였다.

보육과정

1984년 7월 김정일(1998a)의 '교육사업을 더욱 발전시킬데 대하여' 제안 이후 탁아소에서는 다음과 같이 김일성 · 김정일에 대한 효심과 충성심을 기르는 '교양사업'을 강화했다.

> 탁아소에서의 모든 교양사업은 어린이들을 위대한 수령님께와 친애하는 지도자동지께 끝없이 충직한 혁명전사로 키우는데 기본을 두어야 하며 보육교양사업의 전과정은 위대한 수령님과 친애하는 지도자동지에 대한 충실성교양으로 일관되여야 한다 … 위대한 수령 김일성동지와 친애하는 지도자 김정일동지의 뜨거운 어버이사랑을 알게 하는 교양 … 여러가지 출판물에 모셔진 어버이수령님의 영상과 친애하는 지도자동지의 영상 그리고 미술작품을 통하여 어버이수령님과 친애하는 지도자동지를 잘 알도록 가르쳐야 한다(과학,백과사전출판사, 1986, p. 360).

탁아소에서의 교양사업은 영아 나이 7개월부터 시작하되, '교양과정안'에 의거 연령과 발달 특성에 따라 그 내용과 방법을 달리했음을 다음의 진술을 통해 파악할 수 있다.

> 교양사업은 말을 알아듣기 시작하고 사람을 가려보기 시작하는 젖떼기 시기부터 적극적으로 진행한다. 위대한 수령님과 친애하는 지도자동지의 두터운 배려와 뜨거운 어버이사랑에 대한 고마움을 간직하도록 교양하여야 한다. 첫돌이 지난 어린이들에게는 맛있는 음식, 고운 옷과 신발, 놀이감 등은 모두 어버이수령님과 친애하는 지도자동지께서 주신것이라는것을 일상생활에서 체험하는 모든 기회를 리용하여 반복 가르쳐야 하며 어버이수령님의 초상화에 정중히 인사하도록 교양하여야 한다. 두돌반이상 되면 … 위대한 수령님과 친애하는 지도자동지의 육친적사랑과 크나큰 배려를 어린이들의 구체적인 생활체험을 통하여 그리고 이야기와 여러가지 직관물을 리용하여 더욱 폭넓게 알도록 거듭 가르쳐야 한다. 또한 《교양과정안》에 따라 어버이수령님과 친애하는

지도자동지의 위대성, 어린이들에게 돌려주시는 뜨거운 사랑과 배려를 알게 하는 교양사업을 나이와 심리적특성에 맞게 체계적으로 하여야 한다(과학, 백과사전출판사, 1986, pp. 360-361).

실제로 1980년대 발간된 탁아소의『교양과정안』을 분석해 보면, 교양의 세 가지 구성요인, 즉 '사상교양', '정서, 지능 교양', '좋은 버릇을 키워주는 교양' 중에서 3세 미만 영아는 좋은 버릇을 키워주는 교양에, 3세 유아는 사상교양에 역점을 두도록 했던 것으로 나타난다. 그리고 탁아소의 점심시간을 참관한 MBC(1994)의 다음 영상을 보면, 교양은 일상생활 속에서 이루어졌음을 알 수 있다.

점심시간이다. 탁아소 벽에 있는 김일성 · 김정일 초상화를 향하여 두 손을 높이 들고 "경애하는 아버지 김일성 원수님 고맙습니다. 맛있게 먹겠습니다" 라고 말하면서 초상화에 절을 한다. 초상화를 바라보던 영아들은 절을 하는 보육원을 따라 고개를 숙인다. 그러고 나서 밥을 먹기 시작한다.

하루 일과

일탁아소의 하루 일과는 운영유형 및 학급별로 다소 차이가 있었다. 25~36개월 영아를 대상으로 한 일탁아소 '교양(밥먹이)2반'의 하루 일과는 등원, 간식, '교양'을 위한 대집단 모임, 체조 및 실외놀이, 점심, 낮잠, 간식, 대집단 활동, 놀이, 저녁식사, 귀가 순으로 진행되었고, 교양반에 자녀를 보낸 어머니는 등원과 귀가시에만 탁아소를 방문할 수 있었다. 그러나 일탁아소의 '젖먹이반', '젖떼기1반', 또는 '젖떼기2반'에 자녀를 보낸 어머니는 모유 수유를 위해 출근 후, 오전 1회, 점심 1회, 오후 1회, 퇴근 전 등 총 5회 탁아소를 방문할 수 있었다(MBC, 1994).

주 · 월 탁아소의 하루 일과는 다음과 같은 순으로 진행되었다. 잠 깨기(잠자리 정돈), 세수(대소변보기, 세수하기, 체온 재기), 아침밥 먹기(2교대로 30분씩), 자유시간, 놀이 및 수업(원수님 따라 배우기 노래공부), 손 씻기, 새참(사탕, 과자), 산보, 손 씻기, 점심밥 먹기(2교대로 30분씩), 낮잠준비(손발 씻고 대소변 가리기), 낮잠, 손 씻기(대소변 가리기), 새참(우유), 놀이수업(실외), 손 씻기(대소변 가리기), 저녁밥 먹기(2교대로 30분씩), 자유시간(바깥바람 쏘이기), 목욕(4~5명씩 목욕), 새참(사탕, 과자), 밤잠 준비(손 씻고 대소변보기), 밤잠(밤 11~12시 오줌 가리기) 등이었다.

북한이탈주민들에 따르면, 대부분의 탁아소에서는 일과에 있는 간식(새참)을 제공하지 않았다. 간식을 준다 해도 강냉이를 튀긴 과자가 고작이었다. 그리고 탁아소 입소 시 부모들은 손수건 5장, 기저귀 20개, 베개를 가져가야 했다고 한다. 북한당국이 1992년 평양에 '중앙아동병원'을 설치하고 1993년 '평양 어린이 식료품 공장'을 확장하였지만, 이 시설들은 당 간부를 포함한 특정 계층을 위한 것이었다.

교수 · 학습 방법

북한 보건당국은 1984년 7월 김정일이 제안한 '교육사업을 더욱 발전시킬데 대하여'에 준하여 탁아소에서도 유치원에서처럼 다음과 같이 '깨우쳐주는 방법', '해설과 설복의 방법', '긍정적모범' 등을 교수 · 학습 방법으로 적용하도록 했다.

> ① 어린이들의 나이와 심리적특성에 맞게 깨우쳐주는 방법으로 교양하여야 한다 … 어린이들을 옳게 깨우쳐 나가기 위하여서는 설명, 문단, 직관물 등을 옳게 적용하여야 한다 … ② 해설과 설복의 방법으로 교양하여야 한다 … ③ 긍정적모범으로 감화시켜야 한다 … 무엇보다도 먼저 어버이수령님과 친애하는 지도자동지의 어린시절을 따라 배우도록 어린이들을 교양하여야 한다 … ④ 어른들의 일상생활을 어린이들이 본받게 하며 실천을 통하여 교양해야 한다. 탁아소시기 어린이들은 아직 깊은 추상적생각을 해내지 못하며 대체로 감각기관을 통한 단순한 지각을 통하여 세상을 리해하며 배우게 된다. 이 시기 어린이들의 사고과정의 발달은 직접적인 체험을 계기로 발달하는것이 특징으로 된다 … 그렇기 때문에 교양자로서의 보육원, 교양원과 어머니, 아버지들의 일거일동이 어린이들의 산 모범으로 되여야 한다 … ⑤ 어린이들의 생리적특성과 주의집중능력에 맞게 가르치며 휴식도 충분히 보장하여야 한다(과학,백과사전출판사, 1986,

pp. 370-371).

집단주의 정신과 반한 · 반미 감정을 배양하기 위해 보육원은 영유아에게 전투적인 춤과 노래를 가르치고, 모조 총, 탱크 등을 내주면서 전쟁놀이를 하도록 지도해야 했다. 전쟁놀이의 효과를 높이기 위해서는 적군으로 미군 모형을 만들어 세워놓고 그쪽에 총질하거나 달려들어 구타하도록 지시했다. 북한이 1989년에 제작 · 유포한 다음의 홍보용 영상자료 '누구나 배우는 나라'를 보면, 탁아소의 교육 · 보육 실제가 잘 드러난다.

> 탁아소의 실외놀이터다. 세 살쯤 되어 보이는 운동복 차림의 아이들이 교사의 구령에 맞춰 2줄로 걸어와 멈춰 선다. 양말을 신지 않은 아이들도 더러 보인다. 맨 앞에 서 있는 아이 중 한 아이는 나무로 만든 총을 들고 있다. 교사가 호루라기를 불자 총을 든 아이가 서양인 얼굴이 그려져 있는 그림판 앞으로 뛰어간다. 그리고 그림판 위 얼굴을 총으로 때리고 돌아온다. 이것은 '미국인 때리기 놀이'라는 자막이 나온다. 아나운서가 한 아이에게 다가가 '이름이 뭐예요?' 묻자 아이는 "홍은옥입니다"라 답한다. 뒤에 서 있던 교사가 "이 어린이는 3살입니다. 노래, 춤, 공부 놀이도 참 잘한답니다"라고 덧붙인다. (중략) 탁아소의 교실이다. 교실 벽에는 울다가 잠든 듯한 한두 살 된 아이를 등에 업고 있는 열서너 살 된 한복차림의 여아 사진이 붙어 있다. 그 옆에는 미군으로 보이는 군인들이 총을 쏘고 있고 미군들이 쏜 듯한 총을 맞아 쓰러지는 사람들의 모습을 담은 사진이 붙어 있다. 교사는 사진 앞에 서 있는 15명 정도의 아이들에게 무언가 말하고 있다. 이때 아나운서의 다음과 같은 멘트가 흘러나온다. "허기진 배를 움켜쥐고, 엄마 오기만을 애타게 기다리며 등에 업힌 동생을 달랩니다. 행복할수록 피맺힌 과거를 잊지 말아야 합니다. 계급적 원수, 착취계급과 맞서서 싸워야 합니다."

보육원

탁아소의 보육원이 되기 위해서는 의무교육과정을 이수하고 시 · 군에 설치된 보육원 양성소에서 단기간 교육받은 '여성'이어야 했다. 보육원은 통신, 검정시험을 통해서도 배출되었다. 일정 기준을 충족한 공장과 기업소에서는 3개월 과정의 '보육원학교' 또는 6개월 과정의 '야간보육원학교'를 설치하여 자체적으로 필요한 보육원을 양성했다. 그리고 농한기 농촌에서는 이동강습소를 설치하여 부족한 보육원을 양성했다.

보육원 재교육은 도 · 시 · 군에 조직되어 있는 이른바 '보육과학보급'을 위해 개설된 '보육원이동강습대'에서 이루어졌다. 보육원 이동강습대는 보육 경험이 많고 정치적으로 무장된 사람들로 조직된 상설 기관으로서 재교육 이외에 해당 지역 보육원의 국가 자격시험, 급수시험을 관장했다(김재한, 1986).

1995년 이후: 영유아 교육 · 보육의 정체

허울뿐인 국가 · 사회 부담에 의한 어린이 양육

「어린이보육교양법」에 따르면, "탁아소, 유치원어린이들에게 공급하는 식료품의 값은 국가와 사회협동단체가 부담한다"(제16조), "탁아소, 유치원물자공급기관은 어린이용품, 식료품 같은 어린이보육교양에 필요한 물자를 책임적으로 공급하여야 한다"(제55조). 그러나 1990년대에 들어 북한 주민들은 극심한 기근에 시달렸다. 이는 주체농업에 따른 농업생산력의 급격한 저하, 그리고 그로 인한 만성적인 식량부족에 따른 것이었다.

심각한 급식실태

식량난 속에서 유치원·탁아소에 대한 국가와 사회협동단체의 식료품비와 물자 공급은 중단되었다. 그리하여 탁아소는 기저귀와 같은 기본 물품조차 구비할 수 없었고, 하루 세 번 제공했던 급식은 두 번으로 줄었다. 유치원은 교재·교구가 없는 교실에서 교육했고, 끼니는 한 끼 점심으로 때웠다. 학부모들은 유치원 입학일에 국가 기관에서 발행한 식량을 대신하는 '양권'과 함께 4~7원의 '부식물대'를 납부해야 했다.

아이들 영양공급을 하는 이것이 제대로 되어 있지 못합니다 … 아이들 영양관리 이 자체도 그저 밥 2끼 먹이는 걸로 탁아소 행정은 2끼고 유치원은 한번 먹인다 말입니다. 그래서 거저 이밥을 먹이는 것으로 영양 관리는 끝입니다(MBC, 1994).

1997년 UNICEF가 발표한 자료에 의하면, 이 시기 북한 아동 7명 중 1명꼴로 영양실조 상태에 있었다. 경제난과 대홍수로 인해 폐교·폐원되는 공장부설 유치원·탁아소도 늘었고 정상적인 교육·보육도 불가능했다. 유치원·탁아소 교사들은 급식용 식량 확보를 위해 비배 관리하며 교육용 집기를 마련해야 하는 처지에 놓였다.

저희는 유치원이라고 해도 유치원에서는 토요일, 일요일은 애들을 안 보고 거기는 경비원만 남겨두고 다들 비배관리 가는 거죠. 유치원도 오전만 보고, 오후에는 유치원을 보는 야간반에 선생을 한 명 둬요. 그 선생 한 명이 애들 전부를 관리하고 나머지는 농번기에는 다들 밭에 가서 하는 거죠. 유치원에서는 유아들 먹거리를 해결하라고 좋은 땅을 가지고, 비배관리를 하는 곳에서는 콩이라든가, 조라든가, 수수라든가 거기에서 나오는 소출은 바치지 않아도 돼요. 그러니까 옥수수만 바치고 그런 것은 바치지 않기 때문에 가급적이면 옥수수를 피하고 이런 것을 가지고 유치원이 살아가거든요. 그리고 유치원에서 그런 생산물이 있어야 일체 모든 것을 국가가 대주는 것이 없으니까, 의자라든가 책상이라든가 놀이기구라든가 그런 것을 자체로 보장해야 되니까 거기에서 나오는 소출을 가지고 물물교환을 하는 거죠(조정아 외, 2008, p. 116 재인용).

「어린이보육교양법」에 명시된 "모든 어린이들을 탁아소와 유치원에서 국가와 사회의 부담으로 키운다"는 '어린이양육 원칙'은 그야말로 허울뿐이었다. 유치원 · 탁아소의 재정을 충당하지 못하고 부족한 재원을 학부모 부담으로 떠넘기는 사회협동단체들도 속출하였다. 교원의 처우 또한 갈수록 악화했다. 급여를 제대로 받지 못하는 교원들은 생계유지를 위해 결근하는 등 경제난은 큰 타격이 되었다(한만길 외, 1998).

1998년 9월 5일 김정일은 자신의 권력 기반을 공고히 하고 중앙 집중적 배급시스템의 문제를 해결하기 위해 「사회주의헌법」을 개정하였다. 헌법 개정을 통해 자신의 체제출범을 공식화한 김정일이 '강성대국'과 '선군정치'를 내세우며 군국주의 노선에 따른 통치를 본격화하면서 국고는 고갈되어 갔다(Gause, 2011). 이러한 상황에서, 2013년 UNICEF가 발표한 자료에 의하면 5세 미만 영유아의 15.2%는 저체중, 27.9%는 만성 영양장애, 4.0%는 급성 영양장애, 29%는 심각한 빈혈 상태에 있었다.

통계청의 1990~2021년 북한통계포털에 따르면, 영아사망률(출생아 천 명당)은 1990년 32.11명에서 1995년 64.39명으로 증가했지만, 이후 2000년 60.07명, 2005년 25.63명, 2008년 24.69명, 2010년 23.07명, 2015년 16.83명, 2020년 13.32명 등으로 감소했다. 참고로, 다른 문헌(예: Hassig & Oh, 2009; Lankov, 2013)에 제시된 2008년 영아사망률 통계치를 보면 45명으로 많은 차이가 있다. 5세 미만 사망률(출생아 천 명당)은 1990년 43.4명에서 1995년 72.8명, 2000년 60.0명 등으로 증가했다가 2005년 33.0명, 2010년 29.5명, 2015년 21.1명, 2020년 16.5명, 2021년 15.4명 등으로 감소했다. 5세 미만 저체중 아동 비율은 2000년 12.2%, 2004년 8.5%, 2009년 5.2%, 2012년 4.0%, 2017년 2.5% 등이었고, 5세 미만 발육부진 아동 비율은 2000년 52.7%, 2005년 41.2%, 2010년 29.2%, 2015년 22.3%, 2020년 18.2%, 2021년 17.5% 등이었다.

어린이보육교양법 개정

1999년 3월 4일에는 「사회주의헌법」의 개정 취지에 맞춰 「어린이보육교양법」이 개정되었다. 개정 법률의 가장 큰 특징은 제1조와 제30조에 있던 '공산주의'가 '사회주의'로 변경되었다는 것이다. 이 외의 변경 사항을 소개하면 다음과 같다. 제5조의

"「어린이보육교양법」은 맑스-레닌주의를 우리 나라의 현실에 창조적으로 적용한 조선로동당의 위대한 주체사상을 유일한 지도사상으로 삼는다"는 "「어린이보육교양법」은 학령전어린이들을 탁아소와 유치원 같은 어린이보육교양기관에서 국가와 사회의 부담으로 보육교양하는 제도와 질서를 규제한다"로 변경되었다. 제29조의 "국가는 사회주의교육학의 원리에 근거하여 모든 어린이들을 주체형의 혁명가로 교육교양하는데 선차적인 힘을 넣는다"는 '주체형의 혁명가'를 삭제한 "국가는 어린이들을 탁아소와 유치원에서 사회주의교육학의 원리에 근거하여 교육교양하는 사업에 선차적인 힘을 넣는다"로 변경되었다. 제35조에서는 "탁아소와 유치원은 어린이들에게 우리말을 가르치고 노래와 춤, 악기타는 법을 배워주며 놀이를 다양하게 조직하여야 한다"를 첨가하여 놀이의 중요성을 부각하였다.

영유아 인구 및 유치원 · 탁아소 통계

출산장려 정책

북한은 합계출산율이 1995년에 2.25명으로 떨어지자 1998년 9월 28일에 제2차 전국 어머니대회를 개최하고 출산장려 정책을 시행하였다. 이는 출산율 하락에 따른 김정일의 '아이를 낳을데 대한 지시'에 의한 것이었다. 출산장려 정책에는 다산 여성을 위한 '모성영웅제도' 도입, 다산가정에 대한 추가 식량 배급, 3자녀 이상 가정에 대한 주택 우선 배정 및 탁아소와 유치원 우선 입학, 4자녀 이상 가정에 대한 특별보조금 지급 등이 포함되었다. 그러나 경제난으로 식량 배급이나 주택 우선 배정, 특별보조금 지급과 같은 정책은 집행되지 않았다.

2005년 11월에도 제3차 전국 어머니대회를 개최하며 출산을 장려하였다. 그러나 1995년 2.25명이었던 합계출산율은 2000년 2.01명, 2005년 2.00명, 2010년 1.95명, 2015년 1.93명, 2020년 1.91명, 2022년 1.79명 등으로 계속 하락했다. 출산율 감소 배경에는 1990년대 중반 이후 지속된 경제난과 식량난에 따른 여성들의 미혼과 만혼, 기혼여성의 출산 기피, 부모의 교육비 부담 증가와 같은 요인들이 작용하였다. 특히 식량난은 출산율 감소와 영아사망률 증가라는 양면적 결과를 가져왔다.

영유아 인구

UN의 5세 간격 '연령구간별 인구' 통계에 따르면, 0~4세 인구는 1995년 2,076,000명, 2000년 1,988,000명, 2005년 1,906,000명, 2010년 1,701,000명, 2015년 1,692,000명 등으로 계속 감소했다가 2020년이 되어서야 1,746,000명으로 소폭 증가했다. 반면에, 1995~2020년 북한 인구는 1995년 21,715,000명, 2000년 22,702,000명, 2005년 23,561,000명, 2010년 24,187,000명, 2015년 24,779,000명, 2020년 25,368,000명 등으로 꾸준히 증가했다.

한편, 북한의 2008년 인구센서스 자료에 나타난 평균 초혼 연령과 여성의 경제활동 참가율은 다음과 같다. 평균 초혼 연령은 여성 25.5세, 남성 29.0세이었다. 그리고 20~39세 출산 · 육아기 여성의 경제활동 참가율은 도시의 경우 20~29세 88.4%, 30~39세 83.6%이고, 농촌의 경우 20~29세 90.7%, 30~39세 85.0%이었다.

유치원 · 탁아소 통계

1995~2022년 유치원 · 탁아소의 시설수 및 원아수 변화추이를 살펴보면(〈표 2-5〉 참조), 전체 시설수는 1991년 60,000개에서 1995년 53,000개, 2000년 41,184개 등으로 감소했다가, 2003년에 아주 소폭 증가한 42,312개가 되었으나 2006년에 다시 감소하여 41,638개가 되었다. 이러한 결과는 1990년대 중반 시작된 경제난에 의한 중소공장 폐쇄와 그에 따른 공장부설 유치원 · 탁아소의 휴원 · 폐원에 기인한 것이라 할 수 있다. 그리고 전체 원아수는 1991년 1,660,000명에서 2000년 2,248,416명, 2003년 2,280,000 등으로 대폭 증가했지만 2006년 1,972,774명으로 감소했다. 유치원 · 탁아소의 원아수 감소는 식량난에 따른 영아사망률 및 5세 미만 사망률 증가, 5세 미만 급성 영양장애 등과 밀접한 관계가 있다고 할 수 있다.

기관별로 보면 유치원의 경우, 1991년 24,000개이었던 시설수는 1995~2006년

16,000개에서 13,638개로, 원아수는 1995~2006년 745,000명에서 691,774명으로 각각 감소했다. 참고로, 2001년 UNESCO 보고서에 의하면, 1995년 대홍수로 인해 145개 지역에서 4,120개의 유치원이 유실되었고, 305개의 유치원이 파괴되었다고 한다. 이러한 맥락에서 2003년 37,000명(UNESCO, 2008)이었던 유치원 교원수는 2008년 33,582명(UNESCO, 2015)으로 감소했다. 다른 한편으로, 2018~2022년 유치원 시설수 및 원아수 자료를 보면, 시설수는 14,000개에서 5,300개로 절반 이상 대폭 감소했던 반면, 5세반 원아수는 326,000명에서 333,000명으로 소폭 증가했다.

탁아소의 경우, 시설수는 1991년 36,000개에서 1995년에 37,000개로 소폭 증가했지만 2000년에 대폭 감소한 27,017개가 되었다가 2003~2006년에 다시 소폭 증가하여 28,000개가 되었다. 그리고 원아수는 2000~2003년 1,500,000명대에서 2006년 1,200,000명대로 하락했다(〈표 2-5〉 참조).

〈표 2-5〉 북한의 유치원 · 탁아소 시설수 및 원아수(1995~2022년)

연도	유치원		탁아소		전체	
	시설수	원아수	시설수	원아수	시설수	원아수
1995	16,000	745,000	37,000		53,000	
2000	14,167	748,416	27,017	1,500,000	41,184	2,248,416
2003	14,312	757,000	28,000	1,523,000	42,312	2,280,000
2006	13,638	691,774	28,000	1,281,000	41,638	1,972,774
2008		638,054				
2017		324,000(높은반)				
2018	14,000	326,000(높은반)				
2019	5,300	329,000(높은반)				
2020	5,300	333,000(높은반)				
2021	5,300	337,000(높은반)				
2022	5,300	333,000(높은반)				

출처: United States Library of Congress (2007). Country Profile-North Korea; UNESCO (2008). National report on the development of education in the Democratic People's Republic of Korea; 중앙통계국(2009). 조선민주주의인민공화국 2008년 인구일제조사 전국보고서; 통계청 북한통계포털(2017~2022), 북한통계.

2015년 UNESCO 보고서에 의하면, 2009년 기준으로 3~4세아의 유아교육 · 보육기관 취원율은 97.8%이었다. 연령별로 보면, 3세 유아의 취원율은 97.1%이고, 4세 유아의 취원율은 98.6%이었던 것으로 나타난다.

유치원

교육과정 개정

이 시기 '고난의 행군'이라는 구호가 재등장하였다. 김정일은 1996년 당, 군, 청년보 공동사설에서 "백두밀림에서 창조된 고난의 행군정신으로 살며 싸워" 대기근을 극복할 것을 촉구하였다(정치학대사전편찬위원회, 2002). 그리하여 유치원과 인민학교에서는 정치사상 교육을 통해 "새 세대들이 경애하는 장군님만을 믿고 따르는 충성동이, 효자동이로 자라나도록"(조선중앙통신사, 1998, pp. 221-223)하고, "강행군정신을 적극 따라 배워 경애하는 장군님께 끝없이 충실한 주체형의 인재로 자라나도록"(조선중앙통신사, 1999, pp. 189-191) 하는 데 치중했다.

1996년에 새 학년도 시작일을 9월 1일에서 4월 1일로 변경하였는데, 이는 2~4월에 있는 김일성 · 김정일의 생일에 맞춰 졸업식과 입학식을 축제 분위기 속에서 치르기 위해서였다. 더 나아가 김일성과 김정일에 의해 각각 발표되었던 '사회주의교육에 관한 테제'와 '교육사업을 더욱 발전시킬데 대하여'에 기초하여 유치원을 포함한 각급 학교 교육과정을 개정하였다(Yang, 2003).

1996년 개정 유치원 교육과정에서는 1992년에 승격된 김일성, 김정일의 호칭을 적용하여 '경애하는 수령 김일성원수님 어린시절 이야기'와 '친애하는 지도자 김정일동지 어린시절 이야기'이었던 정치사상교양 과목의 명칭을 '경애하는 수령 김일성대원수님 어린시절 이야기'와 '위대한 령도자 김정일원수님 어린시절 이야기'로 바꾸었다. 유아의 정서, 소질, 재능을 키워주고, 집단주의와 조직성을 심어준다는 명목으로 '노래와 춤' 교과에 가장 많은 시간을 배정하였다. 아울러 유치원의 교육 수준을 높인다는 명분으로 김정숙의 모범유치원 창립일을 딴 '영예의 1월 25일 모범유치원 칭호

쟁취운동'을 전개하였다.

1998년에는 김일성의 부인이자 김정일의 생모였던 김정숙을 기리기 위해 사상교양 과목으로 김정숙 어린시절 이야기를 채택하였다. 그에 따라 유치원의 정치사상 교양과목은 '경애하는 수령 김일성대원수님 어린시절 이야기', '위대한 령도자 김정일원수님 어린시절 이야기', '항일의 녀성영웅 김정숙어머님 어린시절 이야기' 등 3개 과목으로 늘어났다.

「교육법」 제정

1999년 7월 14일 최고인민회의 상임위원회는 21세기의 시대적 요구에 부응하는 과학기술 교육체제 확립을 위해 정령 제847호로 「교육법」을 채택하였다(UNESCO, 2004). 총 6장 52조로 구성된 「교육법」은 2000년 4월 최고인민회의 제10기 3차 회의에서 승인되었다. 이 법에 따르면, 「교육법」의 사명은 "사회주의교육을 더욱 발전시키고 자주적인 사상의식과 창조적인 능력을 가진 인재를 키워내는데"(제1조) 있다.

「교육법」에서 규정한 학교교육기관은 "인민학교, 고등중학교, 전문학교, 대학과 박사원 같은것"이다(제20조). 유치원은 학교교육기관이 아니라는 것이다. 그러나 지방정권기관은 "보통교육부문의 교원과 [유치원] 교양원양성 같은 사업을 조직지도하여야 한다"(제47조)는 조항을 보면, 유치원을 일종의 보통교육기관으로 규정했음을 알 수 있다. 「교육법」 제29조에는 정치사상교육, 과학기술교육, 체육, 예능교육에 관한 사항이 명시되어 있는데, 이는 유치원 교육 정책에 많은 영향을 미쳤다(UNESCO, 2004).

「교육법」은 교원과 교육강령에 대해서도 다음과 같이 명시하고 있다. "교육일군은 학생의 자립성과 창발성을 높일수 있도록 교수교양을 깨우쳐주는 방법으로 하여야 한다"(제30조). "교육의 내용과 방법은 교육강령에 반영한다. 교육강령에는 교육과정안과 교수요강이 속한다"(제32조). "교육강령은 중앙교육지도기관이 작성한다"(제33조). "교원은 교육강령에 기초하여 담당과목의 교수안을 작성하여야 한다"(제35조).

2002년 교육성 보통교육부(현 교육성 보통교육국)는 「교육법」 시행에 맞추어 교원대학 교양원학과 교과서로『사회주의학교전교육학』을 출판하였다. 이 책에 따르면, 학교전 교육의 목적은 첫째, “어린이들이 인민학교에 가서 주체의 혁명적세계관의 골격을 세우기 위한 준비를 충분히 갖추도록 그 기초를 닦아주는것”, 둘째, “ 학령전어린이들이 인민학교에 가서 초등일반지식을 원만히 받을수 있는 기초를 닦아주는것”, 셋째, “학교체육교육을 원만히 받을수 있는 기초를 닦아주는것”(pp. 28-29)에 있다. 이러한 목적달성을 위해 학교전 교육은 “당의 로선과 정책에 맞게 조직진행”하고 “보육과 교육을 옳게 결합”하고 “어린이들의 생활과 결부하여 진행”하며 “직관성을 철저히 보장”해야 한다(pp. 30-33).

또한『사회주의학교전교육학』(교육도서출판사, 2002)에 따르면, 유치원의 교과목은 ‘경애하는 수령 김일성대원수님 어린시절 이야기’, ‘위대한 령도자 김정일원수님 어린시절 이야기’, ‘항일의 녀성영웅 김정숙어머님 어린시절 이야기’, ‘공산주의도덕’, ’우리 말’, ‘셈세기’, ‘노래와 춤’, ‘그리기와 만들기’ 등으로 구성한다. 유치원의 교육내용은 그 구성에 따라 ‘혁명사상교양과 도덕교양’, ‘지적발전에 필요한 교육’, ‘문화적소양을 높이기 위한 교육’, ‘몸을 튼튼히 키우기 위한 운동’ 등으로 구분한다. 특히 혁명사상교양과 도덕교양의 경우, ‘경애하는 수령 김일성대원수님과 위대한 령도자 김정일원수님에 대한 충실성교양’, ‘당정책교양과 혁명전통교양’, ‘계급교양’, ‘사회주의애국주의교양’, ‘집단주의교양’, ‘로동에 대한 공산주의적태도교양’, ‘공산주의도덕과 사회주의생활양식을 가지도록 하기 위한 교양’ 등으로 세분화한다.

다른 한편으로, 보통교육부는 교양원의 자질향상과 유치원 교육의 질 제고를 목표로 포상 제도를 도입하였다. 예를 들어, 유치원 교육에 헌신한 교양원에게는 ‘공훈교원’, ‘인민교원’이라는 칭호를 부여하며 대학교수에 버금가는 대우를 한다는 것이었다(UNESCO, 2001, 2004). 그리고 현대 과학기술에 걸맞는 교수법을 개발한 교양원에게는 ‘10월 8일 모범교수자’ 칭호를 주고(김명철, 2007), 새로운 교재를 개발한 교양원에게는 새 교수법 자격증, 교편물 창안증을 수여했다.

2002년 9월 신학기부터는 인민학교를 ‘소학교’로, 고등중학교를 ‘중학교’로 변경한 명칭을 사용했다. 2003년에는 2002년 발표된 ‘7.1경제관리개선조치’에 맞추어 ‘학교꾸리기’ 정책을 시행하였다. 이 정책으로 각급 학교의 학부모들은 교사의 개축, 보수 및 도색, 교구 · 비품의 수리 및 수선, 운동장 정리, 화단 조성 등에 차출되었고, 학생들은 교실 난방용 땔감, 먹거리 따위를 학교에 가져가야 했다(Hassig & Oh, 2009).

2003년 7월 김정일은 영재교육기관인 자강도 소재 제1중학교를 방문한 자리에서 학교는 정치사상교양과 도덕교양뿐만 아니라 지능교육과 과학기술 교육에도 관심을 가져야 한다고 역설했다. 그는 또한 "학교들에서 정치사상교육을 앞세우면서 지능교육과 예능교육, 체육교육을 밀접히 결합시켜 모든 학생들을 풍부한 문화예술적소양과 건장한 체력을 가진 쓸모있는 혁명인재로 키워야"한다(리대덕, 2004 재인용)고도 했다. 그에 따라 유치원은 수 조작, 블록 놀이와 같은 '지능놀이'들을 강화했다(교양원, 2004, 2005). 아울러 읽기, 쓰기, 셈하기, 그리기 등에 능통한 '재간둥이' 발굴에 매진하였다.

2004년에는 '선군사상 일색화' 정책에 따라 유치원은 '충성동이', '효자동이' 이외에 '선군동이' 육성에도 심혈을 기울이기 시작했다. 김정일에 대한 '충성동이', '효자동이', '선군동이'로 키우기 위해서는 김정일을 '선군 햇님'이라 부르며 흠모하도록 '교육교양'했다. 그러나 교육예산의 많은 부분이 과학기술 부문 수재교육에 배정되면서 유아교육 예산은 크게 줄어들었다. 이러한 상황에서 유치원은 각종 교재비 명목으로 수업료를 뺀 모든 비용을 부모에게 전가하였다. 그 결과, 비용을 부담할 능력이 없는 가정의 유아들은 재원 중인 유치원을 떠나는 수밖에 없었다. 무상교육의 본질이 퇴색되면서 자녀 출산을 기피하는 가정도 대폭 늘어났다.

2005년 김정일은 '백두산녀장군'이라 불렀던 김정숙을 김일성 · 김정일 · 김정숙을 상징하는 '백두산3대장군'의 반열에 올렸다. 그에 따라 유치원의 사상교양 과목은 '백두산3대장군의 어린시절 이야기'와 '사회주의도덕' 등 2개 과목으로 재편되었고(조춘실, 2013), 유치원의 교양실은 '백두산3대장군 어린시절 교양실'로 바뀌었다. 다음은 백두산3대장군 어린시절 이야기의 효과를 높이는 방법에 대한 설명이다.

> 여기서 놓치지 말아야 할것은 직관물과 실물보여주기나 문답수법을 철저히 백두산3대장군 어린 시절 이야기를 들려주는데 복종시키는것이다. 직관물과 실물보여주기수법과 문답수법은 어린이들에게 어떤 대상에 대한 표상을 형성시켜주거나 그것을 되살

려줄 필요가 있을 때 간단히 적용하여야 한다. 직관물과 실물을 지나치게 오래 보여주거나 물음을 지나치게 많이 주게 되면 백두산3대장군 어린 시절 과목교수의 밀도를 보장할수 없을뿐 아니라 어린이들의 흥미를 떨어뜨릴수 있다(리영혜, 2005, p. 17).

2004~2007년 발간된 '교양원'을 분석해 보면, "선군정치는 총대중시, 군사중시 사상을 빛나게 구현한 독창적인 사회주의정치방식"이라는 김정일의 '총대중시사상'(최지혜, 2004; 렴혜란, 2007)을 근거로 유치원 교육에서 '반제계급교양'을 강화했던 것으로 나타난다. 예를 들어, 백두산3대장군 어린시절 이야기의 효과를 높이기 위해 유치원에서는 "경애하는 수령님께서 비밀문건을 내놓으라고 호통치는 원쑤놈의 대갈통에 고무총을 쏘신 내용 … 비명을 지르며 도망치는 경찰놈의 몰골에 대하여 형상적인 이야기와 함께 실지 보는 듯이 얼굴표정, 손짓, 몸짓을 결합하여"(리영혜, 2005, p. 15) 가르치도록 했다. 한편, 북한은 '고난의 행군'에 따른 경제난으로 붕괴된 교육인프라 재건을 목표로 2005년 1월 '조선교육후원기금'을 신설하여 시설 · 설비를 포함한 학교교육 전반에 대한 국제적 지원을 유도하였다.

지능교육 강화

21세기 정보산업 시대에 맞춰 "콤퓨터수재양성사업을 강화'하라는 2001년 1월 김정일(2005)의 지시에 따라 각급 학교에서는 컴퓨터 수재교육을 강화하기 시작했다. 그리고 2005년 12월 13일에는 '주체교육' 조항을 '수재교육원칙'으로 개정한 「교육법」을 통과시켰다. 이후 영재중학교 확대, 영어 · 중국어 교육 강화, 소학교와 중학교의 수재교육 내용과 방법 개선 등에 관한 정책들을 추진하였다. 이러한 맥락에서 유치원은 다음과 같이 수재교육의 중요성을 알리고 '총명한 혁명인재'를 양성하는 의미에서 지능교육을 강화했다(전사흡, 2007; French, 2007).

유치원에서의 수재교육을 잘하는데서 중요한것은 다음과 같다. 첫째로, 유치원에서 진행하여야 할 교육강령을 충분히 집행한 기초위에서 뛰여난 어린이들에 대한 교육을

> 진행하는것이다 … 둘째로, 어린이들속에서 나타나는 뛰여난 소질과 재능의 싹을 잘 찾아내는것이다 … 셋째로, 어린이들의 뛰여난 소질과 재능의 특성에 맞게 개별지도를 체계적으로 주는것이다 … 넷째로, 가정과의 밀접한 련계밑에 통일적보조를 맞추는것이다(한은희, 2006).

유아의 지능계발을 위해 유치원은 숨바꼭질, 수건돌리기, 윷놀이, 바람개비놀이, 쌓기, 퍼즐놀이, 민속놀이 등을 강조하고, 블록, 구슬, 게임판, 낚시모형, 자동차, 퍼즐 등을 놀잇감으로 제공하였다(리혜경, 2007; 양옥승, 2014). 이에 덧붙여 일부 고위층 자녀들이 다니는 유치원에서는 유아에게 컴퓨터를 제공했다. 2010년대 들어서는 보다 많은 유치원에서 TV, 녹화기, 컴퓨터 등 '다매체편집물'을 교수 매체로 활용했다(장명숙, 2011). 영상매체는 다음과 같이 '백두산3대장군 어린시절 이야기'에서도 적극적으로 활용되었다.

> 실례로 위대한 장군님의 어린 시절 이야기《하나에서 하나를 더해도》[수업의]…이끌기와 되살리기단계에서 새 교재에 필요한 어려운 어휘들과 교재내용리해에 도움을 줄수 있는 동화상화면을 보여주면서 새 교재내용에로 이끌수 있다. 례를 들어《승냥이로 그린 미국놈》에서《승냥이는 어떤 짐승인가?》라는 물음을 제시한 후 편집물에 반영된 동화상화면, 즉 승냥이가 약한 짐승인 토끼 한마리를 놓고 저들끼리 싸움을 하면서 찢어먹는 악착한 장면을 보여준다. 다음《이자 승냥이가 어떻게 하였는가?》라는 물음을 주면서 어린이들이 승냥이는 짐승들중에서 가장 악착한 짐승이라는것을 알게 함으로써 어리신 위대한 장군님께서 왜 미국놈을 승냥이로 그리시게 되였는가 하는데 대한 리해를 가지고 새 교재내용을 잘 습득하도록 할수 있다(박미란, 2011).

교육위원회 보통교육성(현 교육성 보통교육국)은 "뛰여난 소질과 재능의 싹을 가진 어린이들을 제때에 찾아내어 잘 키우자"(김연옥, 2009)는 명목으로 '전국유치원어린이경연대회'를 개최하는 등 다음의 관점에서 유아 지능교육 활성화에 주력했다. 참고로, 유치원 교육은 2010년부터 교육위원회의 보통교육성과 도(직할시) · 시 · 군 인민위원회의 교육국 · 교육처 · 교육과에서 관리, 감독했다.

> 학교전교육은 사람들에 대한 교육교양의 첫 공정이다 … 지능교육은 지식교육과는 달리 시기성이 매우 강한 특성을 가지고 있다. 지식교육은 전단계에서 배우지 못한것은 후에 다시 보충하는 식으로 진행할수 있지만 지능교육은 지능발달의 적기를 놓치면 제대로 진행할수 없다 … 5~6살 시기에 지능발전이 본격적으로 시작된다고 하여 학교에 일찍 입학시켜 수학이요 영어요 하면서 수재교육에 치중하는 방법으로는 지능교육에서 성과를 거둘수 없다. 지적발전이 이루어지기 시작하는 단계에서 조기교육은 지식위주의 조기수재교육이 아니라 어린이들의 동심위주의 조기지능교육이 되여야 한다.(신윤희, 2011)

한편, 북한은 주체사상과 선군사상을 통치이념으로 하여 '공산주의적 새 인간'을 '주체형의 새 인간'으로 수정한 개정 「사회주의헌법」을 2009년 4월 9일에 통과시켰다. 2010년 9월 28에는 노동당 규약 서문에 있는 '주체형의 혁명적 마르크스-레닌주의 당'을 삭제하였다. 그리고 김일성 · 김정일 · 김정은 3대에 걸친 세습체제의 기반 구축을 위해 김정은에게 당 중앙군사위원회 부위원장직을 부여했다.

「보통교육법」 제정

2011년 1월 19일 최고인민회의 상임위원회는 정령 제1355호로 유아교육 및 초 · 중등교육에 관한 「보통교육법」을 채택하였다. 총 6장 53조로 구성된 이 법에 따르면, 「보통교육법」은 "새 세대들을 지덕체를 갖춘 나라의 역군으로 키워내는데" 목적이 있다. 그리고 "보통교육은 자연과 사회에 대한 가장 일반적이며 기초적인 지식을 주는 일반교육이다. 보통교육에는 학교전교육과 초등교육, 중등교육이 속한다"(제3조). "중등일반의무교육학제는 11년이며, 학교전교육 1년과 소학교 4년, 중학교 6년으로 한다"(제10조). "중등일반교육은 무료이다"(제13조).

보통교육기관은 "1년제 학교전교육을 위한 유치원, 4년제 초등교육을 위한 소학교, 6년제 중등교육을 위한 중학교, 장애자교육을 위한 맹, 롱아학교, 특정한 대상의 교육을 위한 학원, 수재형의 학생들을 위한 제1중학교"(제19조) 등으로 구분된다. 그리고 "교원자격은 사범대학, 교원대학을 졸업하였거나 그와 같은 교육을 받은 대상으로서 정해진 기준에 도달한자에게 준다"(제30조). "교원자격급수는 교종별로 1, 2, 3, 4, 5급으로 하며 급수판정주기는 3년으로 한다"(제31조).

또한 보통교육기관은 "중앙교육지도기관에서 내려보낸 교육강령에 따라 교육교양사업을 조직진행하여야 한다"(제36조). "정치사상교육을 앞세우면서 … 일반과목에 대한 교육 … 기초과학기술과목에 대한 교육 … 외국어, 예능, 체육과목에 대한 교육을 옳게 결합시켜야 한다"(제40조). "학생들에 대한 교육교양은 그들의 자립성과 창발성을 높일수 있도록 깨우쳐 주는 방법으로 한다 … 교육교양의 효과성을 높일수 있는 여러가지 과학적이며 선진적인 방법을 적극 받아들여야 한다"(제41조). 또한 "보통교육기관은 교육강령을 의무적으로 집행하여 학생들이 모든 교육학적과정을 정확히 거치게 하여야 한다"(제42조).

'수재교육'을 위해 "보통교육기관은 뛰여난 소질과 재능을 가진 학생들을 엄선하여 그에 맞는 교육을 체계적으로 주어 그들이 기초과학부문과 전문부문의 유능한 인재로 자라나도록 하여야 한다. 실력이 특출한 학생에 대해서는 학업년한을 단축하여 조기진급 또는 졸업시키거나 해당 상급학교에 조기입학시킬수 있다"(제44조). 이 조항에 따르면, 유치원 높은반에 있는 '재간둥이'는 체계적인 수재교육을 받을 수 있고, 특출난 재간둥이는 초등학교에 조기 입학할 수 있다. 이러한 제도적 맥락에서 야간에 과외를 시키거나 비싼 돈을 들여가며 가정교사를 두는 가정도 크게 늘었다 (Everard, 2012).

2011년 12월 김정일 사망으로 권력을 승계한 김정은은 2012년 4월에 당 제1비서로 추대되었다. 2012년 4월에 열린 제4차 노동당 대표자회에서 그는 '김일성-김정일주의'를 통치이념으로 내세우며 김일성의 주체사상과 김정일의 선군사상을 부각하였다. 2012년 7월에는 '김정일애국주의를 구현하여 부강조국건설을 다그치자'는 담화문을 발표하였다. 김정은이 내세운 김정일애국주의란 "인민을 하늘처럼 여기고 존엄있게 대해야 한다는 투철한 인민관", "수령의 품이 곧 조국이라는 수령중심의 조국관", "조국과 인민의 미래를 끝없이 사랑하는 숭고한 후대관"에 기초한 김정일의 사상 교양을 의미한다(김명금, 2012).

12년제 의무교육 법령 채택

2012년 9월 25일 김정은은 제12기 제6차 최고인민회의에서 법령「전반적12년제의무교육을 실시함에 대하여」를 채택하였다. 유치원 높은반 1년, 소학교 5년, 초급중학교 3년, 고급중학교 3년의 12년제 의무교육 법령의 제정 취지와 주요 골자를 제시하면 다음과 같다.

> 전반적12년제의무교육의 실시는 경애하는 김정은동지의 숭고한 조국관, 후대관, 미래관이 집약되여있는 중대한 조치로서 우리 공화국이 교육강국, 발전된 사회주의문명국으로 힘차게 나아간다는것을 온 세상에 과시하는 일대사변으로 된다. 전반적12년제의무교육은 지식경제시대 교육발전의 현실적요구와 세계적추이에 맞게 교육의 질을 결정적으로 높여 새 세대들을 완성된 중등일반지식과 현대적인 기초기술지식, 창조적능력을 소유한 주체형의 혁명인재로 키우는 가장 정당하고 우월한 교육이다. 전반적12년제의무교육의 실시는 전국가적, 전인민적, 전사회적인 사업이다.
>
> (중략)
>
> 1) 전반적12년제의무교육은 무료로 실시한다.
>
> 2) 전반적12년제의무교육을 받는 대상은 5살에서 17살까지의 모든 어린이들과 청소년들이다.
>
> 3) 전반적12년제의무교육은 1년제학교전교육과 5년제소학교, 3년제초급중학교, 3년제고급중학교 교육으로 한다.
>
> 4) 주체102(2013)~주체103(2014)학년도부터 6년제중학교를 3년제초급중학교와 3년제고급중학교로 갈라 운영한다. 도(직할시), 시(구역), 군 소재지를 비롯하여 교사조건이 갖추어진 지역들에서는 초급중학교와 고급중학교로 갈라 운영하며, 교사조건이 갖추어지지 않았거나 학생수가 적은 지역학교들에서는 초급중학반, 고급중학반으로 병설

하여 운영할수 있다.

5) 4년제소학교를 5년제소학교로 전환하는 사업은 필요한 준비단계를 거쳐 주체103(2014)~주체104(2015)학년도부터 시작하여 2~3년 안에 끝낸다.

6) 전반적12년제의무교육의 총적목표와 교종별도달목표를 명백히 정하고 교수내용의 범위와 수준을 확정하며 그에 기초하여 주체102(2013)년 새 학년도 전까지 교종별과정안과 교수요강을 작성하여 각급학교들에 시달한다.

7) 특수한 교종의 학제와 교육문제는 따로 정한다.

(중략)

주체102(2013)년 새 학년도전으로 사범대학, 교원대학과정안을 검토하고 교원양성목적에 맞게 바로 편성하며 교원강습, 재교육을 강화하여 교원, 교양원들의 자질을 높인다.

(중략)

도(직할시)마다 주체102(2013)년 상반년까지 경상유치원과 같은 본보기를 1~2개씩 꾸리고 모든 유치원들에 일반화한다.

「전반적12년제의무교육을 실시함에 대하여」에서 한가지 특기할 만한 사항은 2013년까지 도(직할시)에 평양에 있는 경상유치원과 같은 1~2개의 시범 유치원을 세워 북한의 모든 유치원에 일반화한다는 것이다. 이러한 진술은 곧 북한에서 생각하는 이상적인 유치원의 모습이 어떤 것인지를 가늠하게 해 준다.

12년제 의무교육의 전면적 시행은 2017년 4월 11일 김정은에 의해 공표되었다. 북한의 의무교육제도 변천사를 살펴보면, 초등 의무교육, 중등 의무교육, 9년제 기술의무교육은 모두 김일성 개인의 업적에 해당하고, 11년제 의무교육은 김일성·김정일 공동의 업적에 해당한다. 12년제 의무교육은 김정은 단독으로 세운 업적이라고 할 수 있다.

12년제 의무교육 강령 시행

2012년 9월 채택된 12년제 의무교육 법령에 맞추어 교육위원회 보통교육성(현 교육성 보통교육국)은 '교육강령'을 개정하는 작업에 착수했다. 2012년 10월 4일 교육신문에 게재된 학교 급별 교육목표는 다음과 같다.

> 1년동안의 학교전교육에서는 어린이들이 학교교육을 받을수 있는 기초를 닦고, 5년제소학교에서는 어린 학생들의 성장발육을 충분히 보장하면서 자연과 사회에 대한 기초적인 지식을 습득하고, 3년제초급중학교에서는 중등일반기초지식을 습득하며, 3년제고급중학교에서는 중등일반지식을 완성하면서 지식경제시대의 요구에 맞게 현실에 써먹을수 있는 기초기술지식을 습득합니다.

북한「교육법」에 따르면, 교육강령은 '교육과정안'과 '교수요강'으로 구분되며(제32조), 중앙교육지도기관이 작성한다(제33조). 그리고 백과사전출판사(1995)에 의하면, 교육과정안은 "학교전반의 총체적인 학업진행계획"을 기술한 것이고, 교수요강은 "학과목의 교수과정조직과 교수내용 및 방법"을 기술한 것이다. 다시 말해 교육과정안은 남한의 교육과정 총론과 같고, 교수요강은 남한의 교육과정 각론, 교사용 지침서 등과 같은 것이라고 할 수 있다.

2013년 교육위원회 보통교육성은 학교급별 '제1차 전반적12년제의무교육강령'을 고시하고, 2014년 4월 1일 신학기부터 시행하였다. 제1차 전반적12년제의무교육강령, 즉 새 교육과정안과 교수요강의 가장 큰 특징은 정치사상교양 교과에서 김일성 · 김정일 · 김정숙에 김정은을 추가하여 김정은의 '백두혈통' 계승을 정당화했다는 것이다. 이 밖에 다음의 2013년 9월 12일 교육신문 기사에 따르면, 12년제의무교육강령은 통합교육, 교과 통합, 학교교육의 연속성 및 통일성을 강조했다는 특징이 있다.

> 낮은 교종단계에서의 통합교육방식과 높은 교종단계에서의 학과목위주의 교육방식을 배합하여 학교전교육으로부터 고급중학교에 이르는 모든 교종의 교육내용에서 체계와 순차를 명백히하고 계승성과 통일성, 련관성이 철저히 보장되도록 [했다].

유치원에서 통합교육의 개념은, "전반적12년제의무교육강령에 따라 제정된 새로운 교수형태”(교양원, 2013a, p. 52)로서, 다음과 같이 규정되었다. 통합교육은 “하나를 통해서도 서너가지의 교육교양목적을 달성할수 있게 구성되여있는” 교육이며, “하나의 대상이나 하나의 주제를 통하여 혁명사상교양과 도덕교양, 우리 말과 셈세기는 물론 정서교양과 몸을 튼튼히 단련하도록 하기 위한 교양을 밀착시켜 진행”하는 교육이다. 또한 “지금까지 진행해 온 학과목수업의 틀에서 벗어나 자유분방한 어린이들의 활동을 기본으로 하여 진행하는 교육방식”이고, “교수에서 어린이들이 피동이 아니라 주동이 되여 교수자와 활발히 교감하면서 배워주는 내용들을 속속들이 받아들이게 하는 교육방법”이다(교양원, 2013b, pp. 24-25).

2014년 4월부터 시행된 새 유치원 교육과정은 ‘혁명사상과 도덕교양’, ‘우리 말 교육’, ‘지능교육’, ‘정서교양’, ‘건강 및 몸단련교양’의 5개 영역으로 구성되어 있다. 그리고 통합교육 원리에 따라 하나의 주제를 중심으로 5개 영역에 있는 내용을 놀이나 활동 속에서 유기적으로 결합하여 설계・운영하도록 되어있다(곽호웅, 2015; 김홍석, 2014). 즉, 교과 중심 교육과정에서 놀이를 강조한 통합 교육과정으로 바뀌었다. 평양에 있는 경상유치원(2014)의 교양원이 밝힌 통합 교육과정의 특징은 다음과 같다.

> 지난 시기에는 우리 말, 셈세기, 그리기와 만들기 등 여러 과목으로 나누어져 있었는데 지금은 과목들이 따로 정해져 있지 않고 제목으로만 나누어져서 가르치게 되어있습니다. 대신 교수 폭이 대단히 넓어졌습니다 … 실례로 토끼와 거북이만 봐도 지난 시기에는 그리기 과목에서 그림 그리는 것만 배워주면 되는데 지금은 생김새, 특징을 이야기하면서 지능교육을 해야 하고, 또 동화 이야기를 듣고 어린이들이 표현해 보게 하는 과정에 우리 말 교육도 해야 하고, 그리기도 배워줘야 하기 때문에 교수방법들을 여러 가지로 변화시켜야 합니다.

북한 유치원에는 특이하게 교과서가 존재한다. 유치원 교과서 또한 통합교육을 강조한 12년제 의무교육 강령의 기본방향에 맞춰 새로이 편성되었다. 새로운 ‘유치원 어린이용교과서’는 ‘우리 유치원’(4~5월), ‘무지개 동산’(6~8월), ‘참말 좋은 우리 나라’(9~10월), ‘흰 눈이 내려요’(11~12월), ‘소학생이 된대요’(2~3월) 등 ‘월별교재형식’으로 5권이 편찬되었다. 2014년 교육과학원 학전연구실에서 밝힌 교재별 목표는 다음과 같다.

> 《우리 유치원》에서는 어린이들이 자기와 주위의 자연현상들에 호기심을 가지게 하여 그들을 유치원생활에 익숙시키고 초보적인 생활관습을 키워주는것을 기본으로 하여 교양하게 하였다.
>
> 《무지개동산》에서는 어린이들이 유치원생활을 재미있게 하면서 여러가지 생활규범을 배우며 아름다운 자연환경을 감수하고 표현할줄 알도록 하는 교양을 기본으로 하였다.
>
> 《참말 좋은 우리 나라》에서는 어린이들이 유치원생활만이 아니라 아버지, 어머니들이 일하는 모습도 보고 또 우리 나라에 대한 이야기도 들으며 어려서부터 훌륭한 사람이 될 마음을 간직하도록 하는데 기본을 두면서 우리 말 교육과 셈세기 교육의 기초를 닦아주게 하였다.
>
> 《흰 눈이 내려요》는 어린이들에게 학교교육의 기초를 집중적으로 닦아주기 위한 단계에 있는 교재로서 우리 말에서 글자읽고 쓰기와 셈세기에서 더하기, 덜기계산을 할줄 알도록 하기 위한 내용을 기본으로 취급하게 하였다.
>
> 《소학생이 된대요》는 유치원 마지막 단계의 교재로서 어린이들에게 배운 내용을 재미나는 놀이속에 다시한번 다져주며 소학생이 되여 공부를 잘하려는 마음을 키워주는 교양과정으로 이루어지게 하였다.
>
> 이상과 같이 새로 만든 유치원어린이용교과서는 우리 어린이들의 흥미와 호기심을 불러일으키고 그들의 사고활동을 적극 추동하며 생활체험속에서 배운 지식을 잘 다져주게 함으로써 전반적12년제의무교육의 첫 단계인 학교전교육사업에서 새로운 전환을 일으키는데 적극 이바지하게 될것이다.

유치원의 기존 교과서는 해당 교과의 지식체계에 따라 편성되었던 반면, 새 교과서는 유아의 생활과 밀접한 사물 현상에 대한 초보적인 표상과 지식을 강조하여 편성되었다고 한다. 예를 들어, '내가 만든 비행기', '무더운 여름'과 같은 부주제 하에 몇 가지 삽화(예: 물놀이 장면, 선풍기, 양산을 쓴 여자 모습, 모자, 부채)를 제시하였다. 2015년 발간된『교양원』잡지에 진술된 새 교과서의 특징은 다음과 같다.

> 새로 나온 유치원교과서의 특성은 첫째로 … 어린이들의 생활과 가까운 사물현상에 대한 초보적인 표상과 지식을 주는 교육내용을 계절의 특성과 월별교양계기에 따라 분할하여주었다는것이다 … 종합된 주제교육이 계절과 월별에 따라 분할되여 총 5개 교과서로 만들어졌다 … 둘째로, 교과서가 전부 그림으로 되여있다는것이다. 다시 말하여 그림교과서라고도 할수 있다 … 셋째로, 그 내용이 종전과 같은 과목별교육내용이 아니라 그것을 통합한 5개의 주제내용을 종합적으로 줄수 있도록 구성되였다는것이다 … 넷째로, 어린이들의 지능을 적극 발달시킬수 있게 그 내용과 방법이 한눈에 안겨오게 만들어졌다는것이다(박정애, 2015).

새 교과서를 활용한 교육 실제는 2014년 경상유치원의 높은반에서 이루어진 교육활동을 통해 쉽게 파악할 수 있다. 참고로 경상유치원은 김정은이 2012년 5월 30일과 7월 14일 두 차례에 걸쳐 방문했으며 이후 발표된 12년제 의무교육 법령에서도 유치원의 본보기로 명시했던 유치원이다.

> 교사: 동무들 공부시간 됐어요.
>
> 유아들: 네(어린이들 책상에는 교과서만 있다)
>
> 교사: 짐승들 가운데 아주 빠른 짐승과 느린 짐승이 있답니다. 어떤 짐승들일까요?
>
> 유아들: (다 같이) 토끼와 거북이
>
> 교사: 교과서에 있는 그림을 보세요. (교과서에는 글씨가 없고, '토끼와 거북이'라는 제목하에 토끼와 거북이가 경주하려는 그림, 나무 그늘에서 토끼가 자고 있고, 거북이는 기어가는 그림, 거북이가 산 정상에 깃발을 꽂고 있고, 잠에서 깬 토끼가 놀라는 그림 등 3컷의 그림만 있다) 그림이 몇 개 있습니까?
>
> 유아들: 3개
>
> 교사: 네. 그럼 첫 번째 그림과 두 번째 그림과 세 번째 그림을 보면서 무엇이 다른지 하나씩 그림을 말해 볼 수 있겠나요?

사상교양을 최우선시하는 북한 교육정책에 따라 새 유치원 교육과정에서도 어떤 주제를 선정하더라도 사상교양 관련 사항은 반드시 포함하도록 했다. 교과목을 없앤 2014년 새 교육과정에서도 김일성, 김정일, 김정숙의 어린 시절 이야기는 사상교양를 위해 핵심적인 사항으로 다루어졌다. 즉, 교과중심 교육과정이 아닌 통합 교육과정을 운영함에도 불구하고 김일성 · 김정일 · 김정숙에 대한 이야기는 없어서는 안될 중요한 교과로 취급되었다.

2014년 9월 5일 개최된 제13차 전국 교육일꾼대회에서는 '전민과학기술인재화사업'의 필요성을 제기한 김정은의 8월 30일 담화문이 전달되었다(교육신문, 2014). 김정은은 2014년 12월 "백두산절세위인들의 위대성교양, 김정일애국주의교양, 신념교양, 반제계급교양, 도덕교양" 등을 5대 교양으로 설정하고 강화할 것을 지시하였다. 김정은의 지시에 따라 유치원은 2015년 4월 신학기부터 5대 교양을 강화하기 시작했다.

다른 한편으로, 김정은은 2013년 1월 미국과의 전면 대결전을 선포하며 경제강국 건설보다 반미 대결전을 우선시하겠다고 주창하였다(안정식, 2013). 더 나아가 6월에는 정권세습을 정당화하기 위해 '당의 유일사상체계확립의 10대원칙'에 김정일주의를 추가하여 '당의 유일적령도체계확립의 10대원칙'으로 수정 · 선포하였다. 수정 원칙 제10조에 따르면, "우리 당과 혁명의 명맥을 백두의 혈통으로 영원히 이어나가며 … 그 순결성을 철저히 고수하여야 한다."

2014년 8월 김정은은 '새 세기 교육혁명을 일으켜 우리 나라를 교육의 나라, 인재강국으로 빛내이자'는 제하의 담화문을 각급 학교에 전달했다. 담화문에 따르면, 이 시대는 "과학기술이 사회발전에서 결정적역할을 하는 지식경제시대"이고 인재에 의해 "국력과 경제문화의 발전이 좌우되는 인재중시의 시대"이다. 이러한 지시에 따라 각급 학교는 '전민과학기술인재화'를 목표로 교육체계의 정비, 교육과정 및 교육환경의 개선, 교원교육의 질적 수준 제고 등의 사업에 착수했다(교양원, 2014b; 교육신문, 2014; 통일부, 2014a).

5대 교양 채택과 김정은 우상화 교육

2014년 12월 김정은은 해군 부대 시찰 중에 "백두산절세위인들의 위대성교양, 김정일애국주의교양, 신념교양, 계급교양, 도덕교양의 5대 교양을 강화하는데 힘을 넣어야 한다"고 말했다. 이러한 지시에 부응하기 위해 유치원은 2015년 4월 신학기부터 교육과정에 5대 교양을 적용하였다. 그에 따라 1970년대부터 유지해 왔던 '혁명전통교양'과 '당정책교양'은 유치원 교육과정에서 제외되었다.

유치원에서의 '백두산절세위인들의 위대성교양'은 김정은에 대한 충성심을 고양하기 위한 것으로서 가장 중시되었다. 김정은의 '충성동이'로 키우기 위해 유치원은 원아들에게 그의 어린 시절을 다양하게 각색한 이야기들을 들려주었다. 유치원 교사용 '교양원'과 고급중학교 교사용 '경애하는 김정은원수님 혁명활동교수참고서'에 소개된 일화를 예로 들면 다음과 같다. "선구조선의 위대한 태양" 김정은은 "담력과 배짱이 영웅남아답다", "3살 때부터 총을 쐈고, 3초내에 10발을 다 목표를 명중시키며 100% 통구멍을 낸다", "3살 때부터 자동차운전을 시작했으며 8살이전에 도로를 질주했다." 반면에, '백두혈동'을 상징하는 '백두산절세위인'에서 김정숙의 이름이 지워지기 시작하면서 위대성교양에서 김정숙은 거의 언급되지 않았다.

'김정일애국주의교양'은 애국심을 고취하기 위한 것으로서 김정일의 인민관, 조국관, 후대관에 기초하여 윤색된 교재교구들을 통해 이루어졌다(김명금, 2012). '신념교양'이 목표하는 바는 당의 사상과 의도대로 수령에 대한 충실성을 혁명적 신념으로 간직하는 것이었고(교양원, 2014a), '계급교양' 즉 반제계급교양은 제국주의의 퇴폐적인 문화 침투를 배격하고 계급적 원수의 본성을 증오하고 분노하게 하는 것이었다(박휘룡, 2012). 그리고 '도덕교양'은 민속전통, 예의, 공중도덕 등 사회주의 생활양식을 체득케 하는 것에 목표를 두었다(교양원, 2014a).

북한은 2015년 12월 23일에 「보통교육법」을 개정하였다. 개정 「보통교육법」에 따르면, "보통교육에는 학교전교육과 초등교육, 중등교육이 속한다. 국가는 전반적12년제 의무교육을 철저히 실시하여 … 중등일반교육을 받도록 한다"(제3조). "중등일반교육 학제는 12년이며 학교전교육 1년과 소학교 5년, 초급중학교 3년, 고급중학교 3년으로 한다”(제10조). “중등일반의무교육을 받는 나이는 5살부터 16살까지이다”(제11조).

2019년 8월에는 「사회주의헌법」을 개정하였다. 이 법 제59조에 따르면, “조선민주주의인민공화국 무장력의 사명은 위대한 김정은동지를 수반으로 하는 당중앙위원회를 결사옹위하고 근로인민의 리익을 옹호하며 외래침략으로부터 사회주의제도와 혁명의 전취물, 조국의 자유와 독립, 평화를 지키는데 있다.”

5대 교양 수정과 김정은 우상화 교육 강화

2021년 1월에 열린 제8차 당대회에서 북한은 김정은을 당 총비서로 추대하였다. 이와 아울러 개정 「조선로동당규약」을 채택하였다. 새 당규약에서는 ‘사회주의 강성국가 건설’과 ‘온 사회의 김일성-김정일주의화, 인민대중의 자주성 완전실현’이었던 당의 당면 목적과 최종 목적을 각각 ‘사회주의사회 건설’과 ‘인민의 이상이 완전히 실현된 공산주의사회 건설’로 수정, 제시하였다(김일기, 김호홍, 2021).

새 당규약에서는 또한 5대 교양으로 ‘혁명전통교양’, ‘충실성교양’, ‘애국주의교양’, ‘반제계급교양’, ‘도덕교양’을 제시하였다. 당규약 제45조 제4항에는 “당원들과 근로자들에 대한 사상교양사업을 힘있게 벌린다. 당원들과 근로자들 속에서 혁명전통교양, 충실성교양, 애국주의교양, 반제계급교양, 도덕교양을 기본으로 하여 사상교양을 부단히 강화하며 부르죠아사상문화의 침습을 막고 비사회주의적현상을 비롯한 온갖 부정적인 현상들을 반대하여 견결히 투쟁하도록 한다”라고 명시되어 있다.

기존의 5대 교양 중에서 반제계급교양과 도덕교양을 제외한 3대 교양은 다음과 같이 수정 또는 변경되었다. 기존의 위대성교양은 충실성교양으로, 기존의 김정일애국주의교양은 애국주의교양으로 수정되었다. 그리고 기존의 신념교양은 김일성과 김정일 시대에 일관되게 유지했던 혁명전통교양으로 변경되었다. 이후 유치원은 김정은을 ‘수령결사옹위정신’으로 받들도록 하는 충실성교양을 기본으로 하여 수정, 변경된 5대 교양을 중심으로 사상교양 사업을 진행했다. 아울러 ‘김정은 원수님 어린시절 이야기’를 교육내용으로 다루었다.

2021년 9월에는 ‘당의 유일적령도체계확립의 10대원칙’을 수정, 발표하였다. 수정

원칙에 의하면, "위대한 김일성동지와 김정일동지를 영원히 높이 모시고 충정을 다 바치며 당의 령도밑에 김일성-김정일주의위업을 끝까지 계승완성하기 위하여 [10대 원칙은] … 철저히 지켜져야 한다." 2023년 11월에는 교육위원회를 '교육성'으로, 그리고 교육위원회 산하 보통교육부를 교육성 산하 '보통교육국'으로 개편하여 유치원, 소학교, 초급중학교, 고급중학교 관련 업무를 담당하도록 했다. 2024년 5월부터는 주체사상과 선군사상을 대체한 김일성-김정일주의의 계승자로서 김정은에 대한 독자적인 우상화 작업을 본격화하고 있다.

탁아소

영유아 발육부진과 영양실조

탁아소는 유치원과 다르게 "어린이들의 건강을 철저히 보호"(어린이보육교양법 제26조)하는 데 일차적인 목적이 있다. 그러나 북한에서 1996년 식량배급 제도가 그 기능을 상실하고 1997~1998년 식량난이 최고조로 달하면서 식량공급 우선 원칙이 적용되는 탁아소에서조차 급식이 제대로 이루어지지 않았다. 식량난이 곧바로 영유아의 생존 위협으로 이어졌음은 유엔세계식량계획(WFP) 조사 결과를 보면 쉽게 파악할 수 있다.

1997년 8월 북한의 7세 이하 아동 3,695명을 대상으로 실시된 WFP의 조사 결과에 따르면, 급성 영양실조를 나타내는 극도의 쇠약 상태에 있는 아동은 17%, 그리고 만성 영양실조를 나타내는 발육부진 상태에 있는 아동은 38%, 저체중 아동은 42%를 차지했다. 이 밖에 1998년을 기준으로 남북한의 7세 남아의 평균 신장과 체중을 비교해 보면, 북한 남아(신장 105cn, 체중 15kg)와 남한 남아(신장 126cn, 체중 26kg) 간의 차이가 현격했던 것으로 나타난다(스테판해거드 & 마커스놀랜드, 2007 재인용).

이러한 상황에서 2000년 북한 보건성은 탁아소에 건강 체조 관련 책자를 제작·배포하였다. 그에 따라 2~3세 영유아들은 오전, 오후에 일렬로 줄을 서서 보육원의 아코디언 반주에 맞추어 체조하는 것이 일상화되었다. 다만 김정숙탁아소, 류경1탁아소, 국제부녀절50주년탁아소 등 당국의 특별 지원 · 관리 대상으로 북한이 자랑하는 탁아소에서는 원아들을 매일 검진했다. 한편, 2009년 북한의 탁아소 홍보에 자주 등장했던 평양 9.15주탁아소 보육원의 다음 인터뷰 자료를 보면, 2000년대 후반에 들어서야 일부 유명 탁아소를 중심으로 식량 공급이 재개됐던 것으로 나타난다.

> 수확하신 첫 열매도 제일 먼저 우리 어린이들에게 보내주시고 날마다 철 따라 휘귀한 물고기들과 과일들이 이 탁아소에 오기 때문에 어린이들의 식탁을 푸짐히 해주고 있습니다. 그래서 우리 탁아소에 어린이들을 맡긴 부모들은 한결같이 탁아소에 오면 한 달만 되어도 몸무게가 늘어나고 날이 갈수록 재간이 늘어난다고 얼마나 기뻐하는지 모른답니다.

보육과정

1996년 북한은 경제난에도 불구하고 김일성 · 김정일 우상화를 위해 '영예의 1월 10일모범탁아소칭호 쟁취운동'을 전개했다. 그리고 2월에는 평양시 광복거리에 김일성의 어머니 이름을 딴 연건평 3,500㎡ 규모의 강반석탁아소를 개설하였다. 강반석탁아소는 '김일성대원수님을 따라배우는 교양실', '김정일선생님을 따라배우는 교양실'을 비롯하여 침실, 지능놀이실, 대형 물놀이장, 실내 놀이장, 동식물 표본실, 악기실, 춤실 등을 갖춘 400명의 영유아를 수용할 수 있는 대형 시설이다.

평양 9.15주탁아소에서 근무했던 보육원의 다음 진술(민족21, 2004, p. 67 재인용)에 의하면, 탁아소는 '노래와 춤' 위주로 하루 일과를 구성했다고 한다. 참고로, 주탁아소는 월요일 아침에 등원하고 토요일 오후에 귀가하는 식으로 운영되었다.

> 어린이들의 심리적특성에 맞게 하루 종일 노래와 춤으로 주로 짜여 있습니다. 아이들 지속 시간이 10~15분입니다. 그 이상 넘어가는 시간이 없습니다. 그러니 지루해하지 않습니다. 하루 일과는 아침에 일어나 세수하고 밥 먹습니다. 칫솔질하고 와서 교양시간에 노래와 춤 배웁니다. 또 바깥놀이 나가고, 다시 들어와 새참 먹고, 또 바깥놀이

> 나갔다가 점심 먹고 오침합니다. 깨서 또 바깥놀이 나갔다가 새참 먹고, 그 다음에 방안에서 놀다가 저녁밥 먹고, 그 다음에 테레비 보다가 자고 그렇습니다. 이러니까니 아이들이 언제 우울해 있을 시간이 없단 말입니다.

2000년대 들어 보건성은 탁아소에 놀이 중심의 교육을 요구했다(UNESCO, 2003). 그러나 놀이를 통한 교육은 당국에 의해 특별히 지원 · 관리되는 일부 유명 탁아소들에서만 가능했다. 경상유치원 탁아소의 경우, "일상적인 놀이를 통해 생활을 귀중히 여기는 마음"(평양 경상유치원 탁아소, 2012)을 키우기 위해 '종합놀이실'이라 부르는 교실을 마련하고 병원놀이, 소꿉놀이, 목공놀이 등 역할놀이를 위한 일상용품들을 비치하여 놀이 활동을 장려했다. 다음의 영상자료(평양 3월3일탁아소, 2013)를 보면 북한이 자랑하는 탁아소의 경우 놀이 중심의 사상교양 및 일상생활 지도를 위해 다양한 교재 · 교구를 제공했음을 파악할 수 있다.

> 가정집을 꾸며놓은 역할놀이 영역에는 이불과 베개들이 정리되어 있는 옷장, 옷들이 걸려져 있는 옷장, 냉장고, 선풍기, 재봉틀, 텔레비전 등이 놓여있다. 역할놀이 옆에는 3층짜리 기와집 모형이 있다. 동물원을 꾸며놓은 듯한 봉제인형 동물원 영역도 있다. 융판에는 여러 가지 탈것들의 사진자료, 8절 크기의 탱크, 딸기, 사과, 수박, 배, 권총, 비행기, 트럭, 배, 자동차 등의 그림이 붙어 있다.

또한 보건성은 다음과 같은 이유를 들어 탁아소에 사상교양 강화를 지시했다. 단, 탁아소에서의 사상교양은 연령별로 다르게 이루어졌다. 젖떼기반 영아는 노래와 율동을 통해 김일성 일가에 대한 감사를 표해야 했다. 그리고 2세 교양반 영아와 3세 준비반 유아는 김일성 일가의 탄생과 어린 시절에 관한 이야기나누기를 통해 김일성 일가에 대한 충성심을 보여줘야 했다.

> 탁아소에서는 사회주의교육학의 원리에 맞게 어린이들을 교양하는데 선차적인 힘을 넣고있다. 특히 위대한 수령 김일성대원수님과 경애하는 아버지 김정일장군님을 따

라 배우기 위한 교양, 사회주의애국주의교양, 지적교양, 정서교양을 강화하며 어릴 때부터 집단생활에 버릇되도록 하고있다(백과사전출판사, 2011).

2010년 김정숙탁아소의 사상교양 수업 중에 있었던 다음의 일화를 보면, 탁아소에서의 '항일의 녀성영웅 김정숙어머님 어린시절 이야기'는 그때까지 지속되었음을 알 수 있다. 김정숙의 어린 시절 이야기는 '백두산절세위인' 명단에서 그 이름을 누락시킨 유치원 교육과정이 시행된 2015년 이후 중단되었을 것으로 여긴다.

벽면에는 만주벌판 그림과 김정숙 초상화가 붙어 있다. 교실 한가운데는 사판이 있고, 3세 준비반 유아들이 둘러앉아 있다. 한복 입은 교사가 디오라마 앞에 서 있다.

유아(백남혁): 항일의 여성 영웅 김정숙 어머니께서는 1917년 12월 24일 회령 고향집에서 탄생하시었습니다.

아나운서: 이번에 백남혁 어린이는 김정숙 어머님의 어린 시절 도록 공부에서 일등을 했다고 합니다. (백남혁이 공책에 "김정숙탁아소 제일 좋아요, 경애하는 김정일장군님 고맙습니다."라는 글을 쓰고 있다.) (중략) 남혁이의 소원이 무엇인지 아세요?

유아(백남혁): 나는 아버지 장군님께 편지를 쓰고 싶어요. 우리 글을 다 익히고 청음, 시창도 잘하는 것을 어서 빨리 아버지 장군님께 보여 드리고 싶어요.

탁아소에는 2008년 기준 교양원의 4배에 달하는 135,000명이 보육원으로 재직하고 있었으나, 대부분 무자격자이었다(UNESCO, 2008). 그런 조건에도 불구하고 보건성은 탁아소에 유치원과 같은 지능교육 강화를 지시했다. 이러한 사실은 탁아소 보육원의 다음 진술(평양 류경1탁아소, 2013)에 잘 드러난다.

지금 시대가 발전하고 아이들을 키우는 부모들의 요구들도 달라지고 있습니다. 특히 3살부터 4살까지는 어린이 조기교육 시기로서 어린이들의 지능발달에서 중요한 시기라고 합니다. 우리 탁아소에서는 어린이들을 위한 교육, 특히 지능을 높여주기 위해서 큰 관심을 갖고 있습니다.

이 밖에 탁아소에서는 우리 말 읽고 쓰기, 암산, 노래, 춤, 악기연주 등에 두각을 보이는 영유아를 '재능의 꽃' 또는 '재간둥이'라 부르며 '천성적 재능'(평양 창광유치원탁아소, 2011) 계발에 주력하였다. 2010년 김정숙탁아소의 유치원 준비반에서 진행된 다음의 '지명 말하기'와 '시창하기' 교육활동을 보면 탁아소에서 유아의 재능을 어떻게 기르는지 파악할 수 있다.

교사는 칠판 왼쪽에 서 있고, 유아1이 앞으로 나와 지시봉으로 칠판에 있는 지도의 지점들을 가리킨다.

유아1: 압록강, 두만강, 청천강, 대동강, 한강, 낙동강.

유아2: (이 아이 역시 지시봉으로 지도를 가리키며) 백두산 2250m, 두월산 953m, 금강산 1639m, 한라산 1950m, 지리산 1915m.

교사가 칠판에 있는 악보를 가리킨다.

교사: 꽃봉오리 동무들 이 노래를 시창으로 해 보자요.

유아들: (큰 소리로) 네! (박수를 치면서) 솔 라 미 솔~

교사가 지시봉으로 악보에 있는 음표를 가리키면 유아들은 박수를 치면서 계명을 부른다.

오늘날에도 북한은 노래와 춤을 결합한 활동 중심으로 탁아소의 일과를 구성하도록 하고 있다. 탁아소는 서 있을 수 있고 말할 수 있는 나이가 되면 노래를 부르고 춤을 추도록 하고 있다. 특히 유치원 준비반에서는 '색동저고리', '우리 탁아소 정말 좋아요' 등의 동요와 함께 '보고싶은 김정은원수님', '우리의 해님', '원수님은 명사수' 등의 김정은 찬양가를 부르면서 보육원이 보여주는 춤을 따라 추는 활동이 일반화되어 있다. 또한 예능에 재능 있는 영유아를 발굴하여 키우는 것도 탁아소의 중요한 임무라고 보아 노래나 춤에 재능을 보이는 영유아에 대해서는 재능 훈련을 집중적으로 실시하고 있다. 음악에 특출난 재능을 보인 준비반 유아에게는 음악 영재학급을 운영하는 창광유치원, 경상유치원 등에 취원할 수 있는 특혜를 주고 있다.

제3부

다른 나라

미국의 영유아 교육 · 보육

중국의 영유아 교육 · 보육

독일의 영유아 교육 · 보육

스웨덴의 영유아 교육 · 보육

미국의 영유아 교육 · 보육

현황

미국의 영유아 교육 · 보육 기관은 크게 유치원(kindergarten)과 프리스쿨(preschool, 이하 '유아학교'라 칭함)로 구분할 수 있다. 유치원은 5세에 입학하며 대체로 초등학교에 편제되어 있다. 그리고 유아학교는 주로 유치원 취원 전 영유아를 입학 대상으로 하며, 어린이집(child care center), 헤드스타트(Head Start), 주정부 지원 프리케이(Pre-K: state pre-kindergarten), 유아원(nursery school), 특수교육 유아학교(special education preschool) 등으로 구분된다.

최근에는 유치원 취원 전 3~4세 유아 대상의 주정부 지원 프리케이 프로그램을 공립 유치원으로 인정하는 주들이 늘고 있다. 유치원 5세아 교육을 의무교육으로 정한 주 또한 늘고 있다. 2024~2025학년도에 캘리포니아주에서 5세아 의무교육을 시행한다면, 캘리포니아는 미국 내에서 20번째로 유치원 의무교육을 시행하는 주가 된다.

유치원과 유아학교의 교육은 2015년에 「초 · 중등교육법(ESEA: Elementary and Secondary Education Act of 1965)」으로 재승인된 「모든 학생 성공법(ESSA: Every Student Succeeds Act)」에 준하고 있다. 다만, 교육에 대한 연방정부의 역할은 매우 제한적이다. 대부분의 교육정책은 주(state)정부 및 지방(local)정부 수준에서 결정된다. 참고로, 국가통계포털 KOSIS에 따르면, 2023년 기준 미국 인구는 339,997,000명이고, 합계출산율은 1.66명이다.

영유아 교육 · 보육 기관 통계

미국 교육과학연구소(Institute of Education Sciences)의 교육통계센터(National

Center for Education Statistics)에서 발간한 '2023 교육환경 보고서(Report on the Condition of Education 2023)'에 의하면, 2022년도 3~5세 유아의 유치원 · 유아학교 취원율은 59%(3~4세 47%, 5세 84%)로 53%(3~4세 40%, 5세 79%)이었던 2021년도의 취원율을 상회했다. 학부모의 학력을 기준으로 유치원 · 유아학교에 등록한 3~5세 유아의 비율을 살펴보면, 고등학교 졸업 미만 46%(3~4세 32%, 5세 74%), 고등학교 졸업 49%(3~4세 35%, 5세 79%), 전문대학 수료 54%(3~4세 41%, 5세 81%), 전문대학 졸업 56%(3~4세 43%, 5세 83%), 4년제 대학 졸업 이상 67%(3~4세 57%, 5세 87%) 등으로 취원율은 학부모의 학력에 따라 다소 증가하는 것으로 나타났다.

교육과학연구소의 2019년 '영유아 프로그램 참여(Early Childhood Program Participation)' 보고서를 보면, 유치원에 입학하기 전에 돌봄의 경험을 가진 영유아의 비율은 59%이다. 연령별로 보면 0세 42%, 1~2세 55%, 3~5세 74% 등으로 나타난다. 한편, 교육부(Department of Education)의 2015년 연구보고서 '형평성 측면에서 본 유아학교(A Matter of Equity: Preschool in America)'에 따르면, 4세 대상 유아학교(총 원아수 4,112,347명) 중 정부지원 유아학교가 차지하는 비율은 41%(주정부 지원 프리케이 28%, 헤드스타트 10%, 특수교육 유아학교 3%)이다.

유치원

미국에서 공교육은 흔히 K-12라 부르는 공립 유 · 초 · 중등교육을 의미한다. 그리하여 연방정부 차원에서의 유치원 업무는 교육부 산하 초 · 중등교육실(Office of Elementary and Secondary Education)에서 관리한다. 그러나 실질적인 관리 · 감독은 교육자치제에 따라 주(state) 교육청과 지방(local) 학교구에서 맡아 한다. 교육재정은 특히 각 지방의 학교구 재산세에 의거하여 결정되기 때문에 재정 자립도가 낮은 지역에 있는 학교구는 재정 상태가 열악한 편이다.

미국은 원칙적으로 어떤 교과목도 국가 수준에서 표준화된 교육과정 개발을 금지하고 있다. 공교육에 대한 어떤 기준을 정하고 표준화된 공통의 교육과정을 개발하는 것은 주정부나 지방정부 수준에서만 할 수 있다. 그에 따라 설립 취지에 맞추어 자율적으로 교육과정을 구성 · 운영할 수 있는 사립 유치원과 달리, 공립 유치원은 주 교육청이 제시한 일정 기준에 따라 교육과정을 구성 · 운영한다. 이러한 조건하에서 주 공동으로 개발한 K-12 영어 · 수학 '주 공통 핵심 스탠다드(CCSS: Common Core State Standards)'는 2021년 기준 41개 주에서 적용하고 있다.

유치원 교사가 되기 위해서는 대학에서 유아교육 또는 초등교육을 전공하고 학사 학위를 취득해야 한다. 그러나 이러한 기준은 공립학교에 적용되며 사립학교는 학교 재량이기 때문에 따르지 않아도 된다. 그리하여 재정 자립도가 낮은 지역의 학교구는 자격을 갖춘 우수한 교사 확보에 어려움을 겪고 있다.

어린이집

미국에서 어린이집은 유치원 취원 전 영유아를 돌보고 보살피는 보육시설이다. 어린이집의 공식 명칭이 1980년 3월 'child care center'로 변경되었음에도 많은 사람들은 여전히 'day care center'라 칭한다. 어린이집 업무는 보건인간서비스부(HHS: Department of Health and Human Services) 산하 아동가족정책실(Administration for Children and Families) 내 아동보육과(Office of Child Care)와 영유아발달과(Office of Early Childhood Development), 그리고 지자제에서 관리한다.

연방정부 차원에서의 보육 업무는 아동보육과에서 담당한다. 다만 타 부처와의 대화 · 협력을 이끌어 내는 일은 영유아발달과를 통해 이루어진다. 또한 아동보육과는 2014년 개정된 「아동보육발달정액교부금법(Child Care and Development Block Grant Act)」에 따라 2021년 10월 1일부터 아동보육발달기금(Child Care and Development Fund)을 운용한다. 아동보육발달기금은 아동보육이 필요한 저소득층 가정의 부모 및 보호자의 경제활동을 돕기 위해 바우처, 보조금 등의 형태로 지급되고 있다. 이 기금은 처음에는 2016~2018년 회계연도에, 그다음에는 2018년 10월 1일부터 2021년 9월 30일까지 3년 동안 사용되었다. 2021년 10월 1일 시작된 플랜은 2024년 9월 30일에 마무리되었다.

어린이집 교사(child care worker 또는 child care provider)는 고등학교 졸업 이상의

학력을 가지고 일정 교육과정을 거치면 된다. 그러나 실제 어린이집 교사 자격요건은 주, 지역 및 고용주에 따라 다르다. 예를 들어, 어떤 주는 고등학교 졸업 이상의 학력을 요구하지만 어떤 학력도 요구하지 않는 주들도 있다. 고등학교 졸업 이상의 학력 소지자를 채용하는 고용주도 있지만, 전문대학에서 유아교육을 전공하고 자격증을 소지한 전문학사를 선호하는 고용주도 있다. 다시 말해 특정 학력을 요구하지 않는 경우에서부터 자격증을 요구하는 경우까지 다양하다.

헤드스타트

헤드스타트(Head Start)는 영유아가 자기의 필요와 능력에 맞춘 학습경험을 통해 학교와 인생에서 성공할 준비를 하도록 조기학습 및 발달, 건강과 웰빙, 가족복지, 가족참여 서비스를 제공하는 연방정부 프로그램이다. 프로그램의 종류로는 3~5세 유아의 '학교준비'를 위한 헤드스타트, 3세 미만 영아 및 임산부를 대상으로 한 조기 헤드스타트(Early Head Start), 인디언 및 알라스카 원주민 헤드스타트, 이주민 및 계절 헤드스타트 등이 있다.

유아 대상의 헤드스타트 프로그램은 교직원이 해당 가정을 정기적으로 방문하여 진행되기도 하지만 대부분 교사, 또래와 상호작용하면서 발달할 수 있도록 센터에서 진행된다. 영아 대상의 조기 헤드스타트 프로그램은 센터에서 시간제 또는 종일제로 진행되기도 하지만 대부분 교직원이 해당 가정을 방문하는 형태로 진행된다. 이는 의뢰, 집중, 또는 종합 서비스 형태로 제공되기도 한다. 수혜 대상 영아가 3세에 달하면 프로그램 담당자를 통해 유아 대상의 헤드스타트 프로그램이나 정부지원 프리케이 프로그램으로의 전이를 도와주기도 한다.

헤드스타트 센터는 연방정부가 센터를 개설한 기관에 지원금을 전달하는 형태로 이루어진다. 그러나 연방정부가 계속 지원할지 여부는 '헤드스타트 프로그램 수행기준(HSPPS: Head Start Program Performance Standards)'에 따른 평가 결과에 의해 결정된다. 2007년 연방정부는 유아의 학교준비를 목표로 한 「헤드스타트학교준비증진법(Improving Head Start for School Readiness Act of 2007)」 일명 「헤드스타트법(Head Start

Act)」을 개정하여 헤드스타트의 교사 자격 제고, 교실환경 개선, 무주택자를 포함한 취약계층의 접근성 확대를 위한 정책을 추진하였다. 이 법에 따르면, '학교준비'는 학교에서뿐만 아니라 후일의 배움과 인생에서 성공하는 데 필요한 지식, 기술, 태도를 갖추어 주는 것이다. 그리고 신체, 인지, 사회성, 정서의 발달은 학교준비를 위한 핵심 요소이다.

헤드스타트 업무는 보건인간서비스부 산하 아동가족정책실 내 헤드스타트과(Office of Head Start)에서 맡아 한다. 헤드스타트과는 지역의 공공기관 또는 사설의 영리, 비영리기관에 교부하는 연방정부의 헤드스타트 지원금과 센터 및 기관을 관리, 감독한다. 아동가족정책실의 영유아발달과(Office of Early Childhood Development)에서도 헤드스타트 프로그램을 관리하도록 되어 있다. 그러나 이 부서의 주된 역할은 영유아의 발달을 통한 영유아와 가족의 보건복지를 목표로 헤드스타트과뿐만 아니라 아동가족정책실 내 부서 간 협력을 강화하는 데 있다.

헤드스타트와 조기헤드스타트의 교사가 되기 위해서는 전문대학에서 유아교육을 전공하고 자격증을 취득해야 한다. 또는 고등학교 이상의 학력을 가지고 헤드스타트에서 교육연수를 받고 CDA(Child Development Associate) 자격증을 취득해야 한다. 한편, 2022년 5월 헤드스타트협회(National Head Start Association) 회원들을 대상으로 한 설문조사에 의하면, 응답자의 85%는 저임금으로 인한 이직 경험이 있고, 응답자의 90%는 인력 부족으로 프로그램 자체를 폐지한 경험이 있다고 답했다.

주정부 지원 프리케이

프리케이(Pre-K)는 유치원 입학 전 3~4세 유아를 대상으로 한 교육 프로그램이다. 주로 주정부가 지원하는 공립이지만 지역에 따라서는 사립도 있다. 주정부 지원 프리케이는 연방정부의 재정지원도 받는다고 해서 포괄적으로 '정부지원'이라 쓰기도 한다.

유아학교 프로그램을 비교한 한 연구(Barnett, 2011)에 의하면, 주정부 지원 프리케이 프로그램은 헤드스타트, 민간 어린이집 프로그램보다 우수한 것으로 나타났다.

다만 프로그램의 우수성은 정책 방향, 취원 가능 연령, 교사 자격기준, 인허가 조건, 예산 규모 등에 따라 달라질 수 있기 때문에 이러한 결과를 일반화하기는 어렵다.

유아원

유아원(nursery school)은 주로 3~4세 유아의 교육 · 보육을 위해 운영되고 있다. 1900년대 초에 중 · 상류층 가정 유아의 교육(early childhood education)을 위한 사설 기관으로 개설되었던 유아원은 1935~1938년 WPA(Works Progress Administration) 프로젝트에 의해 저소득층 가정의 유아를 대상으로 한 연방정부 지원 보육시설로 변경, 대폭 확대되었다. 그러나 정부의 프로젝트 종료 이후 정부지원 유아원은 폐원되었다. 그에 따라 개인이 설립하여 경영하는 사립 유아원이 오늘날까지 그 명맥을 이어오고 있다. 참고로, 한국에서 nursery school은 1971년부터 '유아원'이라 번역, 사용했다(이화여자대학교 사범대학 부속유아원, 1976, p. 4).

변천사

유치원 개설

미국 최초의 유치원은 프뢰벨의 제자였던 독일인 이민자 마가렛 슐츠(Margaret Schurz)에 의해 1856년 위스콘신주 워터타운에 개설되었다. 이 유치원에는 슐츠의 세 살 된 딸을 포함하여 총 여섯 명의 독일계 이민자 자녀들이 취원했다. 그에 따라 유치원에서 사용된 언어 또한 독일어였다. 사실상 독일식 유치원이 도입되기 이전 미국에는 영국식 유치원이라 할 수 있는 영아학교(infant school)가 존재했다. 초등학교 취학 전 유아의 학교준비를 위해 1816년 보스턴에 처음 개설되었던 영아학교는 이후 여러 도시에 확대되었으나 읽기, 쓰기, 셈하기 중심의 교육으로 인해 1830년대에 대다수 폐쇄되었다.

미국에서 영어로 교육하는 유치원은 피바디(Elizabeth Palmer Peabody)에 의해

1860년 보스턴에 개설되었다. 이 유치원은 프뢰벨의 유치원 교육론에 근거하여 개설됐다고 했지만 1863년 피바디가 집필한 『Moral Culture of Infancy, and Kindergarten Guide』를 보면 프뢰벨 이론을 제대로 파악하지 못한 상태에서 개설되었음을 알 수 있다. 피바디가 프뢰벨 이론을 정확히 이해했던 때는 프뢰벨식 유치원 참관을 위해 유치원 운영을 중단하고 유럽여행을 떠난 1867년 이후인 것으로 보인다. 어찌 됐든 1860~1870년대 미국의 주요 도시에는 상류층 가정의 자녀를 위한 영어 유치원이 다수 개설되었다. 이러한 맥락에서 피바디는 1877년 미국프뢰벨협회를 창립하고 초대 회장을 지냈다. 그후 프뢰벨주의는 미국의 정통 유치원 교육이론으로 자리매김되었다.

1880~1890년대 산업화하는 과정에서 미국에는 유럽으로부터 전례 없이 많은 이민자가 유입되었다. 그에 따라 도시 빈민가정과 이민가정의 영유아 교육 · 보육이 사회적 이슈로 부각되었다. 이러한 상황에서 자선사업가들은 대도시에 프뢰벨의 독일식 유치원이 아닌 미국화된 유치원의 필요성을 제기하고 무상으로 교육하는 유치원을 개설하기 시작하였다.

유치원의 미국화를 선도한 대표적인 유아교육자는 루이빌 무상유치원협회의 회장이었던 애나 브라이언(Anna Bryan)이었다(최양미, 김보현, 2011). 브라이언은, 유치원 교육이란 유아의 일상적인 도시 생활에 기초한 교육이어야 한다고 주장하며, 1887년 루이빌의 무상유치원에 프뢰벨의 상징적인 사물인 '은물' 대신에 일상적인 사물을 제시했다. 유형화된 '작업' 대신에 일상화된 가정용품을 내놓았고, 교사의 사전 계획대로 해야 하는 프뢰벨식 '게임'은 역할놀이와 같은 일상적인 놀이 활동으로 대체했다.

1890년 미국교육학회 강연에서 브라이언은 프뢰벨식 유치원은 유아에게 자유놀이가 아닌 교사의 지시에 따라야 하는 놀이를 강요하고 있다고도 했다. 이러한 주장에 대해 일부 유치원 교사들은 도시 빈민 아동에게는 프뢰벨식 정통 유치원 교육이 더 요긴하다며 강한 불쾌감을 표출하기도 했다. 그러나 브라이언은 시카고에서 계속 교사 연수에 매진하였다.

듀이(John Dewey) 또한 브라이언과 같은 시기에 시카고에서 변화하는 사회에 대응하기 위해 학교가 해야 할 역할을 보여 주는 실험을 하고 있었다. 듀이는 1896년

1월 산업사회에 적합한 민주시민을 양성하고 이민자를 문화화할 수 있는 실험 초등학교로 시카고대학에 '듀이학교(Dewey School)'를 설치하였다. 1898년 8월에는 프뢰벨식 유치원에 대한 다음과 같은 비판과 함께 듀이학교에 4~5세 유아 대상의 '유치부(subprimary department)'를 개설하였다.

듀이에 따르면, 프뢰벨은 내재된 본성의 발현을 유치원 교육목표로 제시하고 있는데, 이는 직접적인 경험과 지각에서 벗어난 초월론적이고 공허한 것이다. 관념론적 상징주의에 근거한 프뢰벨식 교육은 외부에서 설정한 고정된 목표에 초점을 맞춘 교육으로 추상적이고 불확실한 미래가 현재의 힘과 기대를 통제하고 현재를 경시하는 교육이다. 프뢰벨식 유치원에서 장려하는 놀이는 은물, 작업, 게임의 예정된 위계에 따르는 놀이로서 자유놀이가 아닌 모방놀이에 불과하다.

따라서 놀이란 유아의 내적인 충동에 기초한 자유로운 것이어야 한다. 그리고 자유놀이는 실용주의에 근거하여 타인과의 경험 공유, 쓸모 있는 물건 만들기, 사실의 발견과 탐구, 의사소통과 관련된 사회적 충동, 건설적 충동, 실험적 충동, 표현적 충동에 기초해야 한다. 또한 유치원 교육과정은 흥미, 경험, 일상생활 중심의 교육과정이어야 한다. 이러한 전제하에 듀이는 유치부 교육활동으로 수작업, 놀이, 노래, 이야기, 극놀이, 자연 관찰, 의류 세탁, 식사 준비, 설거지, 블록 놀이, 점토 놀이 활동을 제공했다. 그러나 유치부를 포함한 듀이학교는 1904년에 폐교되었다.

이 시기 프뢰벨식 교육을 신랄하게 비판한 또 다른 인물로는 심리학자 홀(G. Stanley Hall)이 있다. 홀은 2~3세부터 6~7세에 이르는 아동을 위한 교육과정은 철두철미하게 아동의 자유와 흥미 중심의 교육과정이어야 한다고 주창한 아동 중심주의자였다. 그에 따르면, 교육은 윤리학뿐 아니라 심리학에도 기반해야 하는 과학이다. 심리학적으로 보면 교육은 아동발달에 관한 과학적 연구를 토대로 해야 한다. 그런데 은물과 작업을 중시하는 기존의 유치원 교육은 유아의 발달에 맞지 않는 과다한 소근육 활동을 요구함으로써 신체적 건강을 해치고 있다. 또한 교사의 지시에 따르게 함으로써 유아의 자유로운 활동을 제한하고 있다. 그러므로 상징주의에 기초한 프뢰벨식 교육은 아동 중심 교육이 아니다.

홀에 의하면, 교육은 아동의 흥미와 요구를 따르는 철저한 아동 중심 교육이어야 하고, 아동 중심 교육은 발달이론에 비추어서도 타당해야 한다. 교육에 대한 그의 발달론적 접근은 1880년부터 1900년까지 미국 유아교육자들이 아동의 특성을 이해하는 데 지대한 영향을 미쳤다. 특히 프뢰벨식 교육에 대응할 새로운 아이디어를 찾던 유아교육자들은 발달이론을 교육과정의 핵심 이론으로 받아들였다.

발달주의에 기초한 홀의 아동 중심 교육철학은 프뢰벨의 관념주의 철학에 근간을 두었던 유아교육 패러다임이 1900년대에 발달심리학으로 전환하는 커다란 계기가 되었다. 그뿐만 아니라 아동연구 운동과 미국 유치원의 근대화를 이끌었다. 1920년대 들어 교육학계에서는 홀의 '아동 중심 교육과정은 자유방임 교육과정'이라는 라벨이 붙으면서 그의 영향력이 사라졌던 반면, 유아교육계에서 그의 영향력은 줄어들지 않았다.

홀의 발달이론은 게젤(Arnold Gesell)의 성숙 이론으로 계승되었다. 아동 심리학자 게젤은 예일대학에 설치했던 아동연구소에서 영유아 성장 과정을 관찰한 결과를 바탕으로 운동기능, 인지능력, 언어, 개인적 · 사회적 행동의 성장 · 발달 순서와 규준을 제시하였다. 그에 따르면, 모든 아동은 유사하고 예측 가능한 순서를 거치며 발달하지만, 발달의 속도는 개인에 따라 다르다는 것이었다.

한편, 1900년대 초 미국에는 아일랜드와 독일로부터의 이민이 압도적이었던 이전과 달리 동유럽과 남유럽으로부터 온 이민자들이 대거 늘어났다. 이 시기 반나절 운영하는 유치원은 주로 독일계 이민가정의 5~6세 자녀들이 이용했고, 단시간 운영하는 유아원은 주로 중 · 상류층 가정의 3~4세 자녀들이 이용했다(Michel. 1999). 이러한 맥락에서 1929년 대도시의 자선사업가들은 교육위원회에 공교육 제도권 밖에서 자선단체에 의해 설립 · 운영되고 있는 유치원을 공립학교에 편입시켜 빈 교실을 사용하도록 허가할 것을 요청하였다. 이후 도시에 있는 자선단체들이 설립한 유치원들은 초등학교에 병설되어 유아교육의 기능을 수행하였다. 그리고 이주민 자녀에게 주류문화에 동화시키는 교육과정을 제공했다.

1930년대에 이르러 그동안 수적으로 열세였던 유치원이 유아원과 비등해질 정도로 증가하면서 유치원에서도 유아원에서처럼 프로이트의 정신분석 이론에 기초한 교육과정을 적용하기 시작하였다. 유치원 교실에는 잠재된 욕구나 필요를 자유롭게 표현할 수 있도록 블록, 물감, 크레용, 종이 등이 비치되었다. 유아의 사회정서 발달을 위해서는 교사 · 유아 간의 정서적 유대와 사회적 상호작용이 강조되었다.

1940~1950년대에 들어서는 신프로이트학파에 의해 유치원 교육과정이 재해석되기도 했다. 블록 놀이, 물놀이, 점토 놀이, 물감풀 놀이, 극놀이는 유아의 정신 건강과 사회정서 발달을 위해, 그리고 자유놀이와 창작적 표현활동은 유아의 자아 내면에 잠재된 정서 표출과 자아 개발을 위해 교육적으로 가치 있는 놀이 활동으로 인정되었다. 다른 한편으로 게젤의 성숙 이론은 1930~1950년대에 유아교육의 성과를 높이기 위해서는 아동연구로부터 얻은 지식을 활용하여 개별 아동의 학습 준비도를 파악하고 적기에 교육경험을 제공하는 것이 중요함을 일깨워 주는 데 기여했다.

'빈곤과의 전쟁(War on Poverty)'이 선포된 다음 해인 1965년에는 「초 · 중등교육법(ESEA)」이 제정되었다. 「초 · 중등교육법」이 시행되면서 그동안 '고급유아원(advanced nursery school)'이라 불렸던 유치원에 대한 정부의 재정지원은 1967년 대폭 증가했다. 그에 따라 1968년 유치원의 취원율은 69.8%(공립 취원율 58.1% 포함)로 급증했다(Karch, 2013). 더 나아가 최신 발달이론을 토대로 여러 유형의 유아교육과정이 개발되었고 유치원에 적용되었다.

1970~1990년대 유치원 교육과정 개발에 가장 많이 활용되었던 이론은 듀이의 교육철학과 피아제의 인지발달 이론이었다. 피아제의 이론은 지식이란 환경과의 상호작용을 통해 구성해 나간다는 발달적 관점에서 유아교육을 이해하는 데 크게 기여했다. 이러한 상황에서 1997년 미국유아교육협회(NAEYC)는 저서 『발달적으로 적합한 영유아 프로그램 실제(Developmentally Appropriate Practice in Early childhood Programs)』를 통해 사회문화적 관점에서 인지발달의 과정을 설명한 비고츠키 이론을 소개하였고, 이후 유치원에서는 사회적 구성주의라 부르며 적극적으로 활용했다. 이와 아울러 유아 때부터 문화의 다양성을 수용할 수 있도록 다문화주의(multiculturalism) 또한 유치원의 교육이론으로 적용되었다.

2013년 OECD 발표 자료에 따르면, 2011년 기준 미국의 유치원(주정부 지원 프리케이 포함) 취원율은 3세 50%, 4세 78%, 5세 83%, 6세 100%이었다. 그리고 미국 교육부 발표 자료에 따르면, 2010~2011학년도 설립별 유치원 취원율은 공립 89%, 사립

11%이었고, 유치원에 처음 취원한 유아의 비율은 5세 이하 6%, 5세 85%, 6세 이상 9% 등으로 대부분 5세에 입학하였다. 3~5세 유아의 유치원 종일제 프로그램 이용률은 1980년 32%에서 2010년 58%로 증가하였다.

어린이집 개설

미국 최초의 어린이집은 사망하거나 맞벌이하는 선원의 어린 자녀를 돌보기 위해 1838년 헤일(Joseph Hale)이 보스턴에 개설한 육아원(day nursery)이라 할 수 있다(Clarke-Stewart, 1993). 육아원은 1800년대 후반에 진행된 급격한 산업화, 도시화 과정에서 미국이 이민을 대거 받아들이면서 늘어나기 시작했다. 특히 이민가정의 자녀들이 위생적인 환경에서 건강하게 성장할 수 있도록 여성이 많은 공장, 병원 등에 주로 설립되었다. 그러나 1900년대에 이르러 시설보호에 대한 평판이 나빠지고 미국인의 가족 중심 육아관이 재차 부상하면서 육아원 이용자는 크게 줄었다. 그때 등장한 시설이 '유아원'이었다. 그러나 유아원은 중 · 상류층 가정의 유아를 대상으로 한 교육기관으로서 엄밀한 의미에서 보육시설은 아니었다.

제2차 세계대전 기간 연방정부는 방위산업체에 고용된 여성의 자녀 돌봄을 위해 'day care center'라 칭하는 어린이집을 다수 설치했다. 정부의 노동시장 참여 우선순위에서 유아기 자녀를 둔 여성은 제외됐음에도 경제활동에 처음으로 참여한 여성 인구는 1940~1942년 기준 3,000,000명을 넘어섰다. 이러한 상황에서 1942년 연방정부는 역사상 처음으로 어린이집에 대한 운영비를 지원했다. 방위산업체 근로자의 자녀들이 다니는 어린이집에 대해 운영비의 50%는 연방정부가 지원하고, 나머지 50%는 주 · 지방정부 · 부모가 분담했다. 그 결과 1945년 정부 보고서에 따르면, 경제활동에 참여한 여성은 6,000,000명으로 늘었고, 정부지원 어린이집에 다니는 아동도 550,000~600,000명으로 늘었다.

그러나 종전으로 남성들이 직장에 복귀하면서 1946년 어린이집에 대한 연방정부의 재정지원은 중단되었다. 공적 지원이 없는 상태에서 3,000여 개의 어린이집이 폐원했다. 이후 영유아 보육사업이 빈민가정이나 문제 가정을 위한 사회사업으로 취급되면서 어린이집 사정은 급속도로 나빠졌고, 그에 따라 1950년 어린이집 원아수는 18,000명으로 대폭 감소했다.

1960년대 후반에는 빈곤가정의 유아들을 위해 시행한 헤드스타트 프로그램이 성공적이었다는 연구 결과들이 나오면서 어린이집에 대한 연방정부의 관심도 높아졌다. 이러한 맥락에서 1970년 연방정부는 아동에 관한 백악관회의(1970 White House Conference on Children)를 개최하여 아동보육과 아동발달을 주요 의제로 다루었다. 그리고 1971년 하원은 어린이집에 대한 국가 지원과 가구소득에 따른 보육 비용의 차등화 등을 명시한 「포괄적 아동발달에 관한 법률(Comprehensive Child Development Act)」을 통과시켰다. 하지만 이 법은 1971년 12월 닉슨 대통령이 미국인의 가족 중심 육아관에 반하는 공동체적 육아관에 기반했다는 이유 등을 들며 거부권을 행사함으로써 폐기되었다.

1975년 7월 이래 미국의 영유아 보육사업은 「사회보장법(Social Security Act)」에 의거하여 국가의 개입을 최소화하는 방향에서 추진되고 있다. 부모의 자유선택과 그에 따른 책임을 강조하며 국가는 취약계층을 대상으로 잔여적 지원의 차원에서 개입하고 있다. 1980년 3월에는 어린이집 공식 명칭이 'day care center'에서 'child care center'로 변경되었다. 2010년 수행된 유아학교(preschool) 프로그램 비교연구에 따르면, 어린이집, 프리케이, 헤드스타트 중 어린이집 프로그램이 가장 질적으로 낮았다.

영유아교사에 관한 2012년 회계감사원(Government Accountability Office) 자료에 따르면, 어린이집 교사의 절반 가까이가 고등학교 졸업 이하의 학력이었다. 한편, 2015년 연방정부 통계자료를 보면, 어린이집 교사의 시간당 평균임금은 심각한 수준이었고 담당 학급의 유형에 따라서도 큰 차이가 있었던 것으로 나타난다. 시간당 평균임금의 경우, 유아반 교사는 페스트푸드 종업원보다 68센트 많은 9.77달러이었고, 영아반 교사는 5.99달러이었다. 이러한 상황에서 대부분의 영아반 교사와 46%의 유아반 교사는 정부에 생활보조금을 신청, 수령했던 것으로 확인된다.

유아원 개설

유아원(nursery school)은 육아는 가정의 몫이라는 미국인의 가족 중심 육아관에 기반하여 1910년대 초 개설되기 시작하였다. 이 시기 유아원은 프로그램의 일차적인 목표를 3~4세 '유아교육(early childhood education)'에 두었다(Karch, 2013). 아동보육을 경시한 사회 분위기 속에서 유아원의 취원 대상은 자연히 중 · 상류층 가정의 3~4세 유아로 한정되었고 운영시간 또한 짧을 수밖에 없었다. 유아원은 같은 시기 독일계 이민가정의 5~6세 유아 대상의 프뢰벨식 유치원과 다른 시각에서 운영되었다. 특히 아동발달을 연구하는 심리학자와 교육학자들이 유아원을 연구기관으로 이용하면서 일반인들에게 유아원은 아동연구소로 인식되기도 했다.

1920년대 초 유아원의 교육은 주로 프로이트의 정신분석 이론에 근거하여 이루어졌다. 유아원의 일과에는 유아가 잠재된 충동, 욕구와 같은 정서적 요구를 자유로이 표출하고 일상생활에서 겪은 갈등들을 해소하도록 교육활동으로 자유놀이 시간이 장시간 배정되었다. 유아원 교실에는 일상생활 과정에서 억압되었던 감정을 승화하도록 다양한 형태의 블록, 도화지, 크레용, 이젤, 그림물감 등을 비치하여 유아의 창의적인 표현활동이 장려되었다.

1929년 대공황(Great Depression)이 시작되면서 미국의 실업률은 크게 높아졌다. 이러한 상황에서 1935년 루즈벨트 대통령은 고용창출과 기반시설 마련을 위해 WPA(Works Progress Administration) 프로젝트를 설계, 추진하였다. 그 가운데는 유아원 확대 사업도 포함되었다. 연방정부가 유아원 확충에 긴급 재원을 투입함에 따라 저소득층 가정의 자녀를 대상으로 한 정부지원 유아원이 대폭 증가했다. 그러나 1938년 WPA 프로젝트가 종료되면서 연방정부가 지원하는 유아원은 폐쇄되었다.

헤드스타트 프로그램 실시

1964년 1월 존슨 대통령은 미국인의 25%가 가난을 대물림하는 이른바 "다른 미국에 살고 있다"는 대통령 특별위원회 보고서를 근거로 '빈곤과의 전쟁(War on Poverty)'

을 선포하였다. 1964년 8월 의회는 빈곤의 악순환 타파에 국가의 인력과 재원을 사용하도록 「경제기회법(Economic Opportunity Act)」을 제정하였다. 그리고 이 법에 따라 연방정부 기구로 직업교육과 훈련(Job Corps), 지역사회 활동 프로그램(community action program), VISTA, 평화봉사단 등의 업무를 담당할 경제기회청(Office of Economic Opportunity)이 신설되었다.

경제기회청은 빈곤이 유아의 건강 악화와 지능 저하, 학업성취에 대한 동기 약화, 학교생활 부적응, 청소년 비행 등을 초래할 가능성이 크다는 여러 연구 결과에 기반하여(이은화, 양옥승, 1988), 지역사회활동 프로그램의 하나로서 헤드스타트 프로젝트(Project Head Start)를 기획했다. 헤드스타트 프로젝트는 저소득층 가정의 취학 전 유아에게 빈곤의 악순환을 끊는 데 도움을 주기 위해 1965년 8주간의 여름 프로그램으로 시작했다. 이 프로젝트는 500,000명의 취약계층 유아가 이용할 수 있도록 2,500개 지역사회에서 진행되었다. 1966년에는 연중 프로그램으로 확대, 변경되었다.

1969년 보건교육복지부(HEW: Department of Hearth, Education, and Welfare)는 저소득층 3~4세 유아에게 교육, 건강, 부모참여, 사회적 서비스를 포괄하는 종합적 아동발달 서비스(comprehensive child development service) 제공을 위해 헤드스타트 전담부서로 산하에 아동발달과(Office of Child Development)를 신설하였다(Zigler, 1979). 그리고 종합적 유아 서비스로서 프로그램의 질적 수준 제고를 위해 1975년 '헤드스타트 프로그램 수행기준(HSPPS: Head Start Program Performance Standards)'을 개발하고 평가에 착수했다.

1979년 10월 연방의회는 「교육부 조직법(Department of Education Organization Act)」을 개정하였다. 개정 법률에 따라, 1980년 5월에 새로운 정부 조직으로 교육부(Department of Education)가 출범하였고, 보건교육복지부(HEW)는 보건인간서비스부(HHS: Department of Health and Human Services)로 변경되었다. 그리고 보건인간서비스부(HHS)는 아동가족실(Administration for Children and Families) 내에 헤드스타트과(Office of Head Start)를 신설하여 헤드스타트 업무를 전담하도록 했다. 참고로, 교육부는 1867년에 창설되었으나 지역학교에 대한 통제권 행사를 우려하여 1868년에 교육청(Office of Education)으로 강등되었다.

1995년 연방정부는 저소득층 임산부 및 3세 미만 영아의 건강과 발달, 그리고 가정의 역할증대를 위해 조기 헤드스타트(Early Head Start) 프로그램을 시행하였다. 조기 헤드스타트 사업은 양질의 정책 수립, 태아와 영아의 질병 예방 및 발달 촉진, 영아 · 가족 · 교직원 간의 긍정적이고 지속적인 관계 형성, 부모참여, 장애아통합, 가족과 지역사회의 문화 차이 이해, 포괄성과 유연성, 반응과 집중, 헤드스타트로의 순조로운 전이 및 협업 등을 목표로 하여 진행되었다. 1998년 헤드스타트 센터는 반일제에서 종일제로 바뀌었다.

1981~2006년 헤드스타트 사업은 1981년 제정된 「P.L. 97-35(Omnibus Budget Reconciliation Act of 1981)」의 일부 조항에 의거 추진되었다. 이 법에 따르면, 헤드스타트의 역할은 저소득층 의무교육 기관 취학 전 아동과 그의 가족에게 건강, 교육, 영양, 사회적 서비스 등을 종합한 포괄적 서비스를 제공하는 데 있었다. 그러나 「헤드스타트 학교준비 증진법(Improving Head Start for School Readiness Act of 2007)」 일명 「헤드스타트법(Head Start Act)」이 제정됨으로써 2007년 이후 헤드스타트 사업은 새 법에 따라 추진되고 있다. 「헤드스타트법」에 의하면, 헤드스타트 프로그램의 목표는 저소득층 아동의 인지, 사회정서 발달과 학교준비에 있다.

2007년 헤드스타트 보고서에 의하면 2006년 기준으로 이 프로그램에 등록한 영유아는 총 909,201명이었고, 이 중 48,000명이 가정(home-based) 방문 프로그램에 등록했다. 연령별 분포를 보면 3세 미만 10%, 3세 35%, 4세 51%, 5세 이상 4% 등이었다. 전체 등록 영유아 중 인지, 신체, 시각, 청각, 정서, 또는 학습 장애를 가진 영유아는 12.1%이었다. 그리고 교사의 교육수준을 보면, 72%만이 전문대학교 이상의 학력을 소지하고 있었던 것으로 나타난다.

헤드스타트 프로그램 수행기준(HSPPS)은 아동의 학습 요구에 부응할 수 있도록 2016년에 개정되었다. 개정 내용에는 헤드스타트 센터를 연간 최소 1,020시간 운영하고, 조기헤드스타트의 센터프로그램을 연간 1,380시간 제공하는 등의 방안이 포함되어 있다. 헤드스타트 프로그램은 1965~2023년 38,000,000명 이상의 영유아가 이용했다.

「초 · 중등교육법」 제정

미국의 유아교육은 존슨 대통령이 1964년 1월에 '빈곤과의 전쟁'을 선포하면서 일대 전환기를 맞았다. 1965년 미국은 위대한 사회(Great Society) 프로그램의 일환으로 K-12 교육 정책에 대한 연방정부의 역할을 규정한 「초 · 중등교육법(ESEA: Elementary and Secondary Education Act of 1965)」을 제정하였다. 2002년에는 아동 간의 학력 격차를 해소하기 위해 「초 · 중등교육법(ESEA)」으로 「낙오 아동 방지법(NCLB: No Child Left Behind Act)」을 재승인하였다. 이 법은 미국 학생들의 학력이 경쟁국들에 뒤처졌다는 국제학업성취도(PISA) 평가 결과에서 비롯되었다. 학생의 학업 진도에 대한 학교의 책임을 강화한 「낙오 아동 방지법(NCLB)」에 따라 주정부는 3학년부터 표준화된 읽기 시험과 수학 시험을 치르도록 했다.

이러한 맥락에서 2009년 주지사들과 공립학교 교장들은 국가 수준에서 교육과정 개발이 금지된 미국의 교육제도를 고려하여 K-12 영어 · 수학 '주 공통 핵심 스탠다드' 개발에 착수하였다. 개발 절차는 고등학교 졸업 이후에 필요한 지식을 선정 · 적용하여 대학 · 취업 준비 스탠다드를 개발하고, 그다음에 대학 · 취업 준비 스탠다드를 반영한 K-12 스탠다드를 개발하는 순으로 이루어졌다. 여러 절차와 심의과정을 거쳐 마련된 주 공통 핵심 스탠다드(CCSS: Common Core State Standards)는 2013년 45개 주, 국방교육부, 워싱턴, 괌, 북마리아나제도, 미국령 버진 아일랜드에서 채택, 적용되었다.

2015년에는 모든 학생을 대학과 직장에서 성공할 수 있도록 준비시키기 위해 「초 · 중등교육법(ESEA)」으로 「모든 학생 성공법(ESSA: Every Student Succeeds Act)」을 재승인하였다. 주정부에 유연성을 부여한 「모든 학생 성공법(ESSA)」은 학생과 학교의 성공을 보장하는 데 도움이 되는 조항들을 포함하고 있다. 그중에는 양질의 유아학교(프리스쿨)에 대한 접근성 제고를 위해 기존의 정부 투자를 유지, 확대한다는 사항들도 포함되어 있다.

주정부 지원 프리케이 프로그램 실시

주정부 지원 프리케이(Pre-K: state pre-kindergarten) 프로그램은 1980년대 중반 4세 유아의 학교준비를 위해 추진되었다. 1995~2010년 주정부 지원 프리케이에 취원했던 4세 유아 1,000,000명을 초등학교 5학년까지 추적했던 연방정부의 종단연구에 의하면, 프리케이 프로그램은 초등학교 입학 후 학업성취도 및 사회성 향상에 효과적이었다. 참고로, 2009년 기준 4세 유아의 주정부 지원 프리케이 취원율은 78%이었다. 이러한 상황에서 2011년 연방정부는 프리케이 취원율 확대를 위해 40개 주에 총 54억 달러의 예산을 배정하였다. 이후 사립에서 정부 지원으로 전환된 프리케이에 취원한 원아수는 전체의 1/3에 달할 정도로 늘어났다.

중국의 영유아 교육 · 보육

현황

중국의 영유아 교육 · 보육 기관은 유아원(幼儿园)과 탁아소(托儿所)로 구분할 수 있다. 유아원은 3세부터 초등학교 취학 전까지의 유아를 '보육 · 교육(保育和教育)'하는 기관이다. 탁아소는 3세 미만 영아를 대상으로 한 '보육' 기관이다.

유아원은 설립 · 운영 주체에 따라 교육부문(教育部门: 교육부 운영), 기타부문판(其他部门办: 기타 정부부처 운영), 지방기업(地方企业: 지방국유, 성급, 자주구역, 현급, 시급 기업 운영), 사업단위 기관(事业单位和机关: 공공기관 운영), 부대(部队), 집체판(集体办: 커뮤니티 운영), 민판(民办: 사립), 구유독립법인자격적중외합작판(具有独立法人资格的中外合作办: 중외합작 독립법인 운영) 등으로 구분된다. 설치 유형에 따라 독립 설치 유아원과 부설 유아원으로 구분되기도 한다. 부설 유아원은 주로 독립 설치 유아원이 없는 농촌 지역에 초등학교 부설 유아반(附设幼儿班)으로 개설되어 있다.

최근에는 유아원에 탁반(托班)을 개설하고 영아를 '보육 · 교육'하는 경향이 뚜렷해지면서 탁아소는 감소하는 추세에 있다. 유아원과 같은 건물에 위치하여 상호보완적인 역할과 기능을 수행하는 탁아소도 늘고 있다. 이러한 이유로 탁아소에 대한 정보는 정확성이 떨어지고 취원율 통계 또한 확실하게 알려진 바 없다. 참고로, 중국은 6–3–3–4 학제와 9년 의무교육제를 시행하고 있다. 국가통계포털 KOSIS에 따르면, 2023년 기준 중국 인구는 1,425,671,000명이고, 합계출산율은 1.19명이다.

영유아 교육 · 보육 기관 통계

중국 교육부의 '각급 학교 학생 현황(各级各类学历教育学生情况), 각급 사립학교 학생 현황(各级各类民办教育学生情况) 및 유아원수(幼儿园园数)' 자료에 의하면, 2021년 8월 기준 유아원의 원아수는 45,158,985명이며, 이 중 52.3%에 해당하는 23,600,977명의 원아들이 사립 유아원에 다니고 있다. 전체 유아원수는 291,715개이며, 이 중 57.6%에 해당하는 167,956개 유아원이 민판(사립)이다. 그다음으로는 교육부문 104,685개, 집체판 11,713개, 사업단위 3,757개, 기타부문판 1,608개, 지방기업 1,502개, 부대 487개, 구유독립법인자격적중외합작판 7개 순이다.

교육부의 '각급 학교 전임교사(各级各类学校专任教师) 및 각급 사립학교 전임교사(各级各类民办专任教师) 현황' 자료를 보면, 2021년 8월 기준으로 유아원의 전임교사수는 2,913,426명이며, 이 중 55.6%에 해당하는 1,618,786명이 사립 유아원에서 근무하고 있다. 그리고 국가통계국의 '중국 아동발달 강요(中国儿童发展纲要)(2011~2020년)' 평가보고서에 따르면, 2020년 기준 유아원 취원율은 85.2%이다.

유아원

유아원의 교육 · 보육은 「유아원공작규정(幼儿园工作规程)」과 「유아원관리조례(幼儿园管理条例)」에 의거, 수행되고 있다. 그리고 유아원 업무는 교육부(教育部) 산하 기초교육사(基础教育司)에서 관리하고 있다. 다만 유아원의 보건 업무는 「탁아소유아원위생보건관리판법(托儿所幼儿园卫生保健管理办法)」과 「탁아소유아원위생보건공작규범(托儿所幼儿园卫生保健工作规范)」에 준하여 국가위생건강위원회(国家卫生健康委员会)에서 관리하도록 되어 있다.

유아원공작규정에 따르면, 유아원의 목적은 '보육과 교육(保育和教育)'의 질 제고 및 유아의 심신 건강 촉진에 있다. 유아원은, 3년제로 초등학교 취학 전 3~6세 유아를 보육 · 교육하는 기관으로서, 국가의 교육방침 및 보육과 교육의 결합원칙(保育与教育相结合的原则)을 구현할 임무가 있다. 유아원의 운영체제는 전일제, 반일제, 정시제, 계절제, 기숙제로 구분되지만 혼합하여 운영하는 것 또한 가능하다.

중국의 유아원은 하루 8시간, 주 5일간 운영하는 전일제가 주류를 이루고 있다. 전일제 유아원의 하루 일과를 보면, 등원, 놀이 및 운동, 간식, 학습활동, 실외놀이, 학습활동, 점심, 실외놀이, 낮잠, 간식, 학습활동, 놀이 및 귀가 등으로 구성되어 있다. 일부 사립 유아원의 경우, 오전에는 영어로, 오후에는 중국어로 가르치는 영어몰입 교육을 실시하고 있다.

탁아소

탁아소는 「탁아소유아원위생보건관리판법」과 「탁아소유아원위생보건공작규범」에 의거하고 있다. 그리고 탁아소 업무는 국가위생건강위원회에서 관리하고 있다. 탁아소는 영아보육 위주로 진행되기 때문에 교육부는 탁아소 업무에 대해 거의 관여하지 않는다. 다만 유아원과 함께 다루어야 하는 중요한 교육적 사안에 대해서는 관여하도록 되어 있다.

탁아소는 5일 근무제에 따라 유아원과 같이 토요일과 일요일을 제외한 5일 운영이 일반화되어 있다. 이러한 맥락에서 최근 영아를 둔 부모들은 자녀를 탁아소가 아닌 유아원에 보내길 원하는데, 유아원은 이를 허용하고 있다. 3세 미만 영아의 유아원 입학을 허용하는 배경에는 「유아원공작규정」의 "보육과 교육의 결합원칙"(제3조)과 "유아원은 전일제, 반일제, 정시제, 계절제, 기숙제 등으로 구분하되, 개별적으로 또는 혼합하여 설치할 수 있다"(제7조)는 사항이 작용했다고 볼 수 있다.

변천사

유치원 개설

중국 최초의 유아원은 청조 말기 1903년 장즈동(张之洞)이 자강운동의 일환으로 후베이(湖北)성 우창에 설립한 '후베이유치원(湖北幼稚园)'이다. 후베이유치원은 일본 유치원을 모델로 한 중국의 첫 공립 유아 '보육(保育)' 기관으로 일본인 원장과 '보모(保姆)'를 초빙해 80여 명의 5~6세 원아에게 예절, 유희, 노래, 담화, 수기를 가르쳤다. 유치원의 1일 운영시간은 3시간이었다. 참고로, 1902년 중국에는 기독교 선교단체에 의해 설립·운영되는 유치원이 6개(전체 원아수 194명) 존재했다(최양미, 김보현, 2011)고 한다. 그러나 중국은 후베이유치원을 최초 유아원으로 인정하고 있다.

또한 장즈동은 같은 해 유치원 교사 양성기관으로 후베이성 교육부 산하에 유아사범학교(湖北省实验幼儿师范学校)를 설치하고 후베이유치원을 부속기관으로 지정했다. 그러나 유아사범학교는 여자학교에 대한 주위의 따가운 시선을 이겨 내지 못하고 곧 폐쇄되었다. 1905년에는 후난성에 거주하는 여성 20여 명이 일본으로 건너가 1년의 유치원 보모 연수과정을 이수하고 귀국해 보모강습소를 개설했다. 이후에도 일부 여성들은 일본 연수 후 돌아와 보모강습소를 개설했다.

후베이유치원은 1904년에 '후베이몽양원'으로 명칭 변경되었는데, 이는 1904년 1월 제정, 공포된 「몽양원장정과 가정교육법장정(蒙养院章程及家庭教育法章程)」에 따른 것이었다. 몽양원장정과 가정교육법장정은 장바이시(张百熙), 룽칭(荣庆), 장즈동이 일본의 유치원규정을 본 따 만든 것으로서 총 4장 21절로 구성되었다. 이 법규에 따르면, 몽양원은 3~7세 유아의 보육·교육지도(保育教导)에 목표를 두고 유희(游戏), 노래(歌谣), 담화(谈话), 수기(手技)를 가르치는 국민 기초교육 기관이다.

신해혁명으로 청나라가 멸망하고 1912년에 중화민국이 수립되었다. 1912~1913년 중화민국은 구미의 교육사상과 철학을 반영하여 초등소학과 중학의 수업연한을 1년

씩 단축한 4(초등소학)−3(고등소학)−4(중학) 학제를 도입하였다. 새로운 학제 도입으로 여성들에게도 고등교육의 기회가 부여되었고, 유아사범학교에는 의무적으로 부속 몽양원을 설치해야 했다. 다만 몽양원의 교육은 대부분 일본식이었다.

일본제국주의와 군벌에 반대하여 일어난 5.4운동 이후 중국에서는 반제반봉건의 기치 아래 마르크스 · 레닌주의 연구가 활발히 진행되었다. 1921년 7월 상하이에서는 중국공산당이 창당되었는데, 그중에는 후난성을 대표하여 참석한 마오쩌둥도 있었다(양필승, 2008). 한편, 교육부는 사범학교와 여자사범학교에 부설 '유치사범과(幼稚师范科)'를 개설할 수 있다는 규정을 마련하고 1922년부터 유치원 확대 정책을 추진했다.

1920년대 초 중국의 유아교육 모델은 일본에서 미국으로 옮겨 갔다. 듀이, 킬패트릭 등 미국의 진보주의 교육학자들이 중국에 초빙되고, 듀이의 '아동과 교육과정', 킬패트릭의 '프로젝트 방법'과 같은 서적들이 교육현장에 소개되었다. 1923년 듀이, 킬패트릭에게서 수학했던 천허친(陳鶴琴)은 자기 집에 난징구러우유치원(南京鼓楼幼稚园)을 개설하고 흥미 중심 교육과정을 운영했다. 그러나 대부분 사립이었던 미국식 유치원은 교육비가 비싸 주로 부유층이 이용했다.

이러한 상황에서 미국 유학 중 듀이 교육철학의 영향을 받은 타오싱즈(陶行知)는 중국 상황에 부합한 '평민교육', '향촌교육'을 위해 1927년 난징에 실험 향촌사범학교(南京試驗鄉村師範學校)를 설립했다. 그리고 부속기관으로 노동자 · 농민의 자녀를 위한 '향촌유치원'을 개설하였다. 이후 향촌유치원과 사범학교는 미국 진보주의 교육사상과 중국 공산주의가 절충된 실험적인 교육장이 되었다.

1932년 교육부는 통합 유치원 교육과정으로 「유치원과정표준(幼稚园课程标准)」을 고시하였다. 듀이의 교육철학을 반영하여 만든 이 교육과정에서는 심신 건강 증진, 유아의 쾌락과 행복 도모, 기본습관 형성, 유아의 가정양육 협조를 교육목표로 제시하였다. 음악, 이야기(故事), 동요(儿歌), 사회와 상식, 만들기(工作), 휴식(静息), 식사(餐点) 등을 교육내용으로, 그리고 통합교육과 놀이를 교육방법으로 제시하였다. 유치원과정표준은 1936년에 개정되었다.

1920~1940년대 중국의 유치원은 1929년 829개에서 1936년 1,283개로 증가했으나, 1937년 중일전쟁이 시작되면서 1940년 302개로 대폭 감소했다. 1945년 종전 이후

에는 많은 유치원이 복원됨에 따라 유치원 시설은 1947년 1,301개로 증가했다. 출생아수가 매년 2,000만 명을 초과하면서 탁아소 수요 또한 늘어났다. 그럼에도 1940년대 후반 탁아소(托儿所) 시설은 노동자를 위한 탁아소(劳工托儿所), 농촌탁아소(农村托儿所), 취업모를 위한 탁아소(职业妇女托儿所), 공장탁아소(工厂托儿所)를 모두 합쳐 119개에 불과했다.

1949년 10월 1일 국공내전에서 승리한 마오쩌둥은 중화인민공화국 탄생을 선포했다. 1950년 8월에 열린 제1차 전국여성근로자대회(全国女工工作会议)에서 그는 가사와 육아에 대한 공적 지지가 여성의 사회·공적 활동의 전제 조건임을 지적하고 육아의 사회화(儿童照料社会化)를 추진할 것임을 공표했다. 육아의 사회화를 위해 1950년 9월 교육부는 국가 주도로 영유아 교육·보육을 활발히 전개하고 있던 소련의 유아교육 전문가를 유아교육 고문으로 초빙하였다.

유치원 → 유아원

1952년 7월 교육부는 소련 유아교육 전문가의 지도·조언을 받아 「유아원잠행규정(幼儿园暂行规程)」과 「유아원잠행교학강요(幼儿园暂行教学纲要)」를 제정하고, 유치원(幼稚园)을 '유아원(幼儿园)'으로 명칭 변경하였다. 이 두 규정에 따르면, 유아원의 일차적 임무는 유아의 건강과 심신의 정상 발육에 있다. 그리고 유아원은 교과목 '언어(语言), 환경이해(认识环境), 그림과 수공(图画手工), 음악(音乐), 계산(计算)'에 제시된 목표 및 교재, 교육과정, 설비 요강을 준수해야 한다.

또한 교육부는 「고등사범학교에 관한 규정(关于高等师范学校的规程)」과 「사범학교임시규정(师范学校暂行规程)」을 제정하였다. 그에 따라 고등사범학교는 학전교육(学前教育) 전공을 개설하여 중등유아사범학교 교사를 양성하고, 사범학교는 유아원 교사를 양성하게 되었다. 중국지혜계몽발전연구원(中国智慧启蒙与发展研究院) 자료에 따르면, 1952년에 4개의 북경, 남경, 서남, 서북 소재 고등사범학교에서 학전교육 전공을 개설하였고, 2개의 유아사범학교에서 유아원 교사를 양성하기 시작했다.

많은 사립 유아원은 1952년 9월 교육부가 공표한 '사립 초중등학교 인수에 관한 지시(关于接办私立中小学的指示)'에 근거하여 공립 유아원으로 바뀌었다. 한편, 1953년 국무원은 급격한 출산율 증가에 따른 탁아소 공급문제 해결을 위해「근로보험조례 개정안(中华人民共和国劳动保险条例实施细则修正草案)」을 공포하였다. 이 규정 51조에 따르면, 4세 미만 자녀를 둔 여성 근로자가 20명 이상이고 근로보험을 실시하는 기업은 단독으로 또는 타기업과 연합하여 탁아소를 설립해야 한다.

1954년에는 중국을 "노동자 계급이 지도하고 노동자와 농민의 동맹을 기초로 하는 인민민주주의 국가"(제1조)로 규정한「헌법」이 제정되었다. 교육부는 새「헌법」에 따른 유아교육 업무 지침(幼儿教育工作指南)을 전국 유아원에 시달했고, 소련에서 초빙한 유아교육 전문가들은 전국을 돌며 유아교육업무의 중요성을 설파했다. 1955년에는「공업, 광업, 기업 직영 초등학교 및 유아원에 관한 규정(关于工矿, 企业自办中, 小学和幼儿园的规定)」을 공포하여 기업이 단독으로 또는 타기업과 연합하여 탁아소 수요를 충족시키도록 했다. 그에 따라 노동자들은 무상 또는 저비용으로 탁아소를 이용할 수 있게 되었고. 1952년 2,738개이었던 탁아소는 1956년 5,775개로 폭발적인 성장세를 보였다.

1956년 교육부 · 위생부 · 내무부는 탁아소와 유아원의 여러 문제에 대한 공동통지(关于托儿所幼儿园几个问题的联合通知)를 통해 유아원은 교육부에서, 탁아소는 위생부(현 국가위생건강위원회)에서 관리 · 감독하도록 했다. 1958년 시작된 '대약진운동' 기간 중국은 사회주의 경제성장을 위해 여성의 가사로부터의 해방을 내세우며 여성 노동력 확보에 나섰다. 그리고 가사노동으로부터의 여성해방을 목표로 탁아소 · 유아원 확대 정책을 추진했다(Hershatter, 2007; Manning, 2007). 예를 들어, 인민공사 관련 문제에 관한 결의서(关于人民公社若干问题的决议)를 채택하고 영유아 교육 · 보육을 위해 대규모 집단농장에 탁아소와 유아원을 설립, 운영하도록 했다.

대약진운동 이후 중국 경제는 큰 타격을 받았고 그에 따라 많은 탁아소 · 유아원이 폐쇄되었다. 교육부 산하 유아교육과와 고등사범학교의 학전교육 전공도 폐지되었다. 폐교되는 유아사범학교도 많았다. 1966~1976년 문화대혁명 기간에는 이전보다 많은 탁아소 · 유아원이 폐쇄되었다. 고학력을 불온시하는 사회 분위기에 의해 19개였던 유아사범학교는 1개로 줄었다. 그 속에서 많은 영유아가 방치되었고, 탁아소와 유아원에 재직하던 교사들은 다른 직종으로 강제 전직되었다.

한 자녀 정책 시행

1978년 12월에 열린 3중전회에서 '실용과 실천의 혁명가' 덩사오핑이 권력의 최정상에 올랐다. 덩샤오핑은 문화혁명 기간에 조성된 국민경제의 비참한 실상을 타개하기 위해 개혁과 개방의 지표로 실사구시를 내세웠다(양필승, 2008). 그에 따라 중국 사회는 이념보다는 효용성을, 의식보다는 전문성을 중시한 실용주의 사상이 지배하게 되었다. 한편, 1930년 4억 명이었던 중국 인구는 마오쩌둥의 출산장려 정책에 의해 1970년에 8억 명이 되었다(Brown, 2013). 이러한 추세로 나아가면 2015년에 20억 명을 초과할 것이었다.

인구문제 해결을 위해 중국 정부는 1979년 1월 전국가족계획행정실주임회의(全国计划生育办公室主任会议)를 개최하고, 이 회의에서 '한 자녀 정책(独生子女政策)' 시행을 공식화했다. 한 자녀 정책은 한 자녀 가구에 대해 유아원 · 탁아소 이용, 고교졸업까지의 학비 면제 등의 혜택을 부여하는 방향으로 추진되었다. 다만 농촌 가구에 대해서는 예외적으로 첫째 아이가 여아일 경우 둘째아 출산을 허용했다.

한 자녀 정책의 일환으로 1979년 10월 교육부, 위생부, 노동총국, 전국부녀연합위원회는 공동으로 전국 탁아소 · 유아원 공작 회의(全国托幼工作会议)를 개최하고, 탁아소와 유아원의 발전방안을 모색하였다. 이후 교육부는 유아교육이 아동의 인지발달에 얼마나 큰 영향을 미치는지를 알리기 위해 '조기교육과 지적발달'이라는 주제로 다양한 행사를 개최하였다(양옥승 외, 1998; Zhu, 2002). 이와 아울러 도시의 유아원 · 탁아소의 업무를 신속하게 정상 복구하기 위해 교육부는 「성시유아원공작조례(城市幼儿园工作条例)」를, 위생부는 「성시탁아소공작조례(城市托儿所工作条例)」를 각각 제정, 공포했다. 여기서 한발 더 나아가 교육부는 국가 수준의 교육과정이라 할 수 있는 「유아원교육강요(幼儿园教育纲要)」를 1981년에 제정, 시행했다.

1982년 12월에는 「헌법」이 전면 개정되었다. 현행 「헌법」이라 할 수 있는 개정 「헌법」에서는 학전교육(学前教育)에 관한 국가의 책임을 명시하였다. 그리고 1983년 교육부는 마오쩌둥 집권 시기에 정체됐던 교육과 과학 분야에 대한 개혁을 추진하였다. 그에 따라 유아사범학교는 1983년 33개에서 1985년 57개(재학생 102,000명)로 증가하였다. 그러나 양적인 증가세에 비해 유아원 · 탁아소 교사의 질적 수준은 크게 높아지지 않았다. 이러한 사실은 고등학교 졸업 이상의 학력을 소지한 유아원 원장이 14.5%(대학졸업 2.5% 포함)이고, 탁아소 교사 중 문맹자도 있다는 1989년 농촌지역 교원 실태자료를 통해 쉽게 파악할 수 있다(양옥승 외, 1998).

1985년 교육부는 사회주의 시장경제 체제에 부합한 교육개혁을 추진하기 위해 교육제도 개혁에 관한 결정(关于教育体制改革的决定)을 고시하였다. 이 결정문에는 기초교육 발전의 책임을 지방정부에 이양하고 9년제 의무교육을 단계적으로 실시하며 대학의 자율성을 확대하는 등의 내용을 담고 있다. 같은 해 위생부는 「탁아소, 유아원 위생보건제도(托儿所, 幼儿园卫生保健制度)」를 제정, 공포하였다.

유아원공작규정 및 유아원관리조례 제정

1989년 교육부는 「유아원공작규정(幼儿园工作规程)」과 「유아원관리조례(幼儿园管理条例)」를 각각 제정 · 공포하였다. 유아원공작규정은 유아원 실무와 유아 교육 · 보육의 질 제고를 위해 1989년 6월 제정 · 시행되었다. 이 규정은 총칙, 입원 및 반편성, 유아원 위생보건, 유아원 교육, 유아원 시설과 설비, 유아원 업무 인원, 유아원 경비, 유아원, 가정 및 사회, 유아원 관리, 부칙 등 총 10장(62조)으로 구성되었다.

유아원공작규정에 따르면, 유아원은 3~6세(또는 7세) 유아를 보육 · 교육(保育和教育)하는 기관으로서 기초교육의 중요한 부분이며, 학교 교육제도의 기초단계에 해당한다(제2조). 유아원의 임무는 보육과 교육의 결합원칙(保育与教育相结合的原则)을 구현하고 유아에게 체 · 지 · 덕 · 미(体 · 智 · 德 · 美)의 제 발달을 위한 교육을 실시하여 심신의 조화로운 발달을 촉진하는 데 있다(제3조). 유아원의 연한은 3년제를 기준으로 하되 1년제 또는 2년제도 가능하다(제4조). 유아원은 전일제, 반일제, 정시제, 계절제, 기숙제로 구분되지만 혼합 운영도 가능하다(제7조). 기업, 사업단위기관, 단체, 부대 등이 설립한 유아원은 해당 기관의 자녀뿐만 아니라 인근 지역 거주민의 자녀 또한 입학 조건을 충족하면 취원할 수 있다(제9조).

1990년 2월에는 「유아원관리조례」를 시행하였다. 이 조례는 총칙, 유아원 운영 기본조건 및 승인절차, 유아원 교육 · 보육 업무, 유아원 행정사무, 보상 및 처벌, 부칙 등 총 6장(32조)으로 구성되었다. 조례의 목적은 유아원의 관리를 강화하고 유아교육 사업의 발전을 촉진하는 데 있다(제1조). 이 조례에 의하면, 지방 각급 정부는 해당 지역의 사회경제적 발달상황에 비추어 유아원 발전계획을 수립해야 한다(제4조). 지방 각급 정부는 이 조례에 따라 유아원을 설립할 수 있다. 기업, 사업단위, 사회단체, 주민위원회, 마을위원회(村民委员会) 공민이 유아원을 설립하도록 지원한다(제5조).

이 밖에 유아원관리조례에 명시된 사항을 간추리면 다음과 같다. 유아원 원장 및 교사는 유아사범학교(직업학교 유아교육 전공 포함)를 졸업하거나 교육부의 자격시험에 합격한 자이어야 한다(제9조 제1항). 유아원은 보육과 교육의 결합 원칙을 실행하고 유아의 교육과 발달에 부합하는 조화로운 환경을 조성하여 개별 유아의 인성이 건강하게 발달하도록 이끌어 주어야 한다(제13조). 유아원은 유희(游戏), 즉 놀이를 활동의 기본으로 한다(제16조). 유아원은 성, 자치구, 직할시 정부가 제정한 비용 부과기준에 따라 유아의 가장(家长)으로부터 보육비, 교육비를 징수할 수 있다(제24조). 유아원의 신입 원아 모집과 학급 편성은 교육행정 부처의 규정에 따라야 한다(제142조).

1990년대 중국의 3~6세 유아교육은 유아원 관련 법규가 시행되고 외국과의 학술 교류가 빈번해지면서 교과 중심 교육에서 유아 주도의 활동과 유아 · 교사 간의 상호작용을 중시하는 통합교육으로 바뀌어 갔다. 그러나 사회주의 시장경제로 인해 영리를 목적으로 하는 유아원이 크게 늘었다. 그 과정에서 시장에 팔려 나간 공립 유아원도 있었고, 해외에서 도입된 사립 유아원도 많아졌다. 영어교육에 대한 부모의 요구 또한 높아졌다.

그동안 중국에서 추진했던 한 자녀 정책은 부모들이 자식을 '샤오황디(小皇帝)'로 대하는 현상을 초래했다. 1980년 이후 태어난 '빠링허우(80后)' 세대, 즉 80년대 출생자는 가족의 과보호 속에서 성장한 탓에 이기주의적이라는 비판도 쏟아졌다. 이러한 맥락에서 1993년 교육부는 자기통제, 질서, 사회적 책임 및 조화를 목표로 유아원에 나라 사랑과 공중도덕 강화를 지시했다. 그리고 유아원 교사는 1993년 10월 제정되고 1994년 1월 시행된「교사법(中华人民共和国教师法)」에 따라 최소한 유아사범학교 이상의 학력을 가져야 했다.

1994년 12월에는「탁아소, 유아원위생보건관리판법((托儿所, 幼儿园卫生保健管理办法)」이 제정, 공포되었다. 이 법규에 따르면, 영유아의 건강, 안전 및 질병 예방을 위해 탁아소 · 유아원은 영유아와 교사에게 연 1회 신체검사와 예방접종을 실시하고, 시설, 설비, 교재교구를 철저히 소독하며 상시 안전점검을 실시해야 한다. 그리고 영양이 고루 함유된 균형 있는 식단을 제공하고, 하루 일과에 실내 활동과 실외 활동을 균형 있게 편성해야 한다. 1996년 3월에는「유아원공작규정」이 유아의 능동적 참여, 개인차, 놀이, 과정 중심, 통합교육을 강화하는 방향으로 개정되었는데, 이는 1995년 3월「교육법(中华人民共和国教育法)」제정에 따른 것이었다.

OMEP(2000)에 의하면, 1998년 기준 유아원 시설수는 공립 131,390개, 사립 30,824개, 기타 19,154개 등 총 181,368개이고, 원아수는 공립 19,409,420명, 사립 1,707,810명, 기타 2,913,114명 등으로 총 24,030,344명이었다. 유아원 교원수는 원장 80,317명, 교사 875,427명 등 총 955,744명이었다. 원장과 교사의 학력을 보면 유아사범학교 졸업자가 394,427명으로 가장 많았고, 그다음 순위는 직업학교 졸업자(146,309명), 대학졸업자(67,253명)이었던 것으로 확인된다.

2001년 5월 국무원은 '아동발달 강요(中国儿童发展纲要)(2001−2010年)'를 발표했다. 이 안에 따르면, 유아원은 취원율을 50%(농촌 60%)를 상회하도록 하고, 아동 중심 프로그램을 실시하여 교육의 질적 수준을 제고하며, 국가자격증을 취득한 교사의 비율을 75%까지 높인다. 아울러 유아원공작규정과 유아원관리조례에 명시된 보육 · 교육 결합 원칙과 3~4세 25명, 4~5세 30명, 5~6세 35명의 학급당 원아수 기준을 준수한다(Zhu, 2002).

2001년 6월 교육부는 국무원이 발표한 아동발달 강요에 맞춰 제8차 초 · 중등학교 교육과정이라 할 수 있는 '기초 교육과정 개혁강요(基礎教育課程改革纲要)'를 개정 · 고시했다. 개정 교육과정은 덩샤오핑의 '현대화, 세계화, 미래화를 위한 교육' 및 장쩌민의 '3개 대표 사상'을 기본 이념으로 하였고, 교육목표로 애국주의와 집단주의 정신, 사회주의 애호, 중국전통과 혁명전통 계승 및 발양 등 공산당의 교육방침 관철과 소질교육의 추진을 제시하였다. 기초 교육과정 개혁강요에서는 그동안 써왔던 '교학(教學)'을 '교육과정(教育課程)'으로 개칭했을 뿐 아니라 전문적인 교육과정 설계 및 조직 방식을 적용했다는 특징이 있다. 단, 교육과정 명칭 사용에서 유아원은 제외되었다.

중국의 초·중등학교 교육과정이 1차부터 7차까지 어떤 배경에서 개정되었는지를 차수별로 살펴보면 다음과 같다. 제1차(1949~1952년)와 제2차(1953~1957년)는 소련의 초·중등학교 교육과정에 기반한 개정이었고, 제3차(1957~1964년)와 제4차(1963~1976년)는 마오쩌둥의 사상에 기초한 개정이었다. 제5차(1978~1980년)는 초·중등학교가 10년제(초등 5년, 중등 5년)로 개편됨에 따른 개정이었고, 제6차(1981~1985년)는 1981년 6년제 중점 중등학교 요구 및 1984년 6년제 도시·농촌 초등학교 요구에 따른 개정이었다. 그리고 제7차(1986~1999년) 교육과정은 1986년 4월 제정된 9년제 '의무교육법' 취지에 부응하기 위한 개정이었다.

2001년 9월에는 1981년부터 시행해왔던 국가 수준의 유아원 교육과정이라 할 수 있는 유아원교육강요를 「교육법」, 유아원공작규정, 유아원관리조례 등에 근거하여 「유아원교육지도강요(幼儿园教育指导纲要)」로 개정하였다. 개정 교육과정에서는 교육내용을 건강, 언어, 사회, 과학, 예술의 5개 영역으로 구분하고, 영역별로 목표, 내용, 지도요령을 상세히 제시하였다.

개정 교육과정에 따르면, 유아원 교육은 기초교육의 중요한 요소이고 학교교육과 평생교육의 초석이다. 유아원은 지역 실정에 맞는 전인교육을 통해 유아의 생애 발달을 위한 토대를 형성해 주어야 하며, 가정 및 지역사회와 밀접하게 협력하고, 영아교육·보육 및 초등교육과의 연계 속에서 유아의 전인적인 발달을 도와야 한다. 아울러 유아에게 건강하고 풍부한 생활과 활동 환경을 제공하며 교육과 보육 둘다 중시하고, 유아의 인격과 권리를 존중하며 개인차에 주목하여 개성을 키울 수 있어야 한다.

사립 유아원 증가

2002년 12월에는 전국인민대표대회 상무위원회에서 「민판교육촉진법(民办教育促进法)」이 통과되었다. 그에 따라 사립학교로서 사립 유아원의 설립, 법적 지위, 교육비용 기준 등이 법규화되었다. 이 법 시행 이후 영리 목적의 사립 유아원은 급속도로 증가하였다. 2007년 기준 설립유형별 유아원 시설수를 살펴보면, 공립 유아원은 51,484개이고, 사립 유아원은 77,616개이었다(Zhu, 2009). 이러한 상황에서 2007년 교육부는 사립 유아원에 '민판 학전교육기관 관리업무 강화에 관한 통지(关于加强民办学前教育机构管理工作的通知)'를 보냈다. 참고로, 유아원 교원 508,362명을 대상으로 '정치면모'를 분석한 2009년 교육부 자료에 따르면, 공산당원은 122,502명(24.10%), 공산주의청년단원은 382,820명(75.30%), 민주당원은 2,661명(0.52%), 외국인은 279명(0.05%)이었다.

「민판교육촉진법」의 적극적인 시행에도 불구하고 대도시에 출생아가 급증하면서 유아원 부족 현상은 심각한 수준을 넘어섰다. 2006~2008년 3년 동안 출생아수가 460,000명으로 증가함으로써 기존의 1,266개 유아원만으로는 늘어난 수요를 충족시킬 수 없었던 베이징시는 2009년 학급증설 정책을 시행했다. 즉, 9~12개 학급을 가진 대규모 유아원을 신축하거나 유아원을 증 · 개축하여 학급수를 9~12개로 늘리는 것을 허용하였다. 그러나 전국적으로 보면 전체교육 예산에서 유아교육 예산이 차지하는 비율은 매우 낮았을 뿐만 아니라 2008년의 예를 들면 하이난 0.13%, 상하이 7.1%로 지역 간 격차, 특히 도시와 농촌 간 격차도 심해 실효성 있는 대책 추진이 어려웠다(Tian & Zhang, 2011; Zhang & Yuan, 2013).

도 · 농 간의 격차는 유아원 취원율과 유아원 교사 자격증 소지율에서도 나타났다. 2009년 기준으로 취원율은 도 · 농 간에 30% 이상 차이났다. 교사 자격증 소지율은 농촌 61.5%, 도시 82.5%이었다(Liu & Pan, 2013; Pang, 2012). 이러한 상황에서 2010년 7월 국무원은 다음의 세 가지 학전교육(学前教育) 발전방안이 담긴 '중장기교육개혁발전계획강요(国家中长期教育改革和发展规划纲要)(2010~2020년)'를 발표했다.

첫째, 유아의 심신 건강, 습관 형성, 지적발달을 위해 학전교육은 유아의 심신 발달의 원칙을 따르고 과학적 교육 · 보육 방법을 준수하며 유아의 즐겁고 건강한 성장을 보장할 수 있어야 한다. 2020년까지 유아기 1년, 2년, 여건이 허락하는 경우 3년간의 학전교육 보편화를 추진한다.

둘째, 정부의 책임을 명확히 한다. 학전교육의 발전을 사회주의 신농촌 건설 계획에 포함시킨다. 공립 유아원을 적극 육성하고 사립 유아원을 지원한다. 정부투자를 늘리고 합리적인 비용 분담 체계를 마련한다. 경제적으로 어려운 가정의 유아가 유아원에 취원할 수 있도록 보조금을 지급한다. 유아원 교사 자격기준을 엄격하게 적용하고 유아원 교사 양성과정과 재교육을 강화하여 교사의 질을 제고한다.

셋째, 농촌 지역에 학전교육 보편화를 추진한다. 농촌 지역 유아들이 유아원에 다닐 수 있도록 학전교육 자원을 확보하고 유아원을 신 · 개축하며, 초등학교 교사와 초등학교의 남은 교실을 유아원 교사와 교실로 활용한다.

2010년 9월 위생부와 교육부는 「탁아소, 유아원위생보건관리판법」을 「탁아소유아원위생보건관리판법(托儿所幼儿园卫生保健管理办法)」으로 개정 · 고시하였다. 2010년 11월 시행된 개정 법률은 총 26조로 구성되었으며, 적용 범위, 원칙, 보건행정부서와 교육행정부서의 책임, 모자보건 기관, 질병 예방과 통제 기관, 위생보건 감독, 기타 법 집행 기관의 역할 및 책임에 관한 사항을 제시하였다. 개정 법률에 따르면, 위생보건 수준을 향상시키고, 질병 발생을 미연에 예방 · 감소하며, 아동의 심신 건강을 보장하기 위해(제1조) 탁아소 · 유아원에는 양호교사, 간호사, 보건원 등 국가 규정에 부합하는 위생인력을 채용해야 하며(제11조), 150명당 최소 1명의 비율로 위생보건 인력을 배치해야 한다(제12조).

학전교육 발전을 위한 중장기 교육계획 발표

2010년 11월 국무원은 중장기교육계획(2010~2020년)의 하나로 '학전교육발전을 위한 의견(国务院关于当前发展学前教育的若干意见)', 즉 학전교육 발전을 위한 중장기 교육계획을 발표하였다. 이 계획서에 따르면, 학전교육은 평생학습의 시작이며 국민교육체계의 중요한 부분이고 중요한 사회 공익사업이다. 그러므로 유아원 확대를 위해 정부 부처, 지방기업, 사업단위, 부대, 집체, 개인 등이 유아원을 설립, 운영할 수 있도록 부지, 감세, 면세와 같은 우대정책을 실시한다. 도·농 간의 격차 해소를 위해 농촌에 대한 지원을 확대한다. 이 밖에 제시된 계획들을 간추려 보면 다음과 같다.

첫째, 유아원 교사의 역량을 제고한다. 법규 및 지역 조건을 감안하여 교사 대 원아의 비율을 정하고 법규에 명시된 대로 유아원 교사의 자격 및 근로 조건을 개선한다. 이와 아울러 유아원 교사 연수제도를 개선한다. 국가는 3년 이내에 유아원 원장과 교사 10,000명을 대상으로 연수 교육을 실시한다. 5년 이내에 모든 지역의 원장과 교사로 확대한다. 또한 학전교육에 대한 투자를 확대한다. 각급 정부는 재정예산에 유아원 교육경비를 포함해야 한다. 각급 정부는 유아원 교육경비를 예산에 반영하며, 특히 저소득층 아동, 고아, 장애아동 대상의 보혜성(普惠性) 학전교육을 위해 유아교육 보조금 제도를 구축한다.

둘째, 유아원 진입 관리를 강화한다. 어떤 단위나 개인도 유아원 허가증을 취득하지 않고 등록 절차를 거치지 않으면 유아원을 설립할 수 없도록 한다. 유아원의 안전관리, 감독을 강화한다. 이와 아울러 유아원 교육비 관리 규정을 마련한다. 유아원은 교육비 공시제도를 시행하고 사회의 감독을 받도록 한다. 더 나아가 과학적 교육·보육을 견지하고 유아의 심신 건강 발달을 촉진한다. 개인차를 존중하고 놀이를 기본활동으로 삼고 교육과 보육을 결합하여 유아가 건강하게 성장하도록 한다. 놀이교구, 유아 도서 구비 등 유아교육 환경을 조성하여 유아원의 '소학화(小学化)', 즉 초등학교화를 미연에 방지한다. 아울러 유아원 교육·보육에 대한 평가 및 질 관리 체계를 구축한다.

셋째, 업무 메커니즘을 개선하고 조직의 리더십을 강화한다. 각급 정부는 유아원 교육 관리에 관한 법규를 정비한다. 국가 기준과 지역 현실을 반영하여 유아원 경영기준을 마련하고 유아원 접근성, 유아원의 안전, 공립 유아원 교육비 표준, 사립 유아원의 경비관리 등에 대한 관리 감독을 강화한다. 또한 '학전교육3년행동계획(学前教育三年行动计划)'을 수립·실시한다. 각 성(구, 시) 정부는 지역 유아원의 교육 현황을 파악하고 지역의 경제사회적 상황, 입학적령 인구수요 등을 조사하여 학전교육 3년 행동계획을 마련한다. 계획안은 2011년 3월 말 이전 국가교육체제개혁 정책 주관 부서에 제출한다. 교육부는 유관부서와 함께 각 성의 유아교육 3개년 실행계획 진행 상황을 감독·조사하여 공적을 인정받은 지역에 지원한다.

2011년 8월 국무원은 '아동발달 강요(中国儿童发展纲要)(2011~2020년)'를 발표하고 이 정책을 시행하는 데 매년 국방예산보다 많은 1천억 달러를 투입하기로 했다. 그리고 2011년 12월 교육부는 국가발전개혁위원회, 재정부와 함께 취약계층 유아의 교육비 문제를 해결하기 위해 유아원 비용관리 임시조치(幼儿园收费管理暂行办法)를 마련하였다. 2012년 이 조치가 시행되면서 재정부는 2013년까지 학전교육발전 특별기금을 투입하여 65,000개에 달하는 유아원을 증·개축함과 아울러 사립 유아원을 개선하고, 731만여 명의 농민공 자녀에게 취원 기회를 제공했다.

2012년 5월 위생부와 교육부는 기존의 탁아소, 유아원위생보건제도를 「탁아소유아원위생보건공작규범(托儿所幼儿园卫生保健工作规范)」으로 개칭, 고시하였다. 새 규범은 질병의 발병률을 낮추고 건강한 생활 습관을 기르고 아동의 심신 건강을 보장하는 데 목적을 두고 유아원·탁아소의 위생보건 수준 강화 및 보육환경 개선에 필요한 요건들을 중점적으로 다루었다.

2012년 9월 교육부는 유아원 교원의 전문성 관리를 위해 처음으로 유아원 교사 직업기준(幼儿园教师专业标准)을 마련하고 시행하였다. 이 기준에 따르면, 유아원 교사는 전문적 소양뿐 아니라 이타심, 책임감, 공평성, 안전의식, 생명 보호 의식이 있어야 한다. 유아의 호기심을 자극하고 상상력을 개발하며 흥미를 발견할 수 있어야 한다. 그리고 유아발달을 위해 적절한 학습 환경과 놀이 활동을 제공할 수 있어야 한다.

한편, 한 자녀 정책은 유아에 대한 부모의 과도한 기대와 사교육 열풍으로 이어졌고, 유아원의 초등학교화를 심화시켰다. 그 과정에서 유아 스트레스는 사회적 이슈로 등장하기도 했다. 유아원의 초등학교화를 예방하기 위해 2012년 11월 교육부는 「유아원교육지도강요」를 개정하였다. 개정 유아원 교육과정은 건강, 언어, 사회, 과학, 예술의 5개 영역으로 구성되었다. 영역별 교육내용은 목표, 내용과 요구사항, 지도요점으로 구분·제시되었다.

중국 교육부 통계에 나타난 2013년 8월 기준 유아원 시설수 및 교원수는 다음과 같다. 시설수는 공립 56,613개, 사립 124,638개 등 총 181,251개이었다. 설립별로 보면, 민판(사립)이 124,638개(68.77%)로 가장 많았고, 교육부문판과 집체판이 36,992개(20.41%)와 12,683개(7.0%)로 그 뒤를 이었다. 그다음은 사업단위 3,192개(1.76%), 기타부문판 1,858개(1.02%), 지방기업 1,406개(0.78%), 부대 487개(0.27%) 등으로 극소수였다. 교원수는 1,677,475명(원장 198,238명, 전임교사 1,479,237명)이었다. 교원의 학력을 보면, 고등학교 졸업 미만 48,915명(2.92%), 고등학교 졸업 515,125명(30.71%), 전문대학 졸업 854,014명(50.91%), 4년제 대학 졸업 256,028명(15.27%), 대학원 졸업 3,393명(0.20%) 등으로 33%의 교원이 고등학교 이하의 학력을 소지한 것으로 나타났다.

유아원공작규정 개정

2015년 12월 교육부는 「유아원공작규정(幼儿园工作规程)」을 재차 개정하였다. 2016년 3월부터 시행된 개정 규정은 총칙, 입학 및 반편성, 유아원 안전, 유아원 위생보건, 유아원 교육, 유아원 시설 및 설비, 유아원 교직원(教职工), 유아원 경비, 유아원, 가정과 사회, 유아원 관리, 부칙 등 총 11장(66조)으로 구성되어 있다. 이 법의 주요 골자를 제시하면 다음과 같다.

유아원공작규정은 유아원의 과학관리를 강화하고 유아원 운영에 관한 규범을 제시하여 보육과 교육(保育和教育)의 질을 제고하고 유아의 심신 건강을 촉진하는 데 목적이 있다(제1조). 유아원은 3세 이상의 학령전 유아를 교육하고 돌보는 기관이다. 유아원 교육은 기초교육의 중요한 부분으로 학교 교육제도의 기초단계이다(제2조). 유아원의 임무는 국가의 교육방침 및 보육과 교육의 결합원칙(保育与教育相结合的原则)을 구현하고 체 · 지 · 덕 · 미의 제 발달을 위한 교육을 통해 유아 심신의 조화로운 발달을 촉진하는 데 있다. 아울러 유아원은 유아의 가장에게 과학적 육아 방법에 관한 지침을 제공한다(제3조). 유아원은 3년제로 3~6세 유아가 다닌다(제4조).

유아원은 전일제, 반일제, 정시제, 계절제, 기숙제 등으로 구분하되, 개별적으로 또는 혼합하여 설치할 수 있다(제7조). 기업, 사업단위 기관, 단체, 부대에 설치한 유아원은 직원 자녀 이외에 인근 주민들의 자녀도 이용할 수 있다(제9조). 유아원 정원은 유아의 심신 건강과 용이한 관리를 위해 360명을 초과하지 말아야 한다. 유아원 학급

(班)당 원아수는 소반(3~4세반) 25명, 중반(4~5세반) 30명, 대반(5~6세반) 35명, 혼합반 30명으로 한다. 학급은 연령별 또는 혼합연령으로 편성할 수 있다(제11조).

유아원 교육은 다음의 원칙과 요구를 이행할 수 있어야 한다. 첫째, 덕 · 지 · 체 · 미 교육을 상호적이고 유기적으로 결합할 수 있어야 한다. 둘째, 유아의 심신 발달의 법칙을 따르고, 유아의 연령 특성에 부합하고 개인차에 주의를 기울인다. 건강한 개성 발달을 위해 유아를 개별적으로 지도한다. 셋째, 모든 유아를 사랑하며, 넷째, 건강, 언어, 사회, 과학 및 예술 각 영역의 교육내용을 통합적으로 조직한다. 일상생활 속에서 다양한 교육방법을 적용하고 상호작용을 한다. 다섯째, 놀이를 기본활동으로 하여 다양한 교육활동을 제공한다. 교육에 적합한 환경을 구성하고 유아가 자신의 능력을 행사하고 표현할 기회와 조건을 제공한다(제25조).

유아의 1일 활동은 유아의 즐겁고 유익한 자유활동(自由活动)을 보장할 수 있어야 한다. 직접적인 지각, 실제 조작 및 개인 경험에 중점을 두고 동적 활동과 정적 활동을 번갈아가며 할 수 있도록 조직한다(제26조). 유아원과 초등학교는 긴밀한 관계를 유지해야 한다. 유아원은 초등학교의 교육내용을 미리 가르치지 않아야 한다(제33조). 유아원은 원장, 부원장, 교사, 보육원, 위생보건원, 요리사, 기타 직원을 두어야 한다(제38조). 유아원 원장은 대학 이상의 학력을 소지하고 3년의 교육경력과 일정 조직관리 능력을 갖추어야 한다(제40조). 유아원 교사의 자격은 「교사자격조례(教师资格条例)」에 따른다(제41조). 참고로, 교사자격조례를 보면, 교사 자격 취득에 필요한 학력은 「교사법(中华人民共和国教师法)」 제11조에 따른다고 되어있다. 그리고 교사법 제11조에 의하면, 유아원 교사의 자격은 유아사범학교 졸업 이상의 학력을 가져야 취득할 수 있다.

유아원의 경비는 운영자가 법에 따라 조달한다. 운영자는 운영에 필요한 자금과 안정적인 자금원을 보장해야 한다(제46조). 유아원은 주도적으로 원아의 가족과 소통 · 협력한다. 좋은 가정교육 환경을 조성하도록 가장에게 과학적인 육아 정보를 제공하여 공동으로 유아교육 임무를 수행한다(제52조). 유아원은 당조직 건설을 강화하고 당의 정치적 역할과 전투보루 역할을 충실히 수행해야 한다. 유아원은 노동조합, 공산주의청년동맹, 기타 조직들이 업무를 발전적으로 수행할 수 있는 유리한 여건을 조성해 주어야 한다(제57조).

개정 유아원공작규정은 유아원 안전(幼儿园的安全)에 관한 조항(제12~18조)을 신설했다는 특징이 있다. 그중에는 다음과 같은 사항이 포함되어 있다. 유아는 가장의 위탁을 받은 성인과 함께 유아원에 등원 · 귀가해야 한다(제13조). 유아원 교직원은 안전의식을 가지고 기본적인 응급처치, 예방, 긴급 대피 방법을 숙지해야 하며 비상 상황에서 유아의 안전을 우선시해야 한다. 유아원은 일상생활 속에서 안전교육을 실시하고 정기적으로 사고 예방 훈련을 실시한다. 유아의 연령 특성 및 능력을 고려하여 가정폭력 예방교육을 실시하고 유아가 가정폭력으로 피해를 입었거나, 입었다고 의심되는 경우에는 법에 따라 즉시 공안 기관에 신고해야 한다(제15조). 유아원은 식사 간격을 3.5~4시간으로 하고, 야외활동으로 2시간 이상(단, 기숙제유아원은 3시간 이상)을 일과에 편성해야 한다. 다만 고온, 저온 지역은 적절히 증감할 수 있다(제18조).

두 자녀 정책 시행

2016년 1월 1일 중국 정부는 그동안 유지해 왔던 한 자녀 정책을 폐지하고 '전면적 두 자녀 정책'을 시행하였다. 2014년 이래 부부 중 한 명이라도 독자인 경우에만 제한적으로 허용해 왔던 '단독 두 자녀' 정책을 모든 부부에게 적용한다는 것이었다. 국가통계국(国家统计局)이 발표한 2007~2015년 출생아수 변화추이를 보면, 2007년 15,940,000명, 2008년 16,080,000명, 2009년 16,150,000명 등으로 다소 증가하였다가 2010년 최저점인 15,740,000명으로 감소하였고, 이후에는 2011년 16,040,000명, 2012년 16,350,000명, 2013년 16,400,000명, 2014년 16,870,000명, 2015년 16,550,000명 등으로 소폭 증가에 그쳤다.

출생아수 감소는 노동인구 감소로 이어져 공장에서는 근로자 부족 현상이 나타났고, 임금 또한 급속도로 상승하였다. 이러한 추세로 나아갈 경우, 2030년 14억으로 정점에 달하다가 장기간 인구 성장이 억제될 것이라는 우려가 그 어느 때보다 높아졌다. 2050년에는 중국 인구의 1/3이 60세 이상 고령화되어 한 명의 아동이 부모 2명과 조부모 4명을 부양하는 이른바 '4-2-1' 현상이 나타날 것으로 예측되었다(Beech, 2013). 한 자녀 정책이 전통적인 남아선호사상과 만나면서 남 · 녀 출생아 비율이

135:100인 지역도 생겼다. 이러한 상황에서 한 자녀 정책을 완화하고 '단독 두 자녀' 정책을 도입하는 지방정부도 등장했다.

보혜성 유아원 개설

2017년 9월 중국공산당 중앙위원회 총국과 국무원 총국은 '교육제도 개혁 심화에 관한 의견(关于深化教育体制机制改革的意见)'을 고시했다. 여기에는 다양한 형태의 유아원 운영을 장려하고 비용이 많이 드는 유아원 문제를 해결하기 위해 보혜성 유아원(普惠性幼儿园)을 개설한다는 내용이 포함됐다. 특히 합리적인 비용과 양질의 보혜성 서비스 제공을 위해 사립 유아원을 지원한다는 내용이 강조되었다. 참고로, 보혜성 유아원은 정부가 유아교육 · 보육 비용과 기숙 비용을 책정, 부과하는 유아원으로서 공 · 사립 모두에 해당된다.

한편, 2017년 발표된 국가통계국의 '2011~2016년 중국 아동발달 강요(中国儿童发展纲要 2011~2016年)' 평가 보고서에 의하면, 유아원의 시설수는 2011년 166,700개에서 2012년 181,200개, 2013년 198,600개, 2014년 209,900개, 2015년 223,700개, 2016년 239,800개 등으로 계속 증가했다. 원아수 또한 2011년 34,240,000만 명, 2012년 36,860,000만 명, 2013년 38,940,000만 명, 2014년 40,500,000만 명, 2015년 42,640,000만 명, 2016년 44,140,000만 명 등으로 계속 증가했다.

2018년 1월 교육부는 교사의 업무능력 향상을 목표로 한 '유 · 초 · 중등학교 교사 양성과정 지도기준(中小学幼儿园教师培训课程指导标准)'을 고시하였다. 3월 양회기간에는 3년 이내에 「학전교육법(学前教育法)」을 제정할 것임을 약속했다. 그리고 2020년 9월 7일에는 교육부 자체 홈페이지에 총칙, 학전아동, 유아원 설립 및 운영, 보육과 교육, 교사 및 기타 교직원, 관리와 감독, 비용, 책임, 부칙 등 총 9장(75조)으로 구성된 '학전교육법초안(学前教育法草案)'을 공고하였다. 초안에는 다음과 같은 내용도 포함되어 있다. 학전교육은 중국공산당의 전면 영도를 견지하고 국가교육 방침을 전면 관철해야 한다. 사회주의 학교 운영 방향을 견지하고 덕을 갖춘 인재 양성의 기본 임무를 수행해야 한다. 아동의 심신발달규율을 준수하고 아동에게 사회주의 핵심 가치관을 가지도록 교육한다(제4조).

국가통계국의 '2018년 국가 아동발달 계획 실시현황 평가보고(2018年国家儿童发展规划实施情况统计监测报告)'에 나타난 유아원의 2012~2018년 시설수, 원아수, 교사수 및 2011~2018년 유아원 취원율을 제시하면 다음과 같다. 시설수는 2017년 255,000개에서 2018년 267,000개로 증가했고, 2018년 원아수는 2017년보다 1.2% 증가한 46,560,000만 명이었으며, 2018년 교사수는 2017년보다 6.1% 증가한 2,580,000만 명이었다. 취원율은 2010년 56.6%, 2011년 62.3%, 2012년 64.5%, 2013년 67.5%, 2014년 70.5%, 2015년 75.0%, 2016년 77.4%, 2017년 79.6%, 2018년 81.7% 등으로 꾸준히 증가했다. 다만 전체 취원율에서 사립이 차지하는 비율은 2011년 49.5%, 2012년 50.3%, 2013년 51.1%, 2014년 52.5%, 2015년 54.0%, 2016년 55.2%, 2017년 55.9%, 2018년 56.7% 등으로 여전히 사립의존도가 높은 것으로 나타났다.

세 자녀 정책 시행

2021년 7월 국무원은 인구의 장기적 균형발전 촉진을 위한 출산정책 최적화에 관한 중국 공산당 중앙위원회와 국무원의 결정(中共中央国务院关于优化生育政策促进人口长期均衡发展的决定)을 공표하고 '세 자녀 출산정책(三孩生育政策)'을 시행했다. 그리고 8월에 열린 제13기 전국인민대표대회 상무위원회 제30차 회의에서는 「인구가족계획법(人口与计划生育法)」을 개정했다.

제14차 학전교육 발전 · 개선을 위한 5개년 행동계획 시행

2021년 12월 교육부를 포함한 9개 정부부처는 '제14차 학전교육 발전 · 개선을 위한 5개년 행동계획('十四五'学前教育发展提升行动计划)'을 발표하였다. 2025년까지 시행되는 이 정책은 공익과 보편성 강화, 과학적인 교육 · 보육 추진, 거버넌스 기능 향상 등을 기본 원칙으로 하고 있다. 이 계획서에 따르면, 2025년까지 3년제 유아원 취원율은 90% 이상, 보혜성 유아원 비율은 85% 이상, 공립 유아원 취원율은 50% 이상

달성하는 데 목표를 두고 다음과 같은 사업을 중점적으로 추진한다.

첫째, 보편적 교육의 관점에서 학전교육을 보완하고, 여러 경로를 통해 자원 공급을 확대한다. 공립 유아원의 발전을 도모하고, 보혜성(普惠性) 사립 유아원을 적극적으로 지원한다. 둘째, 보편적 서비스 보장체제를 확립하고, 각급 정부는 학전교육 관리체제를 개선한다. 유아원 교사를 확충하고 처우보장 제도를 마련한다. 보혜성 학전교육의 지속 가능한 발전을 추구한다. 셋째, 유아교육·보육의 질을 전면적으로 개선한다. 놀이를 기본활동으로 하고 과학적 교육·보육을 전면적으로 추진한다. 유아원 교육·보육에 대한 평가시스템을 개선하고 교사의 전문적 소질과 직무능력을 제고한다.

독일의 영유아 교육·보육

현황

독일의 영유아 교육·보육 기관은 유치원(Kindergarten)과 킨더크리페(Kinderkrippe, 이하 '어린이집'이라 칭함)로 구분할 수 있다. 유치원은 3~5세 유아를 입학 대상으로 하고, 어린이집은 3세 미만 영아를 취원 대상으로 한다. 이 밖에 아이돌봄 서비스를 통해서도 영유아 보육이 이루어진다. 아이돌봄은 아동 양육권을 가진 아이돌보미(Tagespflegeperson)가 아동의 법적 보호자(Erziehungsberechtigten)의 집, 자기 집, 또는 법적으로 인정된 장소에서 제공하는 보육서비스를 의미한다.

유치원과 어린이집은 방과후교실(Hort)과 함께 '아동돌봄기관(Kindertageseinrichtung)' 일명 '아동보육시설(Kita: Kindertagesstätte)'로 분류된다. 아동보육시설(Kita)의 경우, 지역에 따라서는 3세 유아의 어린이집 취원을 권장하기도 하고, 2세 영아의 유치원 입학을 허가하기도 한다. 다만, 유치원 중에는 초등학교와 같이 일반학교(Allgemeinbildende

Schulen)로 분류되는 유치원도 있다. 초등학교 취학전학급(Vorklasse)과 학교유치원(Schulkindergarten)이 이에 해당된다. 교육의 유형을 학교교육과 사회교육으로 구분하는 독일교육의 관점에서 보면, 아동보육시설은 사회교육 기관이고, 초등학교 취학전학급과 학교유치원은 학교교육 기관이다.

독일의 초등학교(Grundschule)는 6세에 입학하며 4년제이다. 그러나 베를린, 브란덴부르크주처럼 유치원 과정을 초등학교에 편입시켜 6년제를 시행하는 곳도 있다. 의무교육 기간은 9년이지만 10년으로 연장한 주(Länder)는 2017년 기준 5개 주에 달한다. 이와 별도로 직업교육 의무기간을 두고 있는데, 이는 18세까지이다. 참고로, 국가통계포털 KOSIS에 따르면, 2023년 기준 독일 인구는 83,295,000명이고, 합계출산율은 1.53명이다.

영유아 교육 · 보육 통계

연방 가족노인여성청소년부(Bundesministerium für Familie, Senioren, Frauen und Jugend)에서 발간한 '2021 우수 아동보육시설에 관한 보고서(Gute-KiTa-Bericht 2021)'에 따르면, 2020년 기준 3세 미만 영아의 취원율은 35.0%(어린이집 29.3%, 아이돌봄 5.7%)이고, 3~5세 유아의 취원율은 92.9%(유치원 91.7%, 아이돌봄 0.8%, 초등학교 취학전학급 및 학교유치원 0.4%)이다.

동 · 서 지역의 취원율을 비교해 보면, 동부가 서부보다 영아는 21.7%, 유아는 2.3% 높다. 실제 취원 비율과 부모의 취원 기대치를 비교해 보면, 기대치가 실제 비율보다 영아는 14%, 유아는 4% 높다. 실제 비율과 기대치 간의 차이가 최상위인 주와 최하위인 주를 살펴보면, 영아는 작센주(5%)와 자틀란트주(17%)가, 유아는 튀링겐주(1.3%)와 브레멘주(9.7%)가 이에 해당한다.

2022년 연방 교육연구부(Bundesministerium für Bildung und Forschung)가 발표한 '2021년 아동보육시설 및 일반학교 통계' 자료를 보면, 시설수는 58,500개(사립 67.0%)이고, 아동수는 3,777,855명(사립 63.7%)이다. 아동보육시설(Kita)에는 공립 230,470명, 사립 441,808명 등 총 672,278명의 교사가 재직하고 있다. 그리고 일반학교로 분류되는 유치원의 경우 시설수는 초등학교 취학전학급 229개(사립 17개 포함), 학교유치원 960개(사립 98개 포함)개 등 총 1,189개(사립 115개 포함)이고, 원아수는 초등학교 취학전학급 9,825명, 학교유치원 16,305명 등 총 26,130명이다. 교사수는 2019년 기준 초등학교 취학전학급 679명, 학교유치원 2,147명 등 총 2,826명이다.

연방 통계청(Statistisches Bundesamt)의 '2021년 지속 가능한 발전 보고서(Nachhaltige Entwicklung in Deutschland-Indikatorenbericht 2021)'에 따르면, 유치원 · 어린이집을 일평균 7시간 이상, 즉 종일 이용한 영유아의 비율은 영아의 경우, 2006년 5.9%에서 2014년 15.3%, 2020년 17.1% 등으로 상승함으로써 정부의 목표치를 일정 부분 달성했다. 3~5세 유아의 경우, 2006년 22.0%에서 2014년 41.4%, 2020년 47.6% 등으로 상승했지만 정부의 목표치(60%)에는 미달했다. 향후 독일 정부는 일 · 가정 양립, 성평등 및 통합 지원을 통해 2030년 영아의 종일 보육서비스 이용률을 35%까지, 유아는 70%까지 높일 계획이라고 한다.

유치원과 어린이집

독일의 사회법전 제8권(Sozialgesetzbuch VIII) 「아동청소년지원법(KJHG: Kinder und Jugendhilfegesetz)」과 「아동보육의 질 향상 및 참여를 위한 법률(Gesetz zur Weiterentwicklung der Qualität und zur Teilhabe in der Kindertagesbetreuung)」 일명 「양질의 아동보육시설에 관한 법률(KiTa-Qualitätsgesetz)」에 따르면, 모든 유치원과 어린이집은 원아를 교육(Bildung), 양육(Erziehung), 돌봄(Betreuung)을 해야 한다.

아동보육시설(Kita)에 해당하는 유치원 · 어린이집의 업무는 연방(Bund) · 주(Länder) · 지자체(Gemeinden) 공동으로 관리하도록 되어 있다. 그러나 연방 가족노인여성청소년부는 행정권한이 없기 때문에 실질적으로는 주와 지자체에서 관리한다. 주정부는 영유아 교육 · 보육 관련 법률을 직접 시행하면서 유치원 · 어린이집을 관리 · 감독하는 역할을, 그리고 지자체는 지역 수준에서 유치원 · 어린이집을 공급하고 영유아 교육 · 보육 서비스가 원활하게 제공될 수 있도록 지원하는 역할을 한다. 다만, 학교유치원과 초등학교 병설 유치원은 초 · 중등학교와 같이 주 학교감독청(Schulaufsichtsbehörde)과 지자체 학교청(Schulträger)에서 관리한다.

유치원과 어린이집의 교육 · 보육 비용은 부모의 소득, 아동수당을 받는 자녀의 수, 영유아 교육 · 보육 기관 이용 시간에 따라 차등화되어 있다. 단, 정부가 제시한 일정 기준에 달하는 저소득층에 대해서는 비용을 면제해 주고 있다.

연방 가족노인여성청소년부의 '2021 우수 아동보육시설에 관한 보고서'에 의하면, 아동보육시설의 운영시간은 2020년 기준으로 9~10시간 70.7%, 7~8시간 11.3%, 5~6시간 10.8%. 11시간 이상 5.4%, 5시간 미만 1.8% 등 9시간 이상이 가장 많았다. 특히 9시간 이상 운영하는 시설은 서부(71.2%)보다 동부(96.6%)에 많았다. 교사 대 영유아 비율은 영아 1:3.8, 유아 1:8.1이다. 다만 영아의 경우, 동부 1:4.9~1:5.6, 서부 1:2.8~1:3으로 지역 간 차이가 큰 것으로 나타났다.

아동보육시설의 교사는 초 · 중등학교의 교사(Lehrer)와 달리 양육자 또는 교육자(Erzieher, 이하 편의상 '교사'라 칭함)라 불린다. 독일 자격기준(DQR: Der Deutsche Qualifikationsrahmen)에 따르면, 아동보육시설 교사의 자격증은 1~8단계 중 4단계에 해당한다. 즉, Kita에 속하는 유치원 · 어린이집의 교사의 경우 중등 직업학교(Realschule, 5~10학년)를 졸업하고 3~3.5년제 전문학교(Fachschule)에서 관련 교육과정을 이수하면 취득할 수 있다. '2021 우수 아동보육시설에 관한 보고서'에서 밝힌 2020년 기준 교사 및 원장 자격증 소지 현황은 다음과 같다.

교사의 경우, 68.3%는 전문학교 졸업자로서 아동보육시설 교사(Erzieher), 특수교사(Heilpädagoge), 또는 특수교육 돌보미(Heilerziehungspfleger) 자격증을 소지하고 있다. 13.5%는 직업전문학교(Berufsfachschule) 졸업자로서 아이돌보미 또는 사회지원 분야의 자격증을 소지하고 있다. 5.9%는 아동보육시설에서 인턴십이나 견습 과정을 밟은 이력이 있다. 5.6%는 전문대학(Fachhochschule) 졸업자로서 사회교육사, 사회복지사, 또는 특수교사의 자격증을 소지하거나, 대학(University) 졸업자로서 교육학 또는 아동교육을 전공하거나 사회교육사 등의 자격증을 소지하고 있다. 4.5%는 다른 직업교육을 받았고, 나머지 2.2%는 어떤 직업교육도 받지 않은 무자격자이다.

원장의 경우, 79.8%는 전문학교 졸업자로서 아동보육시설 교사, 특수교사와 같은 자격증을 소지하고 있다. 그리고 19.2%는 대학 이상의 학력을 소지하고 있다. 여타 직업교육을 받았거나 어떤 직업교육도 받지 않은 원장의 비율도 1.0%에 달한다.

변천사

1820년대 독일에는 교회와 기독교 단체들이 개설한 구호학교(Bewahrschule), 대기학교(Warteschule), 여름학교(Sommerschule)가 존재했다. 이러한 상황에서 페스탈로치 교육 실천과 사상의 영향을 받은 프뢰벨은 1837년 유아를 위한 '보호 · 놀이 · 작업 기관(Pflege-, Spiel- und Beschäftigungsanstalt)'을 개설하였다. 그리고 유아에게 자신이 제작한 '은물(Gabe)'을 활용한 '놀이(Spiel)'를 하고, 짜기, 구슬 끼우기, 바느질하기, 막대 쌓기 등의 '작업(Beschäftigung)'을 하도록 했다.

세계 최초 유치원 창립

1840년 6월 28일 프뢰벨은 초등학교 취학 전 4~5세 유아의 교육을 위해 블랑켄부르크(Blankenburg)에 세계 최초로 아이들의 정원을 뜻하는 '유치원(Kindergarten)'을 창설했다. 프뢰벨의 유치원에서 유아들은 매일 교사의 지시에 따라 은물 놀이와 작업을 하고 노래를 부르고 게임을 배웠다. 그러나 프뢰벨식 교육이 비기독교적이라는 이유로 후원단체의 지원을 받지 못하면서 유치원은 주로 교육비를 부담할 수 있는 가정의 자녀들만이 취원할 수 있었다. 그럼에도 불구하고 1850년 유치원은 시설수 400여 개, 원아수 26,000여 명(취원율 1.0%)으로 각각 증가하였다.

1840년대 독일에는 도시로 이주하여 공장노동자로 근근히 살아가는 여성이 크게 늘었다. 이러한 맥락에서 빈곤층 여성의 어린 자녀를 위한 어린이집 또한 1948년 기준 300여 개로 늘었다. 이 시기 어린이집의 원아들은 대기모(Wartefrauen), 유모(Kinderfrauen), 또는 보모(Bewahrerin)라 불리는 교사에 의해 돌봄을 받았다(이명환, 박수연, 2010).

1851년 프로이센 정부는 유치원이 무신론적이며 사회주의적인 성향을 지니고 있다는 이유를 들어 유치원 금지령을 내렸고, 그에 따라 많은 유치원이 폐원되었다. 유치원 금지령은 1860년에 이르러서야 해제되었다. 이후 일부 도시 지역에는 빈곤층 취업모 자녀를 대상으로 종일 운영하는 무상유치원이 여럿 세워졌다(최양미, 김보현, 2011). 1876년 프뢰벨협회는 정부에서 공립 초등학교에 유치원을 설치해 줄 것을 건의했지만, 이 제안은 성사되지 못했다.

제1차 세계대전 기간 유치원은 기혼여성의 취업 증가로 취업모의 어린 자녀를 보살피는 보육시설로 이용되었다. 1920년에는 유치원을 학교 체제에 포함시킨 교육 개혁안이 독일학제회의에 상정되었으나 부결되었다. 이후 독일의 유치원은 청소년복지부 관할 복지시설로서 아동 · 청소년복지와 관련된 여러 규정을 통합한 「제국청소년복지법(RJWG: Reichsjugendwohlfahrtsgesetz)」에 의거하여 운영되었다. 「제국청소년복지법」은 청소년의 양육과 돌봄, 청소년청의 지역 단위 지원 강화, 공공기관과 민간기관의 관계 등을 규정한 법률이었다.

1910~1930년 유치원의 시설수 및 원아수 변화추이를 살펴보면, 시설수는 1910년 7,259개에서 1930년 7,282개로 거의 변동이 없었다. 그러나 원아수는 1910년 558,610명에서 1930년 421,955명으로 크게 감소했다. 다만 취원율은 1910년 13.0%, 1930년 13.0% 등 제자리걸음이었다.

1933년 히틀러 집권 이후, 나치 정권은 공개적으로 유치원을 군사적 강인함과 거리가 먼 나약하고 감성적인 방식으로 유아를 교육한다고 비난하였다. 여성의 역할을 육아에 두고 유치원 교육을 평가절하했던 것이다. 그에 따라 개인 후원으로 운영해 오던 유치원들은 대다수 폐원되었다. 1938년에는 프뢰벨협회도 강제 해산되었다. 그러나 1939년 제2차 세계대전 개전과 더불어 여성 노동력 동원을 위해 공립 유치원을 대폭 확대하면서 1940년 유치원은 9,814개로 증가했다.

제2차 세계대전은 1945년 나치 독일의 항복으로 종식되었고, 독일은 미국, 영국, 프랑스, 소련 등 4개 연합국에 의해 분할 통치되었다. 1949년 5월에는 임시 헌법으로 「기본법(Grundgesetz)」이 공포되고 서방 연합국 지역에 독일연방공화국(Bundesrepublik Deutschland)으로 서독이 세워졌다. 1949년 10월에는 소련 점령지역에 독일민주공화국(Deutsche Demokratische Republik)으로 동독이 세워졌다.

서독의 영유아 교육 · 보육

분단 이후 서독은 전통적 성 분업과 가족의 책임을 최우선시하는 보수적 관점에서 육아 정책을 수립, 추진하였다. 그리고 유치원은 교회와 사회복지단체에 설립 우선순위를 부여함에 따라 사립이 주도하였다. 1952년 정부는 취학 준비교육의 취지에서 1953~1965년 초등학교에 5세 유아 대상의 학교유치원을 개설하는 등 유치원 확대 정책을 펼쳤다. 1954년에는 아동수당(Kindergeld) 정책을 도입하고, 1961년에는 「제국청소년복지법(RJWG)」을 「청소년복지법(JWG: Jugendwohlfahrtsgesetz)」으로 변경하였다. 「청소년복지법」에는 공공기관과 민간기관의 협력 관계, 가정에 대한 감시(Heimaufsicht) 강화 등에 관한 사항을 명시하였다.

1953~1965년 진행된 정부의 유치원 확대 정책에 의해 1950년 8,648개이었던 시설수는 1960년 12,301개, 1965년 14,113개 등으로 증가했다. 1950년 605,000명이었던 원아수 또한 1960년 817,600명, 1965년 952,900명 등으로 증가했다. 그러나 유치원 정책이 출생아 증가를 고려하지 않은 상태에서 추진되면서 유치원 취원율은 1950년 32.3%, 1960년 32.8%, 1965년 32.7% 등 제자리걸음이었다. 이러한 상황에서 공동체 중심의 비권위적인 교육을 표방하며 노동 계층의 자녀를 대상으로 한 이니셔티브 그룹이라는 이름의 부모협동 시설도 등장하였다(전풍자, 1982). 이니셔티브 그룹은 후일 취원 대상을 중산층으로 바꾸었다.

1960년대 후반 반권위주의 교육 운동과 사회교육학의 발전, 그리고 미국을 비롯한 해외의 유아교육 발전은 교육당국이 유치원 교육의 중요성을 깨닫게 하는 계기가 되었다. 1973년 연방교육위원회와 주교육위원회는 공동으로 유치원 취원율을 1975년 52%로, 1980년 70%로 끌어올린다는 유아교육 계획을 발표했다. 그리고 '유아교육 모델 실험(1975~1978)', '유아교육 시범 프로그램(1975~1978)' 개발 등을 진행했다(윤선영, 2006).

1970년대 후반 유치원에서 적용한 교육과정은 28개 단원으로 구성된 상황 중심(Situationsorientiert)의 사회학습(Soziales Lernen) 프로그램이었다(전풍자, 1982). 유치원에 권장된 학급당 원아수는 반일제 25명, 종일제 15명이었고, 학급당 교사수는 정교사와 보조교사 각 1명씩 2명이었다. 정부의 유아교육 정책에 힘입어 유치원 취원율은 1970년 38.4%에서 1975년 65.5%, 1980년 78.8% 등으로 대폭 증가했다.

그러나 1980년대에 들어 서독의 유치원 교육은 세계화, 탈산업화, 대량실업, 고령화 등에 따른 경제위기로 정체되었다. 이 시기 서독은 에스핑-안데르센(Esping-Andersen, 1990)의 복지국가 모델에 따르면, 보수주의적 조합주의 복지국가이었다. 이를테면, 복지에 대한 가족의 책임을 강조하는 정도가 강력한 정책, 피용자를 대상으로 급여대상과 급여 수준을 계급과 지위에 따라 차이를 두는 정책을 추진하는 보수적 국가이었다.

「아동청소년지원법」 제정

1990년 6월 26일 서독은 「아동청소년지원법(KJHG: Kinder und Jugendhilfegesetz)」을 제정하였다. 이 법의 제정으로 클라이언트는 지원받는 방법에 대한 의사결정 과정에 참여할 수 있게 되었다. 이 법은 새로운 연방주인 동부에서는 1990년 10월 3일부터 시행됐지만, 서부 연방주에서는 1991년 1월 1일부터 시행되었다. 이 법 시행으로 「청소년복지법(JWG)」은 1991년 1월 1일 만료, 폐기되었다.

「아동청소년지원법(KJHG)」 제1조에 따르면, 모든 아동 · 청소년은 책임감 있고 사회적으로 유능한 인격체로 발달하기 위한 지원과 양육받을 권리가 있다. 자녀의 보호(Pflege)와 양육(Erziehung)은 부모의 자연적 권리이며 일차적 의무이다. 공동사회(Gemeinschaft)는 그들의 활동을 주의 깊게 살핀다(wacht). 이 법 제2장 제3절(보육시설과 아이돌봄에서의 아동지원)에 제시된 지원원칙, 보육시설과 아이돌봄의 지원받을 자격, 주의 권리 유보, 아이돌봄 허가 등에 관한 사항을 간추려 보면 다음과 같다.

보육시설과 아이돌봄에 관한 세부적인 사항은 주법(Landesrecht)으로 규정한다. 보육시설과 아이돌봄의 지원 임무에는 아동의 사회적, 정서적, 신체적, 지적발달과 관련된 양육, 교육(Bildung), 돌봄(Betreuung)이 포함된다(제22조). 책임감 있고 사회적으로 유능한 인격체로의 발달을 위해 부모나 법적 보호자가 취업 또는 구직, 직업교육, 재학 중인 1세 미만 영아는 보육시설을 이용하거나 아이돌봄 서비스를 받을 수 있다. 다만, 지원범위는 개인의 필요를 기준으로 하여 정한다. 1세, 2세 영아는 보육시설 또는 아이돌보미의 지원을 받을 수 있다. 3세부터 초등학교 취학 전까지의 유아는 보육시설을 이용할 수 있다. 특별한 도움이 필요한 유아는 추가로 아이돌보미를 지원받을 수 있다(제24조).

1990년 12월 31일 시행된 주 규정 (Landesrechtliche Regelungen)에 따라 교육 부문에 배치된 유치원은 제외된다(제26조). 아이돌보미가 3개월을 초과하여 1명 또는 최대 5명의 아동을 부모 및 법적 보호자의 집 밖에서 매일 또는 일주일에 15시간 이상 돌보기 위해서는 반드시 허가를 받아야 한다. 허가는 5년으로 제한된다(제43조). 보육시설의 재정은 주법으로 규정한다. 제22조와 제24조에 따라 보육시설과 아이돌봄서비스를 이용하는 경우 비용을 부담한다. 부담액은 부모의 소득, 아동수당을 받을 수 있는 가족의 자녀 수, 자녀의 일일 돌봄시간 등을 기준으로 차등화한다(제90조).

동독의 영유아 교육 · 보육

동독은 소련 군정기에 마르크스 · 레닌주의를 토대로 교육제도의 기틀을 마련하고 영유아 교육 · 보육을 제도화했다. 1958년에는 남녀평등의 원칙 이행, 가족 강화, 아동 인구증가를 위해 「여성의 권리와 모자 보호에 관한 법률(Gesetz über den Mutter- und Kinderschutz und die Rechte der Frau)」을 제정 · 시행하였다. 이 법에는 향후 5년 동안 여성의 사회활동 및 국가 사회의 정치문화 활동 촉진을 위해 정부는 40,000개의 어린이집과 160,000개의 아동돌봄기관을 제공한다는 내용이 담겨 있었다.

여성의 권리와 모자 보호에 관한 법률의 시행으로 1961년 동독 여성의 경제활동 참가율은 주변의 여타 유럽 국가보다 높은 70%에 달했다. 1960년 시설수 2,517개, 원아수 81,456명이었던 어린이집은 1965년 시설수 3,317개, 원아수 116,160명으로 증가했다. 어린이집이 영유아의 위생과 건강뿐 아니라 인지와 창의성 발달에도 효과적이라는 연구 결과가 속출하면서 어린이집에 대한 요구 또한 높아졌다. 다만 유치원 확대는 비용 문제로 보류됐다.

1965년 동독은 사회주의 인격(Persönlichkeit) 형성과 공동사회(Gesellschaft) 건설을 목표로 「통일 사회주의교육제도에 관한 법률(Gesetz über das einheitliche sozialistische Bildungssystem)」을 제정, 공포하였다. 이 법 제11조에 따르면, 유치원은 3세부터 의무교육이 시작되는 시기까지의 유아들, 특히 취업 중이거나 학업 중인 여성의 자녀들이 입학하도록 한다. 유치원에서는 유아의 전인적인 성장 발달뿐만 아니라 사회주의 조국을 사랑하는 정신을 길러 주어야 한다. 그리고 유치원 교육은 놀이를 통한 교육이어야 한다.

1967년에는 무상 영유아 교육 · 보육 정책을 도입, 시행하였다. 1968년에는 어린이집을 사회주의교육시스템의 시작 단계로 규정한 어린이집 관련 법령을 공포하였다. 이 법령에는 의료, 환경 및 일과 구성, 사고 예방, 영양, 장애아 지원 등의 다섯 가지 요소에 따른 영유아 교육 · 보육 추진방안이 제시되었다(Weigl & Weber, 1991). 법령 시행 이후 3세 미만 영아를 위한 어린이집이 다수 개설되었다. 아울러 유치원 · 어린이집 취원율, 시설수, 원아수 또한 대폭 증가했다.

1960~1989년 유치원 · 어린이집의 취원율 변화추이를 살펴보면, 1960년 46.1%이었던 유치원 취원율은 1970년 64.5%, 1980년 92.2%, 1989년 95.1% 등으로 증가했다. 1955년 10%에 지나지 않았던 어린이집 취원율은 1960년 14.3%, 1970년 29.1%, 1975년 51.0%, 1980년 61.2%, 1985년 73.0%, 1989년 80.2% 등으로 증가했다(Weigl & Weber, 1991). 그리고 1990년 동독의 통계연감(Statistisches Jahrbuch in DDR)을 통해 1970~1987년 어린이집의 시설수 및 원아수 변화추이를 살펴보면, 1970년 4,323개이었던 시설수는 1975년 5,576개, 1980년 6,415개, 1985년 7,315개, 1987년 7,559개 등으로, 1970년 166,700명이었던 원아수 또한 1975년 234,941명, 1980년 284,712명, 1985년 338,476명, 1987년 348,422명 등으로 크게 증가했다.

통일독일의 초기 영유아 교육 · 보육

동 · 서독으로 분단되었던 독일은 1990년 10월 3일에 통일되었다. 통일독일은 재정이 취약한 동독에 대한 전폭적인 재정 지원을 통해 동 · 서독의 초 · 중등교육 통합을 시도했다. 통일 이후 2년 동안 교육예산은 46% 증액되었고, 대부분이 동독 지역에 투입되었다. 교육예산은 연방정부 5%, 주정부 75%, 지자체 20%의 비율로 분담했다. 그러나 동·서독의 영유아 교육·보육 통합은 재원 부족을 이유로 1999년 이후로 연기됐다.

통일 이후 영유아 교육·보육 제도는 동독의 제도를 해체하고 서독의 제도를 흡수하는 방식으로 이루어졌다. 동독은 서독이 제정했던 「아동청소년지원법(KJHG)」을 1990년 10월 3일부터 시행했으나, 서독은 1991년 1월 1일부터 시행하였다. 동독의 영유아 교육·보육 업무는 1991년 6월 30일까지 연방·주·지자체 공동으로 관리했지만, 1991년 7월부터는 연방·주·지자체에 신설된 관련 부서들에서 각각 관리했다.

「아동청소년지원법」은 1991년 1월 시행 이후 일부 개정되었다. 개정 법률에는 부모의 양육 감시기구인 청소년청은 긴급한 경우에만 가정에 개입한다는 내용이 포함되었다. 이러한 규정은 양육 책임을 가진 부모의 친권이 국가의 개입권보다 우위에 있다는 점을 법적으로 인정한 것이라 할 수 있다.

연방 통계청의 1989~1991년 발표 자료에 따르면, 3~5세 유아의 유치원 취원율은 통일 이후 동·서독 모든 지역에서 소폭 하락했다. 즉, 동독은 1989년 95.1%에서 1991년 91.9%로, 서독은 1989년 70 .8%에서 1991년 67.9%로 각각 하락했다. 이와 달리 3세 미만 영아의 어린이집 취원율을 보면, 동독은 1989년 80.2%에서 1991년 57.1%로 대폭 하락한 반면, 서독은 1989년 2.0%에서 1991년 3.7%로 소폭이나마 상승했던 것으로 나타난다. 동독 지역에서의 유치원·어린이집 취원율 감소는 통일 이후 여성 실업자의 증가 및 지원 축소, 직장 어린이집 폐쇄, 부모의 교육·보육 비용 부담 가중 등에 따른 것이라 할 수 있다.

이러한 상황에서 1992년 연방정부는 양육환경 개선을 위해 출산·보육 연금 크레디트제를 도입하였다. 1994에는 유치원 확대 정책을 시행하여 지역별 취원율을 동독 96%, 서독 73%로 높였다. 다른 한편으로, 1995년에는 「연방아동수당법(BKGG: Bundeskindergeldgesetz)」을 제정, 시행하였다. 1997년 연방 통계청 자료에 따르면, 통일독일의 유치원 취원율은 3세 36.3%, 4세 64.7%, 5세 92.8%이었으며, 개별 유아의 유치원 재원 기간은 평균 2.6년이었고, 학부모의 유치원 교육비 분담률은 15~20%이었던 것으로 나타난다.

1990년대 후반부터 경제활동을 하는 여성이 늘어나면서 종일 교육 · 보육에 대한 수요도 높아졌다. 그러나 1998~2002년 유치원 · 어린이집 시설수 및 원아수를 살펴보면, 유치원의 시설수는 1998년 30,117개에서 2002년 28,406개로, 원아수는 1998년 2,486,780명에서 2002년 2,471,688명으로 각각 감소했다. 어린이집의 경우, 시설수는 1998년 693개에서 2002년 799개로 증가했으나 원아수는 1998년 166,927명에서 2002년 150,753명으로 감소했던 것으로 나타난다.

2003년 연방정부는 종일제 학교 설립과 확대를 위해 40억 유로 규모의 '미래 교육 · 돌봄(Zukunft Bildung und Betreuung)' 정책을 실시했다. 2000년 OECD의 국제학력평가(PISA)에서 독일 학생들의 학력이 하위를 기록했는데, 종일제(전일제) 학교가 교육과 돌봄의 문제를 함께 해결할 수 있는 대안으로 제시되었던 것이다. 연방정부의 교육 · 돌봄 정책에 따라 종일제로 전환하는 초등학교들이 대폭 늘었다.

2005년에는 방과후교실(Hort)을 확충, 지원하면서 종일제로 전환하는 유치원에 대해서도 지원하기 시작했다. 사회교육 기관에 해당하는 아동보육시설에서는 '교육(Bildung)' 기능을 강화했다. 교육과정을 역량(Kompetenzen) 중심으로 설계 · 운영하는 유치원도 등장했다. 그러나 2006년 기준 전체 유치원에서 종일제 유치원이 차지하는 비율은 동독(29%) · 서독(4%)을 합해 33%에 불과했다. 유치원 교육 · 보육 비용에 대한 정부 · 부모의 분담 비율은 정부 78.7%, 부모 14.2%, 자원봉사자 5.3%, 기타 1.8%이었다(Leu & Schelle, 2009). 이러한 맥락에서 유치원 교육 · 보육 업무를 연방 가족노인여성청소년부에서 연방 교육연구부로 이관하자는 제안도 나왔지만 반대에 부딪혀 취소되었다.

2007년에는 아버지의 육아 참여를 장려하는 취지에서 기존의 양육수당제를 폐지하고 '부모수당(Elterngeld)'제를 도입, 시행했다. 이는 부 또는 모가 일정 기간 육아로 인해 감수해야 하는 임금 손실 일부를 출산 전 소득을 기준으로 하여 국가가 지급하기 위한 것이었다. 이 제도 시행 전 2005년 3%에 지나지 않았던 아버지의 육아 참여는 2010년에는 4명 중 1명꼴로, 그리고 2015년에는 3명 중 1명꼴로 늘어났다. 다만 부모수당을 신청했던 부의 비율은 지역 간에 12~60%의 격차가 있었다.

「아동진흥법」 제정과 영아보육 확대

2008년에는 「아동진흥법(KiföG: Kinderförderungsgesetz)」이 제정, 시행되었다. 그에 따라 그동안 보충적인 의미에서 이루어졌던 영아보육은 사회성 차원에서 전개할 수 있게 되었다. 이 법에 따르면, 모든 1세, 2세 영아는 2013년 8월 1일부터 어린이집과 아이돌봄에 대한 법적 권리를 가진다. 연방정부는 영아보육 시설과 아이돌봄 서비스의 질 개선을 위해 돌봄 영아수에 대한 기준을 설정하고 시설 확대를 위해 재정을 지원한다. 실제로 연방정부는 「아동진흥법」에 의거하여 2008년부터 시설 확대에 총 59억 5천만 유로를 투자했다.

2010년 독일의 출산율은 1.36명으로 OECD 회원국 중 최저 수준이었다. 그리고 3~5세 유아의 유치원 취원율은 92.6%에 달했지만 3세 미만 영아의 어린이집 취원율은 23.1%로 저조했다. 특히 서부 지역에 거주하는 영아의 어린이집 취원율은 17.4%에 지나지 않았다. 이러한 문제해결을 위해 연방정부는 「아동진흥법」을 근거로 2015년부터 매년 어린이집에 운영비를 지원했다. 또한 2014년 연방정부는 출산 후 직장에 복귀하여 시간제 근무를 원하는 부모를 위해 기존의 부모수당제를 '부모수당 플러스(Elterngeld Plus)'제로 개칭, 개정하고, 2015년부터 새 제도를 시행하였다.

2015년 3월 연방 통계청 발표에 따르면, 어린이집의 시설수는 2014년 한 해 동안 1,121개 늘어 54,536개가 되었고, 연령별 취원율은 1세 35.8%, 2세 61.3% 등으로 증가했다. 그에 따라 1세 영아를 둔 여성의 경제활동 참가율은 2008년 36%에서 2016년 44%로 증가했고, 2세 영아를 둔 여성의 경제활동 참가율은 2008년 46%에서 2016년 58%로 증가했다.

또한 2012년 1.41명이었던 합계출산율은 2013년 1.42명, 2014년 1.47명, 2015년 1.51명, 2016년 1.59명 등으로 꾸준히 증가했다. 다만 출산율 증가는 정부의 출산·육아 정책의 산물이기도 하지만 외국 국적을 가진 여성의 출산 증가에 따른 것임을 부인할 수 없다. 슈피겔지의 2016년 10월 보도에 따르면, 2015년 외국 국적을 가진 여성에게서 태어난 출생아는 독일 역사상 유례없이 많은 148,000명으로 전체 출생아(738,000명)의 20.1%를 차지했다.

연방 가족노인여성청소년부의 '2017년 가족 보고서'에 따르면, 자녀의 유치원 · 어린이집 취원은 여성 취업에 효과적이었다. 영아기 자녀를 둔 여성의 경우, 어린이집을 이용했던 집단이 이용하지 않았던 집단보다 취업 기회가 35% 이상, 주당 평균 근무시간이 12시간 이상 더 많았다고 한다. 이러한 조사 결과를 토대로 2017~2018년 연방정부는 저소득층 영유아 무상교육 · 보육 기회 확대, 어린이집 확충 및 운영시간 유연제 도입, 영유아교사 대 아동 비율 개선(3세 미만 1:3, 3~6세 1:6.8), 영유아교사 자격 매뉴얼 개발 등을 위한 정책을 추진했다.

슈피겔지의 2018년 5월 28일 보도에 따르면, 월평균 가계소득에서 영유아 교육 · 보육 비용이 차지하는 비율은 1.8~9%로 지역 간에 큰 차이가 있었다. 그뿐만 아니라 가계수입에서 영유아 교육 · 보육 비용이 차지하는 비율은 저소득층 10%, 고소득층 5% 등 계층 간에도 큰 차이가 있었다. 이러한 맥락에서 무상 영유아 교육 · 보육에 대한 사회적 관심이 높아졌고, 영유아 교육 · 보육을 무상으로 시행하는 연방주도 늘어나기 시작했다. 예를 들어, 베를린은 2018년 8월부터 영유아를 대상으로 무상 교육 · 보육(식비 제외)을 실시했다. 2019년에는 라인란트팔츠주가 2세 이상 영유아를 대상으로, 니더작센주와 헤센주가 3세 이상의 유아를 대상으로, 브란덴부르크주와 튀링겐주가 초등학교 취학 전 1년 동안, 함부르크주가 1일 5시간 이내로 각각 무상교육 · 보육을 시행했다.

「보육시설과 아이돌봄의 질 향상 및 참여 개선에 관한 법률」 제정

2018년 12월 독일 의회는 모든 아동은 좋은 교육을 받을 권리가 있다는 취지에서 「보육시설과 아이돌봄의 질 향상 및 참여를 위한 법률(Gesetz zur Weiterentwicklung der Qualität und zur Verbesserung der Teilhabe in Tageseinrichtungen und in der Kindertagespflege)」 일명 「우수 아동보육시설에 관한 법률(Gute-KiTa-Gesetz)」을 제정하였다. 2019년 1월 시행된 이 법률에 따르면, 이 법은 아동보육시설의 교육(Bildung), 양육(Erziehung). 돌봄(Betreuung)의 질적 수준을 향상시키고 아동보육시설에의 참여를 개선하는 데 목적이 있다. 또한 독일에서 평등하게 성장할 수 있는 생활환경을 조성하고 일 · 가정 양립의 가능성을 높이는 데 목적이 있다. 아동보육시설은 아동지원의 의미가 내포되어 있다. 전국적으로 적용 가능한 기준을 마련하여 각 주에서 지역 실정에 맞춰 교육, 양육, 돌봄의 질을 개선할 수 있도록 한다(제1조).

이 법에 따르면, 아동보육의 질 향상을 위한 행동 조치는 다음의 10가지 측면에서 이루어진다. 1) 아동보육시설은 모든 아동을 위한 포괄적 지원, 운영시간 연장 등을 통해 요구에 기반한 교육, 양육, 돌봄을 제공한다. 2) 적정한 아동 대 전문인력(Fachkraft) 비율을 확보한다. 3) 자격을 갖춘 보육 전문인력을 채용 · 유지한다. 4) 아동보육시설의 관리를 강화한다. 5) 보육환경을 개선한다. 6) 건강, 영양, 신체 등 전인적 발달을 위해 교육을 장려한다. 7) 언어교육을 장려한다. 8) 아이돌봄을 강화한다. 9) 주와 공 · 사립 청소년복지관은 상호 조정, 일관성 유지, 목표지향적인 상호작용 등을 통해 보육시스템을 관리한다. 10) 적절한 아동 참여 절차의 적용, 성폭력, 학대 및 방치로부터의 아동보호, 장애인 및 특별한 교육적 요구가 있는 아동의 통합, 부모 및 가족과의 협력, 사회적 공간의 잠재력 활용, 성별에 대한 고정관념 탈피 등에 대처한다. 부모의 아동교육 · 보육 비용경감 조치도 참여 개선을 위한 재정지원 대상에 포함한다(제2조).

이 밖에도 다음과 같은 사항이 명시되어 있다. 연방주는 지역 실정에 맞춰 제2조에 따른 실행계획과 자금조달 계획을 세운다(제3조). 아동교육 · 보육의 질 향상과 참여 개선을 위해 각 주는 연방 가족노인여성청소년부가 대표하는 독일연방공화국과 실행계획, 자금조달 계획, 기타 사항들에 대해 계약을 체결한다(제4조). 연방 가족노인여성청소년부는 2020~2023년 매년 주별(länderspezifisches)로, 주들 간 교차(länderübergreifendes)로 연방주가 제출한 진행보고서에 대해 자격 모니터링을 수행하고, 그 결과를 평가한다(제6조).

한편, 연방 교육연구부의 '2021 교육 · 연구(Bildung und Forschung in Zahlen 2021)' 보고서를 보면 2018년 기준 GDP의 6.5%에 해당하는 2,198억 유로가 교육예산으로 책정되었던 것으로 확인된다. 이 중에서 영유아의 교육에 투입된 예산은 3세 미만 영아교육에 123억 유로, 3~5세 유아교육에 203억 유로 등 총 326억 유로이었다. 참고로, 2018년 기준 전체 교육예산에 대한 펀딩 부문별 비율을 보면 연방 10.1%, 주

52.8%, 지자체 17.6%, 사적 영역(개인, 기업, 비영리기구) 19.2%, 해외 0.3% 등이었던 것으로 나타난다.

2019~2022년 연방 가족노인여성청소년부는 영유아 교육 · 보육의 질 향상과 부모의 비용경감을 위해 연방주에 총 55억 유로를 지원했다. 2020년 영유아 교육 · 보육 지출 내역을 보면, 질적 수준 향상을 위해 73%를, 부모의 비용경감을 위해 27%를 각각 투입했다. 그리고 2022년 연방 교육연구부는 영유아 교육 · 보육의 질 향상을 위해 영유아교사의 전문성을 증진하고, 유치원을 사회교육 기관에서 학교교육 기관으로 전환하는 등에 관한 정책 연구를 수행했던 것으로 나타난다.

「아동보육의 질 향상 및 참여를 위한 법률」 고시

2022년 12월 독일 의회는 아동보육의 질 제고와 부모의 비용경감을 위해 「보육시설과 아이돌봄의 질 향상 및 참여를 위한 법률(Gesetz zur Weiterentwicklung der Qualität und zur Verbesserung der Teilhabe in Tageseinrichtungen und in der Kindertagespflege)」의 제명을 「아동보육의 질 향상 및 참여를 위한 법률(Gesetz zur Weiterentwicklung der Qualität und zur Teilhabe in der Kindertagesbetreuung)」로 바꾼 개정 법률을 통과시켰다. 개정 법률은 일명 「양질의 아동보육시설에 관한 법률(KiTa-Qualitätsgesetz)」이라고도 한다.

2023년 1월 1일 시행된 「아동보육의 질 향상 및 참여를 위한 법률」의 주요 개정 사항은 다음과 같다. 영유아교육(frühkindlichen Bildung)의 질을 높이기 위해 연방주는 필요에 기반한 서비스 제공, 아동과 전문인력의 요구 부응, 자격을 갖춘 전문인력의 유치 및 확보, 강력한 리더십, 아동 발달 · 건강 · 영양 및 운동 촉진, 언어교육, 아이돌봄 강화 등 일곱 가지를 우선순위로 정하고 이에 집중적으로 투자한다. 이러한 법 개정의 취지에 맞춰 연방정부는 2023~2024년 주정부에 총 40억 유로를 지원했다.

스웨덴의 영유아 교육 · 보육

현황

스웨덴의 영유아 교육 · 보육 기관은 푀르스콜라(förskola, 이하 '유아학교'라 칭함)이다. 유아학교는 1~5세 영유아를 입학 대상으로 하며 공립(kommunala)과 사립(독립형, fristående)으로 구분된다. 이 밖에 영유아 교육 · 보육 서비스는 교육적 돌봄(pedagogisk omsorg)과 개방형 유아학교(öppen förskola)를 통해서도 제공된다. 교육적 돌봄은 1~12세 아동 5~6명을 대상으로 개인이 자기 집에서 또는 한 명 이상의 개인이 특정 장소에서 제공하거나 사업주가 직원을 고용하여 사업체 내에서 제공하는 서비스를 의미하는데, 이는 비교적 인구가 적은 지자체(kommuner)에서 제한적으로 이루어진다. 개방형 유아학교 또한 유아학교나 교육적 돌봄의 기능을 보완해 주는 극소수 시설에 해당한다.

스웨덴에서 1세 미만 영아는 육아휴직을 낸 부모에 의한 양육이 일반적이다. 2022년 기준 경제활동 참가율은 여성 63.7%, 남성 70.4%로 아이슬란드(여성 70.7%, 남성 78.3%)와 몰도바(여성 71.5%, 남성 73.7%)를 제외한 유럽의 여타 국가들에 비해 높은 수준이다. 그 배경에는 남성은 소득자이고 여성은 돌봄자라는 젠더 편향성을 넘어선 관점에서 마련된 스웨덴 특유의 육아휴직 제도가 큰 몫을 했다는 데 이론의 여지가 없다.

스웨덴의 의무교육 시작 연령은 2018년 가을 학기부터 7세에서 6세로 하향되었다. 다만, 6세 교육은 1998년부터 유아학교와 초등학교 1학년의 가교역할을 해 온 유아학교학급(förskoleklass)에서 담당하고 있다. 참고로, 국가통계포털 KOSIS에 따르면, 2023년 기준 스웨덴 인구는 10,612,000명이고, 합계출산율은 1.67명이다.

영유아 교육 · 보육 통계

학교청(Skolverket)이 발표한 '2022년 유아학교 아동 및 교직원에 관한 통계(Statistik över barn och personal i förskola 2022)'에 따르면, 2022년 가을 509,000명의 영유아가 유아학교에 입학했다. 이 중 스웨덴 국적을 가진 영유아는 74%이다. 그리고 1~5세 영유아의 유아학교 취원율은 1세 51%, 2세 93%, 3~5세 96% 등으로 86%에 달한다.

2022학년도 유아학교의 평균 학급수는 3.6개이며, 학급당 평균 영유아수는 15.2명으로 2021학년도보다 0.6명 증가했다. 영유아수 22명 이상인 학급도 9%에 달한다. 연령별로 보면, 0~3세 학급의 경우 12.6명이고, 4~5세 학급의 경우 16.2명이다. 참고로, 교육부(Utbildningsdepartementet)가 제안한 학급당 최대 영유아수는 1~3세 학급 12명, 4~5세 학급 15명이다.

2022년 기준으로 유아학교에는 109,000명의 교사가 재직하고 있는데, 이 중 101,000명이 정규직이다. 정규직 교사 중에서 유아학교 교사 자격증을 소지한 자의 비율은 40%에 지나지 않는다. 이는 자격증 소지를 의무화한 법률이 시행된 2014년보다 2% 낮은 수치이다.

교육적 돌봄 서비스는 인구가 적은 지자체에서 제공하며, 이용자의 90% 이상이 1~5세 영유아이다. 학교청 자료에 따르면, 2012년 18,064명이었던 서비스 이용 영유아의 수는 2020년 기준 영유아 인구의 1.4%에 불과한 9,723명으로 절반 가까이 감소했다. 연령별로 보면, 1세 1,037명, 2세 1,900명, 3세 1,989명, 4세 2,022명, 5세 1,805명 등이다.

개방형 유아학교는 일주일에 15~21시간 운영하며 90% 이상이 대도시에 있다. 절반에 가까운 시설이 가족센터에 설치되어 사회서비스, 모자보건 서비스 등과 협업하고 있다. 학교청 자료에 따르면, 2020년 기준 전국에는 495개의 개방형 유아학교가 있다.

유아학교

유아학교는 2010년 개정된「학교법(skollag)」에 의거 설립 · 운영되고 있다.「학교법」(2010:800)에 따르면, 유아학교는 3세부터 연간 최소 525시간 취원할 수 있다. 단, 부모가 유급으로 고용되었거나 학업 중일 경우, 개인 또는 가정 사정이 있는 경우, 또는 특수교육 대상자인 경우에는 1세부터 취원할 수 있다. 부모가 실직 중이거나 다른 자녀를 돌보기 위해 육아휴직 중인 경우에는 1세부터 하루 최소 3시간 또는 주당 15시간을 이용할 수 있다. 유아학교는 저녁, 야간, 주말, 공휴일에는 개방하지 않는다.

유아학교의 업무는 교육부와 학교청에서 관리한다. 정부의 교육 · 연구에 관련된 정책 수립은 교육부에서 맡아 하고, 유아학교를 포함한 각급 학교의 교육 전반에 대한 기획 · 관리는 학교청에서 맡아 한다. 유아학교 교육과정(Läroplan för förskolan)의 개발 · 고시, 유아학교 교사(förskollärare) 자격증의 발급, 교원연수 프로그램의 관리 업무는 학교청 소관이다.

유아학교에 대한 실질적인 관리 · 감독은 290개 지자체 소관이다. 거주지 지자체는 유아학교를 설립 · 운영하고, 3세 이상 유아를 둔 보호자의 신청이 있을 시 연간 최소 525시간 무상으로 유아학교를 이용할 기회를 제공해야 한다. 유아학교가 제대로 된 교육을 하고 있는지도 확인해야 한다. 유아학교에 취원 신청을 하지 않은 보호자에게도 유아학교의 설립 목적과 유아의 교육받을 권리에 대해 알려 줄 책임이 있다. 이 밖에 지자체는 국가 수준 유아학교 교육과정 운영에 대한 정기적 감사, 교원연수 프로그램 계획 및 시행 등의 업무를 수행하도록 되어 있다.

유아학교 이용에 부모가 부담해야 할 비용은 근로자 세전소득의 1~3%의 범위 내에서 가구소득 등을 기준으로 산정하되, 영유아 교육 · 보육 비용 상한제에 따라 정해진 상한선을 초과하지 않도록 제한하고 있다. 유아학교 운영비는 중앙정부 · 지자체 · 학부모가 일정 비율로 부담한다. 분담률은 지자체별로 많은 차이가 있지만, 어림잡아 중앙정부 10%, 지자체 80%, 학부모 10% 수준이다.

학교청에 의하면, 유아학교는 모든 아동에게 재미있고 안전하고 교육적이어야 한다. 아동에 대한 성취 목표도 설정하지 말아야 한다. 이러한 전제하에서 학교청은

「2018 유아학교 교육과정(Läroplan för förskolan, Lpfö 18)」을 고시하였다. 2019년 7월 1일부터 시행된 이 교육과정에서는 읽기, 아동의 권리, 지속 가능한 발전, 놀이, 활동과 환경보전, 교육과 교수, 평등, 소수 민족의 언어를 중점 사항으로 제시하고 있다.

유아학교 교사가 되기 위해서는 3년 6개월(교육실습 12주 포함)의 교육과정을 이수(210학점)하고 전문학사 학위(pedagogisk högskoleexamen)를 취득한 뒤, 학교청으로부터 유아학교 교사(förskollärare) 자격증을 발급받아야 한다. 이러한 기준은 대학에서 4년의 교육과정(240학점)을 이수한 학사학위 소지자에게만 부여하는 초등학교 교사 자격기준과 다른 것이다. 학교청 자료에 따르면, 2022년 기준으로 유아학교 교사 가운데 자격증을 소지한 교사는 40%이다.

교육적 돌봄

「학교법(2010:800)」에 따르면, 지자체는 유아학교 대신에 교육적 돌봄(pedagogisk omsorg)을 원하는 보호자가 있을 경우에 이를 제공할 수 있어야 한다. 교육적 돌봄은 아동의 발달과 학습을 자극하는 교육활동의 형태로 이루어져야 한다. 신체적, 정신적 또는 기타 사유로 발달에 대한 특별지원이 필요한 아동에게는 추가 학습을 위한 교육활동을 설계, 제공해야 한다(제25장 제2조).

교육적 돌봄(야간 포함)을 이용한 보호자가 부담해야 할 비용은 유아학교와 같이 세전소득의 1~3%의 범위에서 가구소득을 기준으로 하여 산정하되, 정해진 상한선을 초과해서는 안 된다. 돌봄과정으로는「2018 유아학교 교육과정(Lpfö 18)」 적용이 권장되고 있다.

교육적 돌봄 교사가 되기 위해서는 고등학교를 졸업(gymnasial examen)하고 아동교육 또는 방과후교실 교육을 전공하거나, 지자체에서 운영하는 성인교육 기관에서 90~100시간의 양성과정을 이수해야 한다. 2020년 학교청 현황 자료에 따르면, 전체 교육적 돌봄 교사 2,010명 중에서 교육학 학사학위를 소지한 교사는 7%, 고등학교 졸업자로서 아이돌보미 양성과정을 이수한 교사는 20%, 고등학교나 대학에서 아동교육 · 보육에 관한 교육과정을 이수한 교사는 6% 등으로 33%만이 일정 자격을 갖춘 것으로 나타난다.

육아휴직제도

스웨덴에서는 육아휴직(föräldraledighet)제 사용이 일반화되어 있다. 2020년 기준 부모 모두 근로자인 경우, 자녀 한 명에 대해 12세 또는 초등학교 5학년까지 총 480일의 육아휴직을 할 수 있다. 그러나 부와 모 각자에게 할당된 기간은 90일이다. 그러므로 부모 중 한 사람이 사용할 수 있는 휴직 기간은 90일을 뺀 나머지 390일이다. 육아휴직은 매년 최대 3회 분할 사용 가능하며, 480일 중 최대 30일은 부와 모 동시에 사용할 수 있다. 급여 유형은 일정 금액 한도 내에서 390일 동안 기존 월평균 임금소득의 77.6% 정도 지급하는 정률 급여, 90일간 일정 금액이 지급되는 정액 급여, 정률 급여 기준에 미달하거나 소득이 없는 경우에 지급되는 기본 급여 등으로 구분된다.

변천사

스웨덴 최초의 영유아 교육·보육 기관은 1854년 자선단체가 빈곤층 근로 여성의 자녀 돌봄을 위해 개설한 어린이집(crèche)이다. 유치원(barnträdgård)은 독일의 영향을 받아 중·상류층 가정의 3세 이상 유아의 교육을 위해 1890년에 개설되었다. 1904년에는 저소득층 가정의 3세 이상 유아를 중산층 수준의 건강한 민주시민으로 육성한다는 목표하에 종일 운영하는 공공 유치원(folkbarnträdgård)도 개설하여 절약 정신, 좋은 습관 등을 중점적으로 가르쳤다(UNESCO, 2003).

세계 경제공황으로 대량실업이 발생하고 출산율이 급락하는 상황에서 1932년 집권한 사민당 정부는 다양한 아동·가족정책을 시행했다. 1937년에는 저소득층 아동 대상의 아동수당제도를 도입했고, 1939년에는 출산육아지원금제를 도입했다. 1941년에는 개인이나 자선단체에서 설립·운영하는 일부 어린이집에 재정 지원을 했다. 그리고 1944년에는 어린이집 관리부처로 보건사회부(현 사회부)를 지정했다.

어린이집 업무를 맡은 보건사회부는 'crèche'라 했던 어린이집 명칭을 1944년

'daghem'으로 변경하고, 어린이집 유형을 어린이집(daghem)과 가정 어린이집(familijedaghem)으로 세분화했다. 같은 해 편부모 자녀 돌봄을 위한 위탁가정제도 도입했다(Gunnarsson, Korpi & Nordenstam, 1999). 1948년에는 보편적 아동수당제를 도입했다. 이러한 맥락에서 1941년 7%이었던 정부 지원 어린이집은 1951년 36%로 대폭 증가했다(Skolverket, 2008).

유치원과 어린이집을 통합한 유아학교 개설

1960년대 들어 부모 모두 취업한 가정이 증가하면서 아동돌봄의 사회화를 제기하는 운동이 활발해졌다. 이러한 상황에서 정부는 아동돌봄 운동의 주역들을 중심으로 국가보육위원회를 구성하고 위원회에 아동돌봄 실태를 조사하여 보고하도록 했다. 1968~1975년 아동돌봄 실태를 조사한 보육위원회는 1972년 5월, 1974년 5월, 1975년 6월, 1975년 10월 등 네 차례에 걸쳐 보고서를 제출했다.

1차 보고서에서 보육위원회는 게젤, 브루너, 피아제, 에릭슨(Erik Erikson), 미드(George Mead) 등의 발달 이론을 토대로 다음과 같은 제안을 했다. 영유아 교육 · 보육은 초등학교 취학 전 모든 아동을 대상으로 해야 한다. 단, 교육 기반의 유치원과 돌봄 기반의 어린이집을 통합한 '유아학교(förskola)'의 형태로 주어져야 가장 효과적이다.

1972년 정부는 보육위원회의 제안대로 곧바로 유치원과 어린이집(가정 어린이집 제외)을 통합한 '유아학교'를 출범시키고 유아학교에 행 · 재정적인 지원을 하기 시작했다. 보육위원회는 2차 보고서에서 유아학교에 필요한 인력 확보 방안을, 3차 보고서에서 유아학교 교직원 교육 및 연수 방안을, 그리고 4차 보고서에서 유아학교의 여름 방학 일정을 제시했다. 보육위원회의 4개 보고서는 영유아 교육 · 보육의 목표, 조직, 내용 및 실행에 관한 광범위한 공식 문서로서, 이후 스웨덴 유아학교 교육 · 보육의 기본 지침이 되었다.

1974년에는 육아휴직제를 도입하면서 육아휴직 기간에 부모 소득의 80%를 보전받을 수 있도록 하는 부모보험제도 도입했다. 육아휴직제와 부모보험제는 여성이 마음 놓고 경제활동을 할 수 있는 동력이 되었다. 아울러 일 · 가정 양립의 관점에서 영유아 교육 · 보육에 대한 정부의 지원을 확대하는 동인이 되었다.

1975년에는 「유아학교법」을 제정 · 시행하였다. 이 법에 따르면, 지자체는 공립 유아학교를 개설하고 장애아를 포함한 6세 이하 모든 아동에게 최소 525시간 교육받을 권리를 보장해야 한다. 「유아학교법」의 시행으로 1970년 8.0%에 불과했던 공립 유아학교의 비율은 1975년 15%, 1980년 31% 등으로 증가했다.

1932~1976년 사민당의 장기집권 과정에서 보편적 복지에 속했던 영유아 교육 · 보육은 1976년 우파연합이 집권하면서 선택적 복지로 바뀌었다. 이러한 상황에서 경영자협회 산하 아동보육 관련 회사들은 영리 추구가 가능한 사립 유아학교를 설립했다. 그러나 1982년 재집권한 사민당이 영유아 교육 · 보육 지원 방안이 담긴 법안을 통과시키고(Mahon, Anttonen & Bergqvist, 2012), 1985년 지자체들이 부모가 취업 중이거나 학업 중인 1.5세 영아에게도 유아학교 입학 자격을 부여하면서 사립 유아학교의 성장세는 둔화했다. 그에 따라 공립 유아학교의 비율은 1985년 45%, 1990년 52%, 1992년 56% 등으로 증가했다.

지자체의 비용 분담 비율 확대

스웨덴 경제가 유동성 위기에 휘말리고 실업률이 높아지는 상황에서 1991년 집권한 우파연립 정권은 과감한 복지축소 개혁을 추진하였다. 그리고 예산삭감에 따른 영유아 교육 · 보육 서비스의 질 저하를 막기 위해서는 비용에 대한 지자체의 책임을 강화했다. 1992년에는 시장원리를 도입하고 학부모에게 학교 선택권을 부여했다. 그리하여 지자체의 허가를 받아 기업, 재단, 부모협동조합, 개인 등이 설립한 사립 유아학교를 이용하는 학부모들도 지자체로부터 비용지원을 받을 수 있게 되었다.

1987~1994년 영유아 교육 · 보육 비용에 대한 중앙정부 · 지자체 · 부모의 분담률 변화추이를 살펴보면 다음과 같다. 유아학교의 경우, 중앙정부는 1987년 47%에서 1992년 40%, 1994년 33% 등으로 낮아졌고, 지자체는 1987년 43%에서 1992년 49%, 1994년 56% 등으로 크게 높아졌다. 그리고 부모는 1987년 10%에서 1992년과 1994년 1%씩 높아져 11%가 되었다. 가정 어린이집의 경우, 중앙정부는 1987년 31%에서

1992년 23%로 낮아졌고, 지자체는 1987년 54%에서 1992년 62%로 높아졌다. 다만, 부모는 1987년과 1992년 모두 15%로 변동이 없었다(양옥승 외, 1998).

1994년 재집권한 사민당 정권은 육아에 대한 부 · 모 공동의 책임을 강화하기 위해 1995년에 아버지 육아휴직 의무사용제를 도입하였다. 그리고 지자체들은 부모가 취업 또는 학업 중인 1세 이상 영아에게도 유아학교에 취원할 기회를 부여했다. 1996년 사회부는 복지제도의 비효율성을 제거하기 위해 복지예산을 축소하고 예산인상 상한제를 도입했다(최연혁, 2012). 예산인상 상한제 도입으로 유아학교에 대한 지자체의 재정지원 방식 또한 바뀌었다. 즉, 유아학교를 운영하는 과정에서 재정적자가 발생했을 경우, 지자체가 자체적으로 요금을 인상하여 3년 이내에 균형재정을 이루도록 했다.

유아학교 업무, 사회부에서 교육부로 이관

1996년 교육부(Utbildningsdepartementet)는 지식국가(kunskapsnation) 구현을 위해 유아학교부터 대학까지의 평생학습 시스템 구축 작업에 착수했다. 평생학습 시스템 구축의 일환으로 유아학교 업무를 같은 해 7월 사회부(Socialdepartementet)에서 교육부로 이관하였다. 1998년에는 초등학교(grundskolan)에 취학한 아동(참고: 취학연령 7세)이 학교생활에 잘 적응할 수 있도록 유아학교학급(förskoleklass)을 개설하여 초등학교 1학년과 유아학교를 연계하는 가교역할을 수행하도록 했다.

1998 유아학교 교육과정 고시

학교청은 「1998 유아학교 교육과정(Läroplan för förskolan, Lpfö 98)」을 개발, 고시하였다. 유아학교 교육과정(Lpfö 98)에서는 민주주의에 기초한 인간 생명의 불가침성, 개인의 자유와 완전성, 인간의 평등성, 남녀 평등, 약자 및 취약계층과의 연대 등을 강조하였다. 아울러 유아학교의 기본 가치와 임무로 다음과 같은 사항을 제시하였다.

유아학교는 타인에 대한 이해심과 배려심을 기르고, 객관성과 포괄성의 관점에서 개별 영유아의 복지, 안전, 발달 및 학습에 주의를 기울인다. 평생학습의 기반이라는 관점에서 모든 영유아에게 돌봄, 양육, 학습 환경을 제공한다. 개별 영유아의 성장 발달을 위해 부모를 지원하고 부모와 협력한다. 아울러 스웨덴어 이외의 모국어를 사용하는 영유아에게는 2개 언어를 개발할 기회를 준다.

1998년 교육부는 영유아 교육 · 보육 예산으로 국가 교육예산의 16.8%를 배정하였다. 그에 따라 유아학교 취원율은 1998년 가을 1~4세 61%, 5세 91% 등 총 73%가 되었고, 평균 2.6년 동안 유아학교에 재학하는 성과를 얻었다. 1999년에는 부모의 영유아 교육 · 보육 비용을 경감하도록 실업 또는 육아휴직 중인 부모의 자녀는 주당 최소 15시간 유아학교를 이용할 수 있게 했다. 2002년에는 비용에서의 지역 간 격차 해소를 위해 영유아 교육 · 보육 비용 상한제를 도입하였다. 비용 상한제는 부모 소득의 3% 또는 1,140크로나를 기준으로 공 · 사립 구분없이 모든 유아학교에 적용되었다.

이러한 맥락에서 2004년 3~5세 유아의 유아학교 취원율은 90% 이상 되었다(Mahon, Anttonen & Bergqvist, 2012). 부모가 취업 또는 학업 중인 영유아에게 유아학교 이용 시간을 주당 40시간으로 확대한 지자체의 비율도 90%로 늘었다. 그 에 따라 2005년 중앙정부 · 지자체 · 부모의 비용 분담률에서 부모가 분담해야 할 비율은 10% 수준을 유지할 수 있었다.

2006년 재집권한 우파정당 연합은 자유주의적 개혁을 목표로 사회보장제도를 축소하고 영유아 교육 · 보육에 대한 민영화를 추진하였다. 아울러 초등학교 준비교육의 측면에서 유아학교의 교육 기능을 강화했다. 스웨덴의 공식통계(Sverigies Officiella Statistik)에 의하면, 유아학교 · 가정 어린이집의 연령별 취원율은 2006년 기준 1세 49%(유아학교 43%, 가정 어린이집 6%), 2~3세 91%(유아학교 85%, 가정 어린이집 6%), 4~5세 97%(유아학교 91%, 가정 어린이집 6%) 등이었다. 유아학교의 설립별 시설수는 공립 6,796개(75.0%), 부모협동조합 984개(11.0%), 기업 494개(5.5%), 개인 477개(5.3%), 직원협동조합 243개(2.7%), 기타 54개(0.5%) 등 총 9,021개였다.

2008년에는 유아학교에 다니지 않는 1~2세 영아를 둔 가정에 대해 매월 일정액의 양육수당을 지급하는 정책을 도입했다. 그러나 양육수당을 신청한 가정은 많지 않았다. 한편, 2008년 UNICEF 보고서에 따르면, 스웨덴은 OECD 25개국 중 10개 영유아

교육 · 보육 평가 기준을 모두 충족했던 유일한 국가이다. 평가 기준에는 소득 50%의 1년 유급 육아휴직, 취약계층과 영유아 우선 정책, 3세 미만 영아 25% 이상 정부 지원 보육서비스 이용, 유아학교 교사의 80% 이상 연수 참여, 교사 1인당 영유아 15명 이내의 학급구성, 영유아 교육 · 보육 서비스에의 GDP 1% 투입, 아동 빈곤율 10% 미만 등이 포함되었다.

2009년에는 자녀 양육에서 부 · 모의 평등성 보장을 위해 양성평등보너스제를 도입하였다. 이 제도는 전체 육아휴직 가능 기간 480일 중 육아휴직 기간 390일을 부와 모가 절반씩 나누어 쓰면 평균 소득의 80%까지 보전해 주고 이후 90일은 매일 일정 금액이 지급되는 형태로 이루어졌다. 그에 따라 2006년 35%이었던 아버지의 육아휴직 비율은 2011년 88.3%로 대폭 증가했다.

가정 어린이집 → 교육적 돌봄

2009년 정부는 두 가지의 영유아 교육 · 보육 정책이 포함된 '2009~2011년 교육계획안'을 발표했다. 하나는 1일 3시간 무상으로 유아학교에 다닐 수 있는 연령대를 4~5세에서 3~5세로 확대하는 것이었고, 다른 하나는 사립 유아학교와 그동안 일반 주택에 설치되어 지자체 지원에서 제외되었던 가정 어린이집을 재정 지원하는 것이었다. 또한 돌봄에서 교육을 강조하기 위해 가정 어린이집의 명칭을 '교육적 돌봄(pedagogisk omsorg)'으로 변경하였다. 이와 아울러 영유아 교육 · 보육의 질 제고 및 효율성 신장, 부모의 자유선택권 보장 등을 명분으로 민영화를 추진하였다.

「학교법」 개정

2010년 6월 23일 교육부는 스웨덴 학생의 학력이 여타 국가에 비해 크게 저조하다는 국제학력평가(PISA) 결과에 따라 「학교법(Skollag)」을 전면 개정, 시행하였다. 개정 「학교법(2010:800)」은 총 29장으로 구성되어 있다. 학교법(2010:800) 제1장 제4조에 따르면, 학교교육은 아동과 학생이 지식과 가치를 습득 · 연마하는 데 목적이 있다. 학교교육은 모든 아동과 학생의 발달과 학습, 더 나아가 평생학습에 대한 열망으로 이어져야 한다. 또한 스웨덴 사회가 기반하고 있는 인권과 민주적 가치에 대해 존중심을 길러 주어야 한다. 교육은 아동과 학생의 다양한 요구를 고려하여 제공되어야 하며, 아동과 학생이 성장할 수 있도록 지원하고 자극해야 한다. 또한 가정과 협력하여 활동적이고 창의적이며 유능하고 책임감 있는 개인과 시민으로 성장 발달하도록 촉진해야 한다.

유아학교에 관한 상세한 규정은 「학교법(2010:800)」에 신설된 '제8장 유아학교(8 kap. Förskolan)'에 제시되어 있다. 8장은 목차(제1조), 일반 조항(제2~11조), 공적인 학교장이 있는 유아학교(förskola med offentlig huvudman, 제12~17조), 사립 유아학교(fristående förskola, 제18~24조) 등 총 24조로 구성되어 있다. 2010년 「학교법(2010:800)」 시행으로 기존의 「유아학교법」은 자동 폐기되었다.

유아학교 교사의 자격증 소지 의무화

2013년 12월 교육부는 유아학교 교사(förskollärare) 자격증 소지를 의무화하는 법안을 통과시켰다. 그리고 2015년에는 유치원 원장이라 할 수 있는 유아학교장을 대상으로 교육부 지정 대학에서 '교장(rektor)' 직무연수 교육을 실시했다. 이는 유아학교장에 대해서도 초·중등학교 교장과 같은 호칭을 쓰기로 한 2019년 정책 시행에 대비한 것이었다.

한편, 지자체와 학부모의 영유아 교육·보육 비용 부담에 관한 2017년 OECD 보고서에 따르면, 지자체는 시설비 및 교원 급여를 지급했고, 학부모는 급식비, 보건 의료비, 교통비를 납부했던 것으로 나타난다. 다른 한편으로, 2016년 정부는 부·모가 공평하게 육아휴직을 사용하도록 아버지의 육아휴직 의무사용 기간을 기존 60일에서 90일로 연장하였다. 스웨덴 통계청 자료에 따르면, 2016년 기준 남성의 육아휴직 비율은 45%를 상회하였으나, 여성의 육아휴직 사용 기간은 남성의 3배 이상이었다.

2018 유아학교 교육과정 고시

2018년 학교청은 기존의 교육과정(Lpfö 98)을 개정한 「2018 유아학교 교육과정(Läroplan för förskolan, Lpfö 18)」을 고시하고 2019년 7월 1일부터 시행하였다. 2024년에도 적용되고 있는 2018 유아학교 교육과정(Lpfö 18)은 '1장 유아학교의 기본 가치와 임무'와 '2장 목표 및 지침'으로 구성되어 있다.

1장에서는 인간 이해와 사랑, 객관성과 다양성, 평등 교육, 유아학교의 임무(놀이, 소통과 창의, 지속 가능한 발전, 건강 및 웰빙), 돌봄 · 발달 · 학습, 개별 유아학교의 발전에 대해 진술하고 있다. 그리고 언제든 학습 가능한 아동의 특성을 반영하여 유아학교는 돌봄, 발달, 학습 시기를 특정하지 말고 아동의 흥미와 요구에 기반하여 교육할 것을 강조하고 있다. 2장에서는 규범과 가치, 돌봄 · 발달 · 학습, 아동의 참여와 영향력, 유아학교와 가정, 전이 및 협력, 후속 조치 및 평가 · 개발, 유아학교 교사의 교육(undervisningen) 책임, 교장(rektor)의 책임에 대해 목표와 지침의 두 가지 측면에서 진술하고 있다.

교육부는 모든 아동이 학교에서 좋은 출발을 할 수 있도록 2018년 가을 학기부터 의무교육 시작 연령을 7세에서 유아학교학급(förskoleklass) 연령에 해당하는 6세로 하향, 시행하였다. 그에 따라 유아학교학급의 아동은 무상교육뿐 아니라 무상 급식과 통학버스 무료 이용도 가능해졌다.

「학교법」에 제시된 유아학교 관련 규정

「학교법(2010:800)」은 2022년에 일부 개정되었다. 개정 「학교법(2010:800)」 '제2장 학교장 및 책임분담(2 kap. Huvudmän och ansvarsfördelning)'에 따르면, 지자체(kommuner)는 유아학교, 초등학교 유아학교학급, 의무 학교, 의무 특수학교, 고등학교, 특수고등학교, 시립 성인교육 및 방과후 센터의 장(huvudmän)이 된다(제2조). 개인 또한 유아학교, 초등학교 유아학교학급, 의무 학교, 의무 특수 학교, 고등학교, 특수고등학교, 시립 성인교육 및 방과후 센터의 장이 될 수 있다(제5조). 교장(rektor)은 교육 발전을 위해 유아학교 및 단위 학교의 교육업무를 주도하고 조정한다(제9조). 교육과 경험을 통해 교육학적 통찰을 갖춘 자만이 교장으로 임용될 수 있다(제11조). 교사 또는 유아학교 교사(förskollärare)의 자격증을 소지하고 특정 교육에 대한 권한이 있는 자만이 교육(undervisning)을 할 수 있다(제13조).

개정「학교법(2010:800)」'제8장 유아학교(8 kap. Förskolan)'에 명시된 유아학교 관련 규정을 간추려 보면 다음과 같다. 유아학교는 아동에게 안전한 돌봄(omsorg)을 제공하고, 아동의 발달(utveckling)과 학습(lärande)을 자극해야 한다. 활동은 아동에 대한 총체적 관점과 아동의 요구에 기반해야 하며 돌봄, 발달, 학습을 통합한 형태로 설계되어야 한다. 유아학교는 포괄적으로 접근하고 사회 공동체 활동을 촉진하며 아동의 계속 교육을 준비해 주어야 한다. 스웨덴에 거주하며 의무교육 연령에 해당하지 않는 아동 또한 제4~7조에 명시된 내용에 따라 유아학교에 다닐 권리가 있다. 유아학교는 저녁, 야간, 주말, 공휴일에 개방하지 않는다(제3조).

3세가 된 아동은 가을 학기부터 연간 최소 525시간 유아학교에 다닐 권리가 있다(제4조). 부모가 유급으로 고용되었거나 학업 중일 경우 또는 가정 사정으로 유아학교에 다녀야 할 경우, 1세부터 취원할 수 있다(제5조). 부모가 실직 중이거나 다른 자녀를 돌보기 위해「육아휴직법」에 따라 육아휴직 중인 아동은 1세부터 하루 최소 3시간 또는 주당 15시간 유아학교에 다닐 수 있다(제6조). 제5~6조에 언급된 경우가 아니면서 신체적, 정신적 또는 기타 이유로 발달을 위해 유아학교 형태의 특별지원이 필요한 아동은 1세부터 유아학교에 다닐 수 있다(제7조).

신체적, 정신적 또는 기타 사유로 발달을 위해 특별지원이 필요한 아동에게는 필요에 맞는 지원을 한다. 유아학교 교직원, 아동 또는 아동의 보호자, 기타 정보를 통해 아동에게 특별한 지원이 필요한 것으로 보이는 경우, 교장(rektor)은 아동이 그러한 지원을 받도록 해야 한다. 아동의 보호자는 특별지원 계획에 참여할 기회가 주어져야 한다(제9조). 스웨덴어가 아닌 언어를 모국어로 사용하는 아동에게는 스웨덴어와 모국어를 모두 향상시킬 수 있는 기회를 제공한다(제10조).

거주지 지자체는 보호자가 원하는 경우 또는 보호자의 요청이 없어도 스웨덴어 능력 발달이 필요한 경우, 유아학교 교육이 제공되고 있는지를 확인할 책임이 있다. 지자체는 사립 유아학교를 통해 교육의 의무를 이행할 수 있다. 특별한 사유가 있는 경우, 거주지 지자체는 다른 지자체를 통해 유아학교 교육을 제공할 수 있다(제12조). 보호자가 공적인 학교장이 있는 유아학교(förskola med offentlig huvudman)에 입학을 요청한 경우, 지자체는 4개월 이내에 유아학교를 배정해야 한다. 신체적, 정신적 또는 기타 사유로 발달을 위해 유아학교 형태의 특별지원이 필요한 아동에게는 즉시 유아학교를 배정해야 한다(제14조). 유아학교 배정은 가급적 집 근처로 한다(제15조).

지자체는 공립 유아학교 이용에 대한 비용을 부과할 수 있다. 비용은 아동이 3세가 되는 해의 가을 학기부터 연간 525시간을 초과하는 활동 부분에 대해서만 부과할 수 있다. 제7조에 의거 유아학교에 배정된 아동의 경우, 비용은 주당 15시간을 초과하는 활동 부분에만 부과할 수 있다(제16조). 사립 유아학교장(huvudmannen för en fristående förskola)은 비용을 부당하게 높이 책정하지 말아야 한다. 비용은 아동이 3세가 되는 해의 가을 학기부터 연간 525시간을 초과하는 활동 부분에 대해서만 부과할 수 있다. 제7조에 의거 유아학교에 배정된 아동의 경우, 비용은 주당 15시간을 초과하는 활동 부분에 대해서만 부과할 수 있다(제20조).

참고문헌

제1부

경제기획원 조사통계국(1975). 총인구 및 주택조사 잠정보고.

경향신문(1947. 10. 31.). 공생원 신발족.

경향신문(1955. 7. 14.). 백 명을 상시수용 시립 탁아원 개설.

경향신문(1963. 3. 11.). 부부 힘 모아 탁아사업 8년.

경향신문(1970. 3. 23.). 교육계획안에 주문한다.

김영옥, 박혜경, 양옥승, 이기숙, 이영자, 이원영, 이윤경, 장영희, 정미라, 주영희(1995). 한국 현대 유아교육사. 서울: 양서원.

김창권(2015). 독일통일 25년, 구동독지역 인구 및 노동력 변화. KDI 북한경제리뷰, 3월호.

내무부(1988). 새마을유아원 백서.

동아일보(1923a. 4. 1.). 태화유치원 금월부터 신설.

동아일보(1923b. 8. 8.). 밀양유치원 창립기성회설립.

동아일보(1923c. 12. 1.). 화광교원 창립삼주기념.

동아일보(1924. 3. 31.). 천사들의 낙원 유치원사업.

동아일보(1927. 6. 24.). 탁아소를 설치하라.

동아일보(1930a. 9. 18.). 이익평균분배 각종부대사업.

동아일보(1930b. 10. 20.). 청진동계사무소 부유로 이관?

동아일보(1931. 6. 26.). 보통학교제개혁 농번기에는 휴학.

동아일보(1933a. 7. 12.). 밀양시화 유치원개원식.

동아일보(1933b. 11. 15.). 66개 탁아소에 수용 천7백여명.

동아일보(1935a. 2. 22.). 탁아소를 설치.

동아일보(1935b. 4. 6.). 대구에 새로된 은총탁아소.

동아일보(1935c. 5. 21.). 청진탁아소.

동아일보(1938a. 2. 7.). 평양부내 여공 이천구백여명.

동아일보(1938b. 9. 14.). 숭의여교의 후신.

동아일보(1938c. 9. 26.). 숭의탁아소 신설.

동아일보(1938d. 11. 8.). 탁아소설치 10개년계획.

동아일보(1940. 4. 6.). 탁아소, 욕탕시설 완비한 근로지구를 수신설.

동아일보(1949. 11. 25.). 부녀보호사업을 확충 명춘부터 획기적인 진전.

동아일보(1959. 11. 14). 아동의 복리를 보장.

동아일보(1961. 8. 27.). 대구에 탁아소 설치.

동아일보(1963. 1. 14.). 해부해 본 유치원 제도.

동아일보(1968. 8. 29.). 미국가정학회의 움직임 현기순 교수의 귀국담.

동아일보(1976. 11. 27.). 탁아소 '어린이집' 변칙 운영.

삼성경제연구소(2010). 저출산 극복을 위한 긴급제언. CEO Information, 제752호.

서문희, 신희연, 송신영(2009). 어린이집 평가인증 효과분석. 육아정책연구소 연구보고서.

서울대학교 교육연구소(1995). **교육학용어사전**. 서울: 서울대학교 출판부.

서울특별시 교육위원회(1961). **대한교육연감**.

양옥승(1978). 도시 취업여성의 유아기 자녀 관리에 관한 일 연구. 이화여자대학교 대학원 석사학위논문.

양옥승(1991). 교육과정 기초로서의 Vygotsky의 발생학적 인식론. **교육과정연구**, 10, 3-16.

양옥승(1993). 유아교육과정의 재개념화 II: Vygotsky의 발생학적 인식론 활용. **유아교육연구**, 13, 93-113.

양옥승(1994). 언어적 계획 및 평가(VPE) 프로그램의 효과. **유아교육연구**, 14(2), 143-155.

양옥승(1995). 보육교사 교육훈련시설의 운영제도 개선을 위한 기초조사. **한국영유아보육학**, 3, 59-79.

양옥승(2001). 유아교육법 제정의 필요성. 한국유아교육학회 주최 유아교육법 제정을 위한 대토론회 자료집.

양옥승(2004). **유아 때부터 시작하는 자유선택 교육: 언어적 계획 · 평가(VPE) 프로그램의 적용**. 서울: 학지사.

양옥승(2008). **유아교육과정 탐구**. 서울: 학지사.

양옥승 편(1991). **탁아연구**. 서울: 양서원.

양옥승 편(1993). **탁아연구 II: 교육적 접근**. 서울: 양서원.

양옥승, 이은화, 조복희, 최양미(2000). 유아기의 효율적인 국가 인적자원 개발 · 관리체제 확립 방안 연구. 교육인적자원부 정책연구보고서.

양옥승, 김영옥, 김현희, 박경자, 위영희, 이옥, 이차숙, 정미라, 지성애, 홍혜경(1998). **세계의**

보육제도. 서울: 양서원.

오천석(1973). 발전한국의 교육이념 탐구. 서울: 배영사.

이삼식, 윤홍식, 박종서, 장보현, 최은영(2007). 저출산 및 인구고령화 대응연구: 출산 · 양육 분담체계 구축에 관한 연구. 한국보건사회연구원.

이상금(1987). 한국 근대 유치원 교육사. 서울: 이화여자대학교 출판부.

이상금(1995). 해방전 한국의 유치원. 서울: 양서원

이윤진(2006). 일제하 유아보육사 연구. 서울: 혜안.

이은화, 양옥승(1988). 유아교육론. 서울: 교문사.

이태영(1988). 북한여성. 서울: 실천문학사.

이화여자대학교 사범대학 부속유아원(1976). 유아원 생활보고: 1971-1975.

충청북도 교육위원회(1986). 충북 유아교육의 오늘과 내일.

한기언(1965). 교육사. 서울: 법문사.

Bronfenbrenner, U. (1970). *Two worlds of childhood: U.S. and U.S.S.R.* New York: Simon and Schuster.

Yang, O. S. (2000). Guiding children's verbal plan and evaluation during free play: An application of Vygotsky's genetic epistemology to the early childhood classroom. *Early Childhood Education Journal, 28*(1), 3-10.

제2부

강근조(1991). 조선교육사 4. 평양: 사회과학출판사.

과학,백과사전출판사(1986). 소아과전서 1: 총론. 평양: 과학,백과사전출판사.

곽호웅(2015). 놀이는 유치원통합교육의 기본교육교양형식. 교양원, 2, 41-42.

교양원(2004). 공동사설을 높이 받들고 올해 어린이들에 대한 교수교양사업에서 새로운 전진을 이룩하자. 1, 4-5.

교양원(2005). 올해공동사설을 받들고 학교전교육사업을 새로운 높은 단계에 올려세우자. 1, 3-4.

교양원(2013a). 이들처럼 통합교육방법을 진지하게 파고들며 연구하자. 3, 52.

교양원(2013b). 통합교육을 성과적으로 실현하자면 무슨 문제부터 풀어야 할것인가. 4, 24-25.

교양원(2014a). 승리의 신심드높이 올해 학교전교육사업에서 일대전환을 일으키자. 1, 10-11.

교양원(2014b). 새 세기 교육혁명의 목표. 4, 14-15.

교육과학원 학전연구실(2014). 새로운 유치원어린이용교과서를 펼쳐보며. 교양원, 3, 50.

교육도서출판사(2002). 사회주의학교전교육학. 평양: 교육도서출판사.

교육신문(2012. 10. 4.). 법령: 전반적12년제의무교육을 실시함에 대하여.

교육신문(2014. 9. 11.). 새세기 교육혁명을 일으켜 우리 나라를 교육의 나라, 인재강국으로 빛내이자.

국제부녀절50주년탁아소(2010. 6. 28.). You Tube 검색자료.

김동규(1999). 북한학 총론. 서울: 교육과학사.

김두섭(1993). 한반도의 인구변천, 1920-1990: 남북한의 비교. 통일문제연구, 5(4), 202-235.

김두섭, 최민자, 전광희, 이삼식, 김형석(2011). 북한 인구와 인구센서스. 대전: 통계청.

김명금(2012). 김정일애국주의의 본질과 특징. 교양원, 4, 12-13.

김명철(2007). 어린이들의 지능을 싹틔워주고 자래워주자면. 교양원, 2, 57-58.

김병로(1993). 김일성저작 해제. 서울: 민족통일연구원.

김연옥(2009). 뛰여난 소질과 재능의 싹을 가진 어린이들을 제때에 찾아내어 잘 키우자. 교양원, 1, 46-47.

김일기, 김호홍(2021). 제8차 노동당 대회와 북한 정치: 통치이념, 전략노선, 권력구조를 중심으로. 국가안보전략연구원 2021 INSS Research Report.

김일성(1968). 김일성저작선집 3. 평양: 조선로동당출판사.

김일성(1969). 자녀교양에서 어머니들의 임무. 평양: 조선로동당출판사.

김일성(1979a). 김일성저작집 2. 평양: 조선로동당출판사.

김일성(1979b). 김일성저작집 3. 평양: 조선로동당출판사.

김일성(1980). 김일성저작집 9. 평양: 조선로동당출판사.

김일성(1981). 김일성저작집 15. 평양: 조선로동당출판사.

김일성(1984a). 김일성저작집 26. 평양: 조선로동당출판사.

김일성(1984b). 김일성저작집 27. 평양: 조선로동당출판사.

김일성(1984c). 김일성저작집 28. 평양: 조선로동당출판사.

김재한(1986). 어린이보육교양 경험. 평양: 사회과학출판사.

김정일(1994). 김정일선집 3. 평양: 조선로동당출판사.

김정일(1996). 김정일선집 7. 평양: 조선로동당출판사.

김정일(1998a). 김정일선집 8. 평양: 조선로동당출판사.

김정일(1998b). 김정일선집 13. 평양: 조선로동당출판사.

김정일(2005). 김정일선집 15. 평양: 조선로동당출판사.

김창호(1990). 조선교육사 3. 평양: 사회과학출판사.

김홍석(2014). 유치원교육에서의 통합교육. **교원선전수첩**, 3, 171-172.

누구나 배우는 나라(1989). 북한자료정보센터 소장 영상자료.

당정책해설도서편집부(1982). **위대한 수령 김일성동지의 로작 용어사전**. 평양: 과학,백과사전출판사.

렴혜란(2007). 어린이들의 가슴마다에 우리 당의 총대중시사상을 깊이 심어주자면. **교양원**, 3, 18-19.

류길재, 민경배(2008). 북한의 체제전환의 성격과 기본적 법제. 윤대규 외, **북한의 체제전환과 법제도**(pp. 33-76). 서울: 한울.

리대덕(2004). 언어능력과 지능발달. **인민교육**, 6. 30-31.

리영혜(2005). 백두산3대장군 어린 시절 이야기 과목교수의 효과성을 높이자면. **교양원**, 1, 15-17.

리영환(1993). **조선교육사 5**. 평양: 사회과학출판사.

리용복(1982). **긍정적 감화교양법**. 평양: 금성출판사.

리용복(1984). **조선민주주의인민공화국에서의 교육**. 평양: 사회과학출판사.

리혜경(2007). 민속놀이를 통한 지능계발방법. **교양원**, 2, 35-36.

민족21(2004). 탐방: 평양 9.15주탁아소. 40, 66-71.

박미란(2011). 백두산3대장군 어린시절 이야기과목 교수에 적용하는 다매체편집물의 효과성을 높이려면. **교양원**, 2, 47.

박정애(2015). 유치원교과서의 특성을 잘 알고 교양하자. **교양원**, 3, 43-44.

박휘룡(2012). 동화이야기를 통한 계급교양의 실효를 높이기 위한 방도. **교양원**, 2, 40.

백과사전출판사(1995). **조선대백과사전2**. 평양: 백과사전출판사.

백과사전출판사(2011). **광명백과사전 7**. 평양: 백과사전출판사.

북한연구소(1977). **북한사회론**. 서울: 북한연구소.

북한연구소(1994). **북한총람**. 서울: 북한연구소.

사리원 신양유치원(2014. 5. 24.). 우리 유치원 참말 좋아요. You Tube 검색자료

신윤희(2011). 학교전교육사업을 더욱 강화하는 것은 새 세기 정보산업시대 혁명인재육성의 중요한 요구. **교양원**, 4, 23-24.

안정식(2013). TV로 보는 김정은의 북한: '반미대결전'에 묻히는 '인민생활 향상'. 안정식 기자의 북한포커스.

양옥승(2014). 남북한 통일에 대비한 영유아 교육보육 시스템 연구. 한국연구재단 결과보고서.

우리들의 빨간별 자랑(1993). 북한자료정보센터 소장 영상자료.

이교덕(2001). **김정일선집 분석**. 서울: 통일연구원.

이삼식, 조남훈, 백화종, 유수정(1999). 남북한 인구변동과 통일시 사회 · 인구학적 정책과제. 한국보건사회연구원.

장명숙(2011). 유치원교육단계에서 콤퓨터를 통한 지능교육의 특성. **교양원**, 4, 33-34.

전극내, 최정순, 전사흡(2003). **사회주의아동심리학: 교원대학 교원학과용**. 평양: 교육도서출판사.

전사흡(2007). 어린이들을 총명하게 키우는것은 유년시기 지능교육의 중심과업. **교양원**, 2, 37.

정치학대사전편찬위원회(2002). **21세기 정치학대사전**. 서울: 아카데미아리서치.

조선중앙통신사 편(1980). **조선중앙연감**. 평양: 조선중앙통신사.

조선중앙통신사 편(1981). **조선중앙연감**. 평양: 조선중앙통신사.

조선중앙통신사 편(1995). **조선중앙연감**. 평양: 조선중앙통신사.

조선중앙통신사 편(1996). **조선중앙연감**. 평양: 조선중앙통신사.

조선중앙통신사 편(1998). **조선중앙연감**. 평양: 조선중앙통신사.

조정아, 서재진, 임순희, 김보근, 박영자(2008). **북한 주민의 일상생활**. 서울: 통일연구원.

조춘실(2013). 유치원과정안집행을 잘하자면. **교양원**, 1, 31.

주체과학원(1985). **위대한 주체사상 총서3**. 평양: 사회과학출판사.

중앙통계국(1994). 조선민주주의인민공화국 인구일제조사자료집.

중앙통계국(2009). 조선민주주의인민공화국 2008년 인구일제조사 전국보고서.

청진시 청암유치원(2010). 동심에 맞는 지능교육을 짜고 들어(조선중앙TV 7월 30일 방영). 북한자료정보센터 소장 영상자료.

최지혜(2004). 위대한 장군님의 총대중시사상을 어린이교수교양에 구현하기 위한 몇가지 방법. **교양원**, 2, 16-17.

통일원(1996). **북한경제 통계집**. 서울: 통일원.

팽영일(2002). 마카렌코(A. S. Makarenko)의 훈육방법론으로서의 전망. **비교교육연구**, 12(2), 213-232.

평양 경상유치원(2014). 고운 꿈 꽃펴주는 행복의 요람. You Tube 검색자료. 7월 15일.

평양 경상유치원 탁아소(2012). 여기서 우리의 미래가 자란다. You Tube 검색자료. 8월 30일.

평양 김정숙탁아소(2010). 소개편집물. 조선중앙텔레비죤 방영자료.

평양 김정숙탁아소(2013). 소개편집물. 조선중앙텔레비죤 방영자료.

평양 류경1탁아소(2013). 무럭무럭 자라라. You Tube 검색자료. 6월 9일.

평양 문수1유치원(2010). 동심에 맞는 지능교육을 짜고 들어(조선중앙TV 7월 30일 방영). 북한자료정보센터 소장 영상자료.

평양 창광유치원 탁아소(2011). 따사로운 해빛아래 피여나는 꽃망울들. You Tube 검색자료. 4월 1일.

평양 청류1유치원(2010). 재능의 꽃을 피워가는 원예사들(조선중앙TV 11월 9일 방영). 북한자료정보센터 소장 영상자료.

평양 3월3일탁아소(2013). 엄마품같애요. You Tube 검색자료. 4월 30일.

학우서방 편역(1966). 유치원 교양원 참고서. 도쿄: 학우서방.

한만길, 정지웅, 김창환, 이종각(1998). 북한 교육 현황 및 운영실태 분석 연구. 한국교육개발원 정책연구.

한신대학 제3세계문화연구소 역(1989). 크루프스카야의 국민교육론. 서울: 돌베개.

한은희(2006). 유치원에서 수재교육을 잘하자면. 교양원, 3, 29.

MBC (1994). 북한실태. 영상자료.

Everard, S. (2012). Only beautiful, please: A British diplomat in North Korea. The Water H. Shorenstein Asia-Pacific Research Center, Stanford University.

French, P. (2007). *North Korea: The paranoid peninsula.*. London: Zed Books.

Gause, K. E. (2011). *North Korea under Kim Chong-il: Power, politics, and prospects for change.* Santa Barbara, CA: Praeger.

Hassig, R., & Oh, K. (2009). *The hidden people of North Korea: Everyday life in the hermit kingdom.* Lanham, MD: Rowman Littlefield Pulishers.

Klein, G. L. (1957). *Soviet education.*. New York: Columbia University Press.

Lankov, A. (2013). *The real North Korea: Life and politics in the failed Stalinist utopia.*. New York: Oxford University Press.

Moos, E. (1967). *Soviet education: Achievements and goals.* New York: National Council of American-Soviet Frendship.

UNESCO (2001). National report on the development of education for all in the democratic people's Republic of Korea.

UNESCO (2003). Democratic people's Republic of Korea: National plan of action on education for all.

UNESCO (2004). The development of education: National report of the democratic people's Republic of Korea by the ministry of education.

UNESCO (2008). Country report on education for all national mid-decade assessment: democratic people's Republic of Korea by the ministry of education.

UNESCO (2015). Education for all 2015 national review report: Democratic people's Republic of Korea.

United States Library of Congress (2007). Country profile - North Korea, July.

Yang, O. S. (2003). Toward one Korea: Examination of early childhood education and care in South and North Koreas. *International Journal of Early Childhood Education, 9*(2), 71-93.

제3부

양옥승, 김영옥, 김현희, 박경자, 위영희, 이옥, 이차숙, 정미라, 지성애, 홍혜경(1998). **세계의 보육제도**. 서울: 양서원.

양필승(2008). **인물 중국사**. 서울: 백산서당.

윤선영(2006). 독일 유아교육 개혁에서의 논쟁. **유아교육연구**, 26(4), 75-96.

이명환, 박수연 편역(2010). 독일의 육아정책. 육아정책연구소 세계육아정책동향시리즈 10.

전풍자(1982). 서독의 취학전교육. 유네스코 한국위원회편, **세계의 취학전 교육II**. 서울: 배영사.

최양미, 김보현 역(2011). **유치원과 문화**. 서울: 교육과학사.

최연혁(2012). **우리가 만나야 할 미래**. 경기: 쌤앤파커스.

Beech, H. (2013). Why China needs more children. *Time*. December, 2.

Brown, K. (2013). *Contemporary China.*. New York: Palgrave Macmillan.

Bundesministerium für Familie, Senioren, Frauen und Jugend (2018). Family report 2017: Benefits, effects, trends.

Clarke-Stewart, A. (1993). *Daycare: Revised edition*. Cambridge, MA: Harvard University Press.

Esping-Andersen, G. (1990). *The three world of welfare capitalism.*. Cambridge: policy Press.

Gunnarsson, L., Korpi, B. M., & Nordenstam, U. (1999). Early childhood education and cre policy in Sweden. Background report prepared for the OECD Thematic Review.

Hershatter, G. (2007). Forget remembering: Rural women's narratives of China's collective past, Lee, C. K., & Yang, G. (Eds.), *Re-envisioning the Chinese revoluation: The politics and poetics of collective memory in reform China* (pp. 69-92). Stanford, CA: Stanford University Press.

Karch, A. (2013). *Early start: Preschool politics in the United States*. Ann Arbor, MI:

University of Michigan Press.

Leu, H. R., & Schelle, R. (2009). Between education and care? Critical reflections on early childhood policies in Germany. *Early Years, 29*(1), 5-18.

Liu, Y., & Pan, Y. (2013). A review and analysis of the current policy on early childhood education in Mainland China. *International Journal of Early Years Education, 21*(2-3), 141-151.

Mahon, R., Anttonen, A., & Bergqvist, C. (2012). Convergent care regimes? Childcare arrangements in Australia, Canada, Finland and Sweden. *Journal of European Social Policy, 22*(4), 419-431.

Manning, K. E. (2007). Communes, canteens, and creches: The gendered politics of remembering the great leap forward, Lee, C. K., & Yang, G. (Eds.), *Re-envisioning the Chinese revolution: The politics and poetics of collective memory in reform China* (pp. 93-118). Stanford, CA: Stanford University Press.

Michel, S. (1999). *Children's interests/mothers' rights: The shaping of America's child care policy.* New Haven: Yale University Press.

OECD (2009). *Education at a glance 2009: OECD indicators.*

OECD (2012). *Education at a glance 2012: OECD indicators.*

OECD (2013). *Education at a glance 2013: OECD indicators.*

OECD (2017). *Starting strong 2017: Key OECD indicators on early childhood education and care.*

OECD (2018). *TALIS 2018 results: Teachers and school leaders as lifelong learners.*

OECD (2020). *Education at a glance 2020: OECD indicators.*

OMEP (2000). Fact sheets of early care and education in Asia and the Pacific.

Pang, L. J. (2012). To promote balanced allocation policy proposals for teachers in urban and rural areas. Policy recommendations in the 11th National People's Congress and Chinese People's Political Consultative Conference.

Skolverket (2008). Ten years after the pre-school reform: A national evaluation of the Swedish pre-school. Swedish National Agency for Education Summary of Report 318.

Tian, Z. L., & Zhang, X. (2011). The issues and reform of financial investment in early childhood education of China. *Journal of Beijing Normal University (Social Science Edition), 5*, 17.

UNESCO (2003). Consolidating governmental early childhood education and care services under the Ministry of Education and Science: A Swedish case study. Early childhood and family policy series 6.

Zhang, G., & Yuan, C. L. (2013). The low proportion of the investment of early childhood education in financial education funds. *China Youth Daily*, 3, 14.

Zhu, J. (2002). Early childhood care and education in P. R. of China. Paper presented at 2002 KEDI-UNESCO Bangkok Joint Seminar and Study Tour on Early Childhood Care and Education. Seoul, Korea.

Zhu, J. (2009). Early childhood education and relative policies in China. *International Journal of Child Care and Education Policy*, 3(1), 51-60.

Zigler, V. (1979). *Project Head Start*. New York: The Free Press.

부록

조선민주주의인민공화국 어린이보육교양법

주체65(1976)년 4월 29일 최고인민회의 상설회의 법령 제7호로 채택

주체88(1999)년 3월 4일 최고인민회의 상임위원회 정령 제488호로 수정 보충

주체102(2013)년 4월 4일 최고인민회의 상임위원회 정령 제3058호로 수정 보충

제1장 어린이보육교양법의 기본

제1조 (어린이의 지위)

조선민주주의인민공화국에서 어린이들은 조국의 미래이며 사회주의건설의 후비대이며 대를 이어 혁명할 우리 혁명위업의 계승자들이다.

제2조 (국가와 사회의 부담에 의한 어린이양육원칙)

어린이들을 사회적으로 키우는것은 사회주의국가의 중요시책의 하나이며 사회주의교육학의 원리에 근거한 교육방법이다.

조선민주주의인민공화국은 모든 어린이들을 탁아소와 유치원에서 국가와 사회의 부담으로 키운다.

제3조 (어린이양육에서 부모의 자유보장원칙)

어린이들이 비록 탁아소에 갈 나이라 하더라도 탁아소에 보내지 않고 자기 집에서 키우는것은 그들 부모의 자유에 속한다.

제4조 (어린이보육교양법의 혁명전통)

조선민주주의인민공화국 어린이보육교양법은 조국의 광복과 인민의 자유와 행복을 위한 영광스러운 항일혁명투쟁에서 이룩된 빛나는 혁명전통을 이어받은 법이다.

제5조 (어린이보육교양법의 규제대상)

조선민주주의인민공화국 어린이보육교양법은 학령전어린이들을 탁아소와 유치원 같은 어린이보육교양기관에서 국가와 사회의 부담으로 보육교양하는 제도와 질서를 규제한다.

제6조 (어린이보육교양법의 사명)

조선민주주의인민공화국 어린이보육교양법은 우리 나라에 전반적으로 확립된 선진적인 어린이보육교양제도를 더욱 공고발전시켜 모든 어린이들을 튼튼히 키우며 녀성들을 어린이를 키우는 무거운 부담에서 해방하는데 이바지한다.

제7조 (어린이에 대한 배려의 증대원칙)

조선민주주의인민공화국은 모든 어린이들이 가장 훌륭하게 마련된 현대적인 보육교양조건에서 세상에 부럼없이 행복하게 자라도록 온갖 배려를 돌린다. 이 배려는 우리 나라에 세워진 우월한 사회주의제도와 자립적민족경제의 튼튼한 토대 그리고 인민들의 물질문화생활을 끊임없이 높이는것을 자기 활동의 최고원칙으로 삼고있는 사회주의적시책에 의하여 확고히 담보되며 나라의 경제토대가 강화되는데 따라 끊임없이 증대된다.

제8조 (어린이보육교양사업에 대한 지도통제원칙)

어린이보육교양사업에 대한 지도통제를 강화하는것은 국가의 어린이보육교양정책을 정확히 집행하기위한 중요담보이다.

국가는 어린이들을 보육하고 교양하는 사업에서 사회주의교육학의 원리를 철저히 구현하도록 지도와 통제를 강화한다.

제9조 (망명자의 자녀양육원칙)

조선민주주의인민공화국은 평화와 민주주의, 민족적독립과 사회주의를 위하여, 과학, 문화의 자유를 위하여 투쟁하다가 망명하여온 다른 나라 사람들의 어린이들도 부모의 희망에 따라 탁아소와 유치원에서 국가의 부담으로 키워준다.

제10조 (어린이에 대한 정의)

이 법에서 어린이라 함은 세상에 태여난 때부터 학교에 가기 전까지의 어린이를 말한다.

제2장 국가와 사회적부담에 의한 어린이양육

제11조 (어린이보육교양에서 주체사상의 요구관철)

국가는 어린이들을 보육교양하는 사업에서 모든것을 사람을 중심으로 생각하고 사람을 위하여 복무하게 하는 주체사상의 요구를 철저히 관철한다.

제12조 (어린이보육교양조건보장)

국가기관과 사회협동단체는《제일 좋은것을 어린이들에게》라는 원칙에 따라 어린이보육교양사업에 필요한 모든것을 책임지고 보장하여야 한다.

제13조 (탁아소, 유치원의 건설과 비품)

국가기관과 사회협동단체는 어린이보육교양설비와 체육 및 놀이시설을 갖춘 현대적인 탁아소와 유치원을 제일 좋은 자리에 건설하고 악기, 놀이감, 출판물, 교구비품 같은 것을 갖추어주어야 한다.

제14조 (아동공원과 놀이터)

국가기관과 사회협동단체는 거리와 마을, 어린이들이 있는 곳곳에 아동공원과 놀이터를 꾸리고 여러가지 놀이시설을 갖추어주어야 한다.

제15조 (어린이식량)

조선민주주의인민공화국에서 모든 어린이는 태여나자부터 식량을 공급받는다.

제16조 (어린이식료품)

국가기관과 사회협동단체는 탁아소와 유치원에 젖, 고기, 알, 과일, 남새와 당과류 같은 여러가지 가공된 식료품을 정상적으로 보장하여야 한다. 이 경우 식료품의 위생안전성을 보장하여야 한다.

탁아소, 유치원어린이들에게 공급하는 식료품의 값은 국가와 사회협동단체가 부담한다.

제17조 (어린이용품)

국가는 어린이옷, 신발과 여러가지 어린이용품을 제일 좋게 만들며 그에 대해서는 생산비를 보상하는 정도 또는 그보다 낮게 값을 정하고 그 차액은 국가에서 부담한다.

제18조 (부모의 보살핌을 받을수 없는 어린이의 양육)

부모의 보살핌을 받을수 없는 어린이는 육아원과 애육원에서 키운다.

제19조 (혁명렬사, 애국렬사, 인민군후방가족, 영예군인의 자녀보호)

국가는 혁명렬사, 애국렬사, 인민군후방가족, 영예군인의 자녀들을 특별히 보호하며 그들의 보육교양에 깊은 배려를 돌린다.

제20조 (어머니의 보호)

국가는 어린이를 가진 어머니를 특별히 보호한다.

국가는 녀성들에게 산전산후휴가를 보장한다. 산전산후휴가기간의 생활비와 식량, 분배몫은 국가와 사회협동단체가 부담한다.

국가는 산원을 비롯한 의료기관을 통하여 임신한 녀성들을 제때에 등록하고 그들에게 체계적인 의료봉사와 해산방조를 무료로 주며 산후의 건강을 보호한다.

국가는 임신한 녀성들에게 그에 맞는 헐한 일을 시키며 어린이를 가진 어머니들에게는 로동시간안에 젖먹이는 시간을 보장한다.

국가는 여러 어린이를 가진 어머니들의 로동시간을 줄이고 그들에게 옹근 생활비를 준다.

제21조 (여러 어린이를 낳아 키우는 어머니와 그 어린이의 보호)

국가는 한번에 여러 어린이를 낳아 키우는 어머니와 그 어린이들에게 특별한 혜택을 베푼다.

한번에 둘이상의 어린이를 낳아 키우는 어머니에게는 유급으로 일정한 기간 산후휴가를 더 준다.

3명이상의 쌍둥이가 태여났을 경우에는 그들에게 일정한 기간 옷과 포단, 젖제품 같은 것을 무상으로 공급하고 학교에 갈 나이에 이르기까지 양육보조금을 주며 어린이와 어머니에게 의료일군을 따로 담당시켜 그들의 건강을 책임적으로 돌보아준다.

제3장 문화적이며 과학적인 어린이보육

제22조 (어린이양육의 기본요구)

나라의 꽃봉오리인 어린이들을 튼튼하고 슬기롭게 키우는것은 혁명가들에게 있어서 가장 숭고한 의무이다.

국가는 어린이들을 문화적으로, 과학적으로 키우는 데 깊은 관심을 돌린다.

제23조 (어린이의 생활환경)

탁아소와 유치원은 어린이들을 어머니의 심정으로 따뜻이 보살피며 집단보육규범과 위생방역규범의 요구에 맞게 키워야 한다.

어린이들의 생활환경을 깨끗이 꾸리고 방안의 온도와 습도를 알맞게 보장하며 공기, 해빛, 물과 의료기구, 체육기재에 의한 몸단련을 나이와 체질에 맞게 정상적으로 시켜야 한다.

제24조 (주식과 새참)

탁아소와 유치원은 영양기준에 따라 여러가지 주식과 새참을 어린이들의 나이와 특성에 맞게 충분히 먹여야 한다.

제25조 (의료봉사)

국가는 탁아소, 유치원의 어린이들에게 체계적인 의료봉사를 준다.

어린이들의 건강을 보호증진시키기 위한 모든 의료봉사는 우리 나라에서 실시하고있는 전반적무상치료제에 따라 무료로 한다.

탁아소, 유치원마다 의료일군을 배치하고 의료기구와 의약품을 공급하며 전문의료기관을 통하여 어린이들의 병을 제때에 예방치료한다.

제26조 (아동병동)

국가는 어린이들의 건강을 철저히 보호하며 녀성들의 사회적활동을 적극 보장하기 위하여 탁아소가 있는 모든 곳에 아동병동을 둔다.

아동병동에서는 병원에 입원하지 않을 정도로 앓는 탁아소의 어린이들을 받아 치료한다.

제27조 (어린이료양)

국가는 온천과 약수터, 바다가, 경치좋은 곳에 어린이들을 위한 료양시설을 잘 꾸려 그들의 건강을 증진시킨다.

제28조 (어린이의 건강과 발육)

국가기관과 보육교양기관은 어린이들의 건강과 발육상태를 종합분석하고 해당한 대책을 세우며 어린이보육사업을 과학화하고 끊임없이 발전시켜야 한다.

제4장 혁명적인 어린이교육교양

제29조 (어린이교육교양의 기본요구)

후대들을 어려서부터 혁명적으로 교육교양하는것은 조국의 륭성발전과 혁명의 휘황한 앞날을 담보하는 중대한 사업이다.

국가는 어린이들을 탁아소와 유치원에서 사회주의교육학의 원리에 근거하여 교육교양하는 사업에 선차적인 힘을 넣는다.

제30조 (계급교양)

국가는 어린이들이 우리의 과거를 잊지 않으며 남조선인민들을 잊지 않으며 우리의 사회주의제도와 휘황한 미래를 사랑하도록 교양한다.

제31조 (집단주의교양)

국가는 어린이들을 《하나는 전체를 위하여, 전체는 하나를 위하여》라는 집단주의정신으로 교양한다.

제32조 (로동을 사랑할데 대한 교양)

국가기관과 보육교양기관은 어린이들이 일하기를 좋아하고 어려서부터 일하는데 버릇되도록 교양하여야 한다.

제33조 (공동재산을 아끼고 사랑할데 대한 교양)

국가기관과 보육교양기관은 어린이들이 국가재산과 사회협동단체재산을 아끼고 사랑하며 귀중히 여기도록 교양하여야 한다.

第34조 (도덕교양)

국가기관과 보육교양기관은 어린이들이 례절바른 품성을 가지며 문화위생적으로 생활하는데 버릇되도록 교양하여야 한다.

第35조 (지능교육)

국가기관과 보육교양기관은 어린이들에게 풍부한 정서와 예술적인 재능을 키워주며 그들의 지능을 다방면적으로 발전시켜주어야 한다.

탁아소와 유치원은 어린이들에게 우리 말을 가르치고 노래와 춤, 악기타는 법을 배워주며 놀이를 다양하게 조직하여야 한다.

第36조 (학교전의무교육)

국가는 모든 어린이들에게 유치원의 높은반에서 1년동안의 학교전의무교육을 준다.

학교전의무교육기간에는 어린이들에게 혁명적인 조직생활기풍을 키워주며 문화어, 글자쓰는 법, 셈세는 법 같은 학교교육을 원만히 받을수 있는 기초지식을 준다.

第37조 (어린이교양의 형식과 방법)

국가는 어린이들을 탁아소와 유치원에서 그들의 나이와 심리적특성에 맞게 여러가지 형식과 방법으로 교양하도록 한다.

제5장 어린이보육교양기관과 보육원, 교양원

第38조 (어린이보육교양기관의 성격)

조선민주주의인민공화국에서 어린이보육교양기관은 어린이들을 정신적으로 건전하고 육체적으로 건장하며 지능이 발달되고 문화적소양이 높은 미래의 역군으로 키우는 기관이다.

第39조 (어린이보육교양기관의 분류)

어린이보육교양기관에는 탁아소, 유치원과 육아원, 애육원이 속한다.

탁아소는 유치원에 가기 전까지의 기간에 어린이들을 국가적으로, 사회적으로 키우는 보육교양기관이다.

유치원은 학교에 가기 전까지의 어린이들에게 학교에 갈 준비교육을 주는 교육기관의 하나이다.

육아원과 애육원은 부모의 보살핌을 받을수 없는 어린이들을 국가가 맡아 키우는 보육교양기관이다.

제40조 (탁아소, 유치원의 배치)

국가는 탁아소와 유치원을 주택지구와 녀성들의 일터가까이에 합리적으로 배치한다.

국가는 녀성들의 사회적활동을 적극 보장하기 위하여 주, 월탁아소, 유치원을 널리 조직운영한다.

어린이들의 건강과 발육에 적합하지 않은 장소와 건물에 탁아소와 유치원을 두는것을 금지한다.

제41조 (보육원과 교양원)

보육원, 교양원은 어린이들을 혁명위업의 믿음직한 계승자로, 주체형의 새 세대로 키우는 영예로운 혁명가이다.

조국의 미래인 어린이들을 키우는 중요하고 보람찬 혁명임무를 수행하는 보육원, 교양원은 인민의 높은 존경과 신임을 받는다.

국가는 사회적으로 보육원, 교양원을 사랑하고 적극 도와주어 그들이 어린이를 잘 키우고 가르치는 데 모든 정력을 다 바치도록 깊은 관심을 돌린다.

국가는 어린이보육교양사업에서 공로를 세운 일군에게 훈장과 메달, 명예칭호수여를 비롯한 배려를 돌린다.

제42조 (보육원, 교양원의 풍모)

보육원, 교양원은 자기 사업에 대한 높은 영예감과 긍지를 가지고 혁명의 미래를 키우는 어린이보육교양사업에 자기의 온갖 정열을 다 바치는 인민의 참된 충복, 진정한 혁명가가 되여야 한다.

제43조 (보육원, 교양원의 혁명화, 로동계급화)

보육원, 교양원은 주체사상으로 튼튼히 무장하여 혁명적세계관을 확고히 세우며 자신을 철저히 혁명화, 로동계급화하여야 한다.

제44조 (어린이보육교양기관 일군의 자격)

보육원, 교양원을 비롯한 어린이보육교양기관 일군은 어린이들의 건강에 나쁜 영향을 줄수 있는 질병이 없어야 하며 어린이보육교양사업에 필요한 전문지식과 해당한 자격을 소유하여야 한다.

어린이보육교양기관 일군은 의료기관의 건강검진을 정기적으로 받아야 하며 건강검진에서 합격되지 못한 경우 어린이보육교양기관에서 일할수 없다.

제45조 (혁명가적품성의 소유)

보육원, 교양원은 고상한 혁명가적품성을 소유하여야 하며 모든 면에서 어린이들의 참다운 본보기가 되여야 한다.

제46조 (어린이를 혁명위업의 계승자로 키울 의무)

보육원, 교양원은 어린이들을 튼튼하고 명랑하고 품성이 바른 우리 혁명위업의 계승자로 키워야 한다.

제6장 어린이보육교양사업에 대한 지도통제

제47조 (어린이보육교양사업에 대한 지도의 기본요구)

어린이보육교양사업에 대한 지도는 내각의 통일적인 지도밑에 중앙교육지도기관과 중앙보건지도기관, 지방정권기관이 한다.

중앙교육지도기관과 중앙보건지도기관, 지방정권기관은 어린이보육교양사업에 대한 지도체계를 바로세우고 정상적으로 장악지도하여야 한다.

제48조 (중앙교육지도기관, 중앙보건지도기관의 임무)

중앙교육지도기관과 중앙보건지도기관은 어린이보육교양사업을 다음과 같이 조직지도한다.

1. 어린이보육교양강령과 탁아소, 유치원사업규범을 만들며 보육교양의 내용과 방법을 끊임없이 개선하고 완성한다.
2. 어린이들의 건강을 보호증진시키기 위한 사업을 한다.
3. 보육원, 교양원의 양성과 그들의 정치실무수준을 높여주기 위한 사업을 한다.
4. 어린이보육교양사업과 관련한 기술방법적인 지도를 한다.

제49조 (지방정권기관의 임무)

지방정권기관은 관할지역안의 탁아소와 유치원사업을 다음과 같이 조직지도한다.

1. 탁아소와 유치원에서 어린이보육교양강령을 정확히 집행하며 해당 규범의 요구대로 사업하도록 한다.
2. 탁아소, 유치원의 어린이들에게 의료봉사를 주기 위한 사업을 한다.
3. 탁아소, 유치원을 건설하고 보육교양설비를 갖추며 식료품을 비롯한 물질적조건을 보장하기 위한 사업을 한다.

제50조 (어린이보육교양사업에 대한 지도방법)

국가는 항일유격대식사업방법의 요구대로 일군들이 아래에 정상적으로 내려가 실정을 료해하고 도와주며 정치사업을 앞세우고 이신작칙의 모범으로 걸린 문제를 풀어주도록 한다.

제51조 (어린이보육교양사업의 정규화, 규범화)

탁아소와 유치원은 어린이보육교양강령을 정확히 집행하며 사업을 정규화, 규범화하고 어린이관리책임제를 강화하여야 한다.

제52조 (보육원, 교양원의 양성)

국가는 보육교양일군양성기관을 튼튼히 꾸리고 보육원, 교양원을 수요에 맞게 질적으로 양성한다.

제53조 (어린이교육교양을 위한 과학연구사업, 문예작품창작)

국가는 어린이들을 혁명적으로 교양하고 문화적으로, 과학적으로 키우기 위한 과학연구사업을 발전시키며 과학연구기관을 튼튼히 꾸리고 그에 대한 지도를 강화한다.

문예기관은 어린이교육교양을 위한 영화, 노래, 춤, 동시, 동화 같은 혁명적인 문예작품을 많이 만들어야 한다.

第54조 (어린이용품과 식료품의 생산)

국가는 어린이용품과 식료품의 생산을 발전시킨다.

국가는 어린이용품 및 식료품을 생산하는 공장, 기업소에서 어린이들의 수요와 기호에 맞게 제품생산을 끊임없이 늘이며 그 질을 높이도록 한다.

第55조 (탁아소, 유치원물자공급기관)

국가는 중앙과 지방에 탁아소, 유치원물자공급기관을 둔다.

탁아소, 유치원물자공급기관은 어린이용품, 식료품 같은 어린이보육교양에 필요한 물자를 책임적으로 공급하여야 한다.

第56조 (사회협동단체에 의한 탁아소, 유치원의 물질적조건보장)

사회협동단체는 탁아소, 유치원의 물질적조건을 국가가 정한 기준대로 보장하여야 한다.

협동농장은 닭, 염소, 젖소 같은 집짐승을 많이 기르고 과일과 남새를 잘 저장하여 농장의 탁아소와 유치원에 필요한 식료품을 정상적으로 공급하여야 한다.

第57조 (육아원, 애육원의 어린이보육교양)

육아원과 애육원에서의 어린이보육교양과 그에 대한 지도통제사업은 이 법에 따른다.

第58조 (탁아소, 유치원에 대한 사회적지원)

어린이들에 대한 보육교양사업은 전국가적, 전사회적인 사업이다.

기관, 기업소, 단체는 내부예비를 동원하고 절약하여 탁아소, 유치원에 대한 사회적지원을 강화하여야 한다.

第59조 (어린이보육교양사업에 대한 감독통제)

어린이보육교양사업에 대한 감독통제는 교육지도기관과 보건지도기관, 지방정권기관, 해당 감독통제기관이 한다.

교육지도기관과 보건지도기관, 지방정권기관, 해당 감독통제기관은 국가의 어린이보육교양정책집행정형을 엄격히 감독통제하여야 한다.

제60조 (행정적 또는 형사적책임)

이 법을 어겨 어린이보육교양사업에 엄중한 결과를 일으킨 기관, 기업소, 단체의 책임있는 일군과 개별적공민에게는 정상에 따라 행정적 또는 형사적책임을 지운다.

조선민주주의인민공화국 보통교육법

주체100(2011)년 1월 19일 최고인민회의 상임위원회 정령 제1355호로 채택
주체102(2013)년 9월 12일 최고인민회의 상임위원회 정령 제3355호로 수정 보충
주체104(2015)년 12월 23일 최고인민회의 상임위원회 정령 제848호로 수정 보충

제1장 보통교육법의 기본

제1조 (보통교육법의 사명)

조선민주주의인민공화국 보통교육법은 무료의무교육의 실시와 보통교육기관의 설립 및 운영, 보통교육일군의 양성, 교육교양사업의 조직에서 제도와 질서를 엄격히 세워 보통교육사업을 개선하고 새 세대들을 지덕체를 갖춘 나라의 역군으로 키워내는데 이바지한다.

제2조 (보통교육사업의 발전원칙)

교육사업을 다른 모든 사업에 확고히 앞세워나가는것은 국가의 일관한 정책이다.

국가는 현실발전의 요구에 맞게 사회주의교육제도를 끊임없이 개선완성하여 보통교육사업을 더욱 발전시켜나가도록 한다.

제3조 (보통교육의 정의, 전반적12년제의무교육실시)

보통교육은 자연과 사회에 대한 가장 일반적이며 기초적인 지식을 주는 일반교육이다.

보통교육에는 학교전교육과 초등교육, 중등교육이 속한다.

국가는 전반적12년제의무교육을 철저히 실시하여 모든 새 세대들이 로동할 나이에 이르기까지의 기간에 완전한 중등일반교육을 받도록 한다.

제4조 (교육교양조건의 보장원칙)

학생들의 교육교양조건을 국가가 보장하는것은 사회주의제도의 본성적요구이다.

국가는 학교와 학생소년궁전, 학생소년회관, 학생도서관, 소년단야영소, 유치원 같은

교육교양시설을 현대적으로 꾸리고 그 운영을 바로하도록 한다.

제5조 (교원양성원칙)

교원은 교육사업의 직접적담당자이다.

국가는 사범교육체계를 정연하게 세우고 보통교육부문의 유능한 교원들을 전망성있게 키워내도록 한다.

제6조 (보통교육부문의 물질기술적토대강화원칙)

보통교육부문의 물질기술적토대를 강화하는것은 교육사업을 발전시키기 위한 근본담보이다.

국가는 보통교육부문에 대한 투자를 계통적으로 늘여 보통교육부문의 물질기술적토대를 끊임없이 강화하도록 한다.

제7조 (보통교육분야의 교류와 협조)

국가는 보통교육분야에서 다른 나라, 국제기구들과의 교류와 협조를 발전시킨다.

제8조 (법의 규제대상)

이 법은 학교전교육과 초등교육, 중등교육단계의 교육사업과 관련한 질서를 규제한다.

보통교육사업과 관련하여 이 법에서 규제하지 않은 사항은 해당 법에 따른다.

제2장 무료의무교육의 실시

제9조 (중등일반교육을 받을 권리와 의무)

조선민주주의인민공화국에서 공민은 누구나 다 중등일반교육을 받을 권리를 가진다.

학령기에 있는 공민에 대하여서는 국가가 책임지고 의무적으로 공부시킨다.

제10조 (중등일반의무교육의 학제)

중등일반의무교육학제는 12년이며 학교전교육 1년과 소학교 5년, 초급중학교 3년, 고급중학교 3년으로 한다.

제11조 (중등일반의무교육을 받는 나이)

중등일반의무교육을 받는 나이는 5살부터 16살까지이다.

뛰여난 소질과 재능을 가졌을 경우에는 나이 또는 학년에 제한없이 교육을 앞당겨받을 수 있다.

제12조 (학령어린이의 취학)

지방인민위원회와 해당 기관은 해마다 교육받을 나이에 이른 어린이를 빠짐없이 장악하여 취학시켜야 한다. 그러나 육체적 및 지적장애를 받는 어린이는 장애상태를 고려하여 취학나이를 늦출수 있다.

교육받을 나이에 이른 어린이의 부모 또는 보호자는 어린이를 의무적으로 학교에 보내야 한다.

제13조 (무료교육)

중등일반교육은 무료이다.

학생의 입학, 수업, 실습, 견학, 답사와 관련한 일체 교육비용은 국가가 부담한다.

보통교육기관은 학생이나 그의 부모 또는 보호자로부터 입학, 수업, 실습, 견학, 답사와 관련하여 일체 료금을 받을수 없다.

제14조 (장학금)

국가는 맹, 롱아학교, 제1중학교, 학원의 정한 학생에게 장학금을 준다.

제15조 (무의무탁자, 장애자의 교육 및 생활조건보장)

부모 또는 보호자가 없는 어린이와 맹, 롱아 같은 장애어린이에 대한 교육과 생활조건은 국가가 책임지고 돌봐준다.

제16조 (교과서 및 교육기자재의 생산공급)

중앙교육지도기관과 해당 기관은 학생교육에 필요한 교과서와 참고서, 과외도서 같은 것을 새 학년도가 시작되기 전에 제때에 출판, 공급하여야 한다.

해당 기관, 기업소, 단체는 교육기자재와 실험설비, 교구비품 같은것을 계획적으로 생산보장하여야 한다.

제17조 (식량과 학용품, 생활용품의 보장)

교원, 학생에게는 식량공급을 우선적으로 하며 학용품과 생활필수품을 눅은 값으로 보장한다.

제3장 보통교육기관의 설립 및 운영

제18조 (보통교육기관의 설립, 운영기준의 제정)

보통교육기관의 설립과 운영을 바로하는것은 중등일반의무교육을 보장하는데서 나서는 선결조건이다.

중앙교육지도기관은 보통교육기관의 설립 및 운영기준을 바로 정하고 엄격히 지키도록 하여야 한다.

제19조 (보통교육기관의 구분)

보통교육기관은 학업내용과 그 특성에 따라 다음과 같이 나눈다.

1. 1년제 학교전교육을 위한 유치원
2. 5년제 초등교육을 위한 소학교
3. 3년제 낮은 단계의 중등교육을 위한 초급중학교
4. 3년제 높은 단계의 중등교육을 위한 고급중학교
5. 장애자교육을 위한 맹, 롱아학교
6. 특정한 대상의 교육을 위한 학원
7. 수재형의 학생들을 위한 제1중학교

제20조 (학교의 배치)

지방인민위원회와 해당 기관은 도시 및 마을건설계획, 학생수와 통학조건 같은것을 고려하여 보통교육부문의 학교를 합리적으로 배치하여야 한다.

학교건설은 지방인민위원회와 해당 기관이 맡아 우선적으로 한다. 이 경우 교사, 실험실, 실습기지, 운동장, 수영장 같은 교육시설을 충분히 갖추어주어야 한다.

제21조 (학교의 명칭)

소학교와 초급중학교, 고급중학교의 명칭은 중앙교육지도기관의 합의를 받아 해당 지방인민위원회가 정하며 맹, 롱아학교, 학원의 명칭은 중앙교육지도기관이 정한다.

학교명칭을 고치려 할 경우에는 중앙교육지도기관 또는 해당 지방인민위원회의 승인을 받는다.

제22조 (소학교, 초급중학교, 고급중학교의 운영)

소학교와 초급중학교, 고급중학교는 따로따로 운영하는것을 원칙으로 한다. 지방인민위원회와 해당 기관은 학생수와 통학거리를 고려하여 소학교와 초급중학교, 고급중학교를 함께 운영하거나 분교를 따로 설치하여 운영할수 있다. 이 경우 중앙교육지도기관의 승인을 받아야 한다.

제23조 (제1중학교의 운영)

중앙교육지도기관과 해당 지방인민위원회는 중앙과 도에 제1중학교를 내오고 뛰여난 소질과 재능을 가진 학생들에게 수재교육을 주어야 한다.

제1중학교의 학생선발기준은 실력본위의 원칙에서 중앙교육지도기관이 정한다.

지방인민위원회와 해당 기관은 제1중학교 학생들의 기숙조건을 원만히 보장하여야 한다.

제24조 (학원의 운영)

중앙교육지도기관과 해당 기관은 특정한 대상들에 대한 교육을 위하여 필요한 지역에 학원을 내오고 그 운영을 바로하여야 한다.

지방인민위원회와 해당 기관은 학원관리운영사업에 깊은 관심을 돌리며 학원학생들의 학습과 생활에 필요한 조건을 우선적으로 보장해 주어야 한다.

제25조 (맹, 롱아학교의 운영)

맹, 롱아학교는 중앙교육지도기관이 정하는데 따라 필요한 지역에 배치한다.

중앙교육지도기관과 해당 지방인민위원회는 맹, 롱아학교의 관리운영을 바로하며 학생들에 대한 학습과 생활조건을 책임적으로 보장하여야 한다.

제26조 (교육행정사업 및 교육환경개선)

보통교육기관은 교육행정사업을 정규화, 규범화하고 교육학적요구에 맞게 교육환경을 꾸리며 학교건물과 구획, 시설을 알뜰히 관리하여야 한다.

해당 기관, 기업소, 단체는 교사와 실험실, 실습지 같은것을 주기적으로 보수하여야 한다.

학교시설은 교육사업과 관련이 없는 다른 사업에 리용할수 없다.

제4장 보통교육일군의 양성

제27조 (보통교육일군의 구분)

보통교육일군에는 학생들에 대한 교육교양사업을 직접 담당수행하는 교원과 그를 지도하는 일군이 속한다.

보통교육일군은 해당한 자격을 가져야 한다.

제28조 (교원양성)

국가는 중앙과 도에 사범대학, 교원대학을 내오고 보통교육부문의 교원을 계획적으로 양성하도록 한다.

중앙교육지도기관과 해당 기관은 사범교육체계를 끊임없이 개선강화하여 보통교육부문의 교원수요를 원만히 보장하여야 한다.

제29조(사범교육을 위한 학생선발과 졸업후배치)

사범교육을 위한 학생선발과 사범교육과정을 마친 학생의 배치는 중앙교육지도기관과 해당 기관이 한다.

제30조(교원의 자격)

보통교육부문의 교원자격은 사범대학, 교원대학을 졸업하였거나 그와 같은 교육을 받은 대상으로서 정해진 기준에 도달한자에게 준다.

교원은 높은 교육실무적자질과 교육자적품성을 소유하여야 하며 자질향상을 위하여 적극 노력하여야 한다.

제31조 (교원자격 급수)

보통교육부문의 교원자격급수는 교종별로 1, 2, 3, 4, 5급으로 하며 급수판정주기는 3년으로 한다.

교원자격급수판정을 위하여 중앙교육지도기관과 지방인민위원회에 교원급수사정위원회를 둔다.

교원자격급수사정절차와 방법, 평가기준은 중앙교육지도기관이 정한다.

제32조 (교원에 대한 재교육강습)

중앙교육지도기관과 지방인민위원회는 교원을 위한 재교육체계를 세우고 그들에게 교종별, 과목별로 단기강습을 정상적으로 주어야 한다.

제33조 (교수능력제고)

보통교육기관은 교수참관, 교수경연, 실험기구 및 교편물전시회 같은것을 정상적으로 조직하여 교원들의 교수능력을 부단히 높이도록 하여야 한다.

제34조 (교원의 책임과 역할)

교원은 앞날의 역군을 키워나가는 높은 긍지와 영예감을 지니고 자기의 책임과 역할을 다하여야 한다.

국가는 사회적으로 교원들을 존경하고 우대하도록 한다.

제5장 교육교양사업의 조직

제35조 (교육교양사업의 개선요구)

교육교양사업을 잘하는것은 보통교육의 질을 보장하는데서 나서는 근본요구이다.

중앙교육지도기관과 보통교육기관은 사회주의교육학의 기본원리에 맞게 교육내용을 바로 구성하고 교육방법을 개선하여 학생들에 대한 교육교양수준을 끊임없이 높여나가야 한다.

제36조 (교육강령에 따르는 교육교양사업조직)

보통교육기관은 중앙교육지도기관에서 내려보낸 교육강령에 따라 교육교양사업을 조직진행하여야 한다.

중앙교육지도기관은 교육강령을 제때에 작성, 시달하여야 한다.

제37조 (학급편성)

보통교육기관은 일정한 수와 비률의 남녀학생들로 학급을 편성하고 학급단위로 교육교양사업을 진행하여야 한다.

남학생과 녀학생은 차별없이 평등한 교육교양을 받는다.

제38조 (학급담임제, 학과목담당제의 실시)

보통교육기관은 교육단계의 수준과 특성에 따라 학급담임제와 학과목담당제를 실시하여야 한다. 이 경우 초등교육단계의 수업은 학급담임제로, 중등교육단계의 수업은 학과목담당제로 하는것을 기본으로 한다.

제39조 (분과의 조직)

보통교육기관은 교원의 자질과 교수방법을 개선하는데서 나서는 문제를 집체적으로 협의대책하기 위한 분과를 조직운영하여야 한다.

소학교에는 학년을 단위로 하는 학년분과를, 중학교에는 학과목별로 학과목분과를 둔다.

제40조 (정치사상교육, 일반지식교육, 체육, 예능교육)

보통교육기관은 학생들이 건전한 사상과 도덕, 다방면적이며 깊은 지식, 튼튼한 체력과 풍만한 정서를 지닐수 있게 정치사상교육을 앞세우면서 국어문학, 력사, 지리같은 일반과목에 대한 교육과 수학, 물리, 화학, 생물, 콤퓨터를 비롯한 기초과학기술과목에 대한 교육, 외국어, 예능, 체육과목에 대한 교육을 옳게 결합시켜야 한다.

제41조 (교육교양방법)

학생들에 대한 교육교양은 그들의 자립성과 창발성을 높일수 있도록 깨우쳐주는 방법으로 한다.

보통교육기관은 학생들에 대한 교육교양의 효과성을 높일수 있는 여러 가지 과학적이며 선진적인 방법을 적극 받아들여야 한다.

제42조 (교육강령의 의무적인 집행)

보통교육기관은 교육강령을 의무적으로 집행하며 학생들이 모든 교육학적과정을 정확히 거치게 하여야 한다.

해당 기관의 승인없이 교원, 학생들을 교육강령집행과 관련없는 일에 동원시킬수 없다.

제43조 (학생의 실력평가)

보통교육기관은 실력평가를 위한 시험을 정해진데 따라 실속있게 조직하며 시험방법을 개선하여 학생들의 교육내용에 대한 소화정도와 활용능력을 정확히 평가하여야 한다.

학생들의 실력을 평가하는데서는 시험성적과 함께 평상시 학습정형도 고려하여야 한다.

시험조직을 무질서하게 하여 학생들의 건강과 발육에 지장을 주는 행위를 할수 없다.

제44조 (수재교육)

보통교육기관은 뛰여난 소질과 재능을 가진 학생들을 엄선하여 그에 맞는 교육을 체계적으로 주어 그들이 기초과학부문과 전문부문의 유능한 인재로 자라나도록 하여야 한다.

실력이 특출한 학생에 대해서는 학업년한을 단축하여 조기진급 또는 졸업시키거나 해당 상급학교에 조기입학시킬수 있다.

제45조 (학교교육과 사회교육의 결합)

국가는 학교교육을 기본으로 하면서 사회교육을 밀접히 결합시켜 학생들을 건전한 사상과 도덕, 깊이있고 다방면적인 지식, 튼튼한 체력을 지닌 쓸모있는 인재로 키우도록 한다.

보통교육기관은 청년동맹조직, 학부형들과의 긴밀한 련계밑에 학생들이 어려서부터 조직과 집단을 사랑하고 사회주의도덕과 법질서를 자각적으로 지키도록 교양하여야 한다.

제6장 보통교육사업에 대한 지도통제

제46조 (보통교육사업에 대한 지도통제의 기본요구)

보통교육사업에 대한 지도통제를 강화하는것은 국가의 보통교육정책을 정확히 집행하기 위한 중요담보이다.

국가는 현실발전의 요구에 맞게 보통교육사업에 대한 지도와 통제를 강화하도록 한다.

제47조 (보통교육사업에 대한 지도)

보통교육사업에 대한 지도는 내각의 통일적인 지도밑에 중앙교육지도기관과 지방인민위원회가 한다.

중앙교육지도기관과 지방인민위원회는 보통교육사업에 대한 지도체계를 바로세우고 정상적으로 장악지도하여야 한다.

제48조 (교육과학연구사업의 강화)

중앙교육지도기관과 교육과학연구기관은 보통교육부문의 과학연구사업을 끊임없이 강화하여 보통교육발전을 위한 리론실천적문제들을 원만히 풀며 교육사업을 과학화, 정보화, 현대화하도록 하여야 한다.

제49조 (보통교육부문의 재정예산)

보통교육부문에 필요한 자금은 국가 또는 사회협동단체의 예산으로 보장한다.

재정은행기관은 보통교육부문의 재정예산을 정확히 편성하고 어김없이 보장하여야 한다.

보통교육부문의 재정예산은 류용할수 없다.

제50조 (보통교육사업에 대한 사회적지원의 강화)

지방인민위원회와 기관, 기업소, 단체는 교육중시기풍을 철저히 세우고 보통교육기관에 대한 지원을 강화하여야 한다.

제51조 (보통교육사업에 대한 감독통제)

보통교육사업에 대한 감독통제는 중앙교육지도기관과 해당 감독통제기관이 한다.

중앙교육지도기관과 해당 감독통제기관은 교육사업과 교육조건보장정형을 엄격히 감독통제하여야 한다.

第52조(행정적책임)

다음의 경우에는 해당 기관, 기업소, 단체의 책임있는 일군과 개별적공민에게 정상에 따라 해당한 행정처벌을 준다.

1. 학교추천이나 입학, 수업, 실습, 견학, 답사와 관련하여 돈이나 물건을 받았을 경우
2. 학교배치 및 건설을 정해진대로 하지 않거나 학교건물, 시설관리를 잘하지 않아 교육사업에 지장을 주었을 경우
3. 교사와 운동장 같은 학교시설을 교육사업과 관련이 없는 다른 사업에 리용하여 학생들의 교육교양에 지장을 주었을 경우
4. 교원양성, 배치사업을 잘하지 않아 교육사업에 지장을 주었을 경우
5. 교육강령집행을 태공하였거나 학생들을 승인없이 학습과 관련이 없는 일에 동원시켰을 경우
6. 시험조직을 정해진대로 하지 않아 학생들의 건강과 발육에 지장을 주었을 경우
7. 학생교육에 필요한 교과서와 참고서 같은것을 제때에 보장하지 않아 교육사업에 지장을 주었을 경우
8. 교과서 같은것을 비법적으로 출판, 인쇄하여 상적목적에 리용하였을 경우
9. 리기적인 목적으로 비법적인 개인교수행위를 하였을 경우

第53조(형사적책임)

이 법 제52조의 행위가 범죄에 이를 경우에는 기관, 기업소, 단체의 책임있는 일군과 개별적공민에게 형법의 해당 조문에 따라 형사적책임을 지운다.

찾아보기

인명

내용

저자 소개

양옥승(Yang, Ok Seung)

〈약력〉

이화여자대학교 교육학 학사

이화여자대학교 대학원 교육학 석사

미국 캘리포니아주립대학교 대학원 아동학 석사

미국 남가주대학교 대학원 교육학 박사

덕성여자대학교 사회과학대학 학장

덕성여자대학교 대학원장

덕성여자대학교 특수대학원장

한국유아교육학회 회장

한국교원교육학회 회장

세계유아교육기구(OMEP) 한국위원회 회장

현 덕성여자대학교 유아교육과 명예교수

〈저서〉

유아교육론(공저, 교문사, 1988)

탁아연구(편저, 양서원, 1991)

탁아연구 II(편저, 양서원, 1993)

유아교육 연구방법(양서원, 1997)

세계의 보육제도(공저, 양서원, 1998)

영유아보육개론(공저, 학지사, 1999)

유아교육개론(공저, 학지사, 2001)

유아교육학 탐구(공저, 학지사, 2001)

유아교육기관 종합평가제 모형개발(창지사, 2002)

유아 때부터 시작하는 자유선택 교육: 언어적 계획 · 평가(VPE) 프로그램의 적용(학지사, 2004)

유아교육과정 탐구(학지사, 2008)

영아의 발달과 보육(공저, 창지사, 2011)

유아 다문화 교육(공저, 공동체, 2014)

유아 사회교육(공저, 신정, 2014)

영유아 관찰 및 실습(공저, 신정, 2018)

유아의 자기조절 능력 발달과 교육(공저, 양서원, 2020)

유아교육과정(공저, 학지사, 2021)

영유아 교수 · 학습 방법(공저, 공동체, 2021)

SRRS 영유아 자기조절력 검사(인싸이트, 2024)

남북한 영유아 교육과 보육: 글로벌 이해

Early Childhood Education and Care of South and North Koreas in the Global Context

2024년 12월 20일 1판 1쇄 인쇄
2024년 12월 30일 1판 1쇄 발행

지은이 • 양옥승
펴낸이 • 김진환
펴낸곳 • ㈜학지사
04031 서울특별시 마포구 양화로 15길 20 마인드월드빌딩
대표전화 • 02-330-5114 팩스 • 02-324-2345
등록번호 • 제313-2006-000265호

홈페이지 • http://www.hakjisa.co.kr
인스타그램 • https://www.instagram.com/hakjisabook

ISBN 978-89-997-3294-2 93370

정가 20,000원

저자와의 협약으로 인지는 생략합니다.
파본은 구입처에서 교환해 드립니다.